帝国日本の科学思想史

Essais en histoire de la pensée scientifique du Japon impérial

La pensée japonaise dans le domaine des sciences entre 1868 et 1945

坂野徹
塚原東吾
［編著］

Sakano Toru et
Tsukahara Togo éd.

勁草書房

帝国日本の科学思想史　目次

目　次

序　章　「帝国日本の科学思想史」の来歴と視角

塚原東吾・坂野徹

第一節　「科学と帝国主義」をめぐる歴史研究——先行研究と本書の来歴（塚原）

本書は、故・金森修が編集した『昭和前期の科学思想史』(2011)、『昭和後期の科学思想史』(2016)、そして『明治・大正期の科学思想史』(2017) の続編として構想されたものである。これらの論集の企画・編集や多くの著作を通じて、日本の科学思想史研究をリードしてきた金森は二〇一六年に六一歳で早世したが、本書はその遺志を汲もうとするものである。(1)

科学思想史とは何かという問題について、ここで金森の議論に屋上屋を重ねることはしないでおこう。ただし、これまで本シリーズがかかえる問題点として、時代区分として元号を採用していることや、日本という国家の枠組みを前提にその思想史が論じられること、そのような文化的な制約自体を問い直すための契機が希薄なことなどが指摘されてきた。

むろん、これらはある意味で自明なことでもあり、また、たとえば元号を採用するのは歴史記述において便宜的なものと考えれば、それほど問題視すべきことではないという言い方も成り立つだろう。だが本書では、基本的に日本という国民国家を論じるときに想定される無前提な枠組みを問い直し、元号の代わりに「帝国」というキーワードを採用する。換言すれば、本書ではとくに「日本」が拡大し帝国となった時代に、科学技術をどのように見てきたのか、そのための制度をいかに設計してきたのか、そしてそれをどのように運用してきたのかを検証する。帝国としての日本は、科学技術についてどのような思想的な目標を持ち、いかなる思想的な課題に答えようとしていたのだろうか。こういった問題を考えるためには、さまざまな視角が必要となってくるだろう。そもそも膨張期の日本は、日本の歴史のなかで例外的な時期であると考えていいのだろうか。その時期に何か特有の思想的背景があって、それがこの膨張を支えたのだろうか。もしくは帝国日本は、いまだに継続する何かを持ち続けているのだろうか。また当時の思想は、科学技術そのものをどのように問うていたのだろう。さらに言うならば、元号で区切られる時代観や、現在の国家の枠組みを前提とした歴史観は、どのように問われるべきなのだろうか。

最近では、ビッグ・ヒストリーやグローバル・ヒストリーなどと呼ばれる領域で、国民国家の枠組みにとらわれない、いわゆる一国史観を超えた歴史記述のスタイルが試みられている。そして、このような巨視的な立場から、しばしば近代的な科学技術は、ヨーロッパ世界の拡大や「近代」、そして帝国主義による世界の席巻と共=原因的であることが語られている。(2) それは「帝国主義」もしくは「帝国」と科学技術の関係性についてのまさに「ビッグ」で「グローバル」なまとめ方だと言ってもよいだろう。

だが、このような大雑把な見方をする前に、科学史のディシプリンでは、古くより「科学と帝国主義」という研究分野がすでに成り立っていたことに注意したい。そもそも科学史の領域は広く、古代文明における天文学を研究したノイゲバウアーのテーゼには複数の文化における複数の科学という論点が含まれており、考古学的・文献学的な史料を駆使した研究を展開していた。そのうえで、ジョセフ・ニーダムらが中国科学史を中心に、非西欧科学史と呼ばれる領域を牽引してきた。この領域はインド数学史やアラビア科学史などを巻き込み、科学史のなかで重要な思潮を形成した。

そして、これらの科学史の成果のなかには、西欧近代科学の成立と、その後のヨーロッパ社会の拡大、すなわち科学と帝国主義の関係を問う問題意識が含まれていた。ニーダムにより「なぜ中国で近代科学が生まれず、ヨーロッパでだけ生まれたのか?」という、いわゆるニーダム・クエスチョンが発せられ、それを契機に、近代科学のコンヴァージェンス・セオリー（科学史の収斂理論）、つまりは多くの文化による自然についての知の成果がヨーロッパ科学へ究極の収束・収斂をしているという考え方が主流となった。さらに近代科学の地球規模の伝播や普及という問題については、ジョージ・バサラによる近代科学の拡散論（三段階説）が提出され、きわめてヨーロッパ中心主義的で近代波及論的な歴史観が流布していった。

しかし、こうした収斂理論や波及論的な歴史観は、やがて主にイギリス植民史を研究対象としてきたインドの科学史家たちから、激しい批判を受けることになる。彼らの強力な提唱のもとで植民地における科学史・技術史そして医学史などへの関心が高まり、近代科学の成立とは従属的発展の矛盾や知的搾取の結果でもあるとされ、ヨーロッパ中心主義的な近代西欧科学の成立というストーリーを再検討するべきであるとされた。ほぼ同時に、ダニエル・ヘッドリックによる征服と支配の技術史（主に経済史的アプローチによる技術の道具主義的アプローチ）などを経て、「科学と帝国主義」という領域は、さまざまな論争が行われる分野となった。

この領域での八〇年代の主要な論陣をみてゆくと、まずはロイ・マクロードの帝国科学の「移動するメトロポリス（moving metropolis）」理論と呼べるような議論がある。マクロードによると、植民地や帝国周辺部からの科学的情報を整理するのは、「ヨーロッパ帝国の科学の中心」（記述や計算の中心）であり、それはメトロポリタン（列強・宗主国の複数の首都）にある科学者共同体のネットワークのなかにあって、一国の中心と周辺という単純な上下関係ではなく、帝国の複数の中心を繋いだ網目状のマトリックスを構成しているという。そして、それらの科学者共同体の力関係は固定的なものではなく、同時に諸列強の間にある「移動するメトロポリス」でもあるというように、定常的な権力関係の下に斉一的にコントロールされたものではなく、その知的な重心は常に移動する性質のものであると考えられた。

またマイケル・ウォーボーイズにより、第三世界の低開発の問題は帝国主義的な科学技術との連続性の下に再編成されているという主張がなされた。現在の開発主義と、帝国による科学技術の歴史の間には強い相互作用あるというのが、ウォーボーイズの主張であった。ウォーボーイズは科学技術と帝国の関係における構成主義的な立場も主張しており、それはまた、イギリス史の中で「英国性（Englishness）」や、概念としての「大英帝国らしさ（Britishness）」や「西側（the West）」といった概念が、植民地的拡大と並行して相互に形成（再構成）されてきたプロセスに注目しようとする思潮、いわゆる「新帝国史（New Imperial History）」の観点とも呼応したものであった。

このようにマクロードやウォーボーイズの議論のなかでは、植民地問題を語る上でとらわれがちな、いわゆる中心―周縁という概念や、抑圧・被抑圧という二元論的なモデルを超えようという試みが打ち出された。九〇年に「科学と帝国主義」と題したユネスコ会議においておこなわれたパイエンソン論争（対パラディーノ・ウォーボーイズ）でこうした議論は頂点を迎えた。(3)

これ以降も多くの議論がなされてきた。二〇〇〇年代になると、科学史のビッグ・ピクチャー（Big Picture）という概念をもって、科学史という領域全体を論じ直すべきであるとアンドリュー・カニンガムらが主張し始めた。さらにキーワードを列挙するなら、ブルノ・ラトゥールらの「科学の人類学」などに刺激を受け、知識生産の行われる「場（サイト）」の地理学的特徴に着目した「知の地理学」（リビングストン）などを検討する流れや、「ネットワーク」としてヨーロッパの拡大と科学技術を考えるべきであるという主張も登場した。さらに帝国における知識生産は、一方向的な拡散や浸透もしくは収奪や搾取ではなく、「知のサーキュレーション」（カピール・ラジ）であるとする立場もある。「現地人科学者（indigenous scientists）」という概念についても、従来はリソースのインフォーマント（informant）であったり、情報の収集者（collector）などと呼ばれたりしてきたが、科学の「土着化」において、現地の知識人階層は重要なエージェンシーを発揮する者たちであることから、単なる情報提供者というだけではない観点からの再検討が必要だという指摘もなされている。

もちろん、これらは多くの論争を呼ぶものだった。そもそも「科学と帝国主義」は、多くが大英帝国主義的史観と呼べるアングロサクソン中心の歴史記述であるという批判も多い。それまでのイギリス中心主義にフランスが若干の反証例をだすという史学一般にみられるパタンがこの領域でも見られる。そこにオランダでの科学史研究から「科学と帝国主義」に関する新しい流れがみられることも、二〇〇〇年以降の科学史研究では注目すべき点である(4)。

このような世界のアカデミアでの状況に対し、日本の科学史研究も呼応してきた。翻って顧みれば、六〇年代の日本にあって、当時の科学史家・技術史家が総力を挙げてまとめた『日本科学技術史大系』では、第七巻で中山茂が中心となって「国際編」（1968）を編纂しており、そこでは海外（外地）での科学技術史に注目していた。八〇年代後半になると、パイエンソンをはじめとする欧米の「科学と帝国主義」をめぐる議論の紹介も進められるようになった。

また日本の歴史学では、科学技術のヒストリオグラフィーは、科学史プロフェションを除いて、長らく近代化論が主流であり、近代化論者たちにとっての絶好の栄養源であったのは、蘭学と蘭学者をめぐる物語であった。だがその実、蘭学とはオランダの植民地科学の生んだ歴史的な成果であり、またシーボルトら出島の医師・科学者たちも植民地科学者として再検討することが提唱された。その見地に立つなら、緒方洪庵・佐久間象山や伊藤圭介ら、日本史では往々にして近代化の英雄や「先駆者」として扱われてきた蘭学者たちは帝国主義の最前線をになう植民地科学者にとっての現地人コラボレーターであったという評価も成り立つ（塚原ほか：1996）。

さらに、二〇〇〇年代以降、科学技術と帝国を主題とした著作として、日本では『岩波講座：「帝国」日本の学知』

全八巻(2006)や、坂野徹・愼蒼健編『帝国の視角/死角』(2010)、酒井哲哉・松田利彦編『帝国日本と植民地大学』(2014)、沢井実『帝国日本の技術者たち』(2015)、辛島理人『帝国日本のアジア研究』(2015)、ジョルダン・サンド『帝国日本の生活空間』(2016)、若林宣『帝国日本の交通網』(2016)などの刊行が相次いでいる。本書の編者の一人である坂野が近年精力的にすすめる人類学やフィールドワークと帝国主義の関係についての著作も、この分野の活性化を促している(坂野:2005; 2016)。英語圏での研究も盛んであり、近年ではHiromi Mizuno (2009)、Aaron Moore (2013)、Yang Daqing (2010)、Janis Mimura (2011)らの仕事が出色である。また、*EASTS* (*East Asian Science, Technology and Society: An International Journal*) 誌などでは、東アジアの科学と帝国主義についての特集号が組まれるなど、さまざまな角度から取り組まれている。(5)

科学と帝国主義をめぐって、本書の編者のひとりである塚原は、愼蒼健、瀬戸口明久、金凡性らとともに日本の植民地帝国大学に関する科学史研究を進めた。そこでは日本の高等教育システムが、従来のような「七帝大」ではなく、京城帝大(現・ソウル大)と台北帝大(現・国立台湾大)を含む「九帝大」であったこと、そして旅順工科大学や満洲医科大学を含む、「外地」の大学が、日本の帝国の拡大のなかで、科学技術研究を担った様相が分かってきた(塚原:2006, Tsukahara 2007)。

だがこのプロセスで、東アジアにおける研究上の同僚たちとの間に横たわる大きな「ズレ」として確認されたのは、一九四五年前後をめぐる「連続性」についてであった。端的に言うなら、日本の歴史家は、一九四五年にある非連続性を想定してしまうが、それは京城帝大の歴史を語る韓国の歴史家にも、また台北帝大の歴史を検討する台湾の歴史家にも通じないという現実に直面したということである。日本の歴史記述においては、一九四五年を一つの区切りにすることがある種の前提となっているが、韓国においては朝鮮戦争とその後の国家の再編が、台湾においては国民党の統治やアメリカの影響が、より輻輳的な歴史記述を必要としていたのである。(6)

この一九四五年前後の連続性と非連続性を問題化してみるなら、タカシ・ニシヤマ（西山崇）の*Engineering War and Peace in Modern Japan, 1868-1964*（2014）と、山本義隆の著作『近代日本一五〇年：科学技術総力戦体制の破綻』（2018）は、好対照をなしている。ニシヤマ（Nishiyama：2014）は日本の戦時における航空技術史を検討し、戦後にその技術的遺産がどのような連続性を持ったかについて、高速鉄道技術（なかでも新幹線の建設）に生かされたことを指摘している。戦時技術の戦後における軍民転換については河村豊（2017）も、レーダーやマイクロ波について詳細な分析を行い、軍民融合論（スピンオフ・セオリー）について「成功モデル説」「影響説」「条件作り説」などというパタンが見られることを指摘している。

それに対して山本は、明治以来の富国強兵政策には強い持続性があり、第一次世界大戦を契機とした科学技術の本格的な制度化を経て、いわゆる総力戦体制は戦後にも継続していたものであるとして、近代日本における科学技術の一貫性をその軍事的特徴にあるとしている（山本：2017）。山本の論旨の基調は科学技術の体制化論をとる廣重徹（1973）を継承したものだが、ニシヤマが戦争による断絶（「不連続面」）の存在と「平和の技術」の出現を論じたのに対し、山本は国家による科学技術に通底する軍事的性格の強烈な「連続性」を強調している。

この「連続性」をめぐる議論は、単に日本における戦時技術の「戦後」への継続を意味するだけではない。世界史的に見るなら、植民地科学や帝国の科学技術が、第二次世界大戦後に姿形を変容させながら生きながらえていることも忘れてはならないだろう。たとえば大英帝国と国連やさまざまな国際機関の関係が、ある種の連続性を持つものととらえられること、そのなかで科学技術に関係する機関が大英帝国主導で形成されてきていることなどは、ベネット（2011）らが論じているとおりである。つまり大英帝国の科学を担った人材や組織・制度は、競争と再編を繰り返しながら、第二次世界大戦後には、国連やさまざまな国際機関（たとえばユネスコやユニセフ、そして世界保健機関（WHO）や世界気象機関（WMO）など）へと再編成をされてきたという意味での「連続性」を指摘することができる。

イギリスの帝国と科学のシステムはそもそもイギリスの博物学者ジョセフ・バンクスの作ったものであったが、そこから大きく飛躍した「大英帝国の科学の世界システム（British World-System of Science）」は、大陸系の科学者や科学制度を駆逐しながら、二〇世紀にその最盛期を迎える。そこでの英国の「国家」としての役割と、「科学の文化」を共有した英国の科学者のネットワークの発展がある。それはコロニアルでインペリアルな世界大の科学技術システムという体制化された秩序が、非植民地諸国の独立運動や世界的な非同盟運動の高まりと冷戦の緊張感のなかで、ポスト・コロニアルな状況下で、国連によって合意形成と国際的承認をとりつけたかたちで再編成されたシステム、いわゆる「UNレジーム」へと変容してきたものだと考えていいだろう。

この世界大の科学技術体制の再編成（大英帝国システムからUNレジームへ）に並行する、日本での呼応（帝国日本の科学技術体制からアジアのサテライト帝国のそれへの再編）の好例としては、戦後のODAをばねにした日本の東南アジアへの「開発」への進出の基盤となる科学技術が、帝国日本の科学技術体制からの連続性を持つものであるということがあげられる。アーロン・モーア（Moore：2013, モーア：2015）はこれを大日本帝国の「総合技術」との連続性を持つものであると考え、植民地期の朝鮮・満洲でのダム建設や、日本工営と久保田豊の業績の詳細な分析を通じて、堅実にそして鋭く指摘している。

ここで日本帝国の科学と帝国主義に関連する、ひとつの例を挙げておきたい。台湾のケースで、ポール・ギルロイが示すようなハイブリッド概念が適応された試みとして、科学と帝国主義という研究の枠組みで、日本にも関与する点から最も鮮明に示したのは、ロー・ミンチェン（Lo Ming-Cheng）による、日本植民地期の台湾人医師の社会史の研究である（Lo 2002；ロー：2014）。いわゆる「専門家の社会学（Sociology of Profession）」をはじめとする社会学の概念を使用し、ローは日本植民地期の台湾人医師の社会的アイデンティティーの変遷を歴史的に跡づけている。ローは、台湾での自治運動や文化運動が盛んに行われ台湾に独自の市民社会の萌芽が見られた一九二〇年代、満洲事変から全面的な日中戦争に入る三〇年代の市民的運動の崩壊期、さらに四〇年代にさしかかり太平洋戦争期のいわゆる皇民化運動のなかで徹底した弾圧と統制が敷かれる時代という三つの段階での台湾人医師の置かれた社会的諸条件を詳細に分析している。そして台湾人医師の変遷するアイデンティティーを検証し、それを輻輳的で複雑な植民地的な「ハイブリッド」であるとしている。

ローの卓越したところは、いわゆる「同質性の帝国」である日本帝国で、台湾の被植民者である医師たちが示す「ハイブリッド性（Hybridity）」が、内面に抵抗と適応の襞を深く刻み込んでいるものであることを剔抉した点である。例えば皇民化時代に、台湾人医師たちは、日本の帝国主義的な拡大にほぼ全面的に動員されていた。その際彼らは満洲や中国での戦線に動員されていただけではなく、東南アジアの前線展開にさえも投入されていた。つまりそれまでの被植民地のエリート専門職という立場から、日本帝国主義拡大のための尖兵の一翼を担うことを余儀なくされる立場となっていた。しかしそのために彼らを、単なる日本帝国主義による動員による戦争協力者、帝国主義へのコラボレーターと断罪するのは、あまりに単純である。そのような単純化に陥るのではなく、ローが詳細なインタビューや資料から明らかにしたのは、このような戦争協力に動員されるなかで台湾人医師たちのアイデンティティーの拠り所となったのが、「医学の近代性」という概念であったということである。つまり、植民地における医学は、帝国主義の尖兵という役割を含む多様な役割を付与される中で、彼らが一縷の望みを繋いだのは「医学の近代性」という概念であって、それは植民地国家への抵抗の萌芽さえ胚胎するものであったという。

ハイブリッド性をめぐっては、このように日本帝国主義の文脈でも、豊かな歴史的分析が可能であるだろう。そもそもイギリス系の帝国主義の歴史分析で盛んに用いられる概念であるが、今後も朝鮮・満洲などを含めた日本帝国主義と科学の関係性において、さらに日本国内での帝国と科学技術の関係についての思想史を試みる際には、より詳細かつ微妙な感受性を持った研究が期待され、本書がそれに、何らかの形で資することを望んでいる。

第二節　本書の構成と視角（坂野）

次に、本書の構成と各章の内容を概観する。

第一章（岡本拓司「戦う帝国の科学論——日本精神と科学の接合」）は、帝国日本の版図がもっとも拡大した一九四〇年代前半、文部大臣をつとめた橋田邦彦（生理学者・医学者）らが唱えた「日本科学」をめぐる議論に焦点を当てたものである。筆者は、日本の国体や日本精神のうえに「日本科学」樹立を目指す橋田らの科学論を日本科学論と呼び、橋田のみならず、日本科学論を支えた文部省全体の科学への姿勢や、文部省周辺の他の論者の言説を丁寧に読み解いていく。科学思想史と銘打つ本書のなかでも、もっとも思想史的性格の強い論考である[7]。

戦前の科学思想については、ロシア革命後に勢力を拡大したマルクス主義科学論や、新カント派の影響を受けた田辺元や石原純の科学論が比較的知られている。一九三〇年代後半以降は、高度国防国家の建設に向けて、大河内正敏や宮本武之助、松前重義らも科学論・技術論を唱えていたが、もうひとつの有力な「官許」の科学論が、橋田邦彦らが提唱した日本科学論であった。

筆者によれば、学生の思想問題との関係から、文部省では自然科学の強調に抵抗が強かったという。文部省が一九三二年に設立した国民精神文化研究所などでも、科学の検討へ向けた努力が始まるが、当初、自然科学に関する議論は弱かった。そこで日本文化のなかで科学を論じる道を開いたのが、橋田邦彦にほかならない。東京帝大の医学部教授とはいえ、当初、必ずしも有名ではなかった橋田だが、三七年に第一高等学校校長（東大医学部教授と兼任）、さらに四〇年には近衛内閣の文部大臣に就任する。こうして、日本科学論は同時代の科学研究にも一定の影響を与えるようになり——本論によれば、湯川秀樹も含め、現場の多くの科学者にとって、「迷惑」と感じさせるようなものだったようだが——、橋田の「科学する心」という言葉は、四〇年代前半には世間に広く知られるようになった。

ここでさらに注目すべきは、日本科学論が前提とする「科学の性格がそれに携わる人間の性格によって決定される」（「良い科学は良い人間のものである」）という発想が形を変えて戦後の民主主義科学者協会（いわゆる民科）による国民的科学の提唱へと受け継がれたという指摘だろう。これは、戦後の科学（思想）史に対しても、書き換えを求めるものだと思われる。筆者のさらなる議論が待たれるところだ。

続く第二章（アルノ・ナンタ「帝国日本と台湾・朝鮮における植民地歴史学」）は、帝国日本が台湾を統治下に置いた一八九五年から、帝国が崩壊した一九四五年までの台湾・朝鮮における植民地歴史学の展開を「帝国の装置」として捉え返そうとする論考である。

筆者によれば、日本の植民地における「学術装置」と人文科学の歴史は、近年、日本、韓国、台湾で多様な観点から検討されているが、その大部分が限定された課題を対象とするものにすぎない。換言すれば、植民地台湾と朝鮮における研究機構の歴史は、それぞれ別個に検討されており、植民地帝国日本における歴史学全体の様相を捉える視点に欠けている。かくして本章は、先行研究をふまえつつ、植民地帝国日本の歴史学が全植民地に応用された一つのシステムを構成したことを明らかにしようとする。さまざまな論点を含む論考だが、本章の指摘でとりわけ重要なのは、以下の三つだろう。

第一に、朝鮮王朝時代の歴史叙述（史記）において重要だったのは、前の王朝の歴史を「閉じる」ことであった。だが、日本の植民地統治にともない、こうした「分裂的な史記」という手法に終止符が打たれ、「同一民族」が活躍する「一線上の歴史」という語り方が据えられた。これにより、朝鮮の歴史は、王朝の権力交代を正当化するためのものではなくなったが、一方、「独立国家」朝鮮がもはや消滅した以上、歴史学はそれを正当化することになった。しかもまた、こうした一国史としての朝鮮史という見方は、（目的こそ違うとはいえ）朝鮮の独立運動家も共有するものとなった。

第二に、以上のことは大清帝国の一周辺地域だった台湾にもある程度当てはまるが、植民地台湾の歴史学に特徴的なのは、まず台湾原住民を対象とする人類学とのあいだで役割分担があったことである。しかも、歴史学においては台湾島の歴史自体への関心は薄弱で、むしろ台湾におけるヨーロッパ（オランダ、スペイン）および日本の植民地統治の歴史に関心が集中した。

第三に、このように朝鮮と台湾の植民地歴史学には違いもあったが、一方、これらの事業は、日本国内の東洋史学や東京帝大史料編纂所の活動と一体化した一つのシステムをなしていた。つまりは「日本の植民地歴史学を研究することは、近代日本の歴史学の歴史を捉え返すことでもある」という。

本章の議論については、朝鮮史、台湾史、さらには日本史を専門とする研究者から異論も出るかもしれない。だが、人文科学史研究という立場から、植民地台湾・朝鮮と宗主国日本の歴史学をひとつのパースペクティヴのもとで描いた意欲的な試みであることは確かである。筆者の出身国であるフランスやアメリカなどでは、近年、科学史研究者が人文諸科学の歴史も扱うようになっている。だが、考古学や人類学の歴史も研究してきた編者（坂野）のみるところでは、日本ではそうした試みはいまだ少数にとどまっている。日本でも史学史を含む人文・社会学史にまで科学史研究者が積極的に取り組むようになることを期待したい。

第三章（塚原東吾「帝国のローカル・サイエンティスト――気象学者・中村精男、小笠原和夫、藤崎咲平」）は、和辻哲郎『風土』（一九三五）などの帝国日本における空間イメージ形成の背景となる気象学や地理学の展開を科学思想史の観点から考えようとしたものである。本章で分析の俎上に乗せられるのは、中村精男（第三代中央気象台長）、小笠原和夫（台北帝大助教授）、藤原咲平の三名の研究者だが、特に藤原の生涯とそのユニークな思想について、細かい検討が加えられている。

藤原咲平は中央気象台台長（第五代）をつとめ、数多くの啓蒙的著作から「お天気博士」としても知られた、二〇世紀前半の日本を代表する気象学者である。だが、同時に、藤原は、あらゆる自然現象を「渦巻」で解釈しようとする奇妙な自然哲学を唱え、さらに大気の現象と社会の現象をパラレルに考える「気象学的社会観」（オールメテオロロギー）によって戦争も正当化していった。藤原によれば、たとえば雷雨は内乱であり、低気圧は国家間戦争、台風は世界大戦に相当することになる。

本章は、中村、小笠原を含む日本の気象学・地理学の展開を「ローカル・サイエンス」「帝国の科学」の歴史という観点から分析したうえで、さらに藤原の思想を「コンボルーション論（内発的なものによるレボルーションの回収）」や「サブ・サテライト（衛星帝国主義）論」によって、「関係論的な見方」のなかに位置づけようとする。筆者によれば、「外部の科学革命（レボルーション）の成果が、他の文化圏に接受される際には、在来のものをひっくりかえす（Re-）のではなく、外からの刺激を受けて、内在的な思想要素が巻き込む（Con-）ように外発性の思想的課題を内部に取り込む」のだという。また、「帝国の構造」は「日本のような地域帝国においては、やや複雑な構造」をもち、藤原の「ローカル・サイエンス」は「アジアの被支配地域に対しては、あくまでも抑圧的な中心としてふるまった」のであり、彼の「渦巻理論」や「オールメテオロロギー」のような「迷走」もこうした観点から位置づけられるのだという。

筆者自身も認めるように、以上の指摘は本論では十分に展開されておらず、あくまでも問題提起に終わっている。だが、これらは、今後、帝国日本の科学（思想）史を考えるための有効な分析ツールとなるだろう。また、アジア全域を対象とした帝国日本の気象学の歴史は、近年、新たな視点からの成果が次々と現れる注目すべき領域となっている。筆者の問題提起を受けて、帝国日本の気象学史に関するさらなる研究の深化を期待したい。

第四章（宮川卓也「植民地朝鮮の新旧暦書をめぐる相克——民衆時間に対する帝国権力の介入」）は、植民地朝鮮において編纂された暦書に着目し、太陽暦の採用と普及過程、さらにはその背景にある政治社会的意味を考えようとした論考である。ここで、筆者が念頭に置いているのは、九〇年代後半以降盛んになった植民地近代化をめぐる議論である。筆者によれば、これまで「大韓帝国から植民地期まで朝鮮半島の時間制度の変遷過程を追いかけ、暦の変化が朝鮮の政治的・社会的変動のなかで進められたこと」を明らかにした研究はあったものの、韓国併合後も「生き残った」陰暦の編纂やその背景を分析した研究は存在しない。かくして筆者は、大韓帝国期（一八九四―一九〇五）、統監府期（一九〇五―一〇）、朝鮮総督府期（一九一〇―四五）の三期にわたって、暦書の記述の変遷や編暦業務に関わる科学的制度（気象観測所など）の整備、さらには同時代の新聞などに現れた民衆の時間意識を丁寧にたどっていく。

本章で注目されるのは、当時、一般に市販されていた暦書そのものを細かく読み解いていく筆者の手さばきである。そして、暦書や朝鮮で発行された新聞などの分析から、朝鮮における帝国権力による「時の近代化」が民衆の生活規範への直接的な介入であった一方、それが必ずしも徹底しえなかったことが明らかにされる。すなわち、総督府は一九三〇年代末には朝鮮の陽暦化を徹底するにいたったが、実のところ、植民地解放後の六〇年代まで、旧暦にもとづく民衆の時間意識は残り続けたのであった。

本章の特筆すべきところは以下の点にある。まず暦書という、科学と一般民衆のあいだに位置し、従来、科学史家があまり扱ってこなかった資料に焦点を当てたこと、その結果として、科学（思想）史と民俗学、民衆史学を架橋するような分析をなしえたことである。新たな科学（思想）史研究の可能性を感じさせる論考だろう。

さらに、第五章（金凡性「植民地朝鮮における温泉調査――知のヒエラルキーをめぐって」）は、植民地朝鮮の温泉調査に焦点を当てた論考である。植民地朝鮮を題材にし、しかも温泉調査という、従来、科学史家があまり扱ってこなかったテーマを取り上げたという点で、前章と共通する性格をもつといってよい。

筆者は、まず科学知には「有用性」と「妥当性」という二つの顔があると指摘し――一九一〇年代の日本における温泉調査においては、前者を森鷗外、後者を長岡半太郎が重視していたのだという——、こうした観点から植民地朝鮮の温泉に関する知の実践を検討していく。本章で中心的な分析対象となる人物は、東京帝大地質学科を卒業後、朝鮮総督府技師として朝鮮半島で温泉に関する地質学的調査を進めた駒田亥久雄という人物である。筆者によると、駒田は当初、朝鮮から世界に向けて「温泉学」という学問を発信しようとしていた。現実には、彼の温泉調査はローカルな調査活動に終始し、温泉コンサルタント的なものにとどまったが、朝鮮の温泉というフィールドは、主に駒田によって帝国大学の知識生産システムへと包摂されていったのだという。そのうえで、本章では、植民地朝鮮の行政当局や鉄道事業者などが温泉に関する知を利用・発信していくプロセス、さらに温泉に含まれる放射性物質に関する科学知識が検討されていく。

筆者によれば、科学研究における「中心」と「周縁」をめぐる問題は、地理的・政治的な次元に還元できるものではなく、知識生産の分業システムにおけるヒエラルキーの問題として分析する必要がある。現実には、「知の権威」よりは「権力の知」を優先せざるをえなかったものの、駒田が目指したのは、「温泉学」の確立によって、世界の中心に立つことだったのである。

第六章（坂野徹「帝国を船がゆく——南洋群島調査の科学思想史」）は、戦前、国際連盟の委任統治地域として日本の統治下にあったミクロネシアで実施されたフィールドワークを、科学思想史的観点から考えようとしたものである。すなわち、本章では、（一）一九一四年の日本海軍による現地占領直後、実施された「南洋新占領地」の視察、（二）一九二九年、単身ミクロネシアにわたった土方久功（彫刻家、アマチュア民族誌家）がおこなった長期の民族誌調査、（三）一九四一年、今西錦司（生態学者）に率いられ、京都帝大の学生たちが実施したポナペ島調査という、三つの学術調査が比較検討される。

これらの調査は、それぞれ「将来の植民地経営のための基礎調査」、「土人の仲間入り」を夢見ながらの調査、「熱帯探検の足ならし」および「学生の訓練のための調査」と、実施時期も性格も異にするものであったが、いずれも帝国日本によるミクロネシア統治の展開を反映していた。そして、本章が注目するのは、これらの学術調査を可能にした「本土」とミクロネシアの島々を結ぶ船舶航路の存在である。ミクロネシアへ向かう研究者たちは、船で移民が帝国の海域を移動するかたわらで調査を実施し、彼らはそれぞれのフィールドワークにおいて、帝国内における人びとの移動が現地社会にもたらす影響を目にすることになった。その意味で帝国日本のミクロネシア調査は、帝国内の人口移動をめぐる調査研究でもあったというのが本章の結論である。

第七章（泉水英計「米国施政下の結核制圧事業――BCGをめぐる『同化と異化のはざまで』」）は、一九五〇年代前半、米国施政下の沖縄（琉球）でおこなわれた結核制圧事業の展開を、同時期の日本やアメリカの結核対策と比較しながら検討した論考である。本章が目指すのは、琉球における結核制圧を単なる成功譚にとどめず、「違う物語」を提示することである。第四章と同様、筆者は、「差別や抑圧、暴力、搾取といった経験をもって植民地状況を特徴付ける」ポストコロニアル論と、「植民地支配がもたらした近代化の利点を無視すべきでない」と考える植民地近代化論の論争を念頭に置いている。

米国施政下に置かれた琉球では、結核制圧事業の責任者であったギルバート・ペスケラ（軍医中佐）が、日本とは異なり、BCG接種を導入せず、在宅療養の拡充によって結核制圧に成功したことで知られる。こうしたことから、ペスケラは「琉球結核制圧の恩人」とも呼ばれ、さらに琉球での結核対策の歴史をふまえて、科学史家の常石敬一が日本国内でのBCGによる結核対策への批判もおこなっている（常石：2011）。だが、筆者は、こうした琉球における結核制圧をめぐる成功譚の妥当性を問うべく、アメリカ本国、琉球、さらには韓国における結核対策を、アメリカや沖縄の医療史に関わる多様な資料を徒渉しながら分析していく。

本章が最終的に導き出す結論は、以下の二点である。まず琉球における結核対策の眼目があくまでも米軍将兵の感染防止にあり、その意味で「究極的には利己的なもの」であったこと。しかも、琉球の結核制圧事業には、ＢＣＧの対照試験というもうひとつの目的があったこと。詳細は本論を参照してほしいが、周到な論理構成をもつ論考である。筆者のもともとの専攻は文化人類学だが、国や地域の枠をこえて学知が移動するプロセスを描き出す本章の記述からは、科学史家、医学史家が学ぶところは大きいはずだ。

最後を飾る第八章（藤原辰史「トラクター・ルイセンコ・イタイイタイ病――吉岡金市における諸科学の統一」）は、農学の分野では、一般に農作業の機械化を促進したことで知られる吉岡金市という研究者の生涯と思想を検討した論考である。

だが、吉岡の仕事は、いわゆる進歩的農学者という枠組みに収まるものではなく、戦前、満洲の農業に期待をかけ、戦時中には戦争協力の発言もみられる。そして、戦後は農学・経済学・医学の博士号を取得するだけでなく、イタイイタイ病の原因を病理学的に突きとめ、さらに科学史上悪名高いルイセンコの「ミチューリン農法」の熱烈な支持者でもあった。本章は、こうした吉岡のユニークな足跡を追いながら、彼の農学、経済学、医学を貫く科学思想を明らかにしようとする。筆者によれば、吉岡金市は、「不況、戦争、公害に苦しめられる農村で共に住民たちと働き調査して大企業や国家の横暴に対しその人々の尊厳を守ろうとしただけでなく、その只中で諸科学を統合させ、大学を頂点とするアカデミズム総体に立ち向かい、主流と異なる科学を作り上げようとした」人物であった。

本章は、まず吉岡金市が岡山県立高松農学校、宇都宮高等農林学校、京都帝大農学部（農林経済学科）で学ぶ一方、彼が幼少期を過ごした岡山での土地をめぐる経験と愛着が、彼の現場中心主義の基盤になっていることを確認する。そのうえで、「農業機械化の理論構築」「ソ連のスターリニズムに根ざした総合的農学の構築」「公害の領域横断的な研究」の三点に焦点をあてながら、吉岡の言説と活動の展開を丁寧にたどっていく。吉岡金市とは、学問の専門化が進む時代にあって、自然科学と社会科学の「統一」あるいは「総合」に敢えて挑戦した人物にほかならない。しかも、その「統一」は、彼の能力の高さと激しい努力によって「現場」からなされたが、「現場」の「悲劇」こそが「統一」を促したのであった。そして、さらに筆者は、吉岡が農学思想のうえで批判対象とした横井時敬——日本における農学の創始者であり、農本主義者である——との比較を試みている。(8)

吉岡金市の可能性と限界性とを見極めようとする本章の筆致は熱く、繊細である。おそらく近いうちに、筆者自身による包括的な日本農学史に関する研究が登場し、そのとき本当に吉岡は現在に蘇ることになるだろう。そのときを楽しみに待ちたいと思う。

注

(1) 本書の企画にいたる経緯については、「あとがき」参照。
(2) たとえばユヴァル・ノア・ハラリ(2016)第一五章「科学と帝国の融合」など。
(3) ニーダム、バサラ、ヘッドリクからパイエンソン論争に至る二〇〇〇年ころまでの科学と帝国主義をめぐるヒストリオグラフィーについては、塚原(2001)を参照。
(4) 二〇〇〇年から一四年ころまでの科学と帝国主義をめぐるヒストリオグラフィーやネットワーク・サーキュレーションなどのコンセプト、オランダ科学史の動向などは塚原(2014)を参照。
(5) *EASTS* 誌での特集号は、たとえば、*EASTS*, vol. 1-no. 2, 2007 (Colonial Sciences in Former Japan's Imperial Universities, with Guest Editor : Togo Tsukahara)、*EASTS*, 2017, vol. 11-no. 4. (From Postcolonial to Subimperial Formations of Medicine: Taiwan and Korea, with guest editor Howard Chiang) などがある (Tsukahara : 2007; Chiang: 2017)。
(6) 植民地帝国大学の研究の継続として、愼蒼健を代表とする科研費共同研究「帝国日本の知識ネットワークに関する科学史的研究」(二〇一二—一五年度) はネットワーク・アプローチをとりながら、意識的に一九四五年前後の連続性と非連続性を問題化することにつとめた。本書に収録された塚原、金凡性、泉水英計、宮川卓也らの研究はこの愼科研の協力の枠内で行われたものでもある。さらにこの研究協力では台湾人医師の朝鮮留学についての陳延湲(2013)の仕事があり、また愼は満洲医科大学に注目した研究を準備中である。
(7) 故・金森修もかつて橋田邦彦の科学論を分析したことがあり(金森 : 2004)、その意味で本論には金森へのオマージュという意味合いも込められている。

（8）筆者自身の横井論は、藤原辰史「横井時敬の農学」（金森：2017）を参照。

参考文献

（邦文）

アーロン・モーア（塚原東吾訳）（2015）「『大日本の建設』から『アジアの開発』へ――日本のエンジニアリングとポストコロニアル／冷戦期のアジア開発についての言説」『現代思想』四三巻一二号、一二八―一四七ページ。

金森修（2004）『自然主義の臨界』勁草書房。

金森修（2011）『昭和前期の科学思想史』勁草書房。

金森修（2016）『昭和後期の科学思想史』勁草書房。

金森修（2017）『明治・大正期の科学思想史』勁草書房。

辛島理人（2015）『帝国日本のアジア研究――総力戦体制・経済リアリズム・民主社会主義』明石書店。

河村豊（2017）「『軍民融合論』登場の現状を踏まえた戦時・占領期科学の分析」塚原東吾・愼蒼健編『軍事研究の歴史における戦前・戦後の技術の連続性を考える』神戸STS研究会、一一―三八ページ。

酒井哲哉ほか（編）（2006）『岩波講座：「帝国」日本の学知』全八巻、岩波書店。

酒井哲哉・松田利彦（編）（2014）『帝国日本と植民地大学』ゆまに書房。

坂野徹（2005）『帝国日本と人類学者――一八八四―一九五二年』勁草書房。

坂野徹・愼蒼健（編）（2010）『帝国の視角／死角――〈昭和期〉日本の知とメディア』青弓社。

坂野徹（編）（2016）『帝国を調べる――植民地フィールドワークの科学史』勁草書房。

沢井実（2015）『帝国日本の技術者たち』吉川弘文館。

ジョルダン・サンド（天内大樹編）（2016）『帝国日本の生活空間』岩波書店。

陳姃湲（2013）「植民地で帝国を生き抜く――台湾人医師の朝鮮留学」松田利彦・陳姃湲編『地域社会から見る帝国日本と植民地――朝鮮・台湾・満洲』思文閣。

塚原東吾・篠田真理子・綾部広則・柿原泰・杉山滋郎ほか（1996）「科学史の側面から再検討したフィリップ・フランツ・フォン・シーボルトの科学的活動――植民地科学、ベーコニアン科学、フンボルティアン科学とシーボルトの科学的活動との関係についての試論」『鳴滝紀要』第6号（シーボルト記念館）二〇一―二四四ページ。

塚原東吾（2001）「科学と帝国主義が開く地平」『現代思想』二九巻一〇号、一五六―一七五ページ。

塚原東吾（2006）『科学と帝国主義――日本植民地の帝国大学の科学史』皓星社。

塚原東吾（2014）「展望：「科学と帝国主義」研究のフロンティア――ネットワーク・ハイブリッド・連続性などの諸コンセプトについてのノート」『科学史研究』二七一号、二八一―二九二ページ。

常石敬一（2011）『結核と日本人――医療政策を検証する』岩波書店。

廣重徹（1973）『科学の社会史――近代日本の科学体制』中央公論社。

山本義隆（2018）『近代日本一五〇年――科学技術総力戦体制の破綻』岩波新書。

ロー・ミンチェン（塚原東吾訳）（2014）『医師の社会史――植民地台湾の国家と民族』法政大学出版。

ユヴァル・ノア・ハラリ（柴田裕之訳）（2016）『サピエンス全史（上・下）』河出書房新社。

若林宣（2016）『帝国日本の交通網――つながらなかった大東亜共栄圏』青弓社。

（欧文）
Bret Bennett (2011) "The Consolidation and Reconfiguration of 'British' Network of Science, 1800-1970", in Brett Bennette and Joseph M. Hodge eds., *Science and Empire: Knowledge and Networks of Science across the British Empire, 1800-1970*, Palgrave Macmillan.
Howard Chiang (2017) "From Postcolonial to Subimperial Formations of Medicine: Superregional Perspecitves from Taiwan and Korea.", in *EASTS*, vol. 11-no. 4, pp. 467-468.
Yang Daqing (2010) *Technology of Empire: Telecommunications and Japanese Expansion in Asia, 1883-1945*, Harvard UP.
Ming-cheng Lo (2002) *Doctors within Borders: Profession, Ethnicity, and Modernity in Colonial Taiwan*, California UP.
Janis Mimura (2011) *Planning for Empire: Reform Bureaucrats and the Japanese Wartime State*, Cornell UP.
Hiromi Mizuno (2010) *Science for the Empire: Scientific Nationalism in Modern Japan*, Stanford UP.
Aaron Moore (2013) *Constructing East Asia: Technology, Ideology, and Empire in Japan's Wartime Era, 1931-1945*, Stanford UP.
Takashi Nishiyama (2014) *Engineering War and Peace in Modern Japan, 1868-1964*, Johns Hopkins UP.
Togo Tsukahara (2007) "Introduction for Special Issue: Colonial Sciences in former Japan's Imperial Universities", in *EASTS*, vol. 1-no. 2, pp. 147-152.

第一章　戦う帝国の科学論
——日本精神と科学の接合

岡本拓司

はじめに

一九四五年一一月四日の『週刊朝日』に掲載された「静かに思ふ」という論説の冒頭で、湯川秀樹（一九〇七—一九八一）は、次のように記している（湯川：1945）。

八月十五日御仁慈深い　聖断を拝して以来、いろ〳〵な意味で勇気と努力とが足りなかつたことを痛感し、幾つかの新聞や雑誌からの執筆の依頼も固く辞退して、反省と沈思の日々を送つて来た。この激動の世界にあつて、正しく生きるといふことがどんなに難しいか、どんなに大きな勇気を要するかをつく〲思ひやつた。日本はどうなるのか、世界はどう変化して行くのか。これから先き一体何が起つて来るであらうか。前途に困難な問題が山積してゐることは確かである。幾らでも悪い場合が想像出来る。併し一々取越苦労をしてゐては切りがない。私共に取つて大切なのは何が起るかを憶測することではなく、むしろ何が一番正しいことであるか、何が先づ為さるべきことであるかを見定めることにある（以下、引用の仮名遣いは原文通り。旧漢字は常用漢字に改め、明らかな誤植は修正した〕。

戦時中に足りなかった「勇気と努力」とは何であったかが興味を引き、「聖断」の前の闕字にも目が止まるが、敗戦後も将来に向けて努力を続けようとする姿勢が印象的である。後の部分では、湯川は、戦時下で見られた社会道徳の退廃は「忠君愛国」への「冒瀆」であり、今後、「日本が内から見ても外から見ても立派な国家になることが、国体護持の最大の保証である」とも書いており、戦争には敗れたものの、戦前から続く国家の枠組みの中で、敗戦で失われた誇りを取り戻すために努力しようと決意していたことが分かる。

湯川が努力を決意するのは、自身の職務である科学研究に関してであるが、これについては、さらに後の部分で、「所謂「日本科学」の存在を強ひて主張せんとする傾向は、普遍的な真理を探究する吾々自然科学者に取つて特に迷惑なことであつた」と、戦時中の経験を振り返っている。科学に関しては、敗戦によって一種の不連続が生じたことが窺える。

湯川の言う「日本科学」は、特に橋田邦彦（一八八二―一九四五）が一九四〇年七月に文部大臣に就任して以降、声高に叫ばれるようになった理念であり、日本の国体や日本精神の基盤の上に築かれるはずの、西洋のものとは異なる科学を意味していた。この「日本科学」の樹立を目指す科学論――本章では「日本科学論」と呼ぶ――は、新カント派の影響の下に田辺元（一八八五―一九六二）や石原純（一八八一―一九四七）が発表した科学論（田辺：1918；石原：1929）とも、ロシア革命後に勢力を拡大したマルクス主義科学論（岡本：2016a, pp. 90-117）とも異なる、日本独自の「官許」の科学論であり、その萌芽は満洲事変前後には現れ、日中戦争以降には支持する論者が増えるようになったが、敗戦とともに跡形もなく消え、忘れ去られるに至った。(1)

本章では、戦いのさなかにある大日本帝国が生んだ日本科学論の歴史的展開を、その主唱者であった橋田邦彦(2)や、彼の科学論に承認と支持を与えた文部省の活動と共に跡付けることを目指す。橋田とともに、日本科学論とは異なるがやはり「官許」とみなせる科学論を展開した田辺元、日本科学論に直接的間接的に批判を加えた石原純、および科学論とは比較的無縁であったが科学界を代表する人物として日本科学論に巻き込まれざるを得なかった湯川秀樹などについても注目する。(3) また、文部省が政策として科学論に関わっていった経緯は、同省の企画した日本文化講義など各種の講義の講師と題目に現れるため、講師と講義題目の変遷を追って事態の推移を表現することも試みた。

本章で扱う時期は、教学刷新評議会（以下、教刷評）の答申が一九三六年に出て、国体明徴・教学刷新の議論がいったん終息した頃から、一九四五年の敗戦までであるが、この時期、高度国防国家の建設に向けて、また別種の「官許」の科学論が、大河内正敏（一八七八—一九五二）・宮本武之輔（一八九二—一九四一）・松前重義（一九〇一—一九九一）などによって唱えられたこともよく知られている。しかし、これらの人々は科学の合理性について肯定的であり、その取り入れ方の検討には熱心であっても、その前の課題、すなわち、科学を取り入れてよいものかどうか、取り入れて危険はないかどうかについて甚だしく悩むことはなかった。これに対し、文部省とその周辺では、思想対策が重要課題であったために、科学の思想的な意味について検討を行う必要があり、あるいはむしろ特に自然科学の強調には抵抗が強く、そうした環境が特異な科学論に注目が集まるという環境を生んだということができる。本章が、文部省周辺の科学論に議論を集中させる理由はそこにある。(4)

第一節　思想統制の中の科学論

初期の国民精神文化研究所における科学論の検討の試み

本章が中心的に扱うのは、教刷評の答申以後の時期であるが、本節では、文部省周辺における科学論をめぐるそれ以前の動向について、必要最小限の内容に限って論ずることとする。

文部省が科学論関連の活動を開始するのは、第一次大戦後、マルクス主義の流行により、学生の思想問題が深刻化してからのことである。ロシア革命後、コミンテルンの物心両面にわたる指導もあり、革命を目指す政治活動の激化は政府にとって対処を迫られる現実的な課題となった。一九三一年には、文部省は学生思想問題調査委員会を設置し、学生生徒の左傾の原因と対策の検討を行わせ（岡田：1935, pp. 3-5）、翌年には同委員会の答申に従って、マルクス主義に対抗する理論の構築なども視野に入れた研究機関として、国民精神文化研究所（以下、精研）を設置した。精研での研究をも含む一連の措置を先導したのは、当時学生部長であり、次いで思想局長、文部次官として思想対策全般に強い影響力をもった伊東延吉（一八九一—一九四四）であった。

マルクス主義は科学的社会主義たることを標榜しており、自然に見られるような法則性が社会・歴史においても貫徹する、さらにはマルクス主義の正しさは科学が明らかにする自然の構造に由来するといった主張が特徴的かつ魅力的であったため、精研でも自然科学をも枠内に収めた対抗理論の構築の必要は認められていたが、充分な知識をもってこれを行いうる人材には欠けていた。ただし検討の試みはなされており、その特徴は以下のようなものであった。

第一に、自然科学を排除、ないしはその効力を制限しようとする傾向が顕著であった。特に西晋一郎（一八七三—一九四三）は日本の伝統や文化には科学的方法は適用できないと論じ（西：1933, p. 32）、紀平正美（一八七四—一九四九）はヘーゲル（Georg Wilhelm Friedrich Hegel, 1770-1831）を援用して日本の弁証法的構造に自然科学的・個人主義的な分析は適用できないと主張した（紀平：1933, pp. 48-50）。ただし、紀平には自然科学を論じようとする積極的な姿勢もあり、ベーコン（Francis Bacon, 1561-1626）の「自然は服従することによつて征服せらる」との箴言を高く評価し、自然科学における行の部分を、「科学者の科学的良心による観察実験の行」として称賛した（紀平ら：1934, pp. 79-80）。進化論に対しては拒否感が強く、日本人の先祖は神であるとする反駁もよく見られる（紀平：1932, pp. 30–

32)。

第二に、日本精神論の論者たちが科学を論ずる際、彼らの「神学」の準備不足がしばしば露呈した。たとえば紀平には、満洲事変・満洲国建国から国際連盟脱退に至った日本の動向を、万世一系の天皇を戴く「大日本は神国なり」との意義を日本国内のみならず全世界に押し広めようとする趨勢であると認める攻撃的な側面（紀平：1934a）と、日本の神を、神社から離れられず、夏暑ければ涼ませる必要のあるといった性質のものであり、「全知全能」ではないとする消極的な側面がある（紀平：1934b）。これに対し、藤沢親雄（一八九三―一九六二）は、「天皇は大宇宙生命の化身たる天御中主命の延長であり従って直接に宇宙の大生命を具顕せられる」（藤沢：1933, p. 46）と論じ、そこに天皇による日本の統治の正統性を求めていた。藤沢の神は全知全能の創造神であり、天皇に世界を統治させることも可能である。他の論者たちは、神や天皇は日本の国土国民に限って全知全能であるとする場合もあり、国土や自然には触れず神と人間・社会の関係についてのみ論ずる場合もあった。

科学との関係では、天皇に正統性を与える神が、自然をどこまで支配できるかが問題となる。荒唐無稽な議論にも見えるが、天孫降臨伝説によって天皇の統治の正統性を主張し、武家に簒奪された政権を本来の形態に戻すことを標榜した明治維新によって成立した国家である以上、科学とのこうした緊張関係が先鋭化する可能性は常にあった。

第三に、マルクス主義の科学論を意識しつつ、階級を国民に読み替えて国民科学を構築しようとする作田荘一（一八七八―一九七三）のように、特筆すべき試みも存在した。国民科学が対象とするのは国民生活であるから、具体的内容は経済学・政治学・教育学・倫理学・心理学・社会学等に限定され、自然科学には議論は及んでいない。しかしその検討は、階級性に依拠した理論に基づいて革命を遂行したロシアの国家構築が頓挫しているとの観察に基づき、階級よりも国民のほうが本質的な単位であるとみなしたうえでなされており（作田：1935）、科学の成り立ちに関わる議論においてマルクス主義を凌駕しようとする意欲が顕著であった。

精研でも可能な限り科学の検討に向けた努力は行っていたが、力不足は否めない。入所する研究生には自然科学や科学論に関心を持つものもいたため、所員では担当できない領域に関しては、科外講義として、所外の研究者、慶應義塾大学の医学博士の林髞（一八九七—一九六九）、中央気象台技師の藤原咲平（一八八四—一九五〇）、東京帝国大学医学部教授の橋田邦彦などに科学関連の話題の提供を依頼していた。また、各道府県において実施された国民精神文化講習会でも同様の試みがあった。

当時の橋田の講演の内容は、精研での講演（一九三四年七月五日）の数か月前に同じ「自然」という題で行ったもの（橋田：1936a, pp. 23-33）から推察することができる。橋田は、自然と人間が一体であり、自然に働きかけることによって自然を深く知ることが出来るとする主張に基づき、自然を征服するのではなく自然に従うとするベーコンや、必然を理解することが自由であるとするヘーゲルにも言及しつつ、科学の根源には人の人としての動き、すなわち「行」があると論じている。自然の十全な理解のためには人間の側の修養も不可欠であり、たとえば「自己他己不一不異」という原則を、「識得」なり「体得」なりする必要があるとも説く。自然一般は人から離れたものではなく、物質の動きのみとしてこれをとらえるのでは不十分であり、人が見る世界の姿はそのようなものではないとも橋田は言う。ベーコンや「行」に言及して自然科学を語る点では紀平の議論と共通する点があり、全体として論旨は漠然としているものの、精神性を重んじ、求道的な姿勢を感じさせる点も類似しているが、橋田の方が、自然科学における人間の働きを重視しているように思われる。これが、物理学に基づく測定機器を採用して電気生理学の研究に従事する橋田の口から語られることの意味は大きかったであろう。

精研の研究部には、一九三四年三月、歴史・国文学・芸術・哲学・教育・法政・経済・自然科学・思想の九科が設けられたが、芸術科と自然科学科には専任の研究者が置かれなかった（『国民精神文化研究所々報』四号、1934, pp. 112-113）。自然科学科が本格的に活動を始めるのは一九四一年以降である。

「日本文化」と科学論

一九三四年二月には、官民挙げての活動によって思想当局や精研を支えることを目指す日本文化協会が文部省の主導により設立され、この組織を通じて、より広い範囲の知識人が、思想対策の一環としての講演会実施や出版物刊行に関与することとなった。精研の紀要である『国民精神文化研究』や、短い論説を集めた『国民精神文化類輯』、文部省の『思想問題小輯』などのほか、独自の小冊子や月報として、『日本文化』、『日本文化小輯』、『日本文化時報』の刊行も行っている（荻野：2007, pp. 147–154）。

日本文化協会の活動には、多くはないものの、科学論に関わるものがあり、一九三四年一〇月には、同協会第三回講演会として橋田邦彦が「求道」の題で日本工業倶楽部において話し、翌年にはその内容が『日本文化小輯』中の一冊として刊行された（橋田：1935a）。翌年七月には橋田は精研の実業専門学校教授講習会において「科学の根柢」と題する講義を行った（橋田：1935b, 1935c）。

橋田の講演は、東洋にも一定の伝統が認められる精神性や、科学における人間とその行の意義、伝統的な東洋思想に見られる自然と人間の一致といった点を拾い上げたもので、科学の内実に日本精神を組み入れる可能性を示していた。これにより、精研関係者に見られるような国体・日本精神の強調が、科学の否定を伴わずに行いうることを示したと言える。

橋田のいう「求道」は宗教であり、科学者も人間である限り求めざるを得ない「教」や「道」を、実践すなわち「行」を通して求めることを指す（橋田：1935a, pp. 12–13）。橋田は、物質文明がもたらす思想の混乱は、学者が道を求めることを怠ったために生じたとし、この点における東洋の西洋に対する優位を説いて、王陽明（一四七二―一五二九）の「知行合一」を称揚する（橋田：1935a, pp. 28–30）。自然科学者はそうは意識しないものの、彼らの日々の研究は「天地の道」に参ずる行、すなわち求道であるとも橋田は言う（橋田：1935a, pp. 34-37）。また、道については西洋の哲学者を持ち出す必要はなく、慣れ親しんだ東洋の儒教・仏教に、むしろより深いものがあると言う。橋田にとって医学部の生理学教室は道場であるが、実際には日々何事を行う場も道場であり、世界至るところ自己の道場であると考えれば、自分が日本人であるということを自覚せざるをえず、思想の混乱も解消すると橋田は指摘する（橋田：1935a, pp. 55-56）。

科学における人間の役割を、科学者の実践と、人間としての修養に即して論じた点に橋田の特徴がある。科学がそうしたものであるとすれば、物質的条件以外に、これに携わる人間の精神性や道徳が、その成果を左右する。精研を中心とした作業により、一九三〇年代には、日本に住む人間の精神性や道徳をたたえるための材料を探すのに困難はなかった。橋田は、自身意識はしていなかったであろうが、日本文化の中で科学を論ずるための道を拓いたといえる。精研の論者たちは、国体・日本精神と科学を結ぶ途、より正確に言えば国体や日本精神の側から科学に対峙するための技法を、消極的にであれ模索していたが（清水：1982, p. 45）、橋田は人間を軸に置く議論を示すことで、その試みを成就させる術を与えた。

また、日本文化の語は、一九三〇年代半ばから隆盛を見る国体明徴・教学刷新の動きの中で、「日本文化講義」、「日本文化教官研究講習会」などとして、文部省の思想関係の活動において多用されていく。

特別講義の中の科学論

文部省では、一九三〇年から、一般思想問題や社会問題に関する「健全中正」な常識と批判力を養うため、官立高等学校・官立専門学校・官立実業専門学校・高等師範学校・大学予科などで、毎学年数時間の「特別講義」を実施していた。割合は小さいが科学や科学論に関わるものもあり、講師名からは文部省がこの領域で信頼を置いていた人物の特定が可能である。

昭和八年度には四九校において四七講師が九〇回の講義を行ったが、金属学者の本多光太郎（一八七〇―一九五四）による「鉄鋼に関する常識」と生理学者の永井潜（一八七六―一九五七）による「学術の発達と学者の精神」が含まれており、永井のものは、科学の歴史に基づく道徳論である（『思想調査資料』二五輯、1934, pp. 117-139）。

昭和九年度には五二校において六一講師が八七回の講義を行ったが、科学技術関連が増え、永井の「熱と血」、「内と外」、「研究と信念」、動物学者の畑井新喜司（一八七六―一九六三）の「諸種の刺戟に対する鯰の反応」、天文学者・物理学者の新城新蔵（一八七三―一九三八）の「人類の発展」、「青年学徒の覚悟」、建築家の伊東忠太（一八六七―一九五四）の「建築より見たる神社」、「模倣の建築と独創の建築」、物理学者の田中館愛橘（一八五六―一九五二）の「時局に対する教育」などがある（『思想調査資料』二九輯、1935, pp. 44-64）。伊東の講義には独自の日本文化観が織り込まれており、日本における、神社建築、寺の建築、欧米型の建築の三要素の共存共栄を、世界の他地域にない誇りであるとしていた。科学は世界共通であるが芸術は国土国民を超越しないため、日本建築は独特の性質を有しており、今後は外国建築の模倣から離れ日本化・創造に向かうとも主張している。

昭和一〇年度には講義回数は百回に至り、五八校での実施に六七名の講師があたったが、科学関連の講義もより多様になった。本多、永井、伊東の複数の講義に加えて、精神医学者・医学史家の富士川游（一八六五―一九四〇）の「科学と宗教」、化学者の松井元興（一八七三―一九四七）の「社会ノ平衡」、「自然科学ノ発達ニ伴フ害毒」、動物学者の川村多実二（一八八三―一九六四）の「動物体ノ生理学的進化」、「人類ノ天性」などが行われた（『思想調査資料』三三輯、1937, pp. 47-90）。川村の講義の題目は一見、科学そのものに関わる内容を思わせるが、実際には、動物体の生活作用から見た共産主義社会の誤謬の指摘や、人間の天性は家族生活を営むことにあるとする結論を含む内容である。

同年度から橋田も講師に加わっている。橋田の場合には、同じ生理学者の永井が科学の側から日本に言及するのに対し、日本の伝統や道徳に基づいて科学を論ずる傾向が顕著である。これは後に検討する田辺元などと大きく異なる点であり、橋田が論拠とするのは仏教や儒学の古典であることが多い。講義の内容は、人間は自然の一部であるとの観察や、人生と科学が一体であるのが古来の日本の学であるとの主張、従って人としての道を追い求める宗教は科学と対立するものではないといった議論を中心としており、また、「道」や「行」とともに、動き即ち「機」を重視する点などが主な特徴である。橋田の姿勢は、同じく科学と宗教の関わりを論ずる富士川と比較しても際立っており、富士川も結論は両者が対立するものではないというものではあるが、特に日本的・東洋的要素を交えず、宗教というよりは宗教感情を取り上げており、その議論は心理学に沿おうとしている。

松井も本多同様、帝国大学の総長であったが（京都）、本多とは対照的に、より積極的に社会や文明について論じ、天然資源の浪費など、科学の発達の害毒を指摘していた。また、化学平衡になぞらえて、日本社会の平衡は二千六百年間培われた日本精神を基礎にした安定平衡であり、外来思想によって覆る不安定なものではないと指摘している。

特別講義に登場した科学者や講義題目は、以後、文部省が科学技術関連の事項について講義・講演を実施し、小冊子の刊行を行う際に、再三再四にわたって現れることになる。橋田はまだ無名であったが、日本の伝統や歴史の側から科学を論じようとした点が注目される。

なお、橋田は文部省の思想視学委員に任命され、一九三五年一月に、浦和高等学校および第一高等学校において視察を行った。同委員には、精研の関係者や和辻哲郎（一八八九—一九六〇）、平泉澄（一八九五—一九八四）などが任命された（『思想調査資料』二六輯、1935, p. 153）。科学者で委員を任命されたのは橋田のみであり、日本思想・日本精神の専門家と共同して任務にあたることのできる人物とみなされていたことがわかる。

教学刷新評議会と科学論

一九三五年二月、貴族院において菊池武夫（一八七五―一九五五）が美濃部達吉（一八七三―一九四八）の天皇機関説の批判を行ったことを契機に、政府は、天孫降臨伝説に基づく天皇の統治の正統性をあらためて確認し、これに反する学説は「厳に之を芟除」するとの声明を発表した。国体明徴問題が貴族院で取り上げられ、軍や立憲政友会も加わって政治問題化したことにより、政府はさらなる措置をとることを迫られ、文部大臣の諮問に応ずる機関として一九三五年一一月に教学刷新評議会（教刷評）を設置した。

発足時の教刷評委員には、財界・官界関係者、精研関係者、本多・松井・長与又郎（一八七八―一九四一）などの帝国大学総長、伊東忠太・和辻哲郎・三上参次（一八六五―一九三九）・西田幾多郎（一八七〇―一九四五）・田辺元（一八八五―一九六二）などの学者、軍人などが就任した（高野：2006, pp. 182-214）。

科学に関する議論が初めて現れたのは一九三六年一月の第三回総会においてであり、まず伊東が、自然科学と国体・日本精神の関わりを取り上げ、自然科学とその応用においてもその根柢には精神の問題があると論じ、「我国開闢以来日本の国土に芽生えました日本国に固有の精神」を植え付けるための「荒療治」も必要であると主張した（『教刷評資料』2006上、pp. 154-157）。

次いで、西田幾多郎の意見の代読があり、日本精神によって日本の思想界を統一するには、精神科学を使いこなす必要もあるが、日本の学問は未成熟であり、「今日基礎的研究の最も盛なる物理学といへども、未だ一人の「デイラツク」、一人の「ハイゼンベルグ《ママ》」すらあるを聞かない」との見解が表明された。ディラック（Paul Adrien Maurice Dirac, 1902-1984）、ハイゼンベルク（Werner Karl Heisenberg, 1901-1976）はいずれも二〇代で量子力学の構築に貢献した物理学者である。さらに田辺は、日本には「東西洋文化の綜合」という「世界歴史的使命」があると指摘し、国体の本義の解明に西洋の学問的方法を用いるべきことを説いた。田辺は、「西洋思想を以て西洋思想の上に出づる」

道を推奨する。また、和辻哲郎は、日本は自然科学を受容し技術的な応用はできるようになったが、精神科学での発達は不十分であり、「文明国としては恥づべき程に遅れて居る」と指摘した。最後に松井が、智育偏重を改めるための倫理教育の改革案を求め、自然科学の学生は、教授と実験などで密に接するため人格が出来ているとの観察も披露した。松井はナチスのような強圧的な教育方法には批判的であり、「一朝にして「ナチス」の天下が倒れましたならば其青年の方向は如何でありませうか」と問うている。教学刷新といっても教育の改革が先決問題であり、その効果は三、四〇年後に現れるとも言う（『教刷評資料』2006 上、pp. 157–166）。

教刷評の大勢を占めたのは上述のような西洋・科学擁護論ではなく、国体や日本精神の擁護は科学と両立しないとする見解であった。たとえば三上参次は、歴史には「サイエンス」としてのそれと「国民必須の学科」としてのそれがあると言い、歴史上の根拠が薄くとも国民精神を鼓舞するという観点から史跡を指定することがあると主張した（『教刷評資料』2006 上、pp. 212）。山田三良（一八六九—一九六五）も、「学問に国境なし」の言は自然科学については認められても、精神科学では国情や風習を考慮する必要があり、日本精神や国体観念に関する学問の体系の構築を目指すべきであると論じた。貴族院議員の鵜沢總明（一八七二—一九五五）は、科学の本質は法則性にあるが、東洋の学問はそれとは異なり、国体に関わる議論も法律至上主義的にはなしえないと主張した。科学や西洋の学問全般の排斥は意図しないが、学校の教育には「科学領域に於て研究し得ざる部分」が必要なのである（『教刷評資料』2006 上、pp. 341–346）。

答申案には、教刷評の科学に対する特徴的な姿勢が示されており、「自然科学並にその応用の学問については、精神諸学に対しその任務と限界とを明にし、益々その進歩発達を図りその研究施設を奨励すべし」、「理科系統の学部に於ては、日本国民として必要なる教養を与ふべく、これがために各大学に於ける学部・学科・講座・学科目等に亘つて新設改廃を行ふ必要あり」といった要請が盛り込まれていたが（『教刷評資料』2006 下、pp. 72–73）、長与は大学でも人格教育はゆるがせにしていないと疑念を呈し（『教刷評資料』2006下、pp. 22-23）、松井も、大学の本質を国体の本義の闡明であるとする条文に対し、大学では、国家や民族を超えた宇宙の真理を発見すること以外を考慮する必要はないとの批判を加えた（『教刷評資料』2006下、pp. 127-131）。

批判があったにもかかわらず、最終的な答申の全体は、天祖の神勅が定めた万世一系の天皇の万古不易の統治権を護持する思想を確立し、自然科学の役割を限定しようとするもので、また高等学校以下の自然科学・実業に関わる科目では、「自然界の深奥なる意味を認め、敬虔の念を以てこれに対すること」が必要であるとされた（『教刷評資料』2006下、pp. 441-477）。

審議が終わる前から、文部省ではすでに教学刷新を目指した施策が始動しており、思想局長で幹事の伊東は、その内容が、大学・直轄学校・専門学校における日本文化に関する講義（「日本文化講義」。特別講義を拡充した）や、高等専門学校等の教官に日本文化を理解させるための講習会（「日本文化教官講習会」）の実施、日本独自の立場に基づき特に人文に関する学問を振興し、具体的に学会の開催を企画する「日本諸学振興委員会」の設置などであることを明かした（『教刷評資料』2006下、pp. 38-39）。

科学的精神に依拠した教学刷新批判

国体明徴・教学刷新に対しては科学論に依拠した批判が現れた。最初に声を上げたのは田辺元であり、一九三六年一〇月の『改造』において（田辺：1936）、国防のために自然科学を奨励しながら、社会的現実を対象とした研究を制限する政府を批判した。田辺は科学的精神、すなわち実証的精神と法則を信ずる合理的精神の尊重を訴え、為政者が知識を独占し一般民衆をこれから遠ざけることこそ矛盾であると指摘する。そのうえで、日本の世界史的使命は、かつて印度思想と中国思想を国体へと媒介統一したように、西欧の科学思想を加えて新しい文化を創造することにあると説く。

次いで、小倉金之助（一八八五―一九六四）は『中央公論』の一二月号において（小倉：1936）、ファシズムや反文化主義による圧迫を憂慮し、さらに日本の科学の模倣性や学閥の蔓延を批判して、科学者こそ反科学主義に抗して科学擁護の声を上げるべきであると主張した。小倉は、これを行うためには自然科学に携わる者も社会について学び、「科学批判」を行う必要があるという。小倉にとっては、科学的精神の浸透により社会の封建性が駆逐され、マルクス主義的な歴史法則に基づく発展がもたらされるのは自明であった。

さらに、石原純は、『科学ペン』の三月号に「社会事情と科学的精神」を発表し、田辺・小倉に続いて科学的精神の擁護を説いた（石原：1937）。石原はファシズムがもたらす危機に適正に対処しなければ、国運の前途は危うく、国体明徴・日本精神発揚の「暗冥な雰囲気」に正しい科学的精神で対抗し、「民衆を導くこと」が必要であると言う。科学的精神に沿って自由と統制の限界を定めることを求める石原は、マルクス主義の決定論的な歴史観をも批判し、個々の人間社会がもつ特殊性の無視を「根本的な欠陥」とする。他方で日本精神にも言及し、明治以前には日本に科学はほとんど存在しなかったものの、明治以後の日本の科学の発展を見れば、日本精神は科学的精神と無縁であるとは言えないと言う。ただし、科学的精神が必要になる状況の下にありながら、日本はその点において優れてはいないとも指摘する。

科学研究の進展のためには、人間精神の自由で広汎なる活動が必要であると石原は論じ、一方向への束縛や国際的協力の否定を批判する。さらに、国防目的の科学が奨励されるのは当然であるが、自然科学上の発見は予期せぬところに起こるため、科学的精神全般の涵養を慮るべきであるとも主張している。

第二節　教学刷新と歩む科学論

日本文化教官研究講習会

教刷評において伊東が紹介していた新たな事業は、一九三六年には開始していた。日本文化教官研究講習会は、歴史科の第一回講習が七月に文部省で開催され、特別講演に三上参次があたったのは自然な人選であったとしても、講師に招かれた三名には、「史学の意味」と題する講義を行った田辺元も含まれていた（『思想時報』五号、1936, p. 21）。田辺の『哲学通論』（田辺：1933）は一九三五年一月に思想局の推薦図書に選ばれており（『思想時報』二号、1935, p. 85）、この時点での文部省の田辺への評価が窺えるが、一九三六年一月の教刷評第三回総会での発言も、これに影響を与えることはなかった。

歴史科に次いで、同講習会の自然科学科第一回講習が一一月に開かれ、田辺、紀平正美、菊池正士（一九〇二—一九七四）、橋田邦彦、松井元興が講義を行った。菊池の題は「最近物理学の基礎的諸問題」であり、講義は自然科学に属する内容のものであったと思われるが、田辺は「自然科学教育の両側面」、紀平は「日本精神と自然科学」、橋田は「行としての科学」、松井は「自然科学の領域」を題としており、文部省が日本文化の語を冠したこの講習会の自然科学科に期待したものが、科学論に関する議論であったことがわかる（『思想時報』六号、1937, pp. 6-7）。菊池と橋田を除く講師は教刷評の委員であり、自然科学擁護を表明していたが、その内容は文部省の許容する範囲にあり、また、国体・日本精神と人文科学への配慮を行いつつ自然科学について講ずる人物として、むしろ講師に適すると判断されたのである。政府批判を含む田辺の「科学政策の矛盾」は一〇月に発表されていたが、これも講師委嘱に影響を与えず、また、以下の講義内容に見るように、田辺としても自身の主張を枉げる必要を感じることはなかったであろう。

田辺の講義（田辺：1939a）は、講習会全体の目的が国体明徴への貢献にあることを了解したうえで行われており、田辺は冒頭でその旨を確認したのち、あらゆる現象を平等に差別なく研究しようとする自然科学の研究はこの目的に反するのではないか、この目的を重視すれば自然科学的なものには制限を加える必要があるのではないかと問うている。その一方で、「日本の世界歴史的使命」を果たすに当たっては、今日の戦争が「科学の戦争」であることからも、また産業の興隆のためにも、自然科学の発展を阻害することは国家の将来に対して憂うべきであるとも指摘する。講義の題目にある「両側面」とは、このように、並び立たず相反するかのように見えながら、しかし同時に成立する必要がある側面を指すと田辺は説明し、こうした両側面が自然科学の実質の中にあると指摘したうえで、量子力学の「相互補足性」（相補性）を解説している。田辺の見解では、「折中」ではなく「執中」が実態を示すのにより適切な言葉であるとされる。

次いで田辺は自然科学教育の積極面を明らかにし、それは知識ではなく、自然科学の方法を教えることにあると主張する。田辺が理解する自然科学の方法とは、ギリシア時代に生まれてヨーロッパに受け継がれ、現代の科学をもたらしたものである。ただし田辺が自然科学教育のさらに上位の目標と考えるのは、方法を用いる精神、事物を道理が支配すると信ずる精神を伝えることであり、具体的にはこの精神は、事実の検証を旨とする実証的精神と、法則の支配を信ずる合理的精神からなる。精神を伝えるのは人と人の接触によるのであり、実際に学校で教育に当たる自然科学担当の教員が研究心を持ち続けてこれを伝えるべきであると田辺は言う。科学者の伝記や科学史書を読んでその精神を伝えることも推奨されている。

自然科学教育の消極面を語る際に田辺が例として挙げるのは、国家の統制と個人の自由の関係である。強制による統制は本来の姿ではなく、真に自由であるべき個人が自発的に統制に従うこと、「統制即自由」、「自由即統制」というかたちにおいて、統制は充分な意味を発揮すると田辺は指摘する。一見両立しないものを媒介するのは具体的な人間の行為であり、そこでは「私」はなくなって現実と化し、それにより本当に「私の自由が実現された」という事態が生ずる。これを自然科学に即していえば、自然科学の研究・教授に当たりながら、外からの強制によらず自らその内容に制限を加えることを意味すると田辺は言い、こうした二元性・全体性は、物理学や生物学が自然について示すところにも見られると主張する。

さらに田辺は「不定性原理」（不確定性原理）に言及し、その内容を、人間の観察により因果的記述が不可能になることを意味すると解説したのち、これに依拠したプランクの自由意志論を、積極的に自由の可能を説くわけではないにせよ、自然科学の限界を認識させる見解として紹介する。

不定性原理に従えば、唯物論や認識模写説には成立の余地はない。また因果性は制限を加えられるが――「不定性全機性に由る因果律の制限」と田辺は呼ぶ――、自然科学から法則性が失われるわけではなく、統計的法則として存続する。個々は自分の自由を発揮しつつ全体としては秩序が存在することを示す統計的法則が成立する自然の姿に、田辺は、国家がその中で個人を活かし、その自発性によって全体の統一を具体化すると同時に、個人が国家において初めて自由になるという、国家社会の秩序と同等のものを見ている。自然科学は国家社会のかたちを積極的に提示することはできないが――それではマルクス主義になる――、消極的にはある形態が可能であることを示すことはできる。ほかの要因によって満たされるべきそうした余地を、あるいは「科学の制限」といったものを、自然科学の材料そのものを使って自覚させることは充分可能であると田辺は言う。

結論としては、現状を肯定し国家の統制に自発的に従え、それが（ヘーゲル的）自由である、科学によって国家社会を論じ切ってはいけないと主張しているのであるが、自然と歴史の両者に弁証法の支配を認めるこの時期の田辺の姿勢をよく反映していると同時に、現代科学の成果に依拠して、国家の統制に従うことによる個人の自由の実現と、自然科学に基づく見解の限界の両方を導いてみせる巧妙な議論である。国体明徴に貢献する講習の一環であるとはいいながら、田辺の講義自体は国体や日本精神の内実には一切触れておらず、議論全体が西洋の学問の枠組みの中で完結している点も注目に値する。さらにまた、田辺から離れて観察すると、田辺自身が、自発的に議論を展開しているという意識の下で結果的には国家の統制に従っており、自らが統制即自由の好例を呈示しているともいえる。田辺がこのような内容を講ずると見込んで講義を依頼したとすれば、文部省の担当者の「慧眼」には驚かざるを得ない。ただし難解であり、受講者はこれを充分に理解したであろうか。

橋田は、科学の具体的な内容には踏み込まないが、科学に携わる者の側から日本精神への接近を試みている（橋田：1937a）。橋田は人間の働きの全体――全機――としての学問に注目し、全人格が研究に織り込まれているような姿が自然科学者の理想であると論ずる。橋田が自然科学者の働きと考えるのは、思索を伴う観察・実験であり、観察にあたっては「心で観る」必要があると説く。観ている自然科学者は自分が正しいという信念を持たなければならないが、そのためには主観客観が一体になった「主客未分」「物心一如」の状態に至らねばならず、そのとき自然科学は単に「観られたもの」としてそこにあるのではなく、「観る」という働きそのもの、すなわち「行」となるという。橋田は、こうした自然科学の行者を自然科学者と呼ぶ。

また、自然科学の研究を通してそれが「行」であることを把握するのは不可能ではないが、より容易に「行」という立場に至るには、「生の把握」たる宗教に依るのが良いと橋田は言う。ただし、科学と宗教は相補い合うのであり、宗教は唯心の立場から把握するが科学は物としてつかみ、そこに「物心一如」が成立する。「行」とは東洋思想からいえば道に随うことを意味し、自然科学者からすれば道とは自然の働きを意味するが、この自然は、人間に対立するそれではなく、人間がそこに入っている、いわば「世界全体」であると橋田は説く。すなわち「行」とは「唯従自然」であり、またこの自然とは人生である。

橋田はさらに自身が以上の考えに至ったのは道元（一二〇〇―一二五三）の『正法眼蔵』によってであると明かし、またそれ以外に読んでいるのは王陽明の『伝習録』であると告げ、特に後者からは「知行合一」の原理が自然科学者に示唆を与えると論ずる。

松井の担当は特別講演であり、「自然科学の領域」という題が示す通り、自然科学の限界を明らかにすることを意図している（松井：1937）。松井は科学万能に見える世界で、その影響が伝統の軽視や赤化思想の隆盛をもたらしかねないことを憂い、自身の専門である化学の歴史に即して、「各種の副産物を産み出しながら永久に闇から闇に彷徨して行くもの」としての自然科学の姿を描こうとする。松井の結論は、自然科学に支配されず、その害毒を抑えながら使っていくことが必要であるというものであるが、議論全体を通して、自然科学の限界を強調している。

教刷評では西洋・科学の擁護の論陣を張った田辺と松井は、講習会ではむしろ科学が国体・日本精神に屈する内容を講じた。自然科学の内実や科学哲学に関する彼らの該博な知識は、国体・日本精神と適合的な科学の理解の方途を求めるために用いられ、この時期以降の科学論の材料となっていったであろうことが見て取れる。また、田辺・松井・紀平・橋田・三上の講義は、はじめ文部省思想局により『日本文化叢書』として一九三六年一二月から翌年三月にかけて刊行され（『教学局時報』一号、1937, p. 59）、その後も日本文化協会刊行の『日本文化』中の冊子として頒布されていった。

日本文化講義

一九三六年には、国民精神文化長期講習会の講義の中の科学関連のものは、わずかに「理科教育の真髄」と題する一件があったのみであったが（『思想時報』六号、1937, p. 15）、この年始まった日本文化講義には科学を取り上げたものが多数ある。

日本文化講義は、既述の通り、帝国大学や官立大学、高等学校などの文部省直轄諸学校において、国民的性格の涵養、日本精神の発揚、および日本独自の学問・文化に関する理解を得させるために全国規模で実施された大規模な催しである。

講師と題目から科学関連であると推察されるものには、京都帝大教授で心理学者の野上俊夫（一八八二―一九六三）の「自然科学と歴史」、本多光太郎の「鉄と文明」、大阪帝大教授で化学者の真島利行（一八七四―一九六二）の「科学の研究と日本精神」、大阪帝大教授で医学者の小沢修造（一八八〇―一九四四）の「医学者の学勲の歴史的回顧」、東京帝大名誉教授で物理学者の中村清二（一八六九―一九六〇）の「科学者の観たる文化観」（中村：1938, pp. 31-79）、東京帝大教授で医学者の永井潜（一八七六―一九五七）の「学術の研究と犠牲的精神」、藤原咲平の「大気の成層と社会の成層」、橋田邦彦の「日本文化としての科学」などである。ほかに、東京文理大学生主事の岡本作次郎（一八七六―一九三八）の「日本刀に現はれたる日本精神」や、伊東忠太の「神社に就いて」、「神社建築と其の精神」、「東洋文化の融合に就いて」、「支那建築の本質」、松井元興の「内と外」など、技術や建築を取り上げたもの、あるいは科学者が一般的な話題を取り上げたと思われるものもある（『思想時報』六号、1937, pp. 21-37）。

講師の多くは複数個所で講義を行っており、上に見られる名前が文部省の指針に沿った内容を語ることの出来る者として信頼されていたことが分かる。文部省は、この時期までに、日本文化の冠の下で科学者に語らせることで、教学刷新の精神に沿った科学関連の講義が成立することを確信したものと思われる。

橋田は一〇月に大阪高校と東京高校において「日本文化としての科学」と題する講義を行っており、その内容は、「自然即人生」、「物心一如」や「行」としての科学を説く従来の講演とほぼ同様であったが、若干の追加もあり、単に外国のものを輸入したのであっても日本人が行う以上日本文化としての科学が成立していたと見ることができるものの、さらに進んで自覚的に「日本の科学」を作り上げていかなければいけないと説いている（橋田：1939a, pp. 155-

209)。東京高校での講義中、橋田は、学校当局から何かを命じられた学生が、「そんなことをしては吾々の自由を圧迫するものだ」と反発した例に言及し、「この高等学校は知りませんが、どこかの高等学校辺りでは時々は起るやうでありますす」と述べているが、この講演から半年後には、そうした事態が頻発していたであろう第一高等学校の校長に就任することとなる。

日本文化講義、日本文化教官研究講習会とならんで伊東延吉が紹介していた学会開催の企画は、一九三六年九月の日本諸学振興委員会の創設と、同年一一月の第一回教育学会の開催として実現した（駒込ら：2011）。同委員会の自然科学会は一九四二年になってから開催されるが、科学論に関連する議論は、教育学会や哲学会などでも取り上げられた。

また、一九三七年七月には、文部省思想局は廃止され、代わって、教刷評答申に記されていた教学の刷新振興と監督を行う機関として、文部省の外局、教学局が誕生した。伊東延吉は六月に文部次官に就任しており、教学局長官には菊池豊三郎（一八八二―一九七一）が就任した（荻野：2007, pp. 202–203）。

第三節　第一高等学校の橋田邦彦

一高校長の科学論

橋田邦彦は、一九三七年四月、第一高等学校長に就任し、東京帝国大学教授は兼務となった。前任校長の森巻吉（一八七七―一九三九）は健康を損ねており、橋田に近い弟子の杉靖三郎（一九〇六―二〇〇二）によれば、『碧潭集』（橋田：1934）によって世に知られた橋田に、伊東延吉が三顧の礼を尽くして校長就任を懇請したという（杉ら：1949, p. 287）。杉は伊東がこのとき文部次官であったと記しているが、実際には思想局長で専門学務局長を兼ねていた（前田：1993）。当時、東京帝大総長であった長与又郎の日記の一九三七年四月一六日の項には、橋田がやってきて「文部省専門局長」から一高校長就任を依頼されたとの相談があり、極めて重い職務であるためすぐには辞退せず、考慮すると伝えたとの話があったという記述がある。長与は、高等学校の現状には改善を要する点があり、一高校長は全国の高等学校に影響を及ぼす地位であるから、ぜひ受諾するよう勧めたという。橋田はこれにより就任を決意した。長与は「近来の快報なり」と記す（小高：2002, p. 120）。

専門学務局長が一高校長の後任を探すのは自然であり、一月半後には文部次官となる伊東が、この時期は専門学務局長を兼任していたという事情が、橋田の一高校長就任をもたらしたともいえる。生理学界など一部では名前は知られていたとはいえ、橋田は著名であったとはいえず、卒業生ではあるものの一高と強い関わりはもっていなかったため、彼の校長就任は、一高生のみならず世間一般にとっても意外であった（一高自治寮立寮百年委員会：1994, pp. 249–250）。一高校長就任によって、それまで無名であった橋田が一般の関心を集めるようになったのである。

橋田が校長であった時期の一高には、当時の科学論の状況を物語るいくつかの事件が起こっていた。以下ではそれらを検討する。

就任直後から、橋田は自身が自然科学者であることを意識した文章や講話を学生に向けて発し、自然科学に欠けている姿勢として、道を求める精神を説いている。学内紙によせた就任の辞では、一高の生徒が学を求めるのは当然であるが、それは人として道を求めることと並んで行われるべきであり（「学道一如」）、幸いにして教育勅語があるのでこれを拳拳服膺せよと論じている（橋田：1937b）。さらに、校友会発行ではあるが文芸部が編集にあたっていた『校友会雑誌』には「日本文化としての科学」（橋田：1937c）と題した一文を寄せ、自覚的に日本文化としての科学を創造しなければならないとの主張を繰り返した。一高校長としての主張は、東京高校での一般的な講演のものより詳細であり、日本人たることを意識させる因縁として、「わが皇室、わが祖先、わが国土」に言及しているが、この時点では特に強調しようという姿勢は見られない。また、知識の体系としての科学が世界の一側面を表すものに過ぎず、そこに含み切れないもの、たとえば宗教なども含めたうえで「全機」たる人生活動が完成されるという主張は従来通りであるが、将来の学問を担う者を数多く含むであろう一高生に対しては、日本人としての具体的立場において文化科学・自然科学に携わるべきであると語っている。

橋田はさらに道元と生理学を結び付けた文章を『校友会雑誌』に掲載しようとしたようである。しかし、編集にあたっていた文芸部の中村真一郎（一九一八—一九九七）らに文学ではないとして拒絶され、怒った橋田は別途パンフレットを作って配った（世良田ら：1974, p. 263）。『校友会雑誌』は文学作品のみが掲載されていたわけではなく、着任直後の橋田も、これは就任の辞としての意味もあったかとも思われるが、「日本文化としての科学」を掲載している。さらに後には、福田信之（一九二一—一九九四）が不確定性原理に関する論文（福田：1940）を発表した例もあり、具体的に何が掲載可能となるかは、編集にあたった時々の文芸部員の意向に左右された。中村は、「ぼくなんか向こうみずで平気で校長さんにけんかをふっかけたりした」と回想しており、道徳家・精神家として難解な告辞や文章を発する橋田には、少なからぬ一高生が反感を抱いていたようである。

一高生の科学論への関心は高く、前年末の全寮講演会では、石原純を招いて「現代と科学的精神」と題する講義を行わせている。同時期にはマルクス主義者の芸術家、村山知義（一九〇一—一九七七）の講演を企画していたが、村山が思想問題で執行猶予中であったことを生徒主事に注意されたために中止とし、同じくマルクス主義者の戸坂潤（一九〇〇—一九四五）を講師とする企画も、当人の承諾を得ていたにも関わらず取りやめている（一高同窓会：1984, pp. 45-46）。それでも、彼らに代えて自由主義者石原を招き、田辺の論文で話題になっていた「科学的精神」について講じさせた点に、当時の一高生の関心の傾向が現れている。

橋田の前任者の森巻吉は、夏目漱石（一八六七—一九一六）の弟子の一人ではあってもそれほどの著名人ではなく、また彼の任期中には思想・政治活動の弾圧が徹底的に行われてもいるが、一高の駒場移転（一九三五年）などの際に見せた行動力や剛毅な性格は一高生に愛され、病床にあっても「男（お床）の中の男」などと慕われた（岡本：2010）。対するに橋田は、帝大教授兼務であったこともあって一高や一高生への態度を疑う声もあり、週に一度の倫理の講義も校内向けの文章も論旨が明快であるとはいいがたく、内容は基本的には秩序への服従を説く伝統的な道徳観に基づくものであったため、本人の誠実さは伝わったとしても、校内外から広く人望を集めるといった状況にはなかったようである。

就任時期も問題であった。一九三七年七月に盧溝橋事件等が北支事変へと拡大し、翌月には第二次上海事変が発生して、九月にはこの戦い全体の日本での呼称が支那事変と改められた。同月には近衛内閣による国民精神総動員が開始し、非常時意識が高まった。橋田が一高校長に就任したのは四月であったから、この時期一高に在籍した者にとっては、特に過去を振り返る際には、橋田と、戦時色を強める日本の姿が重なって見えたようにも思われる。一九三六年に一高に入学した加藤周一（一九一九―二〇〇八）の橋田についての回想は、その一例である。橋田は、特別講義で、「科学と善と「聖戦」の一体となった円」を黒板に描き、加藤には理解できない説明を施したという。加藤がかすかに理解できたのは、『不拡大方針』を唱える近衛内閣が止め度もなく拡大して行く戦争を、この人が熱心に支持していて、われわれ学生にも支持をすすめているらしい」という程度であった（加藤：1998）。

橋田が日中戦争について語った機会は何度もあったが、最初の訓話は、内閣訓令で国民精神動員運動が開始された一九三七年九月九日の翌日に行われた。橋田は、日本精神の発揚たる東洋平和を目指す皇軍兵士の健闘ぶりを称えつつ、護国旗を捧げて尽忠報国を期する一高生徒に覚悟あるべきことを訴えたが、開戦時の一高校長として自然な言辞であり、特に軍事色・国粋色が強いわけではなく、最後にはむしろ、熱誠と義憤に駆られて軽挙妄動に奔ることを戒め、学生としての本分・任務に勤しむよう説いた。さらに、二週間後に『文部時報』に掲載した感想には、文を本分とする者も君国への奉公に努めるべきであり、また、国民精神総動員が改めて説かれなければならない事態を招いた為政者・教育者は反省すべきであると記した（橋田：1937d）。

戸坂潤との対決

校長としては、しかし、橋田が、一高生がもう一方の極に向かうのをとどめる役割を果たし続けたのも事実である。それが如実に現れる機会が、科学論をめぐって翌一九三八年の二月一日に生じた。この日、自治寮の第四十八回紀念祭が行われたが、その後の茶話会の冒頭、橋田は、事変に際した挙国一致の要を説き、戦地で命を落とす人々やその遺族を思えば安閑たりえないと語った。橋田自身が、「今事変によつて始めて私は今迄遊惰に流れ過ぎてゐた気持がする」と述べ、「決して怠けるな、なす可きことはすぐになす様にせよ」と訓じた（西岡：1937–1938, p. 310）。

茶話会の間、前年に講演予定を取り消された戸坂潤が演壇に立った（西岡：1937–1938, pp. 319–323）。戸坂は冒頭、自身の一高時代を振り返り、あらゆる制限・桎梏から解放されて自己を拡大することが寮生活の基本精神であり、伝統を批判し傍若無人たることを勧めた。次いで『科学的精神』という本を出版しようとしたが官憲に妨げられたことを伝え、文化が自身で動くための力、文化を地についたものとするのに必要であるのが科学的精神であるという独特の定義を披露する。さらに戸坂は、田辺元の科学的精神に関する議論からは、技術的精神の検討が抜け落ちていると指摘し、三木清（一八九七—一九四五）も意識して、自分の言う技術とは社会における物的生産と結合したものを指すと注意した上で、生産技術の趣旨と結合しない文化は、科学的精神を欠くと断じた。

戸坂が例として挙げたのは満洲国であり、唯物主義・科学統制主義に反する王道精神に基づく政治文化を標榜しながら、飛行機の製造がおこなわれていることからわかる通り科学的精神を否定してはおらず、このように相反するものの結合が示すのは「非科学的精神」であると論じた。さらに、文部省の理科教育についても批判の矛先を向け、その方針は、宗教的情操を根拠に理科教育を行おうというものであり、「大自然科学者は皆宗教家であった」、「自然をとほして神をみる」などと主張されている点を非難する。さらに戸坂は演台上の飲料水を取り上げ、水に神を見て何になるか、水を見て蒸気力を考え始めるのが正当であると主張する。理科教育を生産に即したものにせず、教学と無理に結びつけたためにこうした事態が生じたと戸坂は語る。

科学的精神は、戸坂によれば、「自由懐疑的、穿鑿的、空想的、独創的、破壊的、同時に創造的」である。科学的精神こそ人類の具体的生活の伝統であり、これに注意を向けて寮生活で研鑽を積むようにと述べて戸坂は発言を結んだ。

戸坂に対し、化学の教員の北岡馨がまず反論の発言を行い、次いで橋田が立った（西岡：1937–1938, pp. 325–326）。橋田は水に蒸気力を見るのは「馬鹿なこと」と断じ、これは飲むための水であり、「水道から来、小使がこゝにもつてきてくれ、更に国家の金がかゝつている」と指摘した。水を蒸気力のみに結び付けるように、物事を単なる利用価値に還元するのに橋田は反対であり、若い者は要求ばかり大きく人間らしい生活をしていない、不平を言う前にどれほどありがたい生活をしているか感謝するのが大切であると説く。生かされている自分が何者であるかを把握することがまず大切であり、そのためには私淑する人物を持つ必要があるが、橋田は、自分の経験では、王陽明と道元以外に見るべき人物はなかった、諸君も現代ではなく偉人のあとを歴史的に見れば私淑すべき人物が見つかると論じた。

橋田は、戸坂の政府批判やマルクス主義的な文化観・科学観で茶話会の議論が終わることに堪えられなかったものと思われるが、その後の反論は持論の反復であり、橋田の場合、特に意識することなく自然に反マルクス主義・反自由主義的言辞が口をついて出たようである。その点ではこの時期の一高校長に適任であったともいえるが、戸坂と比べれば、語り方が若々しさを欠いていることは歴然としており、若者は魅力を感じなかったであろう。

橋田が任期中に行った訓話や生徒に向けて書いた文章には、「時」を論じた試みなどもあるものの、規則や伝統と自由の関わりに触れたものが多く、論旨はいずれも類似している。自治を論じながら、自治のためには自己を把握し、為すべきことを為すために奮起する必要があると結び、「現下の時局」はそのために「我執」を離れる絶好の機会を与えていると指摘するもの（橋田：1938a）や、集団的にのみ人は人として生きることが出来るのであるから伝統なしに生きることはできず、伝統の中では「国家的民族」としてのものが「最高次」であるからあらゆる伝統は「国家の伝統」に「没入帰一」しなければならず、日本では人は臣民として最も「人生意義」を発揮すると述べたもの（橋田：1938b）、一高の自治寮に受け継がれてきた「四綱領」の精神は人らしく生きよとの教えにあると解釈したうえで、その人は抽象的なものではなく尽忠報国が頭を離れない日本人であると論じたもの（橋田：1939b）など、結局は、人として正しく生きることを議論のみならず行動によって示せと訓じ、正しく生きるとは現状の国家の方針に従って自己を忘れて日本のために尽くすことであると説くのが橋田の訓話であった。すでに見た通り、加藤のようにこうした論調に反発する一高生もあった。

教育審議会の議論に現れた科学観

教刷評の答申が出たのち、教学の指導と文政の改善に関する重要事項の審議が本格化したのは、一九三七年七月に閣議の承認を得た教育審議会においてであった。ただし、同月に盧溝橋事件が起き、以後日中戦争へと拡大したため、教育審議会の第一回総会の開催は、一二月になってようやく実現した（清水ら：1991, pp. 16–21）。

教育審議会に対しては、教刷評の答申を、教育の内容・制度として具体化することが求められたが、日中戦争勃発の影響を受け、第一回総会での首相近衛文麿（一八九一―一九四五）の挨拶ではより詳細な項目が問題として掲げられた。すなわち、「国体の本義の徹底」、「国民大衆の教育の拡充」、「国民体位の向上」、「科学及び産業教育振興の必要」、「負担の過重・画一化・形式化の解消」である（清水ら：1991, p. 335）。優先度は低いが科学教育・産業教育の振興が挙げられている点が特徴的である。ただし同日、諮問の趣旨を説明したのは文部次官の伊東延吉であり、そこでは国家的自覚の涵養や人物育成が強調され、「自然科学的教育」の重視という項目は後景に退いた（清水ら：1991, pp. 115–118）。

これ以前の主要な科学技術振興政策は文部省外において実施されており、具体的な動きとしては、学者の先導で実現した日本学術振興会の設立（一九三三年）があった。日中戦争勃発後には、一九三八年四月に内閣に科学審議会が設置され、一一月には科学国策の樹立・運用を専掌すべき国家機関の設置と、研究機関の拡充を建議した。これをうけ、企画院は一九三九年四月、科学部を臨時増置した（鈴木：2010, pp. 57–62）。

文部省が科学技術振興に本格的に乗り出すのは、陸軍軍人の荒木貞夫（一八七七―一九六六、一九三六年に予備役編入）が文部大臣に就任（一九三八年五月）してからであり、荒木が八月に設けた科学振興調査会の議論を反映するかたちで、一九三九年三月には、文部省科学研究費交付金が新設され、三百万円が計上された（鈴木：2010, p. 63）。荒木は日本では基礎科学の振興が充分ではなく、そのために軍事や産業において欧米に「一期づつ」後れていると観察しており、三百万円は「捨て金」でよいとも考えていた（荒木：1941）。科学研究費交付金の担当として、一九四〇年二月には、文部省専門学務局に科学課が新設された（廣重：1973, p. 155）。

荒木文相時代の一九三八年一二月に、伊東延吉は文部次官を辞している。大臣が科学振興を謳い、教学刷新を先導してきた次官が退職したのであるが、文部省における科学論をめぐる姿勢の変化は、あまり大きなものではなかった。荒木就任以前に発足していた教育審議会の委員のうち、科学技術に関する深い識見を有していたのは、職権委員を含めて、長与又郎、平賀譲（一八七八―一九四三）、大河内正敏、橋田邦彦、宮本武之輔、吉岡弥生（一八七一―一九五九）、中村清二などであり、最終的に七九まで番号が振られた委員の総数に比べて少なく（清水ら：1991, pp. 91–104）、中村は、一九三八年一月の第四回総会において「本審議会の委員中に肩書なしに自然科学を代表する者は本員唯一人部の学部長が出席するといった配慮はなされた。

でございます」と述べている（『教育審議会総会会議録』二輯、p. 100）。ただし、必要に応じて帝国大学の医理工系学部の学部長が出席するといった配慮はなされた。

数少ない科学者出身、かつ大学と高等学校の両方に深いかかわりをもつ委員であり、理念のみならず具体的な制度と内容に関して提案できる位置にありながら、橋田は、日本や「行」、「道」を強調する、むしろ道徳家としての発言を行っている。一九三八年四月の第五回総会では、自身が一九三六年一一月に愛知県国民精神文化講習会において行った講演の記録、「道としての教育」（橋田：1938c）を配布し、「日本的な立場」から、教育の本旨は学であり、学とは人となるための人生活動、すなわち道であり、単なる知識の獲得ではないと論じた。さらに、教師の多くは専門をもつ学徒であるが、彼らが自分の学的な活動が人生に対して持つ意味を把握することで、専門化の弊害は取り除くことができるとも主張する。また、画一化の弊害が指摘されているが、橋田は、自分が論じてきた「人」とは「日本人」のことであるから、あらゆる教育が教育勅語にある「斯の道」の実現に帰一するのは当然であるとも指摘する（『教育審議会総会会議録』三輯、pp. 39-49）。

橋田の日本を根本に置く発想は、一九三八年七月の諮問第一号第二〇回特別委員会においても披露された。橋田は、日本においてはあらゆるものが日本的に把握されなければならないと説くが、それは「弧《ママ》立的日本」を意味するのではなく、日本が世界の中心となり、世界が日本に帰一される、すなわち「世界を日本に収めると云ふことに於て日本が真の日本の姿を現はして来る」ことを意味するという。具体的には、世界のあらゆるものを日本的に把握するというのである（『教育審議会諮問第一号特別委員会会議録』五輯、pp. 101-106）。

橋田が理想とする大学の教授とは、研究者でありながら教育者でもある者、すなわち「自己の持つ学術を其の徳として摑んで居る者」である。科学精神についても独自の理解を示し、日本では「真の科学精神」とは「道」であり、こうした科学精神の発揚の結果として日本の学が発展を見たと橋田は指摘し、大学にある者が「学は人なり」を実践しうる人物であれば、特段の機構の改善は必要ないとも主張している（諮問第一号第三九回特別委員会、一九三九年一〇月六日、『教育審議会諮問第一号特別委員会会議録』一〇輯、pp. 165–172）。

第四節　初期の教学局の活動と科学論

日本文化講義

思想局時代からの事業は、教学局においても若干の変更が施された後に引き継がれた。ただし、一九三七年秋以降に日中戦争勃発の影響が現れた事業や、一九三八年五月以降に荒木貞夫が文部大臣に就任した影響が現れた事業もある。

日本文化講義では、科学関連の講義は多くはないものの、一九三七年に入ると、常連ともなった永井潜や本多光太郎、松井元興に加えて、電気工学者の抜山平一（一八八九―一九六五）や数学者の藤原松三郎（一八八一―一九四六）が講師として名を連ねたほか、川村多実二も「生活様式の進化」と題する講義を提供している。明治以前の東洋や日本の科学的知識についての関心が講義題目にも反映されるようになり、化学者の近重真澄（一八七〇―一九四一）が「化学より見たる東洋上代の文化」を講じ、富士川游も「西洋医学の伝輸に就いて」を題目とする講義を行った（『教学局時報』一号、1937, pp. 42–54）。

日本文化講義中に占める科学関連の講義としては、その後も、永井、本多、松井、川村らのものが続いたほか、伊東忠太の日本建築に関するもの、藤原咲平の気象に関するもの、橋田の「日本文化としての科学」といった定番とも呼べる内容に加えて、人類学者の清野謙次（一八八五―一九五五）の「日本人の由来」、田辺元の「自然科学と世界観」、機械工学者の加茂正雄（一八七六―一九六〇）の「科学知識と国力の充実」、医学者の東龍太郎（一八九三―一九八三）の「体力問題に就いて」、医学者の額田晋（一八八六―一九六四）の「科学的人生観」、農芸化学者の鈴木梅太郎（一八七四―一九四三）の「日本に於ける生化学の発達」、医学者の板垣政参（一八八二―一九六七）の「日本民族の特性」などが行われた。日本における科学の受容や展開にさらに関心が及んでいることがわかるが、科学史家として本格的研究を行っていた桑木彧雄（一八七八―一九四五）も「明治以前の日本の自然科学」と題する講義を提供した（『教学局時報』二号、1937, pp. 34-45）。数学史家の三上義夫（一八七五―一九五〇）も「日本に於ける代数学ノ発達」を講じた（『教学局時報』四号、1937, p. 33）。

橋田は医療には従事していなかったが、一九三七年九月には新潟医科大学において「日本医学」と題する講義を行った（『教学局時報』四号、1937, p. 24）。前年の同じ題名の講演の記録もあるが（橋田：1936c）、一九三七年一一月に行った「医道」と題する講義の記録が残っており（橋田：1939a, pp. 275-338）、これがより忠実に内容を再現しているものと思われる。「医道」では、橋田は、「日本人の道」としての「日本医学」の建設を目指すと述べ、「日本の生理学」や、これを拡大した「日本の科学」の樹立を日本の科学者の任務と考えているのと同様であるという。日本医学は、しかし、日本の古い医術と西洋医学の長所を集めたものではなく、世界の部分ではなく、世界を自己に収めた日本としての医学であると橋田は論ずる。ドイツやフランスなどの医学を「吾々のもの」、日本人のものとして把握する必要があり、そのとき医学も日本文化の一面として働くのであって、これを模倣として恥じる必要はない。

以上の点は橋田の日本科学に関する議論と同様であるが、医は学と術から成る点が科学とは異なっている。ただし橋田はやはり「人」、あるいは医「者」という場合の「者」、すなわち術を実施する人間に論点を求め、抽象的な科学を具体的にするのが科学「者」であるように、医学を学んで超越する者を医学「者」と呼ぶ。さらに医者・医学者は対象として扱うのが人・生命である点が科学一般とは異なっているが、この生命が何であるかは科学では明らかにはできないと橋田は主張する。それを示すのが生物学の新たな動きである全体論の隆盛であるが、「体」というと固定的であり動きである「用」が表現できないため、橋田は体用を合わせて「機」と呼び、全体ではなく「全機」の語を用いるという。医学が対象とするのは、つまり、人の全機であり、身心一如としてこれがとらえられなければならないのと同時に、全機としての人と人の間に成り立つ術としての働き、すなわち「仁」としての側面も意識される必要がある。仁は人間の道であるから、「医」とは、学・術・道の三者が一体となったものであると橋田は指摘する。

日本人としての道は、教育勅語にある「斯の道」であり、これを履まない者は学者を名乗るべきではない。「斯の道」に随順する「行」、「奉公」において「我」を離れ、「吾々の道」として学問を本当につかめば、それは「世界的な、国際的なものとして恥ぢない、本当に国際的であるもの」として具体的な意味を持つと橋田は言う。

日本人としての人間に注目して学や術を論じ、その人間が履むべき道の規範として教育勅語を持ち出すことにより、科学や教育のみならず、医の領域の学問や活動も、橋田は自身の体系の中に取り込むことに成功した。

一九三七年の秋以降は、日中戦争の勃発を受けて、大陸関連や軍事技術関連の講義が増え、それらの多くを科学者が担当した。具体的な講義としては、鈴木梅太郎の「満洲を語る」、新城新蔵の「事変下の上海」、田中館愛橘の「支那事変と飛行機」などがあり、永井、川村、田辺、橋田、松井、中村などの講義にこれらが加わったため、自然科学関連の題目の占める割合は高くなっている。工学からは、八木秀次（一八八六―一九七六）が「工学の研究に就いて」という講義を行っている。科学史関連の題目は増え続け、桑木が東西文化を科学史的観点から比較した講義や明治以前の日本の科学に関する講義を実施したほか、地震学者の石本巳四雄（一八九三―一九四〇）の「日本人は地震を如《マ》何《マ》見たか」、この当時測候技術官訓練所講師であった加茂儀一（一八九九―一九七七）の「家畜史より見たる欧亜古代文化」、藤原松三郎の「維新以前に発達せる我が邦の数学と我が国民の独創性」、「和算の発達」などの講義が行われた。数は少ないが、歴史家で史料編纂官の中村孝也（一八八五―一九七〇）の「洋学の発達と明治維新の展開」のように、日本史研究者が日本科学史を講じた例もある（『教学局時報』七号、1938, pp. 13-31）。

一九三八年四月以後は、日中戦争以後の「時局」に応じた内容であると思わせる講義、具体的には、医学者の坂口康蔵（一八八五―一九六一）の「時局と医学」、東龍太郎の「体力問題に於ける体育の立場」、物理化学者の仁田勇（一八九九―一九八四）の「自然科学研究と自然科学者の役割」、医学者の佐谷有吉（一八八四―一九五七）の「支那事変に対する科学者の責務」、加茂正雄の「非常時局と科学」（以上、『教学局時報』八号、1939, pp. 16-35）、航空工学者の田中敬吉（一八九七―一九七五）の「航空機の発達」、航空研究所所長の和田小六（一八九〇―一九五二）の「航空機の過去現在及未来」（以上、『教学局時報』九号、1939, pp. 11-19）などが加わるが、日本の科学史に関わる講義も行われ続け、桑木や伊東のものに加えて、医学者の宮川米次（一八八五―一九五九）の「医学上に於ける日本人の独創的研究」、化学者の喜多源逸（一八八三―一九五二）の「化学工業より見たる我が国文化の発展」などが行われた。科学の歴史、とくに日本の独自の展開について、科学者たちに自身の専門領域の歴史を語らせるという講義の形態が定着し、増えていった。

学界の実力者たちも講義に駆り出されており、中村、松井、本多に加えて八木の講義が増え、物理学者の長岡半太郎（一八六五―一九五〇）の「本邦の学術研究の成果を尊重せよ」、緯度観測所長の木村栄（一八七〇―一九四三）の「緯度の変化に就いて」なども加わった。川村は日本精神を科学により吟味する講義を続け、橋田は「自然」、「学問」といった論題で講義を行っている。

日本文化研究講習会

日本文化教官研究講習会は「日本文化研究講習会」と名称を変更し、一九三七年一〇月に人文科学科第一回講習が開催された（『教学局時報』二号、1937, pp. 19-20）。一九三八年三月には自然科学科第二回講習が開催され、田辺元が「徳性としての科学」（田辺：1939b）、橋田邦彦が「自然科学者の態度」（橋田：1939c）、中村清二が「事変と自然科学」（中村：1939）、仁科芳雄（一八九〇―一九五一）が「原子核と宇宙線」を講じた。田辺と橋田の講義は、『日本文化』と、教学局が刊行を始めた『教学叢書』に収められ、中村の講義も『教学叢書』において刊行された。なお、教学局が新たに刊行を始めた教学叢書の第一輯には、冒頭の「教学刷新と教学局」の次に橋田の講演録、「自然の観方」（橋田：1938d）が掲載されており、橋田と教学局の関係を窺い知ることができる。(5)

田辺は科学に関して一般的に認められる二つの価値、実用的なものと理論的――田辺は「学術的」の意でこの語を用いる――あるいは文化的なものをまず挙げ、これらは相反するように見えながら一方のみでは科学の価値の全体を尽くすことはできないと指摘する。現実の科学は両者の間を歩みながら進展する。田辺は、ドイツにおけるユダヤ人排斥とドイツ科学の提唱にはそれなりの事情があると配慮しつつも、実用的価値のみの強調が学問の水準の低下をもたらすと観察する。科学において実用的価値と文化的価値が相反しながら共存しなければならないのと同様、個人主義的あるいは国際主義的な傾向をもつ学者は、国家主義や国民主義に反発を覚えるが、国家に必要とされるものを自らの問題として取り上げることで、両者の対立や、それに伴う学者の不安は解消されうると田辺は言う。外からの目的に従うので他律的ではあるが、自らこれを行えば自律的であり、国家の中に生きる以上、自ら政府に進んで協力し、この二つを両立させる必要があると田辺は主張する。

類似の対立は、国家と科学、政治と文化の間にも認められる。田辺はこれを量子力学から借りた、排他性と補足性という言葉によって表現する。そして、対峙する二つの価値の間から具体的な行為によって科学を作り上げていく能力を徳性と呼び、ここに第三の価値、行為的価値を認める。教育上重要であるのは、この第三の価値を教えることであり、そのためには科学が動いてきた歴史を重視する必要があると田辺は論ずる。科学は歴史的発展の中にあって、これを反映しつつまた発展の原動力そのものでもある。こうした科学の行為的な価値を指摘することが田辺の講義の主目的であった。

以上で論点はほぼ尽きているが、田辺はまた、近世の科学を支えてきた分析的な方法が限界に達し、物理学のみならず生物学においても危機が生じているとも指摘する。量子論において、観測の対象と観測機器の分割が出来ず、両者を含む全体を考えなければならないように、あるいは生物学において生物と環境を分けられないように、科学から政治までのあらゆる局面において全体性を考慮する必要がある。こうした事情から量子論においては統計的な法則が採用されるが、その際、対立したものを含みこむ、無規則で無秩序な全体を前提としており、これはあたかも、無限なる全体である皇道が一視同仁にすべてを包み込む絶対性をもつようなものであると田辺は論ずる。さらに、科学が全体性と個別性の統一を示しているように、現実生活においても全体主義と個人主義の統一された新たな秩序が目指されなければならないと田辺は観察している。

田辺は、結局は現実の国家に従う方向へと誘いながら、それでも自由は失っていないと自身を納得させる論法を見出すことに長けており、巧みに二項対立を見つけて弁証法的構造に落とし込み、さらに量子力学の相補性を援用することで、社会の道理のみならず自然を支配する原理が、大勢に自発的に倣うことを求めているかに思わせる点に特徴がある。日本に居る限りはそこを支配する国家に従うことを意味するが、科学に関わる議論の場合には、特段日本的な要素は取り込まれておらず、皇道への言及があっても内実は抽象的である。田辺の論理は日本でなくとも適用可能である。

橋田は、以前に行った「行としての科学」や、一九三七年六月に行った講演を記録した「自然の観方」（橋田：1938d）に触れつつ、そこから発展はないと断りながら、時局下の科学者の心構えを論じた。科学的精神や全体主義といった流行語にこだわることを橋田は嫌い、科学者は科学者にふさわしい人生観と世界観を持つべきであると主張するが、科学者が行う科学そのものの模範としてまず自然科学を取り上げる。橋田の理解によれば自然科学の本質は実証にあり、実証は観察・実験に支えられている。次いで持論の自然と人間の不可分性を説明するが、ここで橋田は一般相対性理論、あるいはリーマン幾何学の概念を用いて、自然と人が対立しながら分離できない関係にあることを、「テンゾル的」であると表現している。

人間と自然が不可分であるのであれば、その立場から作られる人生観はすなわち世界観でもあるが、これを科学のみから作ると、論理的には誤りはなくとも、偏倚したものになる可能性がある。科学は人間が作り出すのであり、人生そのものではないと橋田は言う。また、「機」や「身心一如」、「知行合一」に言及し、王陽明や道元を引用して科学について説明するが、人の働きという意味において、同日に講義を行った田辺のいう徳に通ずるものがある、宗教・道徳・科学は同一のものであるとも主張している。

これらの講演に先立って菊池教学局長官が挨拶をしているが、そこでは講習会の目的は、「自然科学の本義を明にし、その根柢をなす人生観・世界観に検討を加へ、克く国体・日本精神との関係を考究し、以て自然科学系統の各学科教授の使命と任務とを明にすると共に益々その興隆発展を図らんとする」というものであり、直接的には教刷評の答申を受けて、この時点でも、自然科学といえば、その振興というよりは、国体・日本精神とのすり合わせが重要課題であった（『教学局時報』六号、1938, pp. 6-9）。自然科学振興の重要性も意識されているが、そのために自然科学教育が使命を全うするには、「自然科学の本質の究明並に之に伴ふ諸問題に対する的確なる認識」が必要であるとされ、つまりは科学論の課題そのものが講習会で検討される対象となった。

菊池は日支事変が長期戦の様相を呈していることに触れ、これを支えるのは揺るぎなき国民的信念であり、その確立のためには教学の振興が必要であると語る。そののちにようやく自然科学が戦争において重要な役割を果たすことに触れるが、「それと共に」、戦後の経営、東亜の学問文化の指導に関して自然科学への期待が大きいことも指摘している。文部省、少なくとも教学局においては、自然科学の教学上の意義を高めることが、科学そのものの振興よりも重要であったことがわかる。

菊池の挨拶は、一九三八年一二月に開催された自然科学科第三回講習においてはやや変化した(『教学局時報』九号、1939, pp. 2-4)。一九三八年四月には内閣に科学審議会が設けられ、五月には荒木が文部大臣に就任し、八月には文部省内に科学振興調査会が設置されるなど、政府・文部大臣は科学技術振興の姿勢を明らかにしていた。自然科学を危険視する傾向の強い伊東延吉の文部次官辞任も目前であり、教学局としても科学振興には触れざるをえなかった。ただし、講習会の目的に関しては前回と同じ内容が繰り返され、さらに、「東亜永遠の安定を確保すべき新秩序の建設」のために、「自らの文化を自覚し之を創造発展」させ、東亜の諸国に日本を信頼させることの重要性が謳われる。加えて、今回の事変が国民が「日本的なるもの」に目覚める契機となったことを喜び、学問文化が国土と国民に根差した日本文化として発展することを期待するとの言辞も加えられており、事変についてもまずは教学上の意味が確認されていることがわかる。

上記の確認ののち、ようやく菊池は科学審議会や科学振興調査会に触れ、不足資源の科学的補塡や科学振興に関する重要事項の調査といったこれらの組織の任務の重要性を指摘する。ただし、科学振興関連の話題はこの範囲にとどまっており、すぐに、自然科学は、「精神科学と共に」、新東亜建設の使命に副う任務を分担する必要があり、その独自性と指導性によって、全世界の注目の前に歩みを進めるべきであるとの文章が付け加えられる。

講習会の内容にも若干の変化があった。科学論に関わる演題は、橋田の「全体と全機」(橋田：1941)の一件であり、その他は、石本巳四雄の「地震学より見たる日本の文化」、藤原松三郎の「日本及支那の数学と国民性」、藤原咲平の「日本の風土と国民性」、および特別講演として、農学者・農業経営者の橋本伝左衛門(一八八七―一九七七)の「東亜の開発と皇国精神」、政治家・実業家の伍堂卓雄(一八七七―一九五六)の「時局と産業人」、鉱床学者の加藤武夫(一八八三―一九四九)の「日満支に於ける鉱物資源と其の開発」であった。科学史および産業技術論が主題であり、新旧二路線の間の妥協の跡を見て取ることができる。

日本諸学振興委員会など

日本諸学振興委員会は、一九三七年一〇月に第一回哲学会を、翌月に第一回国語国文学会を開催することとなり、哲学部常任委員には、西晋一郎・紀平正美などと並んで田辺元が就任した（『教学局時報』一号、1937, pp. 38-39）。その後、同委員会の活動は歴史学・経済学などへと拡大したが、一九三八年七月には夏季哲学会が実施され、田辺は「日本哲学の先蹤」と題して道元の『正法眼蔵』を取り上げる講演を行っている（田辺：1939c）。田辺は科学論を日本思想を基礎に語ることはなかったが、哲学においては日本の伝統への関心を見せていた。

思想局が推薦・紹介・選定をしていた図書の選奨は教学局にも引き継がれ、一九三七年七月には、科学関連のものとして初めて、橋田邦彦の講演集、『自然と人』（橋田：1936b）が紹介・選定された。「推薦」は「健全なる思想の涵養上有益にして推奨すべきもの」、「紹介」は「中正穏健なる思想の涵養上有益にして指導訓育上参考となし得ると思料したるもの」、「選定」は特に中等諸学校の教育に資するものに対して行われた。橋田著の紹介では、科学は抽象的であるが、科学「者」がこれを具体的にするという主張が特に取り上げられている（『教学局時報』一号、1937, pp. 55-57）。

図書推奨の制度は一九三八年一二月に改められ、教学刷新と文化の創造発展に有益なものを「推薦」、参考となるものを「紹介」することとなったが、改定後、推薦の筆頭に挙げられたのは田辺元の『科学概論』（田辺：1918）であった。このときの文部大臣は科学技術振興を進める荒木であり、その影響があったことが考えられるが、教学局としては純粋な科学技術書を推薦することはできず、科学のマルクス主義的理解に対抗する科学論書として田辺のものを選んだものと思われる。推薦の趣旨には、田辺の理解が新カント派のそれに近いものであることが述べられ、さらに、「自然科学研究者の陥り勝ちな自然主義の誤り」を詳論した点、具体的には「自然科学は具体的普遍たる実在の模写に非ずしてその部分的統一に過ぎず、之に対して文化科学は普遍化的法則的見地に加ふるに個性的価値的見地を以てする一層具体的なものとして成立する」と指摘した点が優れていると評されている。科学論書を推薦しているのであるが、その意図は自然科学の限界に関する理解を広めることにあった（『教学局時報』八号、1939, pp. 56-60）。科学を扱ったものとしてはほかに橋田の『空月集』（橋田：1936a）が選定されているが、「推薦」ではなく「紹介」にとどまっている。紹介の理由としては、学と道の一致や、人生の課題と科学の課題の一致を説く橋田の姿勢から、「尽きざる教訓」が得られることが挙げられている（『教学局時報』八号、1939, pp. 72-75）。

一九三七年一二月には二〇名の教学局参与が任命された。四名の現役の官僚や軍人のほか、大勢を占めたのは学者であったが、和辻哲郎、作田荘一、田辺元、西晋一郎、西田幾多郎、三上参次、浜田耕作（青陵、一八八一―一九三八）などに並んで、橋田邦彦、長与又郎も任命された。自然科学出身はこの二名のみである（『教学局時報』四号、1937, pp. 13-14）。具体的な任務はあまりなかったようであるが（荻野：2007, pp. 209-210）、教学政策上、信頼に値する者が名前を連ねていたことは間違いない。

日本文化を冠した団体としては、すでに日本文化協会が存在していたが、一九三七年九月には財団法人日本文化中央連盟が設立され、講演会の実施や、機関誌『文化日本』や研究誌『日本諸学研究』の刊行を行った（荻野：2007, pp. 248-250）。日本文化協会のように文部省や精研に直結した著作の刊行を行うことはなかったが、発足当初の常務理事には文部次官を退いた伊東延吉が就任して実質的な指導を行っていたようであり（『教学局時報』四号、1937, pp. 47-55）、のちに科学論関連で松井元興や前田隆一（一九〇七―二〇〇〇）が『文化日本』に寄稿している（松井：1939；前田：1941）。伊東は一九四一年六月には精研所長に就任し、精研が国民錬成所と合併して教学錬成所となったのちも、一九四四年二月に没するまでその地位にとどまり続けた（前田：1993, pp. 372-373）。

日本文化講義などに現れた日本の科学史についての関心は、一九三九年二月に官制の制定された日本文化大観編修会の委員に、科学史家の桑木彧雄が任命されたことに現れた。同会の設置は紀元二千六百年奉祝会の委嘱をうけて文部大臣が行ったもので、教学局長官の菊池が会長であり、ほかに三三名の委員と五名の幹事が任命された。桑木以外で学者出身の委員は、和辻哲郎、平泉澄、高山岩男（一九〇五―一九九三）などである（『教学局時報』九号、1939, pp. 49-52）。桑木には科学史関連の知識の提供と、執筆や執筆者を組織することが期待されたものと思われる。一九四二年三月時点での編纂方針によれば、『日本文化大観』は、歴史篇上・下と現勢篇の本文からなる本文と、図録上・中・下を合わせた計六巻からなり、歴史篇では、各時代を通じて、概観、政治、対外関係、経済、祭祀及び宗教、教学及び芸術の六方面に分けて説くこととしている（『日本諸学』一号、1942, pp. 306-307）。『日本文化大観』自体は一九四二年八月に第一巻（歴史篇・上）（日本文化大観編修会：1942）が出たのみであったが、日本科学史については関心も高まっており、日本文化講義において科学史関連の講義を行った講師を中心に、科学の各専門領域について執筆可能な人物を探すことは困難ではなかったものと思われる(6)。

第五節　科学する心

橋田邦彦の文部大臣就任

教育審議会の答申は、一九三八年七月、同一二月、一九三九年九月、一九四〇年九月、一九四一年六月（二件）、同一〇月の七回に分けて各時期の総理大臣に提出された。一九三七年一二月の近衛首相の挨拶は「科学及産業教育振興の必要」に触れていたが、答申全体の内容は教学刷新の実質化を目指したものであり、科学技術関連では、中等学校における理科教育の振興、大学において「国力の発展に即応して工学部、理学部等を拡充整備すること」、特に私立大学の自然科学に関する施設への助成などがある程度であった（清水ら：1991, pp. 119-188）。ただし、内閣の交代によらず教育審議会が議論できるよう配慮した近衛の意図は実現され、青年学校の義務化、小学校の国民学校への改編、教員養成の改善などの提案に見るべきものがあったとも言われる（古川：2015, p. 128）。一高校長として教育審議会に加わっていた橋田邦彦は、一九四〇年九月の第一二回総会では、総裁の鈴木貫太郎（一八六八―一九四八）枢密院副議長とともに委員に挨拶をする側に立った。同年七月に成立した第二次近衛内閣において、文部大臣として入閣していたためである。

橋田の文相就任は、近衛の側近であり内務大臣に就任した安井英二（一八九〇―一九八二）の推薦によって実現したと言われる（清水：1982, pp. 44-45）。橋田は、第一次近衛内閣において文相を務めていた安井、伊東延吉、および橋田の元学生の内山孝一（一八九八―一九七八）らとともに政教学術協会という会合を作り、月に一度顔を合わせており、安井は橋田をよく知っていた（東大生理学同窓会：1976, p. 7）。安井は橋田の人物や識見、および科学者である点を見込んで適任であると考えたのであろう。しかし、一高校長となって活動の場が広がったとはいえ、知名度も高いとはいえない橋田を文相に迎えたのは冒険であるともいえる。もっとも、近衛が文相に関して大方の予想に反した人事を行ったのはこれが初めてではなく、文部省に科学振興を持ち込んだ荒木の場合にもそうであった。近衛はこうした人事を好み、文相程度であれば冒険を行ったようにも思われる。

近衛内閣の目標からすれば、しかし、橋田の文相就任は適切であった。一九四〇年七月二六日に閣議決定された「基本国策要綱」（「基本国策要綱及之ニ基ク具体問題処理要綱」：1940）では、まず「肇国の大精神に基く皇国の国是を完遂」することが謳われ、次いで根本方針にも「皇国の国是は八紘を一宇とする肇国の大精神に基き世界平和の確立を将来することを根本」とすると記されている。これを受けて、「三、国内態勢の刷新」のうち、最初の方針に、「1、国体の本義に透徹する教学の刷新と相俟ち自我功利の思想を排し国家奉仕の観念を第一義とする国民道徳を確立す尚科学的精神の振興を期す」との内容が掲げられていた。さらに、「3、皇国を中心とする日満支国経済の自主的建設を基調とし国防経済の根基を確立す」のうち、第七項には、「ト、科学の画期的振興並に生産の合理化」が挙げられていた。教育関連では、教学刷新によって国家奉仕を第一義とする国民道徳を確立するのが主目標であるが、科学振興も主張されている。橋田であれば、科学者であるから近衛の科学振興の姿勢を代表することができ、一方で、従来の主張から見て国体や日本精神を踏み外した科学偏重には至らないことが期待できた。

七月二六日に閣議決定を見た「基本国策要綱」は、八月一日に発表されたが、公表版と閣議決定版の間には異同がある。公表版では、上述の「三、国内態勢の刷新」の「1」の文章は、「国民道徳を確立す」で終わっており、「尚科学的精神の振興を期す」という部分は含まれていない（「新内閣の基本国策」：1940）。石原純や戸坂潤の議論にあったように、科学的精神といえば、マルクス主義や自由主義に近いものを想像させ、国体、教学刷新、国家奉仕といった概念とは相反するようにも思われる。こうした不整合を避けたか、または単純に「科学的精神」の語を嫌ったか、或いは後に「科学の画期的振興」が現れるため科学の語の登場頻度が高すぎると考えられたか、理由の詳細は不明であるが、科学的精神の語を教育や道徳に関わる場面で用いる際には、相応の配慮が必要であったことが窺われる。閣議決定分はもちろん橋田も確認しており、ほかの閣僚とは違って丸に橋の字の、花押ともいえない署名をしている(7)。

基本国策要綱の発表を受け、橋田も談話等で自身の指針を明らかにした。国体の精華発揚や国家奉仕が優先であり、科学振興も行うが、それは国家奉仕実現のためであるというもので、教学と科学を対立させず、ともに日本的に振興することが目指されている。科学振興についても、科学研究の拡充整備や、科学研究者・技術者の育成などの具体策が挙げられているが、再三にわたって確認されているのは、科学振興は国家奉仕・日本文化興隆のためのものであり、「日本科学の樹立」を目標とするという姿勢である。これが、「国体本義発揚と科学の振興は一にして二ならざる旨を実践的に徹底把握せしむる」といった、橋田特有の方法で表現されている（「文部大臣談」：1940）。

さらに橋田は、「日本科学」とは、具体的には、「日本独自の立場から欧米の科学を指導するが如き科学」を意味すると説明する。科学「者」はその精神をつかみ、科学が国民生活の中に融け込むようにしなければならない。ただし科学は学問の一部に過ぎず、「教学一如」となって知識が「道」として動くことが肝要であり、学問とは人となる「わざ」であるとも橋田は主張する。人とは日本人、皇国民であり、個々人がそれぞれの「分」に応じてまことを尽くす修行が学問であると橋田は言う（橋田：1940a）。

文部大臣の講義と映画

文部大臣としての橋田が人々に広く知られるようになったのは、就任直後の八月一四日に行った「科学する心」と題する講義とその講義録によってであろう（橋田：1940b）。講義は司法保護協会主催の、「転向者の魂の道場」と称される思想戦要員練成会の一環として、東京麻布の東京府養正館において行われた。依頼は七月初めになされ、橋田は、これを引き受けたのちに政変によって文相となったが、約束を果たして講壇に立ち、「医博大臣」の講義として話題になったのである（「さびた声で諄々」：1940）。

講義中、前置きに当たる部分で、「科学精神」の語を用いず「科学する心」という理由を、橋田は、科学や、人間の内面の働きが、抽象的・概念的に捉えられないようにするためであると説明する。そのうえで、科学するという科学者の働きは、ものごとを正しく把握することを意味し、それは人間が人間として生きていることに他ならないと指摘する。さらに、欧米ではこの科学は外に向かって発達したが、東洋では内に向かっており、東洋思想が本然の姿を現す日本では、内に向かって日本の科学を作る必要があるが、具体的には「内外一如」の学となると橋田は言う。以下、自然は動きを持つ「機」であり、そこにはあるべき道筋として「理」・「法」・「則」や「道」がある、「教」と「学」と「道」は一つのものであるといった議論が続き、中国の古典の『中庸』や『大学』にはすでに科学する心や科学精神の本質が記されているが、これは科学が何たるかを知ったために理解できたことであるといった指摘がなされる。

興味深いのは、橋田が末尾において、西洋にも科学する心構えがあるであろうが、自分は西洋人ではないからそれは分からない、ただし「道としての科学」、「行としての科学」といった建前はないらしいと述べている点である。「欧米流に功利的な実利的な所謂日常生活の福利を進歩発展せしめるだけの意味で科学を考へて居るならば、何時かは人生を離れて破綻を来します」と橋田は言う。橋田は、西洋では実利に根差したものである科学を、道や行としてとらえることを、科学を日本のものにするための要諦であると捉えていた。そのうえで、「五箇条の御誓文」にある「智識を世界に求め大に皇基を振起すべし」の条文通り、行や道や徳としての科学を築くために世界各国の知識を求めれば、それは皇基を振起することになると主張する。従来は智識を世界に求める点は理解されていたが、それが皇基の振起のためであることは理解されていなかったのである。「この聖旨を奉戴して世界的日本として日本的に世界を把むこと」が科学する心の真髄であると橋田は説く。

「科学する心」の語は、橋田の記事も掲載された、帝国大学新聞社編輯・発行の図書の名称として、すでに一九三六年に登場している（帝国大学新聞社：1936）。しかしより広く一般に知られるようになったのは文相となった橋田のこの講義や、次いで作られた橋田も出演する、理研科学文化映画の「科学する心」によってであった。映画では橋田は高度国防国家建設のためには「科学する心」が必要であると説いている（「新映画評／「科学する心」」：1941）。以後、文相が唱えるものに倣って、日本の文化や日本人の精神性に根差した科学の樹立を唱える科学論が、官民を問わず広まっていくこととなる。

教育政策の中の科学論

教育審議会は答申を提出したのち一九四二年五月に廃止され、教育政策に関する議論は、二月に設置された大東亜建設審議会の第二部会が引き継ぐこととなった。それ以前の一九四一年一二月には対英米戦が開始しており、大東亜建設審議会の議論も影響を受けている。橋田は文相として総会に出席し、第二部会では議長を務めたが、第二部会では文教政策の大要は文部次官の菊池豊三郎が説明しており、総会では橋田は部会で承認された文教政策を読み上げる役割を果たすに過ぎなかった。五月に提出された大東亜建設審議会の文教政策の骨子は企画院によって作られ、その後詳細な解説書（企画院研究会：1943）も刊行された。

大東亜建設審議会の文教政策の大前提は、ハワイ作戦などの成功など、緒戦の勝利から推して、日本が以後大東亜の建設にあたるというものであり、重点はまず、指導国民として国体の精神に根差した皇国民を育成することにあった。智能のみならず、軍事、科学、技術、産業、経済等全ての点において英米等的陣営を圧倒することにより、東亜の諸民族を「心から悦服信頼せしめ」ることが目指されたのである（企画院研究会：1943, p. 34）。その具体的な方途としては、しかし、教学刷新以来の、日本的教育体制確立といったものが挙げられるのみであり、一九四〇年の「基本国策要綱」の閣議決定版に「科学的精神」の語が入っていたのとは対照的に、特に科学教育の内容などに関する具体的な議論は行われなかった。

企画院主導の大東亜建設審議会の文教政策に代わって、一九四一年三月の国民学校令以降の学制改革や、一九四三年一〇月の「教育に関する戦時非常措置方策」以降の教育上の非常措置について解説を行おうとしたのが、文部省の官僚を中心に結成された文政研究会の『文教維新の綱領』（文政研究会：1944）である。文政研究会には、当時教学官であった前田隆一、同じく科学官であった菅井準一（一九〇三―一九八二）など、科学論に関する知識の深い者も所属していた。

『文教維新の綱領』には、すでに一九四三年四月に文部大臣を退任していた橋田の影響が濃厚である(8)。教育審議会の答申を吟味する箇所では、同審議会による、科学教育の刷新振興や教育の実用性向上の主張が、従来の同様の提案とどこが異なるかが議論されており、それは、過去のもの（具体的には一九一七年から一九一九年の臨時教育会議のもの）が多分に「欧米的功利観念」に基づくものであったのに対し、今回のものは「皇国教育の本義に基いて実用性・科学研究の意味が発揮鼓吹」されているという点にあると指摘されている（文政研究会：1944, p. 25）。科学を日本的に把握しようとしている、という主張であるとみてよいであろう。さらに、錬成教育の主眼が説明される際には、橋田の「学行一如」の語が引用され（文政研究会：1944, p. 34）、高等学校や大学の教育が議論される際にも橋田の「身心一如」や「知行一致」が思い起こされている（文政研究会：1944, p. 105）。

『文教維新の綱領』は、「文教維新の課題」を二つ挙げており、「科学技術の教育」を「皇国の道に則る錬成の教育」に次ぐ項目とする。さらに、科学技術の導入が政治的・文化的課題を生んだことが憂慮されながらも、教育改革の眼目の一つが科学振興であり続けたことが指摘され、さらになお依然としてこれが課題であり続ける原因として、率直に、「我が国の科学技術の成果は尚未だ欧米のそれに及ばざるものがある」という事実を認めている。ただし、一方では、日本の科学技術には成果が欧米をしのぐものもあるため、科学技術全般の不振を脱するためには、教育・研究の「態度・方法」に転回が必要であると結論づけている（文政研究会：1944, p. 41）。

具体的な「態度・方法」の転回の指針としては、まず、国民学校令施行規則第七条を挙げている。ただし、「理数科は通常の事物現象を正確に考察し処理するの能を得しめ之を生活上の実践に導き合理創造の精神を涵養し国運の発展に貢献するの素地に培ふを以て要旨とす」という文章のうち、主に注目するのは後半であって、理科教育が「皇運扶翼の誠を生かす行」であり、科学に携わるのは、それが「道理に適ふ精神を養ひ自ら創造工夫に進むはたらき」となるためであるという原則が確認されている。

さらに、教師用の「理数科指導上の注意事項」中の以下の記述も引用されている。

皇国の道の修練といふ全体目的を常に念頭に置いて理数科の指導に当ること
既成の学問を前提として知識・技能を教へ込まうとする態度を避け、ものごとを正確に考察処理させ、真実の姿をつかまうとする精神を涵養するに努め、観念・知識・技能はその過程に於ておのづから獲得せられるやうに心掛けること

以上の二項目に関しても注目されるのは、皇国の道や真実の姿をつかむ精神であり、それらが強調されることにより、過去の、「真理のための研究」や「功利的実用の為の研究」に向けた、既成の知識技能の伝達を旨とする傾向は否定されるという。過去においては、一見真摯な研究であっても「抽象的真理愛好癖による個人的功利の目標」のために行われたため、己を捨てて皇国発展のために尽くすといった熱情を伴わなかった。そのうえ欧米からの輸入に頼る概念的知識や断片的技術の集積をもって科学教育とみなしていたため、創造の精神は育たず、科学に向かう態度は主体的ではなかったと指摘されている（文政研究会：1944, pp. 42–43）。

従来の科学教育の弊は、『文教維新の綱領』によれば、ヨーロッパ的学問観の影響によるものであり、より詳細にいえば、ヨーロッパの科学者というよりも、科学から遠い思想家・哲学者の、真理や実用のための学問という発想や、概念の組織を体系的学問とする思惟形式が誤りの根源なのである。誤った西洋的学問観に基づく西洋の科学を学べば、既成の学問に対し自身を客観的立場に置くに至り[9]、西洋の成果の模倣追随に終始することになる。西洋と異なる日本においては、西洋の成果をそのまま受け入れることはできず、また模倣によって合理的に科学を建設することもできない。

『文教維新の綱領』が日本における科学の建設の指針に仰ぐのは、橋田の「科学する心」であり、特にその、欧米のものではない、「吾々の科学、日本の科学、日本人自身の働きによつて出来上る内外一如の科学」（橋田 1940b: 287）

を樹立せよという要請であった（文政研究会：1944, pp. 43-44）。

より詳細な目標の検討に際しては、橋田の元学生で、精研所員で自然科学科に所属し、日本科学論について活発な講演・執筆を行っていた杉靖三郎の著作（杉：1943）への言及がある。杉は橋田より明確に、成果ではなく「働き」「学道」としての科学に主眼を置きつつ、従来皇運扶翼の道を具現してきた大和魂は、科学時代の現代においては科学・技術において発揮されるべきであると論ずる。そのうえで、科学教育は、既成の学術の体系の押し付けではなく、「知識や体系を創造してゆく精進工夫」を取り上げるべきであると述べている。『文教維新の綱領』は、こうした杉の主張を、現下の科学教育振興の指針であるとする。

過去において、日本では仏教や儒教を受け入れて独自の文化の一部としたが、その際、「個人的安心立命」や「易姓革命」は斥けた。皇運扶翼・国体護持の伝統精神に基づき、外来文化を主体的に把握しようとする創造的活動がこれを可能にしたのであり、現在、科学を日本的に創造するためには、「抽象的目的論的思想」や「主知主義的思想」を斥けつつ、西洋科学の成果をさらに国民的文化財へと作り上げていく志向が必要である。皇国民の使命に基づき日本の文化の発展に寄与しようとする者は、「日本人たるのものの見方、ものの考へ方」、つまりは「日本世界観」を身につけ、国史の事実や先人の遺風を仰ぐべきである――『文教維新の綱領』の科学技術教育論はこのように結ばれる（文政研究会：1944, pp. 45-46）。

現実的には、しかし、物質的な面のみに限定しても、日本に特化した科学の建設を言うには遅すぎることは、他の箇所では指摘されていた。高等学校の改革を論じた部分には、科学に国境はないとしていた一部の科学者が、日中や欧州の戦争、あるいは大東亜戦争以降、資源の入手が困難になり、忽然として科学に国境があることを悟った例が紹介されている。日本の科学は模倣であってはならず、日本人とその国土を対象とし、課題も資源も日本に即したものにせよというのであるが、日米開戦以降の困難に直面して自暴自棄気味になったようにも読める（文政研究会：1944,

p. 109)。

　上からも分かる通り、『文教維新の綱領』は、章によって論調がやや異なり、科学教育の改革を論じた部分では、「科学精神」や「科学する心」といった言葉が流行するあまり、科学知識はなくとも科学する心だけあればよいというような誤解が生じているとの批判がなされており、今後の科学教育は両者を融合する点に特徴があると主張されている（文政研究会：1944, p. 208）。

　改革の新たな理念としては、ものごとの「すじみち」や「ことわり」を見出す、すなおな「まこと」の心に基づくという「合理創造の精神」の涵養が、国民学校の科学教育に関して謳われており、これにより科学教育・技術教育の「植民地的性格」からの脱却が望めるとされる（文政研究会：1944, pp. 211-212）。また、「明日の科学日本のために」という節には、「皇国民錬成の一翼としての科学及び技術教育はどこまでも振起してゆかねばならぬ」、あるいは「新しい皇国民としての協力的道義が問はれてゐるのである」などといった文章もある。ただし、改革の具体的な方向性については、橋田や杉のような、皇運扶翼の心構えで科学の内容が変わるといった主張はみられず、算数・理科・工作の連携や教員再教育の実施など、現実的な指針な方策が解説されている（文政研究会：1944, pp. 210-215）。

　橋田が「科学する心」の語をもって示した理念、あるいは、皇国民としての意識をもって研究教育にあたれば西洋の害毒から脱した日本科学が樹立できるとする論理は、科学に対する思想問題関連の疑念が根強く残る文部省において、科学技術の研究教育の振興が主張される際、「医博大臣」発行の保証書のような役割を果たしていた。科学振興に向かっても思想上の問題は生じないと説得する際には、そこに「科学する心」があると言い添えることが効果的であった。

科学論の制度化

橋田の下での科学振興は、文部省科学課の科学局への昇格（一九四二年一〇月）などとして実現したが、科学論に関しても制度化が進んだ。

精研には、自然科学科が設けられながら所属する研究者がいない時期が続いたが、一九四〇年一二月の拡充により、芸術科とともに所員が配置されることとなり、橋田の弟子の杉靖三郎が翌年八月に就任した（荻野：2007, pp. 227–228）。さらに一九四二年八月までには、文部省督学官との兼任で前田隆一が所員となり、実験医学に関する研究嘱託に矢追秀武（一八九四—一九七〇）が、科学精神に関する研究嘱託に松井元興が、国民保健に関する調査嘱託に荒川清二と船越路子が、それぞれ就任した（『国民精神文化研究所要覧』：1942, pp. 27–28）。杉、前田、松井は、橋田の理念の普及を進めていくことになる。

日本諸学振興委員会においては、昭和一六年度中に自然科学部会が成立を見て、一九四二年三月に第一回自然科学会と第一回自然科学公開講演会が開催された（『日本諸学振興委員会研究報告』一五篇（自然科学）：1942）。橋田は文相として挨拶を行ったが、その内容はまさに日本科学論であり、その他の講演には、菅井準一、杉靖三郎らの科学史・科学論を扱ったものや、日本に関する科学研究、特定領域の研究動向の報告を伝えるものなどがあった。特別講演は、藤原松三郎の「和算に現はれたる我が国民の帰納力」、藤原咲平の「日本精神日本科学と国民性　附　日本の風土と大東亜共栄圏の気候」、長岡半太郎の「科学技術の連繫」である。内容、構成、講演者からみて、日本文化講義、日本文化研究講習会の実績を活用したことが分かる。

第二回は一九四二年一一月（『日本諸学研究報告』特輯第九篇（自然科学）：1944）、第三回は一九四三年六月（『日本諸学研究報告』特輯第一一篇（自然科学）：1944）に開催され、いずれも自然科学や工学の各領域の状況を伝えるものが増えるが、川村多実二の「動物の美的進化」、生理学者の浦本政三郎（一八九一—一九六五）の「物質・生命・歴史」、天文学者の荒木俊馬（一八九七―一九七八）の「徳川鎖国政策の本邦学術進歩に於ける意義と現時の自然科学研究」、林髞の「人間に於ける条件反射の研究」など、科学史・科学論関連のもの、橋田に近い講師によるものも含まれている。

日本諸学振興委員会からは学会講演などの報告が刊行されていたが、一九四二年三月には機関誌『日本諸学』の、同八月には『日本諸学講演集』の刊行が始まった。『日本諸学』の目次には、和辻哲郎「戦時教学の根本方針」（和辻：1942）、浦本政三郎「綜合科学への道」（浦本：1942）、松井元興「科学振興と天才の育成」（松井：1942）、紀平正美「日本諸学の基本形式」（紀平：1943）、動物学者の駒井卓（一八八六―一九七二）の「自然科学の学び方」（駒井：1943a）や「大東亜建設と自然科学」（駒井：1943b）といった論文や、紀平・和辻・杉など六名による「日本世界観と日本諸学」（藤野ら：1942）と題する座談会の記録などがあり、やはり日本文化講義等からの蓄積の影響が見られると同時に、文部省主導の企画に於いて科学論が一定の割合を占めるようになったことが分かる。橋田は『日本諸学』創刊号では発刊の辞を記し、第二号・第三号の表紙の題字を揮毫している。

刊行物としては、文部省の『教学叢書』、『教学新書』、日本文化協会の『日本文化』などが科学論に関わる論説に掲載の機会を与えたが、人文社会系の論文が多く、自然科学領域のもの全般を含めても全体に占める割合は大きくない。橋田は、科学に特化した雑誌の出版や講演会なども実施する組織として、一九四一年一一月に、文部省科学課に事務局を置く財団法人科学文化協会を設立し、文相官舎で発会式を行った。会長は橋田であり、理事長は文部省専門学務局長の永井浩（一八九九―一九六〇）、理事には橋田の秘書の内田孝一などが就任した（『科学文化』一巻一号：1941, pp. 92–95）。機関誌『科学文化』の刊行は翌月から始まったが、科学論・科学史に関する文章のほか、科学全般にわたる啓蒙記事などが掲載された。名称や活動の形態は、日本文化協会のそれに酷似している。

第六節　日本科学論の展開

日本科学史と科学的精神

日本人に独自の科学を行う能力があるとするならば、明治期に西洋科学が大規模に導入される以前の日本に、自然に関するどのような学問的な営みがあったかが問われて然るべきである。すでに見た日本文化講義等における日本科学史への関心の高まりの背景にはそうした問いがあったが、その中からこの時期特有の主張も生まれるようになっていた。一九三〇年代半ばからは、科学論のみならず科学史に関する研究や議論も多くなるが、ここでは精研に関わる事例を一件取り上げることとする。

紀元二千六百年奉祝会の『日本文化大観』刊行の企画については触れたが、一九四〇年八月、同会は機関誌『紀元二千六百年』の第三巻八号を「科学日本号」と銘打ち、日本の科学史や科学研究上の成果を振り返る特集とした。ここに精研歴史科所属の所員で、日本史の研究に当たっていた中村光が「江戸時代の科学」（中村：1940）と題する論文を寄稿し、橋田や松井の議論に依拠しながら、明治以前の日本の科学に関する見解を発表した。

中村は、橋田や松井の主張に基づいて、分析性や実証性のみを事物の「本質的全体的理解」をもたらすものとする姿勢を否定し、またヨーロッパの科学精神は民主主義・自由主義・唯物的諸思想とも無関係ではなく、破綻や行き詰まりに至っていると主張する。さらに中村は日本的科学建設の動きにも言及しながら、ヨーロッパ科学とは異なる論理に基づく日本の科学が、明治維新以前にあったといえるのではないかと問い、天文学や医学、塔や刀剣などにその証拠を見出している。

東洋的基礎の上に南蛮学や蘭学が吸収された成果として江戸時代の科学に注目する中村は、そのまま健全な発展を遂げていれば、明治期にヨーロッパ科学に依存する必要はなく、むしろこれをはるかに凌駕したであろうと思われるものもあるとも想像する。具体例として挙げられるのは、関孝和（一六四二―一七〇八）の和算、古医方家の活動、渋川春海（一六三九―一七一五）の改暦などである。さらに、江戸時代には東洋的教養の基礎の上に科学が築かれたのに対し、明治期以降はヨーロッパ的教養が基礎になったと指摘して、日本科学の伝統は明治期の近代科学の到来によって切断されているとも論ずる。中村は、日本の科学がヨーロッパ科学の埒内にとどまる現状を嘆き、明日の日本科学の創造のために、江戸時代の科学が再認識されるべきであると主張する。

中村の議論からは、西洋科学とは異なる性格をもつ自然探究のかたちへの関心が、明治維新以前の日本の科学史の研究の動機となった機序が理解できる。江戸時代の科学にも西洋の科学の影響は大きいが、それが東洋的教養の上に吸収されていたと論じており、根本に日本精神や皇運扶翼の心を置いて科学を行うとする日本科学の可能性を、歴史の中に見ようとする姿勢が現れている。

これに対し、石原純は、同年一〇月、『帝国大学新聞』に、中村の主張は科学に対する無理解に基づくものであるとする批判を発表した（石原：1941）。科学に幾種類もの方法があり、民族によって異なるなどと考えるのは、まさに「非科学的な思考」であると石原は指摘する。科学とは「自然の事実を論理的に整序する学問」であって、自然の事実や人間の論理に複数の異なったものが認められない以上、科学は一つであると考えるほかないというのである。さらに、現在の科学も抽象や分析のみを行うのではなく、総合的な理論体系の構築が目指されており、また日本の古代の名匠たちも彼らなりの抽象・分析を行っていたはずであると石原は言う。さらに、科学においては直観も重要であり、法則や理論の発見においては大きな役割を果たすとも主張する。

石原は中村の背後に「日本科学」を見ており、その高唱は時流への阿りに過ぎないとも指摘する。日本に必要な研究というものがあるにしても、それは科学が複数あることは意味せず、「日本科学」なる語は誤った表現である。科学振興にあたっては、こうした枝葉末節に捉われず、科学を正当に理解したうえで根本的な研究に専心すべきであると石原は言う。

二年前の一九三八年一二月には、石原は『紀元二千六百年』にまさに「科学的精神について」（石原：1938）と題した文章を発表しており、そこでは、一九三六年頃に田辺元などによって論じられていた科学的精神への関心が、日中戦争の勃発により国民精神総動員が唱えられるに至って注目を集めることが少なくなったことを憂慮していた。石原は、国民政府の抗日政策が事変を起こしたことを認めつつも、一部にあった大陸進出を当然の要求とみなす姿勢には疑念を覚え、東亜の新秩序を建設するという政府の声明によって「正しい見透し」が得られたとするが、取るべき道を示してこの目標を実現へと導くのは科学的精神であると考えていた。

国民精神総動員と共に、内容の明らかでない日本精神や日本主義が強調されることも石原は懸念しており、それがいたずらな「懐古主義」や「復古主義」、全般的な西洋排斥に陥らないよう、「現代の我々」に所属したものとして理解することを提案している。日本にほとんど存在していなかった――と石原の理解する――科学を受け入れ、西洋の文物を楽しむに至ったのも日本の選択であり、かつて中国や朝鮮の文化を取り入れたときのように、「たとへ西洋文化をとり入れて多少の西洋心酔を持ち来したとしても、それは或る一部に若くはほんの一時に限られるのであつて、やがてはそれが日本化せられて新たな文化を築き上げることは、恐らく疑ひがないのである」と石原は指摘する。科学や西洋文化も日本化されるのである。

細かい風俗上のことについてさえ西洋風を排除するといった姿勢では、「支那民衆を威伏させ」、彼らから積極的な協力を得ることが叶わないばかりか、東亜全体の発展によって西洋諸国と対峙することは望めない。この目的のためにもむしろ「西洋諸国との知識交換」は必要である。さらに、全体主義や統制の実施により日常の生活や職務に公的な意味が付され、合理化が要請される今日、あらゆる局面において科学的精神、「科学性」の尊重が不可欠である

――。一九三八年末の石原はこう主張していた。

一九三八年の段階では、日中戦争の完遂や東亜新秩序の建設のためにますます必要とされるであろう科学的精神が、日本精神や日本主義に押されて顧みられなくなっていたことを危惧した石原は、二年前に田辺元や小倉金之助と共に論じた科学的精神の尊重を改めて訴えた。そこには、戦時下の国家が科学的精神を駆使しないはずはないという確信や、またそれまで順調に進んでいたかに見える日本の社会と文化における科学の受容も、日中戦争以後の情勢により、日本精神よりも科学的精神を高位に置くかたちで進行するという予想があったように思われる。

一九四〇年夏には、しかし、日本科学を主唱する橋田が文相となり、自身科学者ではあったが日本精神を基盤とする科学の建設を訴えるようになった。田辺はそれまでには文部省教学局の寵児ともいえる存在となり、国家の統制に自発的に従うことが自由であると、科学の最新理論にも言及して主張するようになっていた。日中戦争以降、科学における日本精神の強調や、日本科学樹立の声は、石原の予想をはるかに超える勢いで成長していた。

科学の方法は一つであり、明治以前の日本には科学はほとんど存在しなかったとみなしたうえで、それに沿って科学性や科学的精神を理解する石原は、日本科学論の隆盛を、国家の先行きをも危うくしかねない趨勢であるとみた。日中戦争の進展とともに科学振興が謳われるようになったことを喜びつつも、科学の本質に関する誤った主張が拡大することを懼れて、石原は中村の日本科学論を批判したのである(10)。

なお、一九三六年当時は田辺に続いて科学的精神を説いた小倉は、一九四一年五月には、大阪毎日新聞社文化講座において、日本的性格を持った数学を建設し「移植数学」を脱することが必要であると講じた（小倉：1942）。小倉は数学の階級性の主張によって知られており（小倉：1930）、携わる人間の属性によって科学や数学の性格が変わるという議論には長けていたため、階級性を国民性に入れ替えれば時局に応じた数学論が展開できた。同様の事例としては作田荘一の国民科学がある。小倉はまた、科学の統制が研究室から封建的要素を一掃することを期待して、一九四一年四月の『中央公論』において、「原則として、科学及び技術の研究を、国家目的のために、強力に統制せよ」と要請するに至っていた（小倉：1941）。

湯川秀樹の経験

日本科学の樹立を提唱する橋田文相の下、日本精神や「科学する心」を標榜する日本科学論が各方面で叫ばれるようになった（松尾：1992, pp. 335-341）。日本科学、日本的科学のみならず、「日本主義科学」の語も、初めは、日本政治学の樹立を訴える精研の藤沢親雄によって、「無色透明抽象」、「無内容無創造」の「自由主義科学」に対峙する、「内部に充実せる民族的エネルギーが外面に向つて次第に膨張発展して行く生命躍動過程」として（藤沢：1939, p. 14）、次いで理化学研究所所員で金属学者の飯高一郎（一八九三―一九八〇）によって、日本主義という道徳的原理によって日本人としての人格を完成するとともに、その人格に立脚して築き上げられた科学として（飯高：1941, p. 33）、提唱されるに至った。飯高は、日本の国民性や資源、気候などに立脚して発展した科学は、「日本的科学」という「楯の反面」に過ぎず、これを超え、忠君愛国、皇室中心主義、義勇奉公、八紘一宇、臣道実践、滅私奉公等と合一した科学、すなわち日本主義科学こそが実践されなければならないと主張していた。

一方で、橋田の「科学する心」については、遠慮のない批判も寄せられていた。石原の中村光に対する批判は間接的に橋田に向けられており、また映画「科学する心」の新聞評においても、「科学する心」の語に代表される、科学教育政策の「浅薄さ」が指摘されていた（「真映画評／「科学する心」」：1941）。さらに、唯物論研究会設立にも関わった文学者の林達夫（一八九六―一九八四）は、一九四一年七月に、同じ映画を取り上げ、「科学する心」を安手の人造シロップの如き「こく」のない言葉と評し、必要とされているのは、その対立物である、本当の「科学精神」であると指摘した（林：1941）。いずれの批判も、「科学する心」の語の欺瞞性に反発し、真の科学振興を訴えていた。

「科学する心」や「日本科学」を提唱する側も、それでは科学振興にはならないと反対する側も、盛んに論説を発表したため、出版事情が悪化して行ったにもかかわらず、敗戦に至るまで、この分野においては多様な議論が出現した。その全貌の描写には別稿を期するほかないが、以下では、資質や研究内容から見て、科学論からは遠い位置にいたと思われる湯川秀樹が、いやおうなしに日本科学をめぐる議論に巻き込まれていく過程を描写して、日本科学論の隆盛を推し量る手がかりとしたい。

湯川は、一九三四年に発表した中間子論が一九三七年に世界的な関心を集めるに至り、一九三〇年代末には若いながらも日本を代表する物理学者として、ラジオや新聞にも登場する著名人となっていた。一九四二年三月の日本諸学振興委員会の第一回自然科学会でも、他の分野を代表する科学者と共に、「素粒子概念の変遷」と題する発表を行っている（湯川：1942）。これは自身の研究の紹介ともいうべき内容であり、時局についても科学論についても特段の言及はない。

一九四三年一月に発表した「科学者の使命」では、湯川は、日米開戦後二度目の正月を迎えるにあたって、一億の国民が一つのことを念願し、同じ方向に邁進しつつあると述べ、科学者の最も大きな責務は、既存の科学技術の成果を速やかに戦力の増強のために用いることであると論ずる。その反面、「科学の真の根基」を日本に培養しなければ、応用される科学・技術の源泉も枯渇すると警告を発し、「科学に於いても米英はいふに及ばず、あらゆる国々を後に瞠若たらしめねばならない」と、応用にのみ目を奪われず、基礎科学も顧慮すべきことを訴えている（湯川：1944, pp. 159–163）。「科学者の使命」は一九四四年に刊行された『物理学に志して』にも収録されている。この文章には、戦時下の科学者の言として特に異とすべき点はなく、湯川自身が末尾で「甚だ平凡陳腐」と評している通りである。

一九四三年一〇月には、湯川は広島高等工業学校において日本文化講義に参加し、「現代物理学」と題する講義を行っている（文部省教学局：1943, pp. 153）。また、『教学叢書』第十六輯に「科学の世界」と題する文章を発表する予定もあったようであるが（文部省教学局：1943, p. 81）、これは実現しなかった。実現していたとしても、その内容は、物理学に沿った自身の研究の解説から大きく踏み出すものではなかったのではないかと推測される。

一九四三年三月には、旺文社の『新若人』に、荒木俊馬、伏見康治（一九〇九―二〇〇八）とともに行った鼎談の記録、「日本的科学の建設――若き科学徒に語る」が掲載された（荒木ら：1944）。荒木と湯川はともに京都帝国大学教授であり、伏見は大阪帝国大学教授であるが、湯川は京都に移る以前は大阪帝大に勤務しており、伏見とも親しかった。鼎談は、「日本精神と科学」といった問題の専門家とみなされていた荒木の誘いで行われたもののようであり、湯川と伏見は科学に関して日本的な要素を強調することには躊躇がある様子が見て取れる。

湯川は、たとえば日本刀のようなものに、技術と日本精神の結合が見られると述べ、さらに、東洋では科学的な思考方法や研究方法は発達していなかったが、明治維新以降の日本の科学の急速な進歩を見れば、日本精神は科学と矛盾するわけではないとも論じている。また、戦時下では、戦後の大東亜共栄圏の文化といったことを意識する必要はあるものの、まずは科学は戦争に勝つための手段であると考えるのがよいと指摘する。思想と科学の関わりについては、影響を及ぼしあうことは認めるが、極めて常識的に、一方が他方を決定するほどの力を持つとは考えていない。湯川はまた、戦争に勝つための科学や技術とは言っても、質の高さに量が伴わなければならないとも指摘し、さらに、科学では信念のみではどうにもできず、なにか秩序だった方法をとる必要があるとも論じている。

将来への観測としては、科学万能というわけではないにせよ、科学は将来にわたって確実に展開を遂げ、これが行き詰まって非科学的なものが蔓延するとは考えられず、人間が非科学的なものの方へ進んでいくこともないとの見解を示している。また、若い学徒へ伝えるべき内容としては、研究のための組織だった方法は、当人が研究室にいる間に自然に会得すべきものであり、武道や芸能のように「やつて居る中に自然に悟」るのが望ましいと語った。

全体として、日本精神と科学の結びつきについての明言を求める荒木や「記者」の期待には直接応えず、勝利のために科学の活用や振興が必要であると指摘するにとどまる湯川や伏見の姿勢が顕著である。ただし、「科学者の使命」よりは、日本精神などについてのやや踏み込んだ発言が見られる。

一九四五年一月八日には、朝日新聞の「科学者新春の夢」と題する記事の中に、洞穴の中の巨大な「サイクロトン」〔ママ〕から中間子線と思しきものが発射され、ワシントンを直撃して大炎上を起こすという夢を湯川が見たとする文章が掲載された（「科学者　新春の夢」: 1945）。原子核・素粒子研究では日本は世界の先端にあり、そこから起死回生の新兵器が生まれるのではないかという期待が記事にされたもので、湯川が「科学日本」の代表であるとみなされていたことも分かる。

次いで二月には、湯川と、京都一中（京都府立京都第一中学校）で同級であった湯浅佑一（一九〇六―一九九四）との対談が、大日本雄弁会講談社の『現代』に掲載された。湯浅のこのときの肩書は、大阪府湯浅蓄電池生産担当者であり、対談の表題は「戦争・科学・生産」である（湯川ら : 1945）。これは、湯川が湯浅の工場を訪れて講演をしたことを契機に企画された座談会のようであり、講演では、原子爆弾がドイツで作られているのではないかという質問が技師の中から出され、これに対して湯川が「出来てゐないだらう」と答えたことを、湯浅は紹介している。湯浅はまた、日本の科学が外国に劣っているとはいえない証拠として湯川の中間子論を挙げ、しかし科学研究と技術の現場の間に懸隔があることにいらだちを覚えていた。

湯浅はさらに、精神力によって百時間を超える連続作業が可能になることを、自身の工場の実例を挙げて説明している。これに対し湯川は、現在の科学でも精神については解明しきれない点があると述べ、科学も精神力の中にあり、特に二〇世紀に入って明らかになった電子や分子の世界では、絶対的な因果関係は認められず、物質界でさえそうである以上、精神についてもそうであることが想像できると論じている。徹昼徹夜の作業のような、「殆ど不可能のことが、精神力によって実現される」というのである。

日米の科学動員については、アメリカが戦時体制への切り替えを早期に行ったのに対し、日本は出遅れていると湯川は指摘する。ただし、アメリカからは、「もつと種類の異つた新兵器が出さうなものであるが、それほど現れて来てをらない」、「まだ窮状に立到ってをらないから、新兵器を出す必要がないのかもしれないし」、「実際に宣伝するほど、新兵器を造ってをらないといふのが、実情なのかもしれません」とも観察している。日本の科学陣の動きは遅かったが、日本はこれから上昇する可能性がある。これに対してアメリカはすでに到達点の最高度に達し、いまは下り坂にあるとも述べている。

さらに、日本の優位が「日本精神」に由来するものであるとも、湯川は指摘する。アメリカは「物質から精神へ」、つまり「外から内に」向かっていくので「駄目」であり、日本の科学は「日本精神が本になつて、それから広がつていった科学」であり、「筋金」が通っている。したがって、物量で劣後していても日本が勝つと湯川は主張する。人文科学の専門家の中には、依然として、国境を超越した理論や皇国につながらない理念を抱いている人もいるようだが、という記者の問いかけに対しては、湯川は、科学者には「懐疑的なものは一人も居ないし、その点は心配ない」と請け負っている。

対談の末尾には、神風特別攻撃隊への言及もある。これは印象深いので、二か所にわたる発言の主要部分をそのまま転記しておく。

「今度の神風特別攻撃隊など、――私は十分なことは分りませんが――例へばここに一つの兵器があつて、それに乗つて、どうしても敵の航空母艦なり、戦艦なりをやつつけたいといふ魂があって、その手足、軀がどん〳〵拡がって兵器となつて、そこに進んでいつたと考へることが出来ると思ひます。兵器があつて、そこに人が乗つたといふだけでは、どうもピンと来ない。日本の兵器といふものは、魂が先きにあって、それを中心として出来たものである。結局、戦争といふものも、さうぢやないでせうか。敵米英の方は、飽くまでものがあつて、それに人が便乗する。しかし日本のは便乗してゐるのぢやない。ここに戦勝の機がある」。

「科学者の立場としては、かういふことを考へなければならない。例へば、今度の神風特別攻撃隊といふやうな場合でも、初めから全然生きて還るといふ気はないわけですね。死を覚悟して征かれた。さういふ一人一人は非常に尊いもので、イギリス人やアメリカ人の千人はおろか万人とも代へることの出来ない人達である。向ふの航空母艦をやつつけても、その様な物質には代へられない人達である。吾々としては、さういふやうな尊い犠牲を一人でも少なくし、出来ればさういふ犠牲なくして、敵を撃滅したい、又しなければならない。と非常な努力をして行く。これが吾々の任務であらうと思ひます。この意味で、精神力を軽んじるといふことでなしに、人が尊ければ尊い程、益々科学的でなければならないと思ひます」。

一年前には深く論ぜずにやりすごすことのできた日本精神についても、一九四五年に入ると言及を避けることは難しくなった様子を見て取ることができる。その反面、発言の後半では、特攻に赴く人々を称揚し、特攻で失われる人命を救うためにこそ科学者は努力していると主張することによって、間接的に特攻を余儀なくさせる事態そのものを批判しているようにも思われる。湯川個人のものとみなしうる発言の独特の工夫は、この対談中の湯川の言葉が実際に本人の口から発せられたものであることを示す証拠と捉えることも可能であろう。

一月二四日の衆議院予算総会では、三木武夫（一九〇七―一九八八）の特殊兵器の生産や科学技術力動員の現状に関する質問に対し、技術院総裁の八木秀次が、必死でなく必中の兵器を産み出したいと願っていたところ、必死必中の神風特攻隊の出動をまたなければならなくなり、まことに遺憾に堪えない、慙愧に堪えないとの答弁を行った（「科学技術着々戦力化へ」: 1945）。特攻隊に申し訳ないとの言明は注目されたらしく、例えば文学者の高見順（一九〇七―一九六五）は、日記に八木が「日本の科学者は特攻隊に対し申訳ないとおもうと声明」したと記している（高見：1964, p. 57）。湯川の言葉もこれに似ている。

日本精神そのものともいえる特攻隊員の命が失われていくのを、科学の粋を集めた兵器という物質で防ぎたい。その科学が日本科学であるかどうかはもはや問題ではない。「精神力を軽んじるといふことでなしに、人が尊ければ尊い程、益々科学的でなければならないと思ひます」――戦争がどのような結末を迎えるにせよ、その後も日本の科学は生き延びていくとわずかにでも望むことが湯川に許されたとすれば、極限下の緊張と共に慎重に選ばれた言葉から組み立てられたこの発言が、その理由の一つを指し示しているといえよう。

おわりに

太平洋戦争の最末期には、広島と長崎に原子爆弾が投下され、日本の敗北が科学戦におけるそれであることが強く印象付けられた。ポツダム宣言受諾の「聖断」を下した昭和天皇（一九〇一―一九八九）は、疎開先の皇太子の明仁（一九三三―）に宛てた一九四五年九月九日付の手紙に、日本の敗因は、「我が国人が　あまり皇国を信じすぎて　英米をあなどったことである　我が軍人は　精神に重きをおきすぎて　科学をわすれたことである」と記した。これを読んだ皇太子は、内舎人の信国鉄蔵に、「信国、日本は科学がダメだったねえ」と語ったという（高橋：1987, pp. 3-4）。

ポツダム宣言受諾時の首相であった鈴木貫太郎は、八月一五日夜のラジオ放送において、今後「民族永遠の生命を保持発展」せしめていくためには、「特に今回戦争における最大欠陥であつた科学技術の振興に努めるの外ないのであります」と語っている（「銃、剣を棄つるとも」：1945）。

科学研究の現場、とくに科学戦の象徴である原子爆弾に関連の深い領域にいた湯川も、本章冒頭で触れた「静かに思ふ」（湯川：1945）の中で、「総力戦の一環としての科学戦」に敗れたことは受け入れる姿勢を見せた。しかし、湯川は、敗北の原因が単純に科学力の差にあったとは言わず、日本において原子爆弾が製造できなかったのは——日本にその計画があったことは前提とされている——、「人的及び物的資源の不足、工業力、経済力の貧困等」、すなわち「彼我の国力の大きな差異」のためであったとする。敗戦の原因も、結局は、「彼我国力が懸絶してゐたこと」に帰着し、日本の最高指導者がこれを無視したのが最も非科学的であったという。もっとも、「今更負惜みをいふべきではな」く、日本が優れていたはずの物理学の先端の基礎研究においても「全力が発揮されたといへない点」があり、「日本の科学は駄目だつた」と評されるのもゆえなきことではないとも認めている。

では戦時下で日本の科学の優秀性が主張されてきたのは全て虚偽であり、今日科学の貧困が指摘されているのが「真実の全部」なのであろうか。湯川はそう問い、次いで、「はじめに」で紹介したように、「日本科学」の存在を主張しようとする傾向は、真理探究を旨とする科学者にとっては「迷惑」であつたと回想している。さらに、日本の科学全体が不毛であったわけではなく、「少なくとも私共の専攻する理論物理学に関する限り、戦争に負けたからといつて急に卑下する必要はないと思ふ」と自負している。

敗戦直後には、「日本科学」は、戦時中の日本の非科学性を代表する概念と化していたこと、しかし、科学者もそうでない人々も、「日本の科学」は「日本科学」によって覆いつくされるようなものではまったくなく、将来に向けて発展する余地は充分にあると理解していたことが分かる。「日本科学」は、科学論が問題になる際は別として、研究の現場では「迷惑」程度にあしらわれていたのである。

一方で、携わる人間によって科学の性格が左右されるという、日本科学論が前提としていた認識は共有しつつ、これを、日本に勝利した科学研究を産み出した側に適用する議論も、原子爆弾の投下の直後から現れた。戦時中にサイクロトロンの建設を行いつつ原子核分裂の軍事利用の可能性も探っていた仁科芳雄は、一九四五年八月七日、前日に広島に投下された爆弾の調査に赴く直前に、研究員の玉木英彦（一九〇九—二〇一三）に書いた手紙に、原子爆弾の開発に成功した米英の研究者は、仁科の指揮下にあった日本の研究者に大勝利を得たのであり、これは「米英の研究者の人格」が自分たちのそれを凌駕しているということに尽きると記した。仁科の理化学研究所の研究室では、日米開戦の前に、サイクロトロンの建設にあたって惜しみない援助を与えてくれたローレンス（Ernest Orlando Lawrence, 1901-1958）が、偉大な物理学者になろうとしたらまずよい人間になり給えと言っていたことから、研究の成果は、手先や頭の問題ではなく、これに携わる人間の人格の如何によると言い交わされていた。もっとも仁科は、敗戦で自身を含む日本人全体の人格が否定されたとは考えておらず、八月一五日に研究所に戻ると、これからはまるで時世が変わったと言い、「サイクロトロンの漏り」を気遣った。サイクロトロンの真空の漏れが、研究を再開しようとする仁科の最大の関心事であった（岡本：2011, pp. 153-168）。翌年には、人民のために人民が行う政体がとられるようになったのであるから、今後は人民各自の人格の高低が日本の浮沈を決定するものになったと論じている（岡本：2014, p. 205）。

湯川の共同研究者でもあった武谷三男（一九一一—二〇〇〇）は、一九四六年六月の『自然科学』において、今次の日本の敗戦は世界の科学者による野蛮の追放であったと論じ、原子爆弾の完成には「殆どあらゆる反ファッショ科学者」が協力したと述べた。武谷は研究成果に科学者の人格が影響するとは記していないが、野蛮の追放のために原子爆弾を完成させた科学者たちは、「大体に於て熱烈なる人道主義者である」と観察していた（武谷：1946）。

もちろん、正当な方法で科学振興を行わなかったために失敗した、自分はこれを戦時中から指摘していたとする、八木秀次（沢井：2013, pp. 182-183）や富塚清のような者（富塚：1947）もいた。石原や企画院の関係者であれば、「科学的精神」が貫徹していなかったと指摘したであろう。湯川は戦争を選んだ指導者層の非科学性を指摘したが、玉木は、社会に科学的な思考が広まっていれば無謀な戦争には突き進まなかったであろうと論じた（玉木：1946）。もっとも、日本科学論者であれば、そうした科学的精神に依拠したうえで戦争を避けたとしても、あるいは戦争に勝ったとしても、満足はしなかったであろう。

八月一六日の新聞に掲載された談話の中で、橋田は国体の尊厳が天壌無窮であることを確認したうえで、「皇国興隆の礎石」とすべき承詔必謹の「必謹」が不十分ではなかったかと問い、今後は、戦争以上の苦難に克ち、国民が旨となる覚悟を保ち、さらに常に「日本人なるの矜恃」を失わないことが必要であると語った（「皇国興隆の礎石」: 1945）。しかし、九月一四日、戦争犯罪人として出頭を求められると、橋田は、自宅を出る直前に服毒して自ら命を絶った。遺書には、開戦に際し輔弼の任にありながらその責を果たせず、道義のために戦うと言いながら国を賭するまでは戦うこともできなかった罪を謝すとの言葉と、勝者の裁きによって責任の所在と軽重が決せられることには臣下として堪えられないため、国体の本義に則り自決するとの決意が記されていた（東大生理学同窓会 : 1976, pp. 13–14）。日本科学が敗れたことには堪えられても、国体とそれに依拠した自身の矜恃が冒されてまで生きながらえることはできなかったのである。

「科学する心」の元文相が死んだ後、日本科学論は急速に忘れ去られ、まれに思い出されても、戦時期の迷惑な話と片付けられるようになった。しかし、科学の性格がそれに携わる人間の属性によって決定されるという理解の枠組みは、よい科学を作るよい人間がだれであるのかを問い直したうえで、生き残ることとなった。

武谷も主要な構成員として一九四六年に結成された民主主義科学者協会（民科）は、民主主義の下で科学は進展し、また科学の発達が民主化をもたらすと主張していた。一時、一万人を超える会員を擁したこの組織の中核にはマルクス主義があったが、そこでは労働者階級の科学が正しいものとされた。科学的社会主義が別名であったから科学との関係は単純ではないものの、階級と別に科学が成立しており、その科学がマルクス主義の正しさを保証するという理解は、客観主義として斥けられ、労働者の階級性を反映した科学が正統なものとされた。民科の初代会長は、戦前、科学の階級性を指摘した論文で著名になり、戦時下では日本的性格をもつ数学の建設の要を説いていた小倉金之助であり、湯川も初期にはその京都支部に所属した。一九五〇年代に入ると、この民科は、「国民」が政治的に有効な概念になると見て、「国民的科学」を標榜するに至る（岡本：2016b）。議論の流れを見る限りでは、日本主義から民主主義に移行したのち、よい科学を担うよい人間は、再び、皇民ではないにせよ国民へと戻ったようにも見える。(11)

日本科学論は、良い科学は良い人間のものであるという願望や理想に依拠し、世界で最も良い人間が日本人であるとする時流に沿った主張をその上に重ねて成立していた。後者は敗戦によっていったん崩れたにせよ、前者は原子爆弾の投下によってもすぐに否定されたわけではなかったのである。

註

（1）　戦前期の日本の科学論に関する研究には、河原宏（河原：1973; 1975a; 1975b; 1976）による包括的な検討、今井隆太による作田荘一の国民科学の分析（今井：1999a; 1999b）、右田裕規による天皇制と進化論の相克の描写（右田：2009）などがある。これらと比較すると、本章の特徴は、自然科学の過度の強調に抵抗のあった文部省周辺の論者たちに注目し、そのなかから国体・日本精神と科学の接合の可能性が見いだされ、特徴的な科学論が生み出されていく過程を描写しようとした点にある。

（2）　橋田邦彦に関する思想史的な研究としては、清水康幸（清水：1982）による教育思想上の特異的存在としての分析、吉仲正和（吉仲：1984, pp. 175-231）や金森修（金森：2004, pp. 2-48）による橋田の生理学思想・科学思想の特徴の分析、勝井恵子（勝井：2010a; 2010b）による「医」の思想家としての側面の検討などがある。本章の関心は清水のものに最も近く、科学と日本精神の接合を必要とした教育行政上の事情に即して橋田の言動の意味や役割を検討する手法に共通する部分もある。ただし、本章では、文部省周辺のその他の論者たちの科学論や、文部省全体の科学への姿勢についても注目し、それらと比較することで橋田の特徴を論じた。

（3）　同時期、マルクス主義科学論を一方の極として、科学論に関わる多様な論説が発表されている。本章に許された紙数では、それらを網羅することはもちろん、日本科学論に関連するものに限っても概観するにも至らない。より包括的な議論は別稿に譲ることとしたい。

（4）　表題を「戦う帝国の科学論」としながら、具体的な戦いの影響、特に、科学論全般への影響が小さくないと考えられるノモンハン事件についてはほとんど触れることが出来ない。筆者の能力不足のせいもあるが、日本科学論の展開にはあまり関わりがないためでもある。

(5) 田辺は、今日であれば「学術的」と形容される対象、或いは応用科学と対比した場合の基礎科学に分類される対象に、「理論的」の語を用いる場合がある。田辺のこの用語法は、実験研究にも純粋科学に分類されるものがあるため、科学研究の実状には即していないが、語感としては理解できる。

(6) 日本科学史への関心の高まりは、さらに、帝国学士院が紀元二千六百年奉祝会の援助を得て一九四一年に『明治前日本科学史』(この名称は翌年に決定した)の編纂作業を開始したこと(日本学士院：1962, pp. 585-619)や、同年にこれと並行して日本科学史学会が設立されたことに現れた。学会設立は編纂作業とは独立していたが、初代会長となった桑木彧雄のように、両者において重要な役割を果たした人物は多かった。学会創設時の雰囲気も『明治前日本科学史』の影響を物語っている。科学史はマルクス主義科学論にとっても重要な課題であったため、マルクス主義者の岡邦雄(一八九〇—一九七一)などは唯物論研究会に拠りながら科学史関連の著作を旺盛に発表していたが、九州帝国大学で桑木の助手を務め、科学史においては桑木を師と仰ぐ岡が学会の発会式に出席したところ、桑木に「お前は科学史学会にいらないんだ」と言われ、入会しなかったと伝えられる(菊池：1992, pp. 7-11)。戦後、科学史学会の活動は一時期中断したが、科学史は自然弁証法の検証される場などとして民科にも注目され、一九四七年に再発足した。このときの会長は小倉金之助であった。

(7) 一高校長時代の戸坂潤とのやりとりなどから見ても、公開版から「科学的精神」の語を含む文章を削らせたのは橋田ではないかとも思われるが、橋田は必ずしも「科学的精神」「科学精神」の語そのものに否定的なわけではなく、この語を「科学する心」と同様に理解しようとしていた。橋田に限らず、閣内および近衛周辺の人物が、「科学的精神」の語がやや特殊な意味をもって使われる文脈や、この語を含む文章を入れたと思われる企画院の関係者の一部の思想的傾向を懸念した可能性はあろう。

(8) 橋田は、一九四一年一〇月に東條英機(一八八四—一九四八)の内閣が発足した際、対米交渉は外交のみで行うと聞き、文教については一任するとの依頼を受けて文相に留任した。のち一九四三年四月に辞任し、中国出張などを経て、教学錬成所長を務めた(東大生理学同窓会：1976, pp. 7, 241)。

(9) 「客観的」の語は、主体的に学問を創造するのではなく、受動的に、傍観者的に学ぶに過ぎないという意味で用いられているようである。

(10) 石原・中村の対立には、その後も引き続いた、科学史の方法論に関する論争に関連する側面もある。戦後、マルクス主義の隆盛に伴い、その科学論において重要な意味をもつ自然弁証法が検証される場として科学史も注目されたが、一九五〇年代後半になると、歴史をつぶさに辿れば自然弁証法のような画一的な構造や方法論の存在は疑わしくなると考える、廣重徹(一九二八—一九七五）のような科学史の研究者が現れるようになった。一九七〇年代にはクーン（Thomas Samuel Kuhn, 1922-1996）のパラダイム論が日本に紹介され、西洋の近代科学に限っても単一の科学的方法の支配を認めることは難しく、優劣や真偽の判定の基準が共有されないまま理論が次々に交代していくという科学の歴史の描像が有力になるに至った。各文化にはそれを背景に築かれた固有の自然の理解があるとする見方が支持されるようになり、それに伴って、西洋の近代科学とは異なる、各文化・各時代の「科学」の姿を明らかにしようとする研究も盛んになった。石原と中村の対比でいえば、中村の方が支持されているともいえる。ただし、筆者の観察によれば、諸時代・諸地域の自然理解の姿が明らかになればなるほど、西洋近代が生んだ科学の唯一性・特異性があらわになっていくようにも思われる。

(11)　一九五〇年代後半になると、共産党の方針に引き回されて「国民的科学」を持ち出す民科に幻滅し、また科学振興は実現しても民主化が進展しないと観察する若い世代の動きも顕在化する。

第二章　帝国日本と台湾・朝鮮における植民地歴史学

アルノ・ナンタ

はじめに

一九世紀から二〇世紀にかけては、世界各地の植民地社会で言語、文化、歴史などを対象にした人文科学調査が実施された。一八九五年から一九一四年のあいだに形成された、台湾と朝鮮さらに南樺太、遼東半島、ミクロネシアから構成される日本の植民地帝国もそうであった。特に台湾においては、植民地法体制を制定するために、一九世紀末から二〇世紀初頭に「旧慣」を対象とした調査事業が初めて制度化され、人類学調査や（朝鮮と並行した）歴史記述が進められていった。

朝鮮の場合は、植民地統治以前の一八九〇年代半ばから、日本により半島の過去を掌握しようとする事業が開始され、朝鮮歴史学はその後、朝鮮考古学とともに、日本の人文科学において重要な地位を占めることになる。いっぽう、オーストロネシア語系の原住民が「先史時代」の延長線上で捉えられ、漢族系住民が「移植民」と見なされた台湾の事情は異なった。台湾社会それ自体が研究において敬遠されがちだったのであり、代わりに、オランダ人とスペイン人、鄭成功、そして満州族による一七世紀以降の台湾支配史が重要な主題となった。

本章では一八九五年から一九四五年までの「過去の政治学」、つまり台湾と朝鮮という日本の二つの版図における歴史学という学術装置を取り扱う。帝国の時代にあって、地中海やインドシナにおける第三共和制フランスなど、他の植民地帝国と同様、台湾と朝鮮においても、植民地の歴史と文化において何が重要不可欠で何が二次的であるかを決めたのは、被植民者たちではなく、宗主国日本の研究者だった。

また、それまでの王朝では、自らの記録である『実録』こそが重要であり、基本的に「異国」視される前王朝の歴史を「閉じる」ことが史記の最大目的だった（一二世紀に高麗王国が三国史記、一五世紀に朝鮮王国が高麗史を編纂した）。だが、こうした分裂的な史記という手法に終止符を打ち、「国民の歴史」、つまり把握可能な「同一民族」が活躍し、連綿と続く「一線上の歴史」という語り方の基盤を据えたのもまた植民地歴史学であった。

近年、日本の植民地における学術装置（教育装置を含む）と人文科学の歴史は、日本、韓国、台湾において多様な観点から検討されており、そのため一次史料のみならず三か国の先行研究を幅広く渉猟しなくてはならない。しかしながら、植民地歴史学を検討した研究は、その大部分が特定の植民地における特定の研究機関、つまりは非常に限定された課題を研究対象とする傾向が強く、植民地帝国全体に関わる学知を把握しようとするものはほぼ皆無である。しかも、管見では、植民地帝国全体における植民地歴史学のコーパス（文書群）を取り扱った研究はいまだ存在せず、数少ない比較の視点を有する論文においても、その検討対象は限定されている[1]。

とはいえ、先行研究からも、一九一〇年代から二〇年代にかけて、朝鮮、続いて台湾において、自然科学系（特に台湾では一九二一年の中央研究所）と人文系の研究機構が平行して設置されるという大きな動きが確認できる。過去にまつわる人文科学に関しては、一九一五年に朝鮮総督府博物館、一九一六年に朝鮮古蹟調査委員会、一九二二年に朝鮮史編纂委員会（一九二五年に朝鮮史編修会に改組）、同じく一九二二年に台湾総督府史料編纂委員会（一九二九年に改組）、一九二四年に京城（ソウル）帝国大学、そして一九二八年には台北帝国大学が誕生した。そして、二つの植民地帝大には現地社会を研究対象とする歴史学その他の関連講座が設置された。
だが、先述のとおり、先行研究においては、朝鮮における歴史学の全体像を代表するものとして朝鮮史編修会に限定して論じたり、当時の台湾史研究に限定して植民地台湾における歴史学の全体像が把握できるとしたり、上記の委員会と帝大の相互関係を軽視するなど、植民地朝鮮・台湾における研究機構の歴史は、それぞれ別個に検討されてきた。本章でいう「植民地歴史学」は、植民地朝鮮と台湾において行われた植民地社会を対象とした官学の歴史学全体を指す語だが、台湾における歴史学事業は台湾史それ自体よりも台湾支配史に専念していたことに注意しなければならない。

しかも、それ以上に重要なのは、植民地帝国日本における歴史学全体の様相である。実際、研究者は、自分が所属する研究機構にとらわれず学術団体や学会を通じて多くの書籍や論文を著しており、日本本土でも本や論文を発表した。なお、付言すれば、独立運動などと関わりを持った歴史学者たちの書籍もまた、年代的・認識論的な意味で「植民地歴史学」に包含されることを念頭に置く必要がある。

本章では、日本、韓国、台湾で出版された先行研究を踏まえつつ、一次史料に依拠して、帝国日本の植民地歴史学をよりグローバルな視点に据え直した「帝国の装置」として再把握することを試みる。本章の目的は、日本国内のみ、あるいは一植民地に限定した先行研究とは一線を画し、植民地帝国日本の歴史学が同一の手法として全植民地に応用された一つの「システム」を構成していたことを明らかにするところにある。近年、特に植民地朝鮮における歴史編纂事業を近代日本の歴史学という実践の一環として解釈しようとする研究が登場しているが（箱石：2007）、植民地帝国日本の歴史学を総体として分析しようとする研究はいまだ存在しない。

したがって、台湾のケースも含めて、日本の各植民地における歴史学研究の実践を周辺的・個別的なものとして捉えるのではなく、むしろ宗主国日本と一体化した経験として検討しなければならない。というのは、当時の日本の研究者は歴史学的な語り方のみならず、史料解釈法や史資料を整理するための史料学の技法などの歴史学方法論も植民地へ持ち込んだからである。

ここで注目したいのは、東京帝大の史料編纂所や国民国家の物語である「国史」（ナショナル・ヒストリー）の形成と、植民地における各研究機関の相互関係である。各機関につとめた人員とその方法論を仔細に検討することによって、日本領となった植民地に対する史料編纂所の持続的かつ甚大な影響力が浮かび上がるだろう。

実のところ、明治維新の直後から日本でも新政権の内部で、ナショナル・ヒストリー、すなわち一国家一領土において活躍してきた民族の連綿と続く物語は問題となっていた。一八六九年に国史校正局が設置されたが、初期の修史編纂企画は断念され、紆余曲折を経て最終的に一八九五年に史料編纂掛となった（一九二九年に史料編纂所と改称）。そして、これと同時に、東京帝大に考証学とドイツの実証史学の方法論を受け継いだ史学科が設置された[2]（Beasley：1961；小沢栄一：1968）。一方、史料編纂所は、一九〇一年から大日本資料と大日本古文書の編纂を開始する。これと平行して明治新政権は、一八八〇年代より明治維新の正当性に対する批判に直面することになり、その結果、一九一一年には文部省内に維新の「正史」を生産することを目的とした明治維新史編纂委員会が設置された。言い換えれば、植民地朝鮮において実現された歴史編纂事業は上記の事業とともに「近代日本における三大歴史編纂事業」の一つだったのである（李：2004；箱石：2007）。

第一節では、まず台湾と朝鮮における植民地統治期以前と研究機関の外部で行われた実績について検討し、第二節で二つの歴史学関係の委員会の設置と運営に分析をくわえる。最後の第三節では両大戦間に形成された植民地帝大の歴史学と関連する講座の特徴について考察する。

第一節　初期の「植民地史」研究（一八九二―一九一二年）

台湾の植民地支配史／朝鮮の文献学的東洋史

一八八〇年代から九〇年代、日本国内で「ナショナル・ヒストリー」が形成されたのと同時期に――これは日清戦争の時期でもあった――、日本では朝鮮史学と台湾を対象とする歴史学研究が誕生した。この二つの版図が植民地になる以前から、東京帝大（一八七七年設立）と京都帝大（一八九七年設立）が、学問としての朝鮮／中国史学の形成において中心的な役割を果たしていた（中山：1978；Tanaka：1993）。この過程を理解するためには、東洋史学の白鳥庫吉（一八六五―一九四二）と内藤湖南（一八六六―一九三四）が不可欠だが、他方、一八八四年に半島北部で（日本による朝鮮支配を立証したと当時思われていた）高句麗王国の広開土王碑が発見されて以来、日本国内において古代朝鮮史や古代「日韓関係」史について一種の「熱狂」が生じていたことも見逃せない（佐伯：1976；Guex：2016）。この時期から日本史の基盤を据えるため、日本のアカデミズムにおいては「国史」と「東洋史」が分裂し、その結果、植民地になり得る「東洋」が構想された（Tanaka：1993）。

一八九〇年代半ばの歴史学の趨勢について簡単に述べれば、史学会（一八八九年設立）の『史学雑誌』が急に古代朝鮮史について多くの紙幅を割くようになり、[3] さらに一八九二年には古代中国史の専門家で東京師範学校教授だった林泰輔（一八五四―一九二二）が、初めて連綿と続く〈朝鮮〉の「国史」を発表した（林：1912）。彼の『朝鮮史』（最終版は『朝鮮通史』一九一二年、一九四四年まで版を重ねた）は、植民地時代の研究に先駆けて、その後のバイアスを形作った。[4] 序で述べたとおり、従来の史記や歴史関係文献は、それ以前の王朝の歴史を「閉じる」か、当代王朝の歴史を記すものでしかなかった。だが、ここに朝鮮半島の歴史は、（朝鮮王朝や日本統治下の朝鮮と同じ名称である）〈朝鮮〉

という国名をもち、一線上に連綿と続く「一国史」となったのである。

台湾における歴史学事業は、台湾が領有され、一八九五年秋に植民地戦争が終了した直後から開始される。結論からいえば、台湾における歴史学的実践は現地の漢族系社会を無視するものであり、そこでは、人類学者が先史時代と現在をつなぐ真の「台湾人」としての原住民を研究対象とする一方、歴史学者は台湾史の「開闢」とみなされる台湾支配史を研究対象とするという、一種の役割分担が存在した（その中にあって、一八―一九世紀の清朝時代の法体制を研究していた法学者のみが、台湾の漢族的な側面を研究していたといえる）。換言すれば、植民地台湾における歴史学は、台湾島それ自体の歴史を研究対象とせず、むしろオランダ、スペイン、日本の植民地政策史を検討した。

こうした研究傾向は植民地帝国日本固有のものではなく、当時、他の植民地帝国にもしばしば確認できる特徴である。例えば一九六二年以前のフランスにおける「アフリカ史」研究はその一例であり、著名な歴史学者シャルル＝アンドレ・ジュリアン（一八九一―一九九一）による「植民地の技術者たち」や「植民地という冒険」といった類いの二〇世紀半ばの歴史研究も同じ傾向を有している(5)。

台湾領有直後の人類学的調査と平行して、本土から派遣、あるいは現地で嘱託された研究者は、歴史学と人類学をあわせながら、既にバイアスをもつ最初の台湾島史を描き出した。最初に活躍したのは伊能嘉矩（一八六七―一九二五）である。人類学者・考古学者の鳥居龍藏（一八七〇―一九五三）と並んで(6)、原住民の分類を作成すべく台湾に渡った伊能は、一八九五年一一月に台湾総督府雇員、次に台湾総督府民政付属に任命され、一九〇六年まで台湾で仕事に従事した（宮本：1971, pp. 14-16；笠原：1998）。また一八九六年には東京帝大の若手歴史学者だった村上直次郎（一八六八―一九六六）も拓殖務省嘱託として台湾に渡った（東方学会：2000, 第一巻 pp. 157-159）(7)。一八九八年から史料編纂所につとめることになる村上は、歴史学と人類学をあわせて、いわゆる「新港文書」(8)を研究し、オランダ統治時代における原住民政策の研究をおこなった（歐：2012, p. 24）。

原住民の人種分類を作成しながら、伊能は一九〇二年に『台湾志』、一九〇四年に『台湾蕃政志』、一九〇五年に『領台十年史』（伊能：1905）という歴史関係の著作を相次いで著した。中国語を完璧に読解できた彼は、清朝時代の行政資料に依拠しながら、日本統治以前の中国当局による正史に取って代わるような歴史像を描こうと努めた。彼によれば、中国の史書は政治的偏見に満ちた、清朝という権力を正当化するための代物に過ぎなかった。これに代わって、日本統治下の新台湾の学者たちは、真の「学術研究書」を生産する義務があった。学問によって植民地権力を、そして植民地権力によって学問を正当化するこのレトリックは、大韓帝国が併合される前後の時期にもみてとれる。その後、両大戦間になると、台湾と朝鮮に関する研究は徐々により学術的なものになっていくが、そこでも同様のバイアスは持続した。

『台湾志』の序において、伊能は清朝時代の史書を次のように酷評している。

「啻に地理上の材料に於て然るのみならず、他の歴史等の諸科に於ても、皆然らざるはなし。故に其の関係の図書の数を以て言へば、比較的多きに居るも、内容の性質上、科学的の価値に乏しきを免かれず、殊に支那人の手に成れる図書の如き、専ら意を文辞の修飾に注ぎて、事実の真相を滅却し、甚しきは、自国の尊大を後世に衒はんとして、筆を枉げ、虚を構へて、事実を抹殺せしものあり。」（伊能：1902；松田：2014, p. 90）

だが、こうした宣言にもかかわらず、日本の植民地歴史学は台湾それ自体の歴史を研究することはほとんどなかった。しかも、初期の出版物は既に、台湾島へ民族的文化的「移植」があったという発想——これは、その後も台湾における歴史研究においてしばしば見受けられる——や、欧州・清・日本の植民地支配によって台湾の歴史が本当の意味で始まったという発想を持ち出している。一九〇五年の『領台十年史』と同じ課題を扱った評論家の竹越與三郎

（一八六五—一九五〇）の『台湾統治志』（一九〇五年、一九〇七年に既に英訳）にも同様の議論がみてとれる。

一九〇〇年代の大韓帝国に移ろう。半島の歴史を研究すべく、当時の首都漢城（ソウル）に自発的に移住した日本の歴史学者が数多く存在した。彼らが特に重視したのは中国語で書かれた文献の収集と解釈であった。植民地時代に入ると、これに編纂作業という側面が加わる。

一九〇二年、著名な東洋史家の幣原坦（一八七〇—一九五三）や、同じく歴史学者の鮎貝房之進（一八六四—一九四六）が韓国研究会を組織した。東京高等師範学校教授であった幣原は、植民地時代を通じて重要な役目を負うことになり、一九二八年には台北帝大の初代総長となる。韓国研究会は漢文で書かれた文献その他の史料収集につとめた。機関紙『韓国研究会談話録』において展開された朝鮮像とは、日清戦争時に日本国内で既に展開された上記と同様なものであった。特に、〈朝鮮〉（コリア）はもともと存在せず、隣国に侵略・支配されたことによってその歴史が始まったという発想が存在し、これは「他律」という概念によって定式化された。植民地歴史学は基本的に、朝鮮史の開闢を前漢による支配をもって規定しており、それ以降の半島史とは長く続く、不変の歴史、つまり「停滞」する歴史として捉えていた。例えば第一号には次のように述べられている。

「韓国と其附近外国との関係は、一度び地図をひらいて其地位を知るに於ては何人も想像に難からぬ事にて、少しく韓史をひもとくに於ては、韓史上の重なる記録が全く外国との関係のみを以て満たされてをると云ふ事がわかる。寧ろ外国との関係を取除けてしまつたならば、韓史は極めて零砕なもので、殆ど一読の楽しみもない無変化な乾燥なもので、王様が好人だとかなんだとか、大臣が清廉かわりに権力がないとか、地方官が金をむさぼり、人民がさわぐ、外戚がどうの、士林がこうの、誰れは詩が甘い、彼は文が上手だ、あるいは即位昇遐葬祭婚

冠など云ふ事を際限なく操替へして居るのみである。」（塩川：1902, p. 1）

統監府期の一九〇九年、鮎貝、小田省吾（一八七一―一九五三）、河合弘民（一八七四―一九一八）は、朝鮮古書刊行会という出版社を設立する。(9) この組織は一二世紀の『三国史記』の活字版（一九〇四年に東京で既に出版されていた）や一七―一八世紀朝鮮の史料を数十冊も復刻した（Choi：1969）。ちなみに、高麗時代のもう一つの基本文献である一三世紀の『三国遺事』は、一九二一年に京都で、そして一九二八年に朝鮮で歴史学者今西龍の監修下で活字版が出版された。

朝鮮併合が行われるのと並行して、韓国古書刊行会は一九一一年にテーマ別の『朝鮮古書目録』を出版する（朝鮮古書刊行会：1911）。二四五頁からなる朝鮮史・朝鮮社会関係の初目録である本書によれば、有意義な朝鮮書は約三〇〇〇冊あり、そのうち現存するものは約二五〇〇冊なのだという。

こうした出版物は、それ自体、朝鮮の歴史を書き綴る営みと同様、朝鮮を支配しようとする外国にとって大きな意義を持っていた。自国の歴史を綴る能力を持たぬ国である朝鮮に代わって、列強たる能力を有する国が作成する、という意味である。日本は西洋の野望に対して、早くからこの危険を自覚しており、自ら自国の史書の作成に務めたが（ロズラン：2018）、同じ日本が今回、同じ論理を朝鮮に対し適用した。

林泰輔著『朝鮮通史・全』が出版されたのと同じ一九一二年、台湾でも、総合的な著作である『台湾殖民政策』が刊行された。著者の持地六三郎（一八六七―一九二三）は、一九〇六年より台湾総督府学務課長であり参事官をもつとめたトップ官僚である（金子：1979）。上述した伊能のものより視野の広い著書だったが、持地も日本統治期を中心に記述しており、当時の植民地朝鮮に比して、台湾における歴史学研究の狭さをも物語る一冊である（持地：1912）。

植民地歴史学と「国史」

序で触れた「正史」は、東アジア全体の位相において近世以前から重要な位置を占める概念であり、公式な歴史認識つまりは国家的認識からすれば、「正しい歴史像」を指す一語である。具体的に言えば、近世まで、一つの朝廷が滅びた後にその歴史を「閉じる」役割を担った史書のことを意味する。

一方、この語は、本章で扱う二〇世紀前半においても頻繁に使われたが、もはや国民国家が成立した当時にあっては、異なる目的のために駆使され、その使用方法には大きな変化が生じていた。併合された朝鮮や台湾が広義の日本「帝国」の一部になった以上、これらの版図を取り扱う「正史」とはもはや「勝利者史観」でしかなかった。

史料編纂所につとめていた歴史学者の黒板勝美（一八七四―一九四六）は、一九〇八年に『国史の研究』を刊行した。歴史学方法を論じる本書は、同時に「国史」の目的と枠組みにも触れるものだった。なお、本書は何回も増補版が出版され、一九三一年の最終版に至る（黒板：1931；箱石：2007, p. 250）。

さて、黒板にとって、ナショナル・ヒストリーを定義するに当たって最も重要視すべき要素は、時間的にも構成上も連綿と続く「民族」が存在し、しかも、この民族は世界史において明確な地位を占めているというものだった。支配されたり、国家を喪失したりして消滅した民族は、もはや世界史において存在しない、ということである。次の引用は一九三一年版より。

> 「地方々々により歴史を区分するのは、先づ世界史に於ける各国史がそれである。異なれる国家や社会から組織され、異なつた民族から成り立つてゐる国の歴史は此区分によつて進まねばならぬ、我が国は近く明治年間に入つて琉球は劃然我が版図となり、日清日露両役及び世界戦役以後、台湾を領有し樺太の南半を獲、朝鮮を併合したのであるから、我が国史も台湾史や朝鮮史などを加へたものでなければ為らない、しかし国史の本体たり本

幹たるべきものは古来一つの国家の中に数千年間連綿として続いて来た歴史そのものであるから、琉球や、台湾、朝鮮などの歴史はこゝに地方的区分の下に特別史として取扱はるべきものであらう」（黒板：1931, p. 363；箱石：2007, p. 250）

歴史学という学問は、結局、一定の方法論（史的考証＝史料批判）あるいは技法（史料編纂所の史料学）だけをもって定義されるのではなく、そこには一定の政治的なパースペクティブも持ち込まれていた。つまり、独立を保てた国民のみが歴史の主体として存在し得るのである。黒板がこのように定義した国史は、まさしく「国民の歴史」という近代的なパラダイムに当てはまる。すなわち、ここでは歴史学という学問は、国民国家の成立前に存在していたあらゆる周辺的な語りをことごとく併合した、太古から現在まで連綿と続く国民の物語を作成するための学問として捉えられている。そして、植民地の歴史（学）もまたナショナル・ヒストリーのうちに包含されることになった。「近代化」された「正史」はこうして、近世以前のように、一王朝の歴史を終わらせ権力交代を正当化する目的のものではなく、「独立国家」〈朝鮮〉の歴史、そして（大清帝国の一周辺だった）台湾の歴史を「閉じ」て一つの国家が「消滅した」（もしくは大清の場合、「排除された」）事態を正当化する目的を持つようになった。台湾と朝鮮はもはや、異なる国家の支配下に置かれた植民地になっていた。

第二節　植民地の研究機構

「起源」に遡る〈朝鮮〉の歴史

一九一〇年の日韓併合直後の一九一一年、初代総督の寺内正毅（一八五一―一九一九）は『朝鮮半島史』という修史企画を立案した。この企画は一九一五年より総督の顧問機関である中枢院[10]の管轄下に置かれることになるが、同じ時期に歴史・考古学を対象とする朝鮮総督府博物館（一九一五年）、朝鮮古蹟調査委員会（一九一六年）が次々と設立された。

『朝鮮半島史』が企画されたことにより歴史学の事業は制度化され、総督府当局の目指す植民地歴史学の内容と目的が明確に提示された。もはや一九一〇年以前のような純粋な文献史学的な活動ではなく、帝国日本を中心にした朝鮮像を制定することが急務であった。一九一一年から歴史編纂の事業が完了した一九三八年にかけて、おおむね同じ研究者集団が、こうした視点を共有しつつ、歴史編纂の事業を進めていった。『朝鮮半島史』の企画は、一方に（同じく歴史研究が推進されていた「インドシナ半島」のように[11]）二〇〇〇年の間、朝鮮半島内で相次いだ政治的審級＝国家を相対化し、代わりに中立な地理学的枠組みを設定するという特徴、もう一方に（朝鮮に従来存在しなかった歴史像である）それらの政治的審級＝国家をことごとく羅列して「同一な国」として捉え直す、つまり連綿と続く〈朝鮮〉（コリア）像を創造するという特徴をもつ。後者はもちろん、コリア・ナショナリズムの土台ともなる（シュミット：2007）が、これら二つの間には絶えず緊張が存続した。

ところが、朝鮮総督府はもっと実用的な目的を持っていた。それは、ジャーナリスト・歴史家の朴殷植（一八五九―一九二五）による『韓国痛史』をはじめとする独立系の歴史学を沈黙させることだった[12]。上海に亡命し、一九一九年に大韓民国臨時政府に参加することになる朴は、高宗が国王になった一八六三年より自国が滅亡した日韓併合に至るまで、近代朝鮮の歴史を論じていた。

朝鮮総督府当局は、一九一六年に歴史学の事業に関する紹介を発表した際、地理的に近接し文化や民族も相通っている日本と併合した朝鮮は、人種差別を軸にした搾取に基づく「欧米」の植民地とは「根本的に相異」していると強調し、次のように説明した。

「韓国痛史ト称スル在外朝鮮人ノ著書ノ如キ事ノ真相ヲ究メスシテ漫ニ妄説ヲ逞ウス此等ノ史籍カ人心ヲ蠱惑スルノ害毒真ニ言フニ勝ヘザルモノアリ然レトモ之カ滅絶ノ策ヲ講スルハ徒ニ労シテ功ナキノミナラス或ハ其ノ伝播ヲ激励スルヤモ測ルヘカラス寧ロ旧史ノ禁圧ニ代ワルニ公明的確ナル史書ヲ以テスルノ捷径ニシテ効果ノ更ニ顕著ナルニ若カサルナリ是レ朝鮮半島史ノ編纂ヲ必要トスル理由ノ主ナルモノトス」(朝鮮総督府：1916, pp. 1-4)

結局、朴殷植や申采浩（一八八〇—一九三六）など抵抗運動を進める研究者に対して駁論しつつ、日本の学術的な優越性を明確に見せる必要性があり、その意味でも植民地歴史学という事業は急務であった。だが同時に、一見矛盾にみえるが、このように「起源」より描かれた朝鮮史という新しい歴史認識＝エピステーメは、総督府当局と抵抗運動の歴史学者が共有するものとなった。

中枢院の書記官だった小田幹治郎（一八七五—一九二九）と学務課長の小田省吾の監修のもと、『朝鮮半島史』の執筆自体は、いわゆる「社会史」の先駆的な歴史学者である三浦周行（一八七一—一九三一）、黒板勝美、そして京都帝大につとめる古代朝鮮史家の今西龍（一八七五—一九三二）が担当し、朝鮮人を含む調査官たちが補佐した。一九二四年の時点で著書の第一、二、三、五章が完成していた。この中で、今西龍は古代史を扱う一、二、三章、荻山秀雄は高麗王国を扱う第四章、瀬野馬熊は朝鮮時代を扱う第五章、杉本正介は現代朝鮮史を扱う第六章を担当することになっていた（瀬野：1936, p. 3）[13]。しかし、一九一九年に起こった三・一運動を受けて一九二二年に特別の研究機関を新しく設置する必要性が浮上する。関係者によれば、朝鮮総督府監修の著書にしては（本来、抵抗運動に抗うための一般向け著書だった）『朝鮮半島史』のために執筆された内容は学術レベルが足りず、結局この企画自体が放棄されることになった（朝鮮総督府朝鮮史編修会：1938, p. 7）。

一九二五年の朝鮮史編修会と史料編纂所の支配

黒板と東京帝大史料編纂所の「技術者」たちが舞台の前面に登場する時が来ていた。一九二二年には総督府訓令第六四号により、総督と政務総監の管轄下に朝鮮史編纂委員会が設置され（朝鮮総督府朝鮮史編修会：1938、前掲書）、この公式機関は一九二五年に勅令をもって格上げされ、朝鮮史編修会となった（朝鮮総督府朝鮮史編修会：1930, p. 2）。つまり歴史学の事業は「公平にして信頼される歴史」であることを宣伝すべく、まず中枢院から切り離され、最終的に一九二五年に天皇直属の研究機関になったのである（中村：1969, p. 661）。

中枢院時代と同じ顔が並んでいたとはいえ、朝鮮史編纂委員会／編修会（以下、「編修会」）は黒板勝美や京都帝大の東洋史研究者の内藤湖南など、東京・京都帝大の特権的知識人が組織を牛耳っていた。黒板と内藤のほか、「満鮮史観」という概念の形成に大きく貢献し、白鳥に近い稲葉岩吉（一八七六―一九四〇）も組織に参加した。編修会の最終的な目的は、一般向けの著書ではなく純粋な学術的集大成を生産することだった。

編修会などを中心にする両大戦間の植民地歴史学の特徴としては、朝鮮史を専門とする研究者が増えたこと、そして何よりも編修会につとめた幹部級の人たちが皆、史料整理・史料編纂の「技術者」だったことが挙げられる。今西龍、三浦周行、黒板勝美はみな同世代であり、同じ東京帝大史学科・国史科出身であった。

しかも黒板と三浦だけでなく、朝鮮総督府博物館主任であり植民地朝鮮における主要な考古学者だった藤田亮策（一八九二―一九六〇）も同じ史料編纂所、さらに明治維新史編纂委員会につとめた研究者であり、彼は近代日本における三大歴史編纂事業の間の架け橋的な存在だったといえる。藤田が京城に任命されたのも黒板が史料編纂所に対して圧力をかけた結果であり、やはり黒板の権威が確認できるエピソードである（東方学会：2000、第五巻、p. 36）。

こうして、黒板、三浦、今西、内藤、藤田、さらに台湾の歴史学事業を監修することになる村上直次郎（下記参照）のどちらをみても、植民地朝鮮と台湾に対する宗主国日本の帝国大学の影響力が確認できるのみならず、史料編纂所出身で古文書学・史料学・史料編纂の専門家たちが持つ影響力を物語る人材ばかりである。つまり、植民地歴史学事業を推進するために、史資料コーパス（文書群）の作成と編纂に関する日本一の専門家が動員されたのである。植民地歴史学の形成と運営を研究することは、まさしく近代日本における歴史学の形成と運営を研究することでもあり、同時に東京帝大、文部省、朝鮮・台湾両総督府を連繫させた帝国日本の知的ネットワークを照らすことでもある。

史料編纂所の占める中心的な位置は、歴史学の事業の方法と形式においてみいだせる。上述のとおり、もはや〈朝鮮〉（コリア）の歴史を綴るのではなく、歴史学を一種の「技術」として捉えた視点から既存の史資料を編纂することが目的になった。こうしたビジョンが働いたからこそ、一九三二年から三八年にかけて刊行された『朝鮮史』の構想と構成も説明できる。というのは、これらは、朝鮮史それ自体に関心を持ち、朝鮮を専門とする人たちが生産した著書ではなく、何よりも形式にこだわり漢文理解力を持つ「技術者」たちが生産した著書なのである。これは史資料コーパスの作成という目的が最重視された植民地台湾でも同様である。ここでは朝鮮史編修会の詳細な構成メンバーは述べないが（金：2010）、李能和（一八六九―一九四三）、洪憙（一八八四―一九三五）、崔南善（一八九〇―一九五七）など植民地権力に協力した朝鮮人がおよそ半数を占めていたことだけ記しておく。

植民地歴史学は、従来朝鮮に存在していた膨大な量の史資料を「合理化」するという任務を負っていた。朝鮮の史書は、いわば「歴史科学」という段階に至り得なかったのである。公式王朝史だった『実録』を含め、朝鮮には史書が数多く存在していたため、植民地歴史学の目的は、結局朝鮮史を綴ることではなく、むしろ既存の史書と史資料を羅列して整理つまりは編纂することだった。こうすれば、朝鮮人が作成しえなかった科学的な歴史書を生産することができる、という目論見だった。朝鮮史編修会の事業が完了した一九三八年に政務総監の小野緑一郎は、半世紀前に台湾で伊能が発言した内容と重なる説明をおこなっている。

「殊ニ李朝朝鮮ノ後期、清朝ノ学風ヲ承ケ、考証ノ学随ヒテ興リ、史乗亦観ルベキアリ。然リト雖モ、之ヲ近代学術ノ発達ニ照シ、未ダ以テ完璧ナル史編トシテ万世ニ伝フルニ足ラズ。」（朝鮮総督府朝鮮史編修会：1932-1940＝1938，索引 pp. 1-2）

編修会の「任命」[14]は次の三つの成果に収斂される。

一．『朝鮮史』の編纂。一九三二年から三八年にかけて刊行された『朝鮮史』は散文で書かれた歴史書ではなく、中国、韓国、日本の古文書を日本語の読み下しに訳して、整理・編纂した著書である。全三五巻（王と人名・地名の索引含む）全二四〇〇〇頁からなる大著である。[15]著書はいわゆる年代記的な形式をとっており、政治・軍事史が主となる。

二．史資料コーパスの作成。一九三八年当時、著書四九五〇冊、写真四五一〇枚、古文書四五三点からなるコーパスが集められた。同時に（秀吉の朝鮮出兵などに関する）『朝鮮史料叢刊』と『朝鮮史料集真』という古史料復刻を編集したコーパスが二つ作成された（朝鮮総督府朝鮮史編修会：1938, pp. 140-142；朝鮮総督府朝鮮史編修会：1932-1940＝1938 索引 pp. 187-191）。

三．李朝『実録』の完成。朝鮮王国が大韓帝国になった一八九七年をもってその作成が停止されていた。既存の『実録』にならって中国語で作成された。

その他に編修会は巡回展示を行う目的もあり、歴史学事業の宣伝もはかった。[16]

台湾／植民地支配の歴史

朝鮮に対する遅れを取り戻すため、台湾総督府は一九二〇年代から、人文社会科学研究の制度化をはかった。この一環として一九二二年に台湾総督府史料編纂委員会が設置され（以下、「委員会」）（呉：1994a；坂野：2005；葉：2008 & 2009）、一九二八年に台北帝大が設立された。

台湾総督府の史料編纂委員会は、「台湾総督府史料編纂委員会規程」をもって田健治郎総督（一八五五―一九三〇）が一九二二年四月一日に制定した（第一〇一訓令）。持地六三郎が委員長に任命され、彼が関係機関も管理した(17)。つまり持地は、史資料の収集と歴史編纂事業の両方を担当していた。

だが、朝鮮に比べ、台湾総督府の専門家グループは小規模であった。その中に、田原禎次郎（一八六八―一九二三）、漢文の専門家だった尾崎秀真（一八七四―一九五二）(18)、再び台湾に渡った伊能嘉矩、東京帝大教授の上田萬年（一八六七―一九三七）(19)の弟子である言語学者の小川尚義（一八六九―一九四七）たちや、協力する台湾人が参加した（檜山：1989, pp. 354-355）。委員会の主な目的は、（朝鮮における朴殷植と同等の存在だった）台湾人の連横（連雅堂、一八七八―一九三六）などが一九二一年に著した『台湾通史』(20)などに対抗して、台湾島の固有性そして日台関係の近親性を強調する『新台湾史』を生産することにあった。連横が『台湾通史』において、隋の時代から一八九五年にかけて一括りで「台湾史」を捉えたことから、連綿と続く「通史」という近代のパラダイムがこの時点でどれほど拡まったかも確認できる。一方、以下にみるように、植民地当局の事業は日本統治期に主眼を置いていたからこそ「新台湾」史だったのである。

持地は台湾人に対して修史企画の正当性を強調しようと、一九二二年七月に講演会において次のように説明した。これは、翌月『台湾時報』に全文が掲載された。

「本会設置の理由とする所は、領台以来已に二十有七年、四分の一世紀を経過せる今日に於て、尚ほ未た完全なる統治史蹟の編纂せられたるものなく、此儘放置するに於ては、関係文書の湮滅と共に、領台以来本府に関係を有せし者は、或は去り或は死し、文書に現はれざる活材料は、社会に発表せらるる機会無くして空しく隠滅し去らんとするの虞れあるを以て、此際完全なる台湾総督府史を編纂するは、最も喫緊の事に属するが故に、大正十一年度より同十三年に至る三箇年継続事業として、本事業を完全せんとすと云ふに在り。即ち本史編纂の目的、内容、及其の程度は、自ら右理由に於て指示限定せられたるものなりと謂はざるべからず」（持地：1922, p. 23）

続いて持地は、植民地朝鮮の日本人研究者と同様、台湾においても植民地当局は清朝時代の官選から離れ、歴史学の大革命を行う使命があると説明する。

「従来の支那流の府史は、官府行動の進退盛衰の紀事を主とし、政治上、経済上、民生休戚の消長興廃に及ぶこと尠く、現代修史の範例とすべからず、而かも西洋流の史論体、文明史体の私人の著述に倣はんことは、官選の述作として其当を得たるものに非らず、故に本史は支那流の府史、西洋流の各種著書の体裁を参酌折衷し、本事業の目的、内容、程度に鑑み、其宜を制するものと信ずる所に依り、本史の目録、草稿を作製したり。〔省略〕

歴史の事実なるものは、大局に関聯し、其間自ら脈絡貫通するものありて、孤立別存するものにあらず、故に台湾統治の史跡を記述せんと欲せば当時の台湾の官意民情を知悉せざるべからざるのみならず、当時の日本帝国の政況民情をも知悉せざるべからず、当時の日本帝国の政況民情を知悉せんと欲せば、当時の世界の形勢、日本帝国の世界大勢に於ける位置をも知悉せざるべからず。」（前掲書、p. 24）

この大胆な修史企画は全五部から構成されることになっていた。第一部に台湾島の歴史と地理、さらに日台関係を総合的に紹介した上で、他の部では一八九五年以降の日本統治下の台湾を取り扱うことになっていた（持地：1922、同上）。平行して、図書総目録や図書解題といった参考資料の作成も企画された。しかし、一九二一年に朝鮮総督府での任務が完了した後、[21] 持地は東京に戻ることになり、『新台湾史』の監修責任を田原と尾崎が分担することになったこと、さらには持地本人と田原が一九二三年に逝去したことで企画の運営は困難になり、結局この著書が完成することはなかった。

最初の企画が失敗したことで、一九一一年の『朝鮮半島史』の失敗と同様に、台湾における修史事業の監修は、植民地官僚から歴史学の専門家の手へ移ることになる。つまり朝鮮と台湾に植民地当局の管轄下で安定しない公式機関が歴史企画を監修する第一期に続いて、史資料の編纂という、より技術的な企画を中心に歴史学事業が完全に再考されるという第二期が確認できる。

このように、帝国日本の植民地歴史学は形を変えたが、中止されることはなかった。結局、浮上した新しい企画を監修したのは歴史学者の村上直次郎である（上記参照）。東京の著名な歴史学者である村上は、一九二三年から既に委員会の事業に参加しており、一七―一八世紀台湾史つまり欧州の植民地主義時代における台湾の歴史を主眼に置いていた。史料編纂所にもつとめた経験のある村上は外交史、台湾を支配したオランダとスペインの歴史を専門としていた。

歴史学事業を掌握する台北帝大

台湾総督府史料編纂委員会の計画は一九二五年に一旦停止されたが、一九二九年、前年に赴任した河村竹治総督

（一八七一―一九五五）によって再出発した。同時に、委員会が台湾総督府史料編纂会と改組され、その運営は一九二八年に台北帝大教授、一九二九年に文政学部長となる村上直次郎の手に移った。彼は結局、植民地支配史というテーマを、植民地歴史学から見た台湾史の主要な課題にした。こうして再発足した編纂会は、台北帝大と編纂会の構成員が相当重複する中、台北帝大の歴史学者たちが後者を管理することになった。

しかし、植民地朝鮮と同様、台湾でも、総合的な歴史書を作成するのではなく、史料編纂所が発行する大日本史料の例にならって史資料を編纂することが主要目的となった（葉：2008, p. 22）。この時点から編纂会は、様々な時代の史料そして仔細な研究からなる二つのシリーズの作成に当たった。一．『台湾史料』（稿本と綱文）というコーパスはもっぱら一八九五年以降の日本統治を取り扱うシリーズであり、最終的に［五一冊］が作成された。二．『台湾史料雑纂』は台湾総統府所蔵の史資料を紹介するシリーズであり、最終的に七冊が作成された（檜山：1989下巻, pp. 330–333, pp. 414–415；呉：1994a, p. 51；葉：2008）。前者の『台湾史料』の原版は三部しか存在しないようで大変稀少なものである(22)。だが、台湾における歴史学の事業は、一九世紀末以降のバイアスが持続的にみられ、朝鮮の場合とは異なり、日本統治期を検討するか、台湾史の「開闢」とされるヨーロッパによる植民地支配の歴史を研究することになった。

というのは、一九二九年に発足した史資料の編纂事業は、基本的に欧州や清朝の史料と日本の史料を区別するのみで、要するに日本統治以前のダイナミクスは台湾における覇権をどの国が掌握していたかで史資料が識別されたのだった。つまり台湾それ自体の歴史ではなく、その支配の歴史に主眼が置かれていた。次節で植民地大学を検討するが、漢族系台湾人の歴史が無視され、（北海道のアイヌに関してもそうだったように）台湾原住民の研究は「先史」時代の研究をも兼任する「人類学」が担当していた。ちなみに、列強による植民地統治以前の時期を一括りに「先史」時代と見なす植民地主義史観は、アフリカや仏領ニューカレドニアなどにもみいだせるものである。

具体的な作業においては、日本、オランダ、スペインと関係する部分を村上が監修し、中国（清朝）の部分は台北帝大の東洋文学教授だった久保得二が監修した。特に上記二つ目の企画シリーズである『台湾史料雑纂』をみれば、村上たちの関心や、オランダ史とスペイン史に対する全体的な志向が確認できる（呉：1994a, p. 51；葉：2008, pp. 22-23）。例えば第二冊は、台湾安平港に根拠地を有していたオランダ東インド会社総督のバタヴィア（現在のジャカルタ）城日記中の（最重視された）日台関係に触れる部分の抄訳だった。[23] 村上は一九三七年に東京日蘭交通史料研究会を前に同じテーマで発表している（東方学会：2000 第一巻；葉：2008, pp. 24-25）。近世日本の根拠地など、日本に絞った課題も検討されたとはいえ、基本的にヨーロッパ・清朝中心史観が展開されたのだった。同シリーズの第三冊は、一六二二年から二四年にアジアに滞在したオランダのコルネリス・ライエルセン司令官（Cornelis Reijersz）の日誌を紹介しているのだが、彼は台南市安平港のゼーランディア城塞（現在の安平古堡）を立てる工事を始めた軍人である。第四冊は同様に一八―一九世紀の清朝統治史料を紹介するものだった。

一九二九年、『新台湾史』企画が史資料編纂企画によって取って代わられたのとちょうど同時期、台湾を論じる総合的な著作が二冊刊行された。一冊目は一九二八年、伊能の死後に刊行された『台湾文化志』であり、台湾研究において恣意的に人類学と歴史学を分ける強引さを改めて感じさせる著作である。だがこの著作をみても、一九三〇年前後に著された研究論文をみても、学術レベルが高くなったとはいえ、学者たちの志向と眼差しは一九〇〇年代から一貫していたことがわかる。

その翌年（一九二九年）に宗主国日本で刊行された、東京帝大の植民地政策講座教授の矢内原忠雄（一八九三―一九六一）による『帝国主義下の台湾』についても同じ指摘が可能である（若林：2001）。[24] 矢内原も日本統治に限定し論じていたからだ。結局のところ、台湾領有後三五年間が経過した当時の学術コンテンツは、原住民問題に固執しており、台湾島の歴史それ自体に対する関心は薄弱だったということができる。

では、二つの植民地帝大とその歴史学関連講座に論を移そう。

第三節　植民地帝大の講座と植民地学会の刊行物

なぜ植民地に帝国大学が必要だったのか。帝国日本には表面上、帝国全体の政策が存在したようにみえるが、しかし台湾と朝鮮の事情は大きく異なっていた。ここで、いったんフォーカスを拡大する必要がある。台湾においては従来、自然科学系の学問に比重が置かれており、一八九五年以降設置された農業・製薬・熱帯植物などに関係する試験所をまとめて統合する意図が持続的に働いていた背景を踏まえないと、台北帝大に理農学部が成立した正確な過程は把握できない。これらの試験所は、一九〇九年に台湾総督府研究所の所属となり、その後一九二一年に新設された中央研究所に統合された。植民地台湾における科学政策はソ連、中華民国、第三共和制フランスに似通うものがあり、この意味では科学の管轄を一元化するという「両大戦間的」な政策だったといえる。[25] 日本国内にも植民地朝鮮にも同種の政策はなかった。後者の朝鮮においては、むしろ独立運動という要素が一大要因だった。

二つの植民地帝大と植民地歴史学

一九二二年二月に台湾教育令と朝鮮教育令が改正されたことで、法制上、朝鮮と台湾内に朝鮮人・台湾人が入学可能な大学を設立できるようになった（阿部：1971, pp. 927-928；鄭：2011；松田&酒井：2014）。だが、両植民地と宗主国の教育制度が統一されたようにみえて、実際には、依然として両総督府がその管轄権を有していた。[26]

特に朝鮮では、教育令が改正された直後から、被植民者による教育機関を創設する動きが始まった。一九二二年六月、李商在（一八八一―一九二七）を中心に朝鮮教育会が法による柔軟化に則って、法文理経という四学部から構成された朝鮮人の民立大学を立案した。[27] 朝鮮総督府は公開募金活動を制限させるなどこの運動に対して対抗をはかったが、その主導者たちが「逝去した」ことによって民立大学案は消失した。だが結果として、独立運動の台頭とこの大学案が、植民地帝国大学を作る動機となった。

一九二四年四月に予科大学が開校、一九二六年には法文科大学と医科大学とその病院から構成される京城帝国大学が開校した。その後、一九四一年に理工科大学も付加される。一九二九年当時、法文科大学に四九、医科大学に二六の講座があり、教授陣は七〇人、助教授は四三人、学生は約五〇〇人が在学していた。京城帝大と、次に検討する台北帝大で実施された講義と研究は、日本国内と同様のものであった。つまり法文科大学で歴史を専攻した学生たちは中国史（「東洋史学」）や朝鮮史の授業を受けてはいたが、大抵の授業は、例えば行政法、刑法、西洋史、経済学、外交史、様々な外国語等々、ごく普遍的な内容だった。[28] 言い換えれば、朝鮮と台湾における大学は、まさに「植民地大学」というよりも、むしろ「植民地状況下の大学」と形容したほうが正確である。なお、授業が完全に日本語で行われる環境下で朝鮮人学生はおよそ三分の一を占めており、植民地の教育機関にしては、例えば仏領アルジェリアに比べたとき相対的に多かったといえる（Singaravélou : 2009）。しかし彼らはサバルタン的な位置に留まった。[29]

台湾における帝国大学の成立過程は、自然科学系の学問を一元化するという上記のダイナミクスの延長線上にあり、他方、朝鮮で展開しつつあった研究機関の制度化というダイナミクスにも属していた。台湾総督府も日本国内にならって帝国大学の設置を決定したが、勅令をもって一九二八年に開校した台北帝国大学も文部省ではなく植民地当局の管轄下にあった。初期の文政学部と理農学部に続き、一九三六年に医学部（一九三八年に総督府病院を管轄）、そして戦時中の一九四三年に工学部が追加され、同一九四三年に理農学部が二つの学部に分割された。[30] 一九三〇年当時、文政学部と理農学部に講座はそれぞれ二〇あった。台北帝大で実施された研究は南進論が色濃く、いっぽう京城帝大で実施された研究は北進論に沿って「満鮮」史観に偏重していた。つまり植民地において歴史学者の取り扱う課題は簡単に近隣諸国へ拡大してしまう傾向があった。

台北帝大の初代総長は、一九二八年から一九三七年にかけて先述した東洋学者の幣原坦であった。二つの植民地帝大ともエリート向けの機関であり、学生数はさほど多くはなかったが（呉：2014, pp. 93-94）、一九四三年当時、台北帝大でも台湾人学生が在学生総数の約四分の一を占めていた。朝鮮の場合と同様、被植民者たちは医学部に集中する傾向があった（歐：2012, p. 23）。

京城帝大の歴史学関係講座：朝鮮史と日韓関係史の狭間で

一九二六年に京城帝大の法文科大学が開校された時、朝鮮史学第一講座と第二講座が設置された。第一講座は文献学者・歴史学者の今西龍が担当していたが、一九三二年五月に彼は逝去し、翌月より考古学者の藤田亮策が担当教授になった。一九二六年から京城帝大の助教授だった藤田は朝鮮総督府博物館主任もつとめていた。第二講座は小田省吾が担当したが、一九三二年一一月に定年となったため、一時空席となったものの、一九三九年より古代朝鮮史が専門で朝鮮史編修会委員だった助教授の末松保和（一九〇四―一九九二）が担当教授となった（京城帝国大学：1924-1942；鄭：2011, pp. 349-350）。

これと平行して史学科には国史学講座も二つあった。[31] 第一講座は一九二七年より田保橋潔（一八九七―一九四五）が担当し、第二講座は一九二九年より松本重彦（一八八七―一九六九）が担当した。二人とも一九四五年までつとめた。田保橋は、ヨーロッパでも当時流行テーマだった「極東問題」（一九世紀以降の日清韓露米の衝突史）を中心とする外交史の専門家であり、日韓関係史でも有名である。宗主国と植民地の相互関係をも照らす人材である。末松と田保橋も東京帝大国史選科出身であり、田保橋は一九二一年に卒業してから明治維新史編纂委員会と東京帝大史料編纂所につとめたことがあった。最後に、京城帝大には東洋史学講座が二つ、そして一九四一年からは西洋史学講座が一つあった。後者はアナール学派に近く、経済史を専門とする高橋幸八郎（一九一二―一九八二）が担当した（講義の詳細に関しては、張：2011, pp. 79-81)。

韓国の歴史学者趙東杰は朝鮮史編修会と京城帝大の相互関係について検討し、「編修会は一次史料の整理と提供、そして植民地歴史学を大衆向けに紹介するという機能をにない、京城帝大は植民地歴史学のための著書と論文を量産するという、二つの軸を持った構造が形成された」と結論づけている（趙：2002, p. 271)。しかしながら、確かに植民地歴史学全体が一定の役割分担をもって機能したとしても、（羅列された古文献からなる）『朝鮮史』はその内容よりも、単に「大」著だったがゆえに人々に深い印象を与えたのかもしれない。そして以下でみるように、植民地の各学会を通じて刊行された出版物は、実は大衆向けの学術書だったり、課題を絞った総論だったりした。そして他にも、京城帝大の史学科は全世界の歴史を取り扱う『史学科研究年報』を刊行しており、言語学を含めて法文科大学の全四科の紀要に朝鮮史と関係する論文が発表された。

朝鮮史に関して検討された主なテーマは、一九世紀以来の日本国内の東洋史学が愛着を有した問題提起と相当重複するものがあった。重要視された課題として、古代朝鮮史、前漢時代における朝鮮半島支配史（楽浪郡など）、伽耶（任那）国（末松：1933）や秀吉の朝鮮出兵（中村：1935）などの「日韓」関係史が注目される。ちなみに、末松は一九四五年以降の朝鮮史研究において主要な地位を占める学者であり、特に一九四五年以降も重要視されることになる文献目録を作成している（末松：1980)。一九四三年までに史学科を出た学生の卒業論文およそ九四点（朝鮮人三七人、内地人五七人）のうち、三三点が朝鮮史を扱うものだった（張：2011, pp. 71-78)（ちなみに、国史つまり日本史を論じた朝鮮人学生は一人もいなかった)。

台湾における植民地支配史研究

台北帝大に移ろう。一九二八年に文政学部内に、哲学、歴史学、文学、政治学の四つの学科が設置され、台湾社会と直接関係する講座は三つあった。歴史学に関わる事業に触れる前に全体的な構成を紹介しておく（松田&酒井：2014, pp. 221-225；呉：2014, pp. 93-94）。史学科には当初、東洋史、南洋史、国史の三つの講座があった。その後、土俗人種学講座が史学科内に追加され（坂野：2005）、一九三〇年に西洋歴史学地理学講座が追加された。歴史学と人類学が一体化しながら役割分担もするというのは、まさしく植民地台湾に固有な事情の現われである。結局のところ、台湾社会を対象とする三つの講座は、南洋史学、土俗人種学、そして一九三六年に設立された台湾を対象とする解剖学講座であった。[32]なお、史学科は一九三四年から一九四二年にかけて『史学科研究年報』を刊行した。

このように台湾と朝鮮の植民地帝大には、植民地社会を研究対象とする特別な講座があった。つまり、時間的なズレがあるにせよ、日本国内の帝大と同様に国史、東洋史、西洋史という三区分にくわえて、「植民地」の歴史を扱う講座があったのである。

南洋史学講座は一九二八年に村上直次郎が担当教授となり、彼は同時に編纂会のトップとなったが、東南アジア・日本の関係史と日本人居留民史を研究した岩生成一（一九〇〇―一九八八）が助教授、箭内健次（一九一〇―？）が講師になった。岩生と箭内は東京帝大史学科出身であり、岩生は編纂官補として史料編纂所につとめた経験もある。[33]村上は、着任直後の一九二八年、台湾総督府によりオランダ、イギリス、スペイン、ポルトガル、ジャヴァへ一年間派遣された。

一九世紀以来の植民地史観が日本統治期の歴史のみを扱っていたのに対し、南洋史学講座の三人組は少しだけ時期を拡げて、広範な南太平洋地域の歴史を幅広く研究することになる。村上は上記の通り、オランダ・スペイン統治史を特に好んで研究した（葉：2008, 注31；松田&酒井：2014, pp. 261-279）。オランダ語とスペイン語の学習も必須科目だった。村上は最終的に約一二〇本の論文も発表した。彼は同時に一九三〇年に西洋歴史地理学講座の担当教授となった。一九三五年に村上が定年となった後、岩生が南洋史学講座の担当教授となり、菅原憲が西洋歴史学地理学講座の教授となった。また、史学科の研究活動に、同科に属していた人類学者が加わることもあった。例えば一九三七年に土俗人種学講座の担当教授だった移川子之藏（一八八四―一九四七）はオランダの国立史料館に赴き、一七世紀台湾のオランダ統治関連史料を大量に撮影した。

ところが、（一部台湾人だった）学生たちの志向は教室の研究方針と少し異なっていた。これは、朝鮮人が自己の組織を有していた朝鮮の事情とは異なる（以下参照）。村上たちはオランダ・スペイン支配史、東南アジアにおける欧州と日本の関係史に主眼を置いており、授業の内容はもっぱら（フィリピンまで視野に入れた）オランダとスペインの史料分析や（中国語を排除した）オランダ語・スペイン語の学習に当たられていた。[34] だが、一方、台湾の歴史学者、陳偉智が論文を分析して見せたように（歐：2012, p. 25；松田&酒井：2014, pp. 280–281）、村上・岩生・箭内の指導下で卒業した学生一三人の提出論文のうち、四人（台湾人一人を含む）が一七世紀の台湾史に関連するものであった（そのうち、鄭成功を扱ったものは二本）。つまり、台湾それ自体の歴史という研究テーマは植民地統治期を通じて回避されながらも、一九四五年以降の国民党政権下のように消失することはなかった。

「青邱」の歴史学会とその成果

最後に植民地研究機構の周辺に組織された歴史学・文献史学の学会とその出版物に触れておこう（趙：2002, pp. 269–272；李：2016）。各々の組織を並べず総数に注目するだけでも、植民地朝鮮には朝鮮史と関係する学会が五つも存在していたことがわかる。歴史学関係の活動に関して、植民地台湾の事情は朝鮮よりはるかに貧弱だが、しかし台湾では人類学の比重が五〇年間通じて非常に大きかった。以下、学者の流通を考慮に入れながら、朝鮮で刊行された幾つかの主要出版物を紹介する。

植民地朝鮮において最も権威のある歴史学会は、間違いなく一九二三年に設立された朝鮮史学会である。しかもこの学会は、時代とテーマに限定せず朝鮮史を専門とした初の学会である（ただし一九四五年以降新しく出来た組織とは無縁である）[35]。その活動として、史資料を復刻したほか、共編の著書が注目される。植民地官僚となった小田省吾を中心に、この学会には黒板、三浦、今西そして建築史家の関野貞（一八六八―一九三五）（ナンタ：2016）や、朝鮮人研究者も参加していた（趙東杰：2002, p. 269）。こういう組織は、完璧に「官学」学会としてみなされよう。だが、史料を羅列・編纂し、大著の『朝鮮史』を作製した朝鮮史編修会の歴史編纂企画とは異なり、朝鮮史学会での事業はトップダウンで管理されておらず、植民地歴史学のアカデミックな姿を見せていたと言えるのかもしれない。

朝鮮史学会は一九二三年九月から一九二四年一一月にかけて、四〇回の講演原稿を集めて全一五冊からなる『朝鮮史講座』を刊行した。この著書は当初、会員にのみ配本されたが、一九二四年に上中下全三巻の本として再版された（朝鮮史学会：1924；Nanta：2017）。第一巻に描かれている朝鮮史像は、林泰輔の一九一二年の著書やその他二〇世紀初頭の著書にあった史観とさほど変わっていないようにみえるが、実は研究の内容それ自体は一層詳細なものとなっている。しかも、『朝鮮史講座』に参加した執筆者たちは、一九三三年から三五年に刊行された『岩波講座日本歴史』にも寄稿しており、全体的に日本国内における植民地歴史学の評判の高さが読み取れるものだった（全一三〇冊中、七冊が朝鮮史と関係）。結局のところ、日本国内における植民地朝鮮歴史学は、（岩波講座で論じられなかった）台湾のそれに比して、圧倒的にプレゼンスが強かった。

朝鮮史学会のもう一つの注目される著書は、一九二七年に出版された『朝鮮史大系』全五巻である。学術的な教科書と形容できるこの著書は、考古学報告書や宗主国日本の学術雑誌を引用し、中国語史料の付録も掲載されていた。古代史（楽浪郡、三国時代）は小田が執筆し、他章は『朝鮮半島史』企画の原稿から瀬野と杉本の文章を転用したものだった。最後に、朝鮮史学会は一九二八年に今西龍の監修下で『三国遺事』復刻版（前述）を刊行した。

おわりに――「植民地歴史学」と「国民の歴史」の狭間で

植民地台湾と朝鮮は一八九〇年代から一九四〇年代にかけて、植民地時代を通じて、歴史学の体系的な研究の対象となった。本章でみたとおり、植民地統治以前から日本国内の東洋史学（中国研究）を中心に進められた研究、次に台湾史・朝鮮史を記述することを目指した総合的な歴史書の企画、最後に史料編纂を中心にした「技術的」な企画、というように、植民地歴史学の展開は三段階に分けることができる。その一方、両大戦間期に設立された二つの植民地帝大に、一領土の歴史を対象とした講座も設置された。こうした歴史学の事業は、植民地当局とその係官が植民地を対象に作成したものだという意味で、「植民地歴史学」であった。

しかし、この事業の性質に関しては幾つかの答えが可能である。上記のとおり、日本の植民地における帝国大学は、何らかの特別な特徴を持つ「植民地的な」学知を生産したというよりも、むしろ「植民地状況下の」学知を生産した。だが同時に、抵抗運動より発された言説を圧迫しながら植民地社会にそびえ立ち、現地社会を研究対象にした歴史学者たちであれ、史料学の「技術者」たちであれ、植民地歴史学は総体として、やはり何らかの「植民地性」を帯びる学問になるほかなかった。

一九世紀から二〇世紀にかけての各植民地帝国における歴史学の事業においては、一般的に、もっぱら植民地支配の歴史的過程に固執してこれを「冒険」として描き出す傾向が強かった。アフリカにおいては特にそうであり（Dulucq : 2009）、台湾もその例外ではなかった。なお、地中海地域における古代史を扱った植民地研究は、植民地社会の歴史それ自体は検討せず、それ以前の歴史に専念し、アフリカのジンバブエ（当時はローデシア）古代史研究も同様だった。こうした事情から、（考古学・歴史学事業を組み合わせて）植民地社会それ自体の歴史が描かれた仏領インドシナのカンボジアや植民地朝鮮は、類例の少ない二つの地域である。そのため、ここには、当時の研究が脱植民地後にいかに継承されたかという連続性の問題も浮上する。非常に古い歴史を有する朝鮮と仏領インドシナにおいて、植民地学者たちは、それぞれの研究を、古代ローマ＝ギリシャ、古代ペルシャに関する研究に匹敵するものだと強調し、偉大なる過去を明かすという自分の「使命」に魅了されてもいた。

つまり、日本の植民地歴史学は、台湾と朝鮮において、二つの異なる営みであった。しかし、本章でみたように、日本の植民地歴史学の事業は、日本国内の東洋史学や両大戦間期から東京帝大史料編纂所の「技術者」たちの活動と一体化した体系的な装置の一部であり、一つの「システム」を成していた。植民地帝国全体で（官僚のネットワークと平行した）学知の統一的ネットワークが存在した日本の事情は、例えば、本土と植民地のネットワークが乖離していたフランス植民地帝国の事情とは大きく異なる。したがって、日本の植民地歴史学を研究することは、近代日本の歴史学の歴史を捉え返すことでもあるのだ。

だが同時に、本章で試みたように、帝国日本全体を視野に入れてこそ、日本国内と植民地の学問の密接さという日本の（植民地）歴史学の大きな特徴を照らすことにもなる。このことから、植民地歴史学と国史の関係もまた問題になるだろう。というのは、両者とも本土と植民地においてほぼ共時的に形成されたこと、本土の国史研究者が植民地歴史学を掌中にしていたこと、自らのナショナル・ヒストリーを目指す抵抗運動家もまた植民地歴史学と同じエピステーメを（異なる目的で）共有していたことなどが注目される。

結局、その課題のいかんに関わらず、植民地社会に関する言説をコントロールするのであれ、一つの独立国家の歴史を「閉じて」それを日本の「地方」として編入するのであれ、日本の植民地歴史学の事業は何よりも権力のために働く装置だった。基本的に日本人研究者のみが発言権を有しており、不調和な意見も許されたとはいえ、抵抗運動の声は無効とみなされていた。

だが、一九四五年以降、脱植民地化が進むなかで、異なる声も再び浮上する。この一環として、日本では学知が「脱植民地化」され、「東洋史学」から朝鮮史と台湾史は離脱して独自分野として再出発した。それに対して、植民地帝国から唯一、独立を獲得した朝鮮半島では新たなナショナル・ヒストリーが追求され、そして台湾は中華民国へ編入されたのであった。

謝辞

著者は本章の執筆にあたり、京都大学の竹沢泰子教授、早稲田大学の李成市教授、台北の中央研究院の陳豪家氏の協力を得て、感謝したい。

註

（1）植民地人類学の全体像を描いた研究（坂野：2005）や植民地朝鮮における学知全体（だが歴史学事業除く）の鳥瞰を意図する著作（崔：2012）はあるが、歴史学・考古学事業の全像を描写する研究はいまだ存在しない。参考文献として、（金：2010；呉：1994a；趙：2002；箱石：2007；葉：2008 & 2009；鄭：2011；歐：2012；Nanta：2012 & 2017；松田&酒井：2014；鍾：2015；ナンタ：2016）。例えば葉碧苓は両植民地帝大における歴史学研究を比較しているが、（本章で扱う）二つの歴史編纂委員会（編修会）や近年の韓国先行研究を視野に入れていない（葉：2009）。

（2）一八九五年以降、史学科と国史科が並存したが、一九〇四年の改革で史学科が統一され、その中に国史学、支那史学、歴史学が置かれた。これは一九一〇年に、国史学、東洋史学、西洋史学となった。

（3）一八八六年に設立された史学会は日本の一番古い歴史関係学会である。

（4）林泰輔は古代中国における甲骨文字研究の先駆者の一人である。一九一八年に殷墟で現場調査を実施した（この発掘現場は一九二八年以降、中央研究院によって体系的に調査されることになる）。

（5）ジュリアンは記者でソルボンヌ大学教授であり、反植民地活動を行なったが、フランスによる北アフリカ征服史を専攻としていたことからこの課題の重要さが窺える。

（6）伊能と鳥居も東京帝大の人類学教室で教育を受けた人材である。鳥居は一八九七年から一九〇〇年にかけて四回も台湾に滞在した（坂野：2005；Nanta：2010）。

（7）拓殖務省は一八九六年から一八九七年にかけて存在し、内務省が植民地を管理した時期を経て、一九二九年に再び植民地を管轄する拓務省が誕生した（一九四二年まで）。

（8）「新港文書」とは一七世紀、オランダ東インド会社当局と台南地域のシラヤ原住民が交わした契約書コーパスのことである。この史料はオランダ語と新港語の二つの言語で書かれていることから大変貴重な一次史料をなしている。

（9）ここにも、国史と植民地歴史学の関係がうかがえる。原勝郎（一八七一―一九二四）や福田徳三（一八七四―一九三〇）とともに、河合は、西欧史と日本史が「停滞」するアジアとは異なる同じダイナミックスを有するものだと一九世紀末から唱えた一人であった（Beasley：1961；Souyri：2013, pp. 23-26, 注 74-75）。

（10）一九一〇年に設立された中枢院は一九三七年まで数多くの調査を監修した。

（11）植民地地理学の台頭とインドシナ「半島」という概念の誕生については、（Hémery & Brocheux：2011, chap. 1）を参照。一九〇〇年に仏領インドシナに、考古学・歴史学研究機関である極東学院が設立されていた。

（12）「通史」と「痛史」は日韓中において同音語であるが、朴殷植の一九一五年の書名は恐らく一九一二年の林泰輔著『朝鮮通史』に対する批判であろう。

（13）白鳥庫吉に近い歴史学者の池内宏（一八七八―一九五二）は、『朝鮮半島史』の企画が放棄されたのは、荻山が総督府図書館に任命され杉本が逝去するなど、偶然によるところが大きいと見ている（瀬野：1936, p. 3）。

（14）政務総監の池上四郎は一九二八年会議の折、「朝鮮史編纂の使命」について語った（朝鮮総督府朝鮮史編修会：1938, p. 37）。

（15）構成は次の通りである。一）新羅による統一（六七六年）以前。三国時代に関する中国、韓国、日本の史資料の紹介（全三巻）。二）統一新羅時代（六七六―九三五年）。三）高麗時代（九三五―一三九二年）。四）太祖（李成桂）から宣祖（一五六七―一六〇八年に在位）までの朝鮮時代前期。五）光海君（一六〇八年に即位）から正祖（一七七六―一八〇〇年に在位）までの朝鮮時代中期。六）純祖（一八〇〇―一八三四年に在位）から甲午の改革（一八九四年）までの朝鮮時代後期。

（16）記録：一九二五年一〇月九日。

（17）台湾総督府内の編纂部が委員会の事業を監修していた。

（18）田原は日本語・中国語媒体『台湾日日新報』の主筆だった。尾崎は一九〇一年から一九四六年まで台湾に滞在し、同新聞の中文欄の責任者だった（鍾：2015, pp. 8-9）。

（19）上田と近代日本における文学史の形成については、ロズラン（2018）を参照。小川は一九三〇年から台北帝大言語学講座の担当教授となった。

（20）この著書において連は台湾と関係する中国の地方史（誌）を編修・羅列した。台湾史の諸パラダイムについては、（呉：1994b）を参照。

(21) 一九〇〇年から一九一〇年まで台湾総督府でつとめた後、持地は一九一二年から一九二〇年まで朝鮮総督府に勤務した。彼は植民地帝国内を移動した官僚の好例である（金子：1979, pp. 120-121）。
(22) 一九八〇年代に復刻版が出版された。
(23) 一九七〇―一九七五年に平凡社によって復刻版が出版された（全三巻）。
(24) なお帝国主義を論じる当該期の著作なら、『帝国主義下の台湾』とその直後に出版された『日本資本主義発達史講座』を比較することが有意義である。矢内原著作より、後者のほうが距離を置いた視点から日本の植民地主義の発展史を論じている（秋笹：1933）。
(25) ソ連科学アカデミーは（その系譜はもっと古くまで遡るが）一九二五年、中華民国の中央研究院は一九二八年、フランス国立科学研究センターは一九三九年に設立された。
(26) 改正法一二条によると（大学含む）植民地の高等教育機関は日本国内法に従うことになり、文部省の管轄下に入ったはずだった。
(27) 一九二二年一一月に民立大学既成会準備会が組織され、一九二三年春から始まった募金活動によって（金）一五万円が集まった。同三月の京城初総会に五〇〇人以上が参加し、三段階からなる企画が打ち出された（阿部：1971, pp. 927-936；KTDD：1974, pp. 3-9；韓：1996, pp. 102-104）。
(28) 授業の内容は大学の紀要を参照（京城帝国大学：1924-1942＝1941, pp. 61-111）。
(29) 同時に、医科大学の朝鮮人学生は多くの論文を著し、この学部が刊行した学術論文の一三％は朝鮮人学生の執筆（共同執筆含む）によるものである（鄭：2011）。
(30) またほかに、太平洋戦争時に三つの自然科学系の研究所ができるが、これらは新領土を研究・開発すべく新設された（一九三九年設立の熱帯医学研究所、一九四三年設立の南方人文研究所と南方資源科学研究所）。これは植民地時代を取り扱う本章の枠組みを超えている。
(31) 国史学講座は一九二七年に一つ、一九二八年より二つあった。
(32) この解剖学講座は人類学と先史研究を平行して推し進めた形質人類学者の金関丈夫（一八九七―一九八三）が担当教授となった（他に通常の解剖学講座もあった）。
(33) 岩生は村上の指導下で西洋史料を集めた『大日本史料』第一二巻の編纂に従事した。彼は一九二七年に中国、香港、仏領インドシナ、シャム、オランダ領東インドを三か月も旅行し、一九二九年に台北に任命されると二二か月間欧州に派遣された（葉：2008, p. 10）。

（34）講義のタイトルは（台北帝国大学文政学部：1934（一）, pp. 451-454, 1935（二）, p. 421, 1936（三）, p. 374；葉：2008）。

（35）他の学会として、一九二五年頃に設立され、月刊『朝鮮史学』を刊行した朝鮮史同攷会、法文科大学を中心に一九三〇年に設立され、季刊『青丘学叢』を刊行した青丘学会（青丘は朝鮮の古名）（法文科大学は他に『紺碧』を刊行）、文書課調査係主任の櫻井義之（一九〇四―一九八九）を中心に一九三七年に設立され、紀要『書物同好会会報』を刊行した書物同好会（復刻版内の、櫻井の解説文を参照）、そして青丘学会に対抗すべく李丙燾を中心に一九三四年に設立され、『震檀学報』を刊行した朝鮮人の震檀学会をあげることができる（趙：2007, 第三、四、五章）。

第三章　帝国のローカル・サイエンティスト
――気象学者・中村精男、小笠原和夫、藤原咲平

塚原東吾

はじめに――日本風土論と気象学・地理学

帝国日本の展開のなかで日本の国土や帝国の空間はどのようにイメージされていたのだろう。科学史的に言うなら明治以降、地理学的記述が進み、詳細なデータの蓄積がなされてきた。だがそれらは数学的な「理念の衣」[1]（フッサール）に覆われていて、国土空間のイメージ構成に貢献したとは考え難い。むしろ思い浮かぶのは志賀重昂による『日本風景論』（一八九四）と、和辻哲郎による『風土』（一九三五）が一役買っていたことだ。これらの書は当時の日本人が直感によって共感できるような風景や風土、すなわちフッサールの言う「生活世界《レーベンスヴェルト》（Lebenswelt）」の全体性に近いものを訴求していた。

双方とも身体感覚を基にして「想像力《イマジナリー》」を喚起し、風景という視覚の共有やモンスーンの暑く湿った風土の経験で共有できる「伝統」を「創造」することを目指している。これらは日本がアイデンティティを模索するなかで、国家空間を捉えた言説である。[2] この著者たちは「風景」や「風土」を旅する過程で発見した。特に和辻はヨーロッパへの留学の際に、自らの置かれていた「気候帯」の意味に目覚めて、その文化的な影響を考えてみている。これらは若々

しい成長プロセスを見せたもので、「教養小説《ビルドゥングス・ロマン》」の背景描写のようであり、面白くないこともない。

しかしこの成長の言説が、後の「地政学」に通じる基礎を与えたことを考えるなら、それほど無邪気に寿ぐこともできない。志賀の著書は日清戦争の最中に刊行されたものであり、また和辻の著書は一九三一年の満洲事変のころに構想され一九三五年に出版されている。この二書がその生成に力を貸すことになってしまった地政学は、生にまつわる感覚が捉える空間性を、地理的な領土や権力の及ぶ領域という政治の言葉に翻案するものであった。それは「生存圏《レーベンスラウム》（Lebensraum）」という語が端適に示すように、生の領域（raum）についての戦略的認識である。志賀や和辻の言説は、フッサールが言うような生活世界についての感覚的な共感をもとにしながらも、同時に帝国が東アジアに空間の拡大を進めていくイマジナリーと共犯関係を持つものとなった。

ではそもそも、志賀から和辻に至る国家空間についてのイマジナリーが生成される背景には何があったのだろう。「国土」の風景や風土をイメージするうえで、そもそも学としての気候学や地理学と彼らの言説の間には、どのような関係があったのだろう。

志賀や和辻の言説については、すでに多くの議論がある。(3) 彼らが日本の国家主義やファシズムを支えるイデオローグであり、日本の風景や独特の風土といった概念が〈帝国日本〉を支える精神的支柱のひとつであったことも確かである。だが環境決定論やナショナリズム批判といった枠組みだけでは、零れ落ちてしまうものがある。例えば彼らの議論のなかには目的論的・有機体的な科学の発想がある。それを指摘することで志賀や和辻を単なる疑似科学であるとか、浅薄な科学理解であるとすることは、近年の「人新生（アンソロポシーン）」をめぐる論議のなかでボヌイユとフレソッズ（2018）らが論じているように、目的論的・有機体的な発想を機械論的な自然理解の範疇に入らないという一点で断罪することとなり、思想史的な観点からは早計である。現在の視点から「非科学的」であるとだけ批判するなら、それは事後主義（いわゆるウィッグ主義的歴史観の陥穽）に陥ることになり、それがそうなってしまった（まさに科学思想史的な）理由が分からなくなる。日本という帝国の成長物語において重要だった葛藤や懊悩、そしてそれをどのような言葉と思想でもって乗り越えようとしていたのかという思想的営為の真相や、当時の科学的言説が持っていた深層にある基底的性格（心理的性向、思想の「癖」のようなもの）も見えなくなってしまう。

そのため本章では、帝国日本の空間イメージの背後にある気象学・気候学、そして地理学を、科学史・科学思想史から、さらには科学と帝国主義という観点から検討しておきたい。当時の気象学や地理学を検討するのは、それらが国家の科学として制度化が進むなかで、目的論や有機体論を奇妙に融和させたものであり、志賀・和辻らを助長させる土台を作っていたと考えられるからである。彼らを非科学的だと言う前に、彼らの議論を易々と許してしまうような「科学」が行われていたことこそ、問い直さなければならないことではなかろうか。本章がとるのは、ある科学的言説を基準として、ある時代の議論を断定する立場ではない。そうではなく、科学自体もさまざまな変容や「知の畸形」（バシュラール）を含むものとして、思想史の観点から俎上に乗せようとする立場である(4)。

こうした問題を考えるにあたり、本章では日本の帝国期の気候学・地理学の歴史を振り返り、中村精男と小笠原和夫の研究を位置付けてゆく。さらに制度化や観測ネットワークの拡大が持った意義を概観して、日本の代表的な気象学者である藤原咲平の科学と思想を検討してゆきたい。

そのような文脈を見ていくなら彼らの行ってきた気象学は、どのように位置付けられるのだろう。本章では、近年の「科学と帝国主義」という分野の知見を援用してみる。彼らは日本という帝国の科学者ではあったが、その帝国は東アジアの辺境にある科学の後発国でもあった。いわゆるユニバーサルな帝国の普遍科学を目指すことは手に余ることであって、彼らはある地域の特性を記述し、それを普遍的な科学の枠のなかに当てはめようとする「ローカル・サイエンティスト」として、まずはその地歩を確立する必要があった。ローカル・サイエンスとは、ある地域で行われる、ノーマル・サイエンス（規範的科学）である。あくまでノーマル・サイエンスなので、パラダイム全体の枠組みを変革することはできないし、そこからユニバーサルな知の構造を考え直すチャレンジもない。では、ローカルだからユニバーサルの二次的な立場に甘んじていただけなのだろうか。本章ではそうではなく彼らの行ってきた気象学・気候学をある種の「ハイブリッド」として見る。もしくは知のサーキュレーションの途上における「知の畸形学」の発生プロセスであると考え直す観点をとる。日本の土着思想と外来思想の関係は、単なる「反発」や「抵抗」という議論でまま見られたような実体論的・接合論的なものだけではない。本章では帝国のローカル・サイエンティストたちの仕事を、「コンボルーション論（内発的なものによるリボルーションの回収）」や、「サブ・サテライト（衛星帝国主義）論」などといった、より関係論的な見方から論じ直してみたい。

第一節　二〇世紀前半の気候学・地理学——中村精男から小笠原和夫への系譜

1　ルーチンとしての気象観測と中村精男——「ローカル・サイエンス」

まずは当時の気候学と地理学を概観しておきたい。気候学は気象の統計値に基づく学であり、気象学と切っても切り離せないものである。[5] 日本で気象観測が開始されたのは一八七〇年代のことで、その後全国各地での気象観測が行われるようになる。[6] そして第三代の中央気象台長であった中村精男の頃になって日本全土の統計的な気候誌『大日本風土編』（一八九七）が出される。これは一八八三年のシカゴでの世界博覧会に出品された論文（Nakamura：1893）に基づいたものである。この英語の報告で、中村は一九〇二年に理学博士号を受けている。

この日本での科学的気候誌の刊行が、志賀の『日本風景論』の三年後、すなわち日清戦争の終結から二年目であることに、ある種の歴史的符牒が読める。そしてこれがシカゴ博覧会で「日本についての日本人による科学的記述」として提起されていたことも見逃せない。

中村の生涯から分かるのは、彼の尽力によって気象観測が国家事業として定着してきたこと、そしてそれらの統計を、海外の博覧会で立派な科学的観測の成果として、紹介できるようになったことである。中村は、明治から大正の日本で理科（科学）教育を推し進め、それを近代的な基準《スタンダード》に合わせることに努力した世代であり、明治・大正期の典型的な科学官僚であった。彼は明治国家を担った長州閥の一員であり、ルーチンの気象観測の結果を統計的に処理した報告で理学博士号を得た。それが当時の日本における科学的オリジナリティだったと言うならそれもそうだろう。彼がヨーロッパに留学の経験のある啓蒙家であり、メートル法の推進やエスペランティストであったことを考えるならナショナリストと言うよりユニバーサリストであったのだが、残念ながら科学史に残るオリジナルな業績はない。日本という地域（ローカリティ）において、ヨーロッパでトレーニングされたルーチンを堅実に蓄積し、日本における気象現象を記述したことが業績になった。中村精男は典型的なローカル・サイエンスの実践者《プラクテイショナー》であった。

それでもここでは、科学的オリジナリティについての概念のある種の転換が必要である。それは科学と帝国主義という視線から見た場合の、「ローカル・サイエンス」とされる学の在り方についての視点である。

そもそも科学は、普遍的な知を目指す。だがある地域に特定の自然現象、そしてある産地（ローカリティ）に生育する種についての知は、普遍性を確保するための一部として重要なパズルのピースとなる。地理学における地図を想定すれば、そのことは例証される。世界地図を作製するのが地理学・地図学（カルトグラフィー）の重要な使命《タスク》である。その場合、「人類」（西欧近代の視線を持ったものに限られるが）にとって未踏の地の記述が必要となる。例えばシーボルトにとって北海道・樺太と大陸が地続きであったかどうかを知ることが重要な課題であったから、間宮林蔵の地図は幕府禁制を冒してもヨーロッパに持ち帰りたいものであった。またこの場合、普遍とされる視線は「西欧近代」すなわち「帝国」の側の視線であり、ローカルの自然を記述するものは単なる収集家や採取者として周縁化され、ヨーロッパの中心に居る（主に諸都市なのでメトロポリスとも呼ばれる）、「ジャーナル共同体」を構成する科学者集団が「コスモポリタン・サイエンス」において普遍的知のシステムを構成してゆく。メトロポリスの科学者集団を「計算の中心」と呼んだりもする。

しかし科学史の上で、このローカル・サイエンスとコスモポリタン・サイエンスの間には、相互の往還運動がある。ローカルとコスモポリタンの関係は単なる中心－周縁ではなく、またヒエラルキーではない。ローカル・サイエンスでの発見や業績を積み上げてコスモポリタン・サイエンスの世界に打って出ようというのが科学的実践での一般的なパタンである。シーボルトによる日本の自然史の記述や、ダーウィンのビーグル号での調査もこれにあたる。科学活動の中心地《メトロポリス》では、基本的な枠組み（パラダイム）が設定される。まずはその中心で構築されたパラダイムに合った（もしくはそれを覆す）事例を周縁で収集するというパタンである。リンネの植物学の枠組みと、リンネの「使徒」と呼ばれる弟子たちが世界中を旅して植物を収集し、リンネの体系を組み上げていったのは、中心による周縁の取り込み、もしくはローカルを集積してコスモポリタンが世界を記述する典型例である。ここでもうひとつの例として想起すべきなのは、周縁から中心を覆したフンボルトである。彼の著作が「コスモス」と名付けられていたように、フンボルトにおいてローカルの枠とは「地球」レベルの宇宙論（コスモロジー）でもあった。

これを非ヨーロッパの側から見るなら、ローカルなリソース（資源）についての記述をおこなうことで、コスモポリタンの科学ネットワークに入り込もうとする努力も見られる。たとえば中国での近代科学の嚆矢と考えられるのは竺可禎による中国気象学、および丁文江による中国の地質学・地理学の記述であり、実験室科学である有機化学でも、日本の初期の国際的な業績はローカルな天然物の分析（たとえば漆におけるウルシオールの研究とか、野副による台湾ヒノキの七員環芳香成分であるヒノキオールの分析と構造決定など）である。

リンネの世界の記述については、人的資源を含めたローカル・リソースとの相互作用があることはよく知られている。ツンベルグやシーボルトは、すでになされていた土着科学の成果を利用し、また土着科学にリンネ主義的体系を吹き込んだ。またインドにおける地図作成におけるインド人の貢献などのような状況を見るなら、中心と周縁の関係は一方的な知の吸収・搾取ではなく、相互に「循環《サーキュレート》」していたという見方がされている（カピール・ラジ 2016）。ローカルはあくまで帝国の一部に組みこまれたものであり、ローカルとして帝国を支えるものでもあったのだ。

2 ビャークネス学派と気象観測の制度化

一八九〇年頃から世紀転換期にかけて、日本での気象観測は軌道に乗り、その統計である気候誌を作成できるようになった。この時代は「総観気象学（Synoptic Meteorology）」と呼ばれる、いわゆる天気図を書き、そこに気圧配置をして天気を予測するというスタイルが徐々に確立してゆく時代が始まるころでもあって、天気（なかでも低気圧）の「構造」についての理解が進んできた。(7) これらは主にノルウェーのヴィルヘルムとヤコブのビャークネス親子が中心であったビャークネス学派（ベルゲン学派）によって確立された。低気圧の構造のほかにも、気圧の絶対単位ミリバールを導入し、極前線や大気の安定度に関する研究、多重成層圏の確認などでも知られている。父ヴィルヘルムが一九一〇年代に「総観気象学」の理論的基礎を作り、息子ヤコブの「極前線の発見」（一九一九）などで地歩が固まり、三〇年代にかけて学派が形成され、四〇年代にはアメリカにも広がっていったことが、世紀転換期から二〇世紀前半にかけての気象学史のハイライトである。(8) 後に論じる藤原咲平も、この頃ビャークネス親子の下に短期間だが留学している。

日本との関係でベルゲン学派が関与するものとして、一九三〇年代から提唱されている「気団論」について触れておかないといけないだろう。気団とは気温や湿度などの大気の性質が広い範囲にわたってほぼ一つの塊（気塊もしくは気団）と見なせるようになった状態を言う。これは一九三〇年にスウェーデンの気象学者である（やはりベルゲン学派に属する）トール・ベルシェロンが定義し分類を行ったものである。多くの気団は、季節の変化に伴って勢力と勢力圏を変えるため、それぞれの地域の気候や気象現象が生み出される。日本周辺の気団は、一九三五年に荒川秀俊がオホーツク海気団やシベリア気団といったように分類をしており、日本付近の地域気候のスタンダードとなっている。荒川とほぼ同時代の大石和三郎によるジェット気流の発見があり、また時代は大分前になるが北尾次郎が一八八〇年代―九〇年代に行った大気の流体力学的分析は突出していたとも言われるが、日本の気象学・気候学の主流は荒川のような記述的な「ローカル・サイエンス」であった。

それでも日本で営まれていた気象についてのローカル・サイエンスは、コスモポリタン・サイエンスの記述の中心に対して、〈帝国〉の中でのひとつのサテライト（同時にサブ・エンパイアー）の位置を確保するためのものとして機能している。科学を理論的でコスモポリタンなものだけではなく、より実践《プラクシス》として意味があるもの、そして同時に〈帝国〉を支えるものであって、その活動の枠組みはそれぞれ以下のようなレベルで行われていた。

（a）物理学的なもの：気象観測・実測、地図の作成（物理学的アプローチ、機器計測）
（b）地理学的なもの：気候学的アプローチ、植物地理・農業や産業を含む気候区分の決定、経済地理学・人口学・疾病統計などによる社会の諸指標の数量化（社会的アプローチ、統計的調査と処理）
（c）文化誌的なもの：思想的背景、モデル化の検討（人種主義あるいは優生学的な地理概念、気候による文化決定論など）

まず（a）は、物理学的（機械論的）アプローチにより具体的な物理事象（日々の気象や地形）を計測するレベルである。気象観測や測地・地図作成など、いわゆる科学実践のルーチンに属するものである。この方向はミクロ分析的である。

次に(b)は、これら(a)の方法を社会的な現象について敷衍したもので、たとえば経済的な現象を計測したり人口や社会現象の数量化を行ったり、さらに農業を含む植物地理や産業地理のレベルで検討するものである。フーコーによると「政治算術」と呼ばれる活動であるが、対象が物理的な自然現象というだけではなく、社会(国家や政治、そして植民地や海外の市場など)を扱うものとなっている。

さらに(c)は、それらを文化的・思想的に位置付けるレベル、もしくはより大きなモデルとして理解するレベルである。この方向がマクロな分析やモデル化を含むもので、科学の成果を、ある社会の経済体制や政治システムなどと関連づけを行うものである。志賀や和辻は、(a)と(b)から着想を得て、それらを(c)のレベルで展開したものであると考えられる。(9)

これら(a)(b)(c)にはそれぞれの実践や理論枠組みをディシプリンとして通用させるためには、共有されたパラダイムが形成されなければならない。そのためには、各レベルに応じたジャーナル共同体や理論の共有空間(コスモポリタンな「計算の中心」)が存在していなくてはならず、それぞれにそのパラダイムが社会的に運用されるための制度的な基盤が構築され、必要とされる経済的・政治的な文脈に適合させながら運営される。すでに当時の科学には制度的なバックアップがあったことは言うまでもない。日々のそして広範囲の気象観測は、気象庁(中央気象台)をはじめとする所轄官庁があり、データの収集は極めて組織的に営まれていた。また地理学についても内務省地理局(現在の国土地理院の前身)や陸軍測量部、参謀本部地図課・測量課や陸地測量部などによって記述は着々と積みあがっている。

3　ケッペン、ハンチントン主義と小笠原和夫

一九世紀から二〇世紀前半にかけては、まさに「帝国の視線」で世界が記述され、その戦略的意図に従って暴力が発揮される時代であって、地政学が展開し始める時代でもあった。人文地理的な観点から、飯塚（1970）はヴィダル・ラブラーシュの論を援用して、このころの地理と文化の関係に三つの段階を想定している。

第一段階　リッター：自然と人類の間の関係の解明を提唱したこと（つまり「舞台」と「歴史」の間の相関関係を検討することを提唱している）。

第二段階　ラッツェル：人文地理学は生物地理学（植物・動物）の一部門として考えるべきであると唱えた。機械論的見解で目的論的な主張を退けたが、これは文化形態が生物地理学に依存するものであるという、ある種の地理学的決定論という限界を持つものでもあった。

第三段階　ヴィダル・ドゥ・ラ・ブラーシュ：歴史（人間活動）を地理学のなかで重視するべきであると提唱して、地理学的決定論を批判した。

科学史的にみるなら、この第一段階と第二段階の間には、フンボルトによる自然地理学があることを忘れてはならない。キャノン（1978）が定式化した、いわゆる「フンボルト主義」による科学的実践である。フンボルトは、さまざまな地理的データを数値化するために、多くの科学機器・測器などを使用した。そのことで自然についてのデータが重視されるようになり、自然科学的なアプローチが地理学実践の中心となった。そのことで、人文地理学的な視線、すなわち政治や経済、そして文化的な要素を検討の範疇にいれるような文科系的なアプローチは一時停滞したとされている。だがフンボルトは、このように自然科学的データに基づきながらも、目的論的でロマン主義的な世界（宇

宙：コスモス）統一性をめざしていた。自然科学的手法とロマンチックな統一体の希求という思想の結合は、まずは自然地理学の扉を開き、生態学や科学的記述による地理学を展開する契機となった。その意味でフンボルト主義は機械論的であると同時に目的論的な指向性を強く含むものである。

このような地理学の展開に並行して、二〇世紀初頭になると、気候学は単なる気象学の経年的集積から、徐々に地理学の一部門をしめるようになっていった。その中心人物はケッペンである。さらに一九世紀終わりにかけてのいわゆる後期植民地主義、帝国主義のなかで経済地理学（植民地経営学）的動機や人種主義・文明論的な優位性の政治学が出現する。それらと重なったかたちの気候学も、一九世紀後半から二〇世紀初頭にかけて登場する。物理学的な大気の研究から始まった気象学が、地政学的な地域運営論としての気候学に徐々に展開して地理学に接近していく中に、「ビャークネスとケッペンを合わせたところからハンチントンへ」という主要な筋が見て取れる。このこととそれに対する日本の学者の反応をみておこう。

ケッペンの気候区分は一八八四年に最初の発表がなされ、一九世紀終わりから二〇世紀初めにかけて、現在の地理学の一つのスタイルを作ったものである。ケッペンが地理学を研究し始める一八七〇年代ころには、集積された気象観測データの活用が可能となっており、気候学も天気予報などを目的とする気象学から分化し、発達するための前提条件が整えられつつあった。日本でケッペンの気候区分を紹介し、気象学的知見、気候学が本格的に地理学の中に入ってくるのは、福井栄一郎（一九〇五―二〇〇〇）[10]の『気候学』（一九三八）によると考えていいだろう[11]。和辻の『風土』が出版された三年後であり、日本では国家総動員法が制定され、ナチスのユダヤ人迫害開始（水晶の夜）の年である。

ケッペンの気候区分の導入と前後するが、当時の世界の地理学において時代を席巻していたのは、むしろアメリカで主流となっていたハンチントン主義であろう。エルスワース・ハンチントンは、アメリカの経済学者・地理学者であり、いわゆる「優生学的地理学」の中心人物としてよく知られている。彼は経済地理学を専門とし、環境や気候が経済を決定する要因となるという「環境決定論」を主唱した。多くの著作を発表しており、なかでも影響力をもったのは、一九一五年に初版（一九二四年に改訂版）がでた『文明と気候』(*Civilization and Climate*, 1915, rev. ed. 1924) である。この本は一九三八年に岩波文庫から翻訳が出され、日本にも大きな影響を与えた[12]。ハンチントンはアメリカ生態学会や地理学協会の会長をつとめ、一九三四年から一九三八年の間アメリカ優生学会の理事長であった。彼は優生学による人種理論と彼の地理学を結び付け、気候によって形成された人種が、社会編成の根本的な決定要因であるとした。

ここで注目したいのは、台北帝大の助教授であった小笠原和夫である[13]。小笠原の著書『南方気候論』（一九四四）に収録されている「南方共榮圈の氣候學的条件」は、ハンチントン主義が色濃く出たもので、なかでも小笠原が論じているのは「文明の度合い」である。ハンチントンは気候条件による、世界の文明の格付けをおこない、文明を五段階に分けている。気候がもっとも文明に適合しているのは西ヨーロッパとイギリス、そして北米の五大湖の南側である。日本は北海道を除いて、第二の段階とされていて、スラブ諸国からロシアと同じである。小笠原はこれに対して、気候学的に見るなら日本は西ヨーロッパと同じ第一のレベルになるという修正を試みている。そして北海道・朝鮮半島、および満洲から中国の平野部を含み、海南島・雷州半島までカバーする部分を第二の段階、つまり大東亜共栄圏である朝鮮半島や満洲は、気候学的にみて、農業や産業に適しており、それはヨーロッパや北米のレベルになると強調している。こうして大日本帝国は、気候学の観点からもヨーロッパそして北米に匹敵することになり、日本を領袖とする「大東亜共栄圏」全体の文明のグレード・アップもなされている。

ここでの小笠原の大日本帝国の格付けの上昇は、ヨーロッパ列強に匹敵することだけを意味したわけではない。彼はさらに、日本はオーストラリアとニュージーランドを植民地化する「必然がある」という論理を導いている。つまりハンチントンの優生学的気候学・地理学が、日本の帝国主義的な拡張のための理論的な合理化を支えるための基礎理論となっている。小笠原が日本科学としての「大東亜気候学」の観点から、「南方共栄圏」という「広域の（侵略を視野に入れた）気候観」を出したことには「オリジナリティ」があるとも言えるかもしれない。[14]「気候決定論的なイデオロギー」に東アジアの側から修正を加えていることは、小笠原はハンチントンのエピゴーネンであったことを端的に表すものとなっている。

これは、ある種の裏返しでもある。膨張主義の枠組みが、ハンチントンによって与えられたものとなっている。このような「優生学的・人種主義的な地理学」のパラダイムは、借り物である。小笠原の行ったことは、そのパラダイムの範型を崩さずに日本の「格上げ」を果たすことだった。ヨーロッパ・アメリカが提出してきたモデルに本質的なチャレンジはせずに「ノーマル・サイエンス」を行っている。このような形での科学の使われ方は、オリジナリティというより、範型を若干修正することでヨーロッパ・アメリカに割り込む戦略をとるためのものだと解釈できる。

小笠原は「ノーマル・サイエンティスト」で、「コロニアル・サイエンティスト」でもあった。[15] 彼はパラダイムに沿った記述をしてパラダイム自体にチャレンジできなかったが、所属した帝国の要請に答えようとする植民地科学者であった。その場合のコロニアルな枠組みは、すでにヨーロッパの先行研究で設定済みのものだった。ここまでで明らかなように、日本帝国主義の科学は、あくまでも、「ヨーロッパの後追い（catch-up）」を基調としていた。これは「先行者」がいなければ、独自には展開できなかったのだ。

第二節　藤原咲平——渦巻の理論と「オール・メテオロロジー」

藤原咲平（一八八四―一九五〇）は、名実ともに二〇世紀前半の日本を代表する気象学者である。中央気象台の台長を務め、また当時から「お天気博士」としても知られた人物である[16]。ここで藤原を取り上げるのは、彼は日本の気象学の第一人者であると同時に、事業としての気象観測の中心にいたこと（すなわち学知としての気象学と、制度としてそれの両方の中枢にいたこと）、さらに生命から台風まですべての現象を「渦巻」で考える独自の「理論」に固執し、社会的な事象さえ気象学の原理で考える「オール・メテオロロギー」という概念を唱えた人物だからである。また藤原は、時には「神がかり的」とさえ呼ばれるほど戦時体制に熱心な言説があったことも気になる点である。

彼の科学研究には、どのようなオリジナリティがあったのだろうか？　通常の科学史的に見ると、オリジナルでユニバーサルに認められるような業績は、実のところほとんど「ない」。オリジナルなアイディアだった「渦巻理論」というのもそれほどの業績であるとは言い難い。むしろヨーロッパ科学の後追いと、日本というローカリティについてのルーチン的な記述や解析に専念した人物というのが実像だと思われる。その意味で、藤原は「帝国の気象学者」というには、スケールが小さく見える。小笠原和夫が台北帝国大学で「南方共栄圏」を「気候学的に構想し」ていたことに比べるなら、直截な「帝国のエージェンシー」を見て取ることは難しい。それでも「科学と帝国主義」という観点から見るなら、藤原はコスモポリタンに敏感に反応していた典型的な「ローカル・サイエンス・エリート」である。だから彼の一連の仕事は、ヨーロッパのコスモポリタン・サイエンスという基準だけでは測れないものがあると考えてもいい。彼についてはその社会的な立場にしても思想的な展開にしても、多面的な解釈が可能な屈曲した側面を持つ。

1　科学エリートとしての藤原咲平、その生涯と時代

藤原は当時の科学エリートの代表的なキャリアを持つ。諏訪の農家の出身でそれなりに苦労はしたようで、二人の姉を結核で亡くしており、また自身も病弱で結核（肺尖カタル）の持病があって二度ほど転地療養をしているが、第一高等学校に入学し多くの知己を得て、なかでも当時気象台長であった岡田武松には可愛がられていたらしい[18]。一九〇六年に東京帝国大学理論物理学科に入学し、そこでは中村清二と寺田寅彦・本多光太郎からは実験物理を、田丸卓郎・長岡半太郎からは一般物理を学んだという[19]。すでにして日本科学史を彩る錚々たる物理学者たちのラインナップである。そのなかでも藤原は特に寺田に心酔したようで、寺田に薦められたレイリー卿（Lord Rayleigh, John William Strutt）による『The Theory of Sound（音の理論について）』（1877/78）を、寺田がこの本を読み耽ったという修善寺温泉に滞在して、自らも真似たという。この理論の例として、浅間山噴火の際の音の異常伝播についての研究が藤原の博士論文のテーマになる[20]。一九一三年に気象台の欧文誌に報告をしており、一九二〇年には帝国学士院賞を受けている。その受賞理由では、音の異常伝播を使って上空の温度や風などの分布を知ることができるという意味で、「理論上のみならず、また応用の点においても気象学に多大の貢献をなしたるものというべし」（帝国学士院賞受賞審査要旨）とされている。だが、大きな音を出して高層気象を調査することは、原理的には不可能ではないのだが、その後実際に応用されたという話は寡聞にして聞かない。だからこの現象を解明したことは、自然現象の解析ということでは意味があるが、特に際立った科学的業績や技術的応用に向けた基礎研究となったわけでもない。

一九一一年には中央気象台に入り多くの業務にかかわっていた。積雪中の熱伝導の問題を研究したり、統計課では

「雷雨報告」第一号を出しており、雨量掛として「雨量年報」の編集に携わり、風向観測法の研究も行っている。また水産講習所（のちの東京水産大学、現在の東京海洋大学）にも出講しており、一九一八年には技師に昇進、大阪臨時出張所や一九一九年には臨時神戸出張所（翌年神戸海洋気象台に昇格）に派遣され、一九二〇年に東京に戻り天気予報に従事する。科学者として、そして制度化されたなかでの科学官僚として、きわめて順調な出世街道を辿っている。一九一五―一九一九年に富山・伏木測候所が中心になっていた蜃気楼調査では地表付近における異常光学現象として、観測・理論および歴史の面から総合的に調査している。

このころ日本では気象研究の「ジャーナル共同体」（『気象集誌』などの刊行物によるもの）と制度的基礎（中央気象台を中心とする観測ネットワーク）が形成され、パラダイムの安定期に入っていたと考えていいだろう。中村が気象統計を「日本の気候」として海外に紹介できるようになったのも、このようなルーチンとしての科学実践が定着してきたことによるのだが、藤原が気象台に入った一九一一年は、『気象集誌』の創刊三〇周年の年であり、この号には諏訪湖結氷の調査についての論文が掲載されている。また「気象協議会」（全国の測候所の所長が東京に集まって、観測方法や報告の様式などを討議し、また専門家による関連する理論についての講義や講演などを組み合わせた会議）なども定期的に開催され、知識の普及と改良が軌道に乗っている様子がうかがえる。(21)

このように研究面では「ジャーナル共同体」が定期的に海外の研究のキャッチアップを行い、それらを報告したり論文の発表を行ったりしつつ、「現業」である気象観測業務を着実に進めて、その技術的内容の改良と普及に努めているのがこの時期である。またこの時期は、日清・日露で中央気象台がカバーする観測の領域が東アジアに大きく拡大した時代であることも忘れてはならない。(22) 迫りくる第一次世界大戦では科学技術と戦争の関係が大きく変化するが、気象学にとっては、航空機が戦争で使用されることが次のステップを刻むことになる。第二次世界大戦の航空気象は、ほとんどがベルゲン学派のパラダイムで動いている。(23) これについては藤原自身はグライダーに深く関係していて、後の風船爆弾の開発などに関連する。グライダー研究は単なる趣味でもロマンでもなく、時代と〈帝国〉の要請に気象学者として応えるためのものでもあった。(24) 第一次世界大戦の与えたインパクトが、日本の科学技術の制度化と呼応していたことを論じたのは廣重徹である。理化学研究所は一九一七年、東北大学の金属材料研究所が一九一九年、航空研究所と栄養研究所がともに一九二一年の設立である。科学技術が国家政策になってきたことを端的に表している。気象学についていうなら神戸の海洋気象台と筑波（館野）の高層気象台の設立がともに一九二〇年であることも、これに歩調を合わせたものである。(25) これらの動向のなかで、藤原は一貫して「科学の帝都」の中心（まさに「中央気象台」）の要の位置にいる。

その一九二〇年から、藤原はノルウェーとイギリスへ留学する機会を得ている。特にノルウェーのヴィルヘルム・ビヤークネスの下で極前線、低気圧波動、海洋学などを学んでいる。だが彼はノルウェー学派の仕事を日本に体系的に伝えたというわけではない。むしろビャークネスが自前の概念である「極前線」の考え方に「固執して予報を誤っていた」ということを皮肉まじりに論及しているところも何回かある。(26) 留学中に、イギリスではネピア・ショウ（ロンドン大学、元イギリス気象庁長官）にも世話になったようである。この頃「渦巻現象」への関心を深めたとされ、ロンドンで実験を行い王立気象学会誌に論文を発表している(27)（渦巻理論については後述）。この研究はそれなりの好評を受けたとされており、「藤原は檻を飛び出したライオンである」と評されていたというが、(28) それはどういう意味だか、微妙なところがある。むしろ別な会議の際には「(藤原は) また渦の話かい」と、ジョークのネタにされていたというエピソードもあるように、国際的・学問的な評価についての判断には難しいものがある。

帰国後の一九二二年以降は東京帝大工学部での講師の嘱託を受け、中央気象台測候技術官養成所（現在の気象大学校）の主事（校長格だが専門の講義もする役割）となり、また一九二六年には寺田寅彦の後任として東京帝大地震研究所員に任ぜられている。国際会議などでも、藤原は重要な役割を果たしている。留学以前にも、一九一一年の気象台に入ってから間もない一九一三年に東京で、気象についての国際会議である「東亜気象台長会議」が開かれている。これは帝国学士院で開催され「極東七つの地域」の気象台長が集まって、気象信号や気象電報などの形式を統一することを検討した会議であり、「帝国の気象の中心」を自認する中央気象台にとっては重要な会議である。この時、日本側の中心となっていたのは中村精男と岡田武松であり、藤原は早くもセクレタリーだったという。留学から帰ってきてからは、日本代表の一員という役割で一九二六年にはウィーン気象国際会議、一九三三年にカナダ汎太平洋学術会議などに出席し、また一九四一年からは国際気象評議会幹事を務めている。この間一九三七年には帝国学士院会員に推挙され、一九四一年には岡田武松の後任として第五代中央気象台長に就任、制度的には日本の気象学の中心的な人物であり、東アジア気象ネットワークのハブである〈帝都・東京〉に拠点を置いて、内外の両面で日本を代表する立場にあった。

気象業務の範囲内で、藤原は実に多くの仕事をこなしていた。災害・防災については、気象特報（一九三五年から、一九五二年以降は注意報となる）、鉄道気象通報、前にも論じた雷雨警報（一九二九から）などに藤原は積極的に関与している。(29) 雷雨には電力会社とともに雷雨協同連絡会（一九三九年から、一九四八年以降は電力気象連絡会）の活動にも取り組んでいた。またグライダー普及（一九三二年にできた霧ケ峰グライダー研究会で一九四〇年ごろまで活動）にともない、山での遭難や漁船の遭難と気象とのかかわりに関する啓蒙活動もしている。さらに藤原は、海難をもたらす冬の海上の強風にも関心を持ち、とくに一九二六年に全員死亡で発見された良栄丸の漂流について研究している。だがどうもこれらは、ルーチンもしくは「雑多な仕事」という印象をぬぐい切れない。「帝国の気象学者」というにはスケールも小さく地味である。たとえば現在でも時折聞くことのある「藤原の効果（藤原エフェクト）」という言葉も藤原による。この藤原の効果とは、二つの熱帯低気圧（特に台風）が接近した場合、それらが干渉して通常とは異なる進路をとる現象のことであるが、現在では藤原効果という用語は使用されていない。[30]また「稲田の後光」についても論文を残している。これは太陽を背にして露のある草原や水面などを見るとき、見る人など影の周囲に見られる光輪のことであり、大気光学現象の一つである。[31]いわゆる後光が射すという表現に使われたり、山の御光、海の御光、露の後光などとも呼ばれたりする。さらに藤原は雲の目視による観察を重視しており、[32]なかでも専門書とされている写真百九葉を掲載した『雲』（一九二九年）は、一九四三年まで五版を重ねている。この本を見た恩師寺田寅彦は、「藤原でなければ書けない本、日本の気象学者でなければ書けない本」と絶賛したという。たしかにそうかもしれないのだが、この本は雲についての分類学とでも呼ぶべき記述的なものであり、科学のユニバーサルなスタンダードにおいて、何らかの評価をされた形跡はない。そう考えると、藤原の科学はむしろローカルな記述に徹したものであり、自然誌的な記録の集大成に務めた人物であると考えたほうがいい。[33]

藤原が近代気象学のほかに、「観天望気（weather lore）」と呼ばれる日本の古来の気象知識に関心をもっていたことは特筆すべきだろう。一九三三年に『測候時報』に「予報者の心掛け」という文章を出していて、そこでは地方特有の気象現象に注意を促し、また一九三四年には各地の測候所に「天気の癖」をたずねている。中小規模の気象現象に関心があったためだと言われているが、むしろ伝統的な気象知識にある種のリスペクトがあったのだと考えられる。たとえば藤原は、地震を予知するとされた「椋平虹」についても理解を示し、私財を投じて椋平広吉を支援している。椋平は暴風の前兆として現れる「日の粉」という特殊な光象が、地震の前兆として現れるとしていた。いわゆる「椋平虹」と地震予知との関係は解明されていないが、椋平は紀伊半島の田辺に移住して研究を続けている時には、南方熊楠も支援者の一人であり、門弟に命じて毎月一〇円を送らせており、藤原も観測手当として毎月二〇円を送っていたらしく（予知電報が多い月は「はげみ」としてそれが七〇円に達することもあったという）、また田辺での住居の所有者だった考古学者の佐山栄吉は家賃を一銭も取らなかったという。在野の知識へのリスペクトは信濃地方で地理教育に当たっていた三澤勝衛（一八八五―一九三七）を藤原が高く評価していたことにも表れている。三澤は独創的な風土論を展開した人物である。(34)太陽黒点の観測も行っていたが、それを藤原は積極的に利用していた。このように制度化・体制化されていない科学的営為(35)について、藤原は一定の理解を持ち、支援を惜しまなかった。

ただ藤原の科学論文を見てゆくと、奇妙な一群の研究がある。それは難解にして晦渋なる「渦の理論」によってすべての自然現象を解釈することが可能であるという、ある種の自然哲学的で観念的な議論に基づいたものである。（これは後で詳しく検討するが）歴史的な観点からみると、これはそれなりに検討に値する部分も含むものだとも考えられるのだが、少なくとも人物論や同時代の人々の間で、どうやらこの「理論」は（特に弟子たちにとって）なかなか迷惑なものだったらしい。いくつかの手記によるといつも同じ話を繰り返すために、また藤原先生の渦巻理論が始まったと五月蠅がられ、辟易されることがあり、藤原が渦巻について話し出すことは「神がかり的であった」ともいわれている。行動パタンについての逸話でも、藤原は類型としてはいわゆる「ぼーっとした教授（absent-minded Professor）」、もしくは律儀ではあるのだがものを忘れっぽく、だがある話題にこだわっていて怒りやすい「理系の変人」の典型でもあるような描写が散見される。(36)人物像としては、敬して遠ざけたい部類に入るのかもしれない。

また渦巻理論に熱中していたころの藤原の議論は、（これも後で詳しく検討するが）科学を標榜していたが、同時にかなり奇天烈なナショナリズムを信奉する言説を発している。ここには和辻に通じる、大雑把な環境決定論的と奇妙に調和したナショナリズムがあるとも言えるし、むしろ和辻に先駆けた国粋主義的な「国土」把握があったとも言える。彼は「渦巻理論」を基にしてすべての社会現象を気象学の発想で考えるという「オール・メテオロロギー」を唱え、また極めてナショナリスティックで通俗的な「気象学的社会観」を披瀝している。

藤原は一般向けの著述や講演など啓蒙的・普及事業的な活動も行っていて、ちょっとした有名人であった。このことから「お天気博士」の愛称で親しまれていたともいう。講演などでは実に巧みな話術でそのような見せ方をしていたようだが、藤原の実態とは、たしかにある一面では「お天気博士」というような呑気な物知りおじさん的なものであったというよりは、志賀や和辻らのイデオロギーを根底で支えるような、より剣呑なものを含んでいたと言っていいかもしれない。ある部分では「神がかり的だった」とも言われているように、ローカル・サイエンティストとしての自己陶酔と、科学主義と結合したナショナリズムやネイティヴィズムと呼ばれる草の根右派的な心象とも呼べるものが時折顔をのぞかせるのである。

科学エリートとして順調な経歴を辿った藤原は、一九四一年には岡田武松の後を襲って気象台長に就任している。この時期に気象台長となるのは、戦時中の気象業務の中心人物となることでもあった。この時期の藤原の戦争協力が、「帝国の気象学者」にふさわしいのかもしれないが、逆にこの時期には、「科学」の現場からは離れているので、本書が扱おうとする帝国と科学思想史の関連性を検討するには相応しくないだろう。それでもこの時期の藤原についていうならば、戦争中はかなり積極的に戦争協力をした節がある。また気象台も空襲で焼かれてしまい、敗戦で意気消沈していたのも束の間のことで、終戦直後は参議院に出馬しようとするなど、敗戦にまみえても社会的・政治的活動への意欲はまだ満々だった様がうかがえる。むしろ終戦直後から精力的に米軍に協力して、「食糧増産のために気象事業を展開する」と意気込み、復員してきた気象台職員や陸海軍の気象部隊の観測員たち全員を気象台で受け入れる計画なども早々と立案している。だがそのような米軍との協力を構想したのもほんの短い期間で、一九四七年七月には公職追放のリストに入れられて中央気象台長を退任している。[37] 公職追放の理由は、一般には風船爆弾などが原因だとされているが、戦時中の気象業務に関わる事や、それまでの思想的な背景などはあまり明らかにはされていない。藤原はかなり熱心に戦時体制の構築に努めた形跡があるし、また彼独自の気象学理論（渦巻やオールメテオロロギー）は、日本の戦争遂行を肯定するための理論としても利用されている一面も否めない。追放以後は野にあって、原稿料稼ぎのために科学史関係の著作をしたためたりしていた。[38] 一九五〇年に胃癌のため死去している。

2　藤原の渦巻理論——帝国の科学者の基底にあるもの

藤原の渦巻理論は、森羅万象を網羅する究極の原理であり、台風や生物、銀河の運行から宇宙の誕生まで、宇宙全体におよぶ原理であるとされていた。[39] 藤原はそれを証明するため、湯呑みから立ち昇る湯気から、果ては人間の頭のつむじに至るまで、日常生活のあらゆる場面での検証を試みた。一般の物理の法則は「死の法則＝平等の法則」に支配されている。すなわち現象は「平等へ平等へ」という方向に向かって起こる。しかし渦巻は「集積の力」と「選択」の能力がある。たとえば右巻と左巻は引き合うのだが、ある程度以上は近づかない。無理に近づけすぎると壊れる。強さが同じなら対（カップル）になって行動する。力に差があると、太陽の周りの彗星のように、放物線を描く。ある場合には引力、ある場合には反発力で、男女関係にも言える。同じ向きに巻いている渦巻は引力もそれほど大きくなく、近づくのも遅いが近づいても害にならず、ついには両者取り込んで一緒になってより大きな渦巻になる。この選択能力があるから、自分に有利なものを取り込んで台風のような絶大な勢力を作ることができる。つまり渦巻は、自分の力で大きくなれるから「生の作用」をもっているという。
このように物理現象である渦巻の研究は生物にも及んだ。その論旨を、『日本学術協会報告』（昭和八年〈一九三三〉一一月、八巻三号）誌上に藤原が発表した「渦巻と生物との類似」と題する論文では以下のように論じている。

自分は生命の機械論を蒸し返えそうなどとは毛頭考えていないが、又只生命の第一原理と云う様な解からない事を神秘的にごまかす様な傾向にも勿論賛成はしない。渦巻は其どこの一部を切つても小独立渦巻をなし、又如何なる小渦巻も大渦巻中に摂取されれば、既に其個性を失って全体中の一部分としての働きに就く事し拳［ママ］示し、特別な種がありてのみ全体としての機能を形成し得るので、其渦巻の材料たる水なり、空気なり、又其エネルギーなり丈いくら並べても決して渦巻にはなり得ない事を強調して此章を終る。

藤原の「渦巻理論」は、気象などの物理現象や生命現象にとどまるものではなかった。地震の発生において起こる現象や地質構造にも、渦巻構造のものがあることを一般化しようとした。それは地理的にも、たとえば下北半島と渡島半島、アルプスからヒマラヤをとおる「メジタラニアン」地震帯はニューギニアまでつながっている「渦巻」であるというのだ。それは環太平洋地震帯も大きな渦巻であるとされた。また局地的にみられる「地の渦巻」もあり、それは日本では「二十五年に五メートルほど」だが、水の渦巻のように動いていて、そのために堅い岩盤の抵抗をやぶるものとなり、その岩盤が破られるために地震が起こるという地震発生についての独特の理論も生み出している。
これらの「渦巻理論」は、理系の専門誌以外にも、例えば岩波の『思想』でも、「平等と死、差別と生との対応及渦巻の特性」という論文として発表されているし、さらに類似の論考を何編か発表している。(40) このように藤原は台風や竜巻、そして生物や人間社会の観察から、「向対象の原理、向平等の原理、水平動優越の原理」など、さまざまな現象を一般化するための議論を行っており、それらが独自の「渦動論」となっている。藤原は自分の理論を定式化して、いくつかの「法則」を打ち立てようとしていたようである。たとえば東大で行われていた藤原の気象学演習は、気象データの数値を扱うことが多かったようだが、当時藤原は、気象現象の特徴として、「横抵抗」「持続性」[41]「集積性」を「藤原の三原則」と呼んでいて、この理論について検討するような課題を受講生であった伏見康二と渡辺慧に求めたという。[42]渡辺・伏見の検討結果を『科学』に「書翰」として出しているようだが、[43]これらの概念がその後展開した形跡はない。

渡辺慧によると、藤原のこの渦動的集積説は、ベルグソンの『創造的進化』（一九〇七年）と、ヴィーナの『サイバネティクス』（一九四九年）の中間に位置するものだという積極的評価が与えられている。渡辺によると、藤原の説でベルグソンにもヴィーナにもない点は、生命の原理ではあるが生物にも似たことが起る可能性を指摘していることである。[44]だが渡辺の評価はやや過大に過ぎるところがある。

藤原は、自然哲学の議論とはあまり親和性がなかったようである。藤原の「渦巻理論」には、デカルトの「渦動論」との共通性もあるように見受けられるが、不思議と藤原にはデカルトへの言及は（管見では）まったくない。デカルトだけではなく、朱子学の「右旋説・左旋説」論争などにもいっさい言及していない。藤原がマルクス主義や、科学についての思想・哲学面からのアプローチに強い反感をもっていたことは『帝大新聞』紙上での岡邦雄とのかみ合わない論争でもよく表れている。[45]藤原がニュートン主義的な「（生命についての）機械論としての渦動論」を追求しており、機械論的なモデルとしてこれを記述できると考えていたとも解釈できないこともない。藤原はデカルト的な渦動論で近代科学に根本的な疑義を持って立ち向かったわけではないだろう。[46]熱力学的世界描写の可能性をニュートン的な数学的表現に求めていたと考えるなら、藤原は機械論的な自然現象の記述を目指すニュートニアンを理想とした者、そして「渦巻」に潜む「マクスウェルの悪魔」を捕まえようとして成功しなかった者の末裔であるとも考えられる。しかし藤原の議論自体があまりに多義的なので仕方がないかもしれないが、藤原は機械論に対抗するものとしての生気論という古典的な対比を想定していると考えられなくもない。このように、かなり複雑な自然哲学の隘路に迷い込んでいること、そこで自己陶酔にも似た熱狂を持ってこの「理論」に入れ込んでいることが、科学者としての藤原の基底にある。これこそは、バシュラールをして「知の畸形」と言いうるものなのかもしれない。

3　「気象学的社会観」（オールメテオロロジー）と戦争協力

藤原は大気の現象と社会の現象をパラレルで考えることを提唱している。それを「オールメテオロロジー」とも呼んでいる。この考え方を貫くために、藤原は「安定と不安定」や「平等と死」など、熱力学や「渦巻理論」などで議論した独自のターミノロジーを駆使している。ここでまず、彼の「気象学的社会観」の概要を説明しておこう。まず大気と社会は「相似性」がある。それは両者とも「安定」と「不安定」があるからである。さらにこの両者には、それら安定と不安定を通じての「実在と変化の二大法則」がある。それは物理学から観た「平等則」であり、生物にとっては、「生と死」の現象となって表れるものであるという。やや分かりにくいかもしれないが、藤原によると、大気の現象が時間的に平均すれば結局平等であるのに対して、社会の現象としては、「自然的には貧富交代する性質あり、貧困の子弟はより勤勉する」とある。また「小変動は適度に起るをよしとする。小変動が起らねば、遂に大変動、颱風の如きものが起る」に対し、「多分同様であらう。欧洲大戦は平和を続け過ぎた為である」としている。大気の安定・不安定についての段階は社会における戦争と類比できるものとして、次のように述べている。

雷雨は上下の均衡を失ふ為に起ります故内乱に較べられます。低気圧は水平不安定によりて起りますから国家間の戦争に相当致しませう。颱風は熱帯と温帯とに距たつて存在した不安定度の最も低い空気団が此季節に於て急に接近する為に起りまして、正に世界戦争にも比すべきで御座いませう。即不安定度の低いもの程大規模に起るのは事実でございます。

つまり雷雨＝内乱、低気圧＝国家間戦争、台風＝世界大戦、というわけだ。一九三三年には『気象学的社会観』[47]がまとめられている。藤原はこの種の社会観について、何回か講演をおこなったり、雑誌・新聞紙上に記事として発表したりしているが、このパンフレットが最もまとまったものであり、藤原の考え方が明快に示されている。同様の内容は、「我が國の氣候と其の國民性に対する影響[48]」でも読むことができる。この文章は、気象学的社会観が、さらにファナティックになったものであって、我が国の「国民性」はそもそもが国家主義的なものであるとされ、直接的に戦争遂行の必然性を唱えるに至っている。しかしこの論文は不思議な構造を持っている。前半は、日本についての丹念な気象学的事実の記述である。むしろ事実の羅列に近く、価値判断のない、最新のデータやさまざまな数値・グラフ・テーマ図などが延々と示されている。ところが、後半の「わが国民性と気候の影響」では、前半のデータや事実の部分と全く乖離した価値的な議論が全面展開している。なかでも、芳賀矢一『国民性十論』（一九〇七）、永井亨『国民性および時代思想』（一九二五）、和辻『風土』、久松潜一『我が風土・国民性と文学』（一九三八）、長谷川如是閑『日本的性格』（一九三八）をまとめて、さらに過激な国家主義・軍国主義を賞揚している。

ここに見られるのは極端な「乖離」である。科学的な事実の記述と、日本の「国民性」についての議論に、何の関連性もない。まったく直感的であり、その間の関連性を考察しようという気さえないようだ。これは一体、「科学者」が行うことだろうかという疑問さえ抱かせるものであるが、むしろ、「科学者だからこそ」行っているような、科学を比喩とした社会や思想についての議論となっている。科学的で記述的な前半と、国家主義を賞揚する後半が「並置」されていることに、ある種の科学者の持つ特徴、もしくは、ブライアン・ウィン（二〇一一）が論じるような「科学という文化の特徴」(49)があるとさえ考えてもいいものなのかもしれない。前半と後半では、引用体系が全く異なるし、つながりはほぼ完全に見られない。だからこれが「気象学的社会観」と一緒くたに提示されているのは、時代がこうしたことを求めたからだということで解消してはいけないものが含まれていると考えられる。もちろんここで、気象関係者の戦争協力については、より複雑な背景があるため紙面を改めて論じたいという保留を付しておきたいが。(50)

4　藤原にとって科学とは?

藤原の軌跡を見てゆくと、極めて率直に、自然現象の多様性や不思議さに向き合っていたことがわかる。藤原はもちろん、制度的なエリートとして科学的合理主義や客観性を信奉する現実主義で世間を渡っていたはずである。だが彼の自然に対する向き合い方は、上でみてきたように、律儀で時には不器用なまでに神秘主義的であるし、渦巻への傾倒などは、現実主義からは極めて逸脱した発想でもある。だが彼の科学的プログラムは、再三見てきたように、コスモポリタン・サイエンスのレベルで成功したとは言い難い。大胆な自然哲学的発想で、「世界は渦巻」と息巻いたようだが、ノーマル・サイエンス的な枠組みでそれを解こうという発想しかなかったようである。このように「渦巻」に偏執的なまでにこだわっており、また「気象学的社会観」を提唱していたことが戦争協力まで一直線につながる（分離したまま併存して、国家主義的な言説は科学を置いていったまま過激化する）というのは、皮肉というより、帝国の制度化された科学の中心人物としての必然でもあったのだろう。

では藤原が「帝国の科学者」であったかどうかを問うなら、どのように答えられるだろう。小笠原が南方共栄圏を構想したように、藤原は直接的な帝国の前線の拡大を提唱したことはない。そうであったとしても、ローカルのルーチンを着々と果たし、また制度化された国策科学の中心を担いながら、ユニバーサルに野心を持ち（渦巻理論）、また社会・政治レベルまで科学の成果を広げようとする（オールメテオロロジー）というのは、帝国の科学者に相応しい身振りだったと言えるだろう。藤原の業績や科学思想を見ていくなら、「科学者（とその成果）によって、志賀や和辻の（素人の）行き過ぎや不足を叱責する」というプログラムは崩壊する。科学者である藤原自身も「非」科学的な議論の敷衍をしているのだし、科学的な知見は国家的な制度やイデオロギーに並置されるだけであって、科学が何かの判定基準になっているわけではないからだ。

では、これをどう見たらいいのだろう？「非」科学的な面を糺すようなより厳格な科学主義の立場に立つべきであるのだろうか。本章ではそうではなく、科学自体が「知の畸形」の発現形式のひとつであるという立場に立っている。そのような観点から見直してみるなら、藤原も〈時代〉と〈場〉に規定された「知の畸形学」としての科学思想を練り上げてきた人物であると解釈できるだろう。金森は科学思想史を語るうえで闇雲に科学者を礼賛するような「饗応科学史」を否定している。本章でとったのは、金森に準拠したそのような「非共感的」な方法である。その観点から藤原の業績を眺めてみるなら、そこには〈帝国〉のローカル・サイエンティストというある種矛盾した像が、徐々にではあるが見えてこないだろうか。藤原の仕事を「科学と帝国主義」という枠組みに置き直して、次の節で整理しておきたい。

おわりに——科学と帝国主義

本章ではまず気候学・地理学を概観し、日本ではどのようにそれらに対応関係があったのかを見てきた。一八八〇年代に、観測システムが全国をカバーしてゆくことで日本の気象学は制度化が進む。それらの集積によって気候学が成立してきたのが中村精男の段階である。これはルーチンとしての気象観測の成立であり、このことで「ローカル・サイエンス」のパラダイムが日本でも確立して、「ジャーナル共同体」やサイエンス・コミュニティができた。

気象学の充実によってデータの蓄積がなされ、そのデータを統計的に処理することで気候学が生まれ、地理学の重要な部門となってゆく。また第一次世界大戦が契機となり科学が国家による制度として定着してゆく。科学的実践の制度化の中で、当時の地理学に二つの重要な流れがある。ひとつはラッツェル、ラ・ブラーシュなどのフランス・ヨーロッパ系地理思想が、産業・文化や歴史を検討するための枠組みを提起していたこと、もうひとつはケッペン流の気候学が本格的に導入されたことだ。

これとほぼ並行して、アメリカの経済地理学を席巻したハンチントン主義（優生学的地理学）が日本に大きな影響を持った。特に台北帝国大学の助教授として、日本の「南方共栄圏」を拡大の提言を行っていた小笠原和夫が、ハンチントンの気候学的文明論に修正案を提出していた。

これらの背景のなかで本章では、藤原咲平について、その科学実践を詳しく検討した。藤原は名実ともに科学エリートである。ノルウェー・イギリスに留学しており、また各種の国際会議でも日本を代表しており、科学者として、また中央気象台の台長として、さらに科学啓蒙家として活躍をしている。その業績は多いのだが、どれも「雑多な」ローカル・サイエンスに関わるものである。

藤原は、ある種特異な「渦巻理論」を唱えていた。これは一種の「自然哲学」とも呼べる理論であるが、アイディア倒れに終わっていた。またこのような独特の科学思想を持って、「気象学的社会観」（オールメテオロロジー）を唱え、それが戦争協力につながっていた。藤原にとっての科学とは、非常にプリミティブな自然現象（主に気象における物理現象）の観察や記述から始まるのだが、「渦巻理論」ではそれを地質現象・地震に結び付け、さらに生命現象にも拡大して、かなり抽象度の高いものになっている。さらに社会現象や歴史、そして戦争も「渦巻理論」や「オールメテオロロジー」で語ろうとして、論理的にはほぼ破綻している。このように破綻した先が、戦争遂行の言説であったところが、藤原の悲劇でもある。時代の巡りあわせが悪かったのだが、藤原の科学思想には、帝国の言説に回収されてしまうような構造があったとも言える。この文脈のなかで、志賀と和辻の位置付けも、単なる「非科学的な国家主義者」とは言えなくなってくる。なぜなら科学を代表するはずの藤原も、まさに「非科学的な国家主義」の陥穽にはまっていたのだから。

ここで結論として考えられるのは、藤原や志賀・和辻も、東アジアで独自の帝国主義思想を培った人物と言うよりも、追いつけ・追い越せ史観の中の小人物であったという側面である。志賀にはアイデンティティ形成初期の子どものような高揚感があり、和辻は直面するヨーロッパへの劣等感に苛まれながらもイスラムやインド、そして中国よりも日本が優位にあることを、「風土」と彼一流の哲学をテコに（青臭く）ひねり出した人物である。藤原はローカル・サイエンスのエリートであり、そのルーチン的な記述を律儀に行い、そして伝統科学にも適切と思われるリスペクトを払いながらも、独自と言うよりは未消化な「渦巻」のアイディアに拘泥してしまい、社会や歴史を語る際には戦争遂行と日本的なる国粋主義の側に足を踏み外した人物である。

しかし極東にエピゴーネン（追従者・模倣者）を生み出すコスモポリタン科学のアリーナである帝国主義という大きな潮流から見るなら、志賀も和辻も、そして藤原も、巨大な群衆肖像画のなかでの生き生きとした登場人物である。ローカルなエピゴーネンというだけで切って捨ててはもったいない。

ではどのような登場人物であったのか。ここで再度言っておくなら、中村の仕事は言うまでもなく、小笠原にしても藤原にしても、その業績はどのレベルをとっても「西欧追従型・模倣型」である。だがこれは劣位の価値づけだけをしてすむものではない。そのような追いつき追い越せを生み出す「場」の特徴や、その「場」の設定のなかでの役割が、より精密に描かれなくてはならないし、模倣や追従が生き生きと、そしてある種の独自性を発揮して行われることもある。

志賀や和辻が語った風景論や風土論は、日本の科学思想においては、ある種の独自性があると言うこともできるかもしれない。では彼らが独自の帝国主義的思想を編み出したのかというと、そこまでは言い切れないし、ある種のオリエンタリズムに陥る可能性もある。帝国としての独自性やオリエンタリズムは、〈近代〉や〈帝国〉の観点からの判断にならざるを得ない。それは戦後の日本帝国主義規定で、米帝従属論と日帝自立論の間で繰り返されていた議論のようで、本質的にグローバルな科学思想史を検討するうえでは不十分だろう。(51)

志賀と和辻に共通するのは、学問的なオリジナリティと言うよりも、むしろ情感に訴えることが巧みであり、またかなり凝ったレトリシズムが見られるため、ある種心地よい「酔い」を感じられる文体を持っていたという点である。(52)科学史的に言うなら彼らの仕事には問題が多いが、文学史・文化史的には時代に即応した体感的エクリチュールを提示していた。それは「地政学」がレーベンスラウムというまさに「生の空間」の確保と拡張を主張するものであり、その身体的な感覚をアジテートすることに長けていたことに通底するものがある。だからそれがなぜ主張され、どのように行われ、いかなる言語戦略をとっていたのかを検討することは価値がある。

このような身体的エクリチュールという観点から見る場合、「国家」に取り込まれたその一点だけを責めるのではなく、例えば藤原には「渦巻」の「生命性」などという自然装置を有機体論的に見てゆくような発想が含まれていたことにも注目しておきたい。志賀や和辻そして藤原の科学的研究を単に無価値なものとして捨てさるのは、機械論的な近代科学によって、有機体説的で「生の世界（レーベンスウェルト）」にかかわる深層を却下してしまうことになるだろう。その意味で、必ずしも科学史はバシュラール的でウィッグ主義的な意味での上位概念を僭称するわけではない。むしろ近年の「科学と帝国主義」という分野の知見を援用して、より内在的な科学史や科学思想の問題として、彼らの言説をある種の「ハイブリッド」として見る観方、もしくは知のサーキュレーションの途上における「知の畸形学」の発生プロセスであると考え直して見る観方を提唱したい[53]。

そのために日本の土着思想と外来思想の関係は、単なる「反発」や「抵抗」ではなく、また「受容」や「高次の融合」といったいわゆる「近代化論」でまま見られたような、実体論的・接合論的な議論は、ここでは一旦措いておきたい。そうではなく、「コンボルーション論（内発的なものによるリボルーションの回収）」や、「サブ・サテライト（衛星帝国主義）論」などといった枠組みで、より関係論的な見方ができる。

コンボルーション論とは、科学の後発文化で、先発文化圏からの科学的成果を取り入れるときの受容や解釈のスタイルについて論じたもの（Tsukahara：1993）である[54]。これは外部の科学革命（レボルーション）の成果が、他の文化圏に接受されるさい、必ずしも元の文化圏で行われたような革命的（レボルーショナル）な変革を知識構造に及ぼすのではなく、むしろ「後発メリット」と「既存の自然哲学的インスピレーション」により、在来のものをひっくり返す（Re-）のではなく、外からの刺激を受けて、内在的な思想要素が巻き込む（Con-）ように外発性の思想的課題を内部に取り込む現象の特徴を述べたものである。たとえばラボアジェ化学が日本に取り込まれるときに、それ以前にフロギストン体系の化学がなかったため、必ずしも「化学革命の移植」という形は取らなかった。また後発文化圏では、コロニアルな知のサーキュレーションを利用して、この巻き込み型のコンボルーションは促進されることも多いものであると考えられている。

同時に、既存の伝統科学による理解の体系との接合も見られる。独自の思想的・文化的な保守性や、伝統とされる思想的傾向を巻き込むことで、別種の「ハイブリッド」を生み出すものでもある。たとえばラボアジェ化学の場合には、宇田川榕菴による『舎密開宗』が蘭学の中の画期的著作としてよく知られているが、これを精読するならそもそも原子や元素、酸素や燃焼現象が、仏教系哲学の原子論と呼ばれる「極微」（原子）理論を使って受容されたり、酸素（酸原）が朱子学的な気の哲学によって解釈されたりして、ラボアジェ化学のシステムというより、それ以前の「親和力化学」による化学反応の手続き的な体系として理解されている。宇田川の物質の基礎理論は、実体論的な「ラボアジェ化学の受容」や「オランダの知識の流入モデル」ではなく、コンボルーションという関係論的なモデルで考えることができる。

そう見ていくなら、志賀・和辻や藤原の議論は、まさに日本型コンボルーションの結果であったと位置づけることが可能であるだろうし、藤原のスタイルは、西洋科学にインスパイアされて日本で渦を起こそうとしていたコンボルーションのひとつの（失敗）例であるとも考えられる。(55)

またサブ・エンパイアー理論、もしくはサテライト論とは、帝国の構造が、ローカルとコスモポリタンという局在性の二極構造ではなく、日本のような地域帝国においては、やや複雑な構造を持つことをモデル化したものである。(56)科学については、ヨーロッパとアメリカを中心としたコスモポリタンの「計算の中心」にたいして、東京という〈帝都〉を持ち、たとえば東アジアの「日本帝国」の気象学のデータは、この〈帝都〉の中央気象台に集約されていた。この日本帝国が膨張して台湾や朝鮮半島を手中に収めていく過程で、この帝都・東京の「中央」気象台は、ネットワークの触手をさらに樺太から満洲、そして南方へ伸ばしてゆく。その様はまさにダニエル・ヘッドリクが『帝国の触手』で描いた事例が、同じ形式で東アジアで行われているものだと考えていいだろう。

そうみていくなら、「日本帝国」は、志賀から和辻の過程においてヨーロッパのサテライトの位置に上っていく段階であったと考えていいだろう。科学史的に言うなら、藤原の行っていた「ローカル・サイエンス」は、ヨーロッパ・アメリカの方向に対してはローカルであったのかもしれないが、アジアの被支配地域に対しては、あくまでも抑圧的な中心としてふるまった。その要の位置にいた藤原の仕事は、まさに「サテライト」における「計算の（小）中心」で行われたものでもあり、渦巻理論やオール・メテオロロギーという「迷走」に見える科学的アプローチも、この衛星的な小中心で行われたものであると考えるなら、その存在理由はあったのだと思われる(57)。

このサブ・エンパイアーというのは、ウォーラスタイン的な世界覇権の構造的理解やトインビー的文明論を踏まえた概念である。第二次世界大戦終結後には列強と呼ばれた地域帝国が再編され、ソビエトとアメリカがそれぞれに恒星となり、配下に衛星国家を組み込んでいくプロセスが開始されたと見ることも可能であろう。サブ・エンパイアーとしての日本は、防共防波堤の役割を果たして最も成功をしてきたことが、中村・小笠原や志賀・和辻そして藤原の物語のささやかなレガシーで、我々の日常まで連続性を持つ後日談でもある。

註

(1)　フッサールの『ヨーロッパ諸学の危機と超越論的現象学』、木田元による邦訳(1995)、九三ページ。ちなみに和辻の『風土』が出版されたのは、ナチがユダヤ人の公民権を停止したニュルンベルグ法が制定されたまさにその一九三五年の九月である。フッサールは、この法により市民権を著しく制限されたなかで、ウィーンとプラハで行った講演をもとに、政府の目を潜り抜けて、辛うじて一年後の一九三六年にベオグラードでこれを刊行している。フッサールは、数学的自然や方法的理念を、ガリレオという「隠蔽する天才」(同書九五ページ)による所業であると鋭く批判して、ヨーロッパの諸学の危機の起源がそこにあると指摘し、そのようなものによっては把握しきれない「生活世界」があるという概念を提起している。和辻の『風土』は「人間学的考察」という副題を持つものだが、人間をどのように考えたかという点で、この二人の対比は興味深いものである。

(2)　日本風景論や風土論は国民国家としてのアイデンティティ確立期に「国土」をイメージすることに大きな貢献があった。志賀重昂『日本風景論』は、国土を発見したばかりの国家主義が無邪気なまでに風景を発見し、その拡大を寿ぐものであった。しかしこれは積極的な実地踏査によってなされた著作ではなく、むしろ「机上の」集積によるものであったこと、せいぜいが旅人の視線からのものであったことが知られており、そのように「想像」された国土であったことがその特徴である。志賀によって与えられたアイデンティティは、日本帝国の拡大膨張のなかで、再定義を必要とするようになってきた。それに合致したかたちで、自他の「風土」(＝環境)の決めつけによって獲得される特異なるアイデンティティを描き出したのが、和辻哲郎で『風土』である。これらは残念ながら他文化に対する差別的(時にはかなり侮蔑的)な扱いなど、現代的には問題を多く含むものであり、日本という国土における「伝統の創造」を行った、非歴史的・環境決定論的な著作である。しかしながら歴史的史料としては非常に興味深いテキストであることは言うまでもない。

（3）　飯塚浩二は、風土論を地理学の立場から（和辻を名指ししてはいないのだが）批判していることに着目しておきたい。飯塚（1944）は風土論者の議論は「気候→住民の気質或いは性格→文化」というような構造を持つことを指摘している。それは「いはば『非歴史的』な歴史観と結びつくのを特色とした」という。和辻が哲学的言説をもって、自らは風土決定論者ではないとしても、この構造があることは逃れていない。環境決定論者（気候決定論や風土論者を含む）が「自らの理論は環境決定論ではない」と強弁する例は、後の梅棹忠夫らの文明論や生態史観と呼ばれる議論枠組みなどにも見られる。このような強弁や、いわゆる日本文化論・文明論への傾倒の心理的な背景には、以下のようないくつかの系統的理由があると考えられる。①（和辻の場合がそうであるような）ヨーロッパへのコンプレックスを隠蔽するための「絶対矛盾の高次の統一」という京都学派的な論理構造によって、何でもかんでも「AでありAではない」と強弁することを日本式の哲学の謂いだとする思考形態の内面化、②マルクス主義的な下部構造決定論に類似の発想を持つことへの極度の忌避、③日本文化（もしくは日本文明）の特殊性・唯一性の過度なまでの強調、④家永三郎（1943）が指摘したように、「自然」が神の位置にあり、崇高にして従うべきものとして「自然」があるという日本的な深層の思考の構造に由来しており、それが無意識のレベルで機能していること、などの理由が考えられる。これらについてはまた稿を改めて論じなくてはならない性格のものであるが、現代のいわゆる「文明論」の系統にもつながるものを含んでいる。

（4）　バシュラールは、近代科学が形成されたプロセスにおける逸脱や誤謬を「認識論的障害」と考えて、理性が陥りやすい思考のかたち（癖）として類型化して、これを「理性の心理学」として対象化しようとした。この発想では、科学史には〈死に絶えた歴史〉と〈批准された歴史〉（すなわち現在の科学に残っているもの）があるとされ、「科学史はすべての歴史のなかで最も不可逆なものになる。真理を発見することで人間は非合理的なものに線をひいて消し去る。科学史は非合理主義の敗北の歴史である。」とまで言っている。だがそれでは、いわゆる「ウィッグ史観」（勝利者史観的な科学史）につながるというのは、金森修が指摘する通りである（金森：1996）。科学を現在の観点から判定するというウィッグ主義への留保はつけておかなければならないことは言うまでもない。つまり科学史が、〈批准された歴史〉の跡だけをたどるというのでは、科学史は「嚮導」（先に立って案内すること、軍隊や艦隊を先導して隊列を導くもの、転じて学生や生徒を教育的に指導する規範や方向を示すこと）という役割を担わされ、ある種の目的論的な機能を持つだけになってしまう。何よりも現在、自らを合理主義の側にあると主張する主流を形成することと、それが合理的であるかどうかを判断することの間には、抜きさし難い緊張感があることは言うまでもないのは金森が指摘した通りである。だからむしろここでは、バシュラールが理性には「認識論的障害」がある、すなわち「知の畸形学」が必要であると考えたという前提となる部分にこだわり、科学という知識の生成や消長そのものについての文化的・思想的な検討をしてみたい。つまりすべての理性には誤謬を引き込みやすい（癖）があるというところに今一度とどまり、それを同時代的な歴史（ここでは科学と帝国主義の関係性を思想史的に検討するという見方）の流れの文脈のなかにおいて、包括的にこれらの発生機序やその展開消長を検討をしてみることを試みたい。

（5）気象学は大気の現象を検討するものであり、気候学は気象現象の統計的平均値である。一般的には三〇年間の気象の平均を気候と呼ぶとされている。となるとある地域の気候を論じる「学」が成立するためには、当該の地域で三〇年（もしくはある一定の期間、少なくとも一〇年）以上の観測が継続的に行われていることが条件となる。

（6）日本における気象観測ネットワークの成立と展開については『気象百年史』（1975）などのスタンダードの他、塚原ほか（2005）、最新の研究としては財部（2016）、また外地・植民地でのネットワークについてはZaiki&Tsukahara（2007）、山本（2014-）などを参照。

（7）温帯低気圧モデルがノルウェーのJ・ビヤークネス（J. Bjerknes）らによって提唱され、地上天気図上に画かれた高・低気圧の東進を総観的に追跡し、それをもとに天気予報を行うことが気象学の主流となった（岸保：1982）。

（8）実質的にはベルゲンの地球物理研究所が最も中心的な研究機関で、ビヤークネス親子のまわりにはソールベルグ、S. Rosseland, T. Bergeron, E. Bjørkdal, C・ロスビーやE. Palménらがおり、ほかにもSverre Petterssen, Svein Rosseland, Carl Ludvig Godske, Johan Sandströmらが主要なメンバーである。Thompson, 1981などを参照。

（9）志賀が多くの引用を、引用の根拠を示さずに行っていたことは当時の悪しき風習としてすでに多くの指摘があるが、和辻も当時の地理学の表層を勉強して『風土』の着想を得たこと、その後、地理学の検討を止めており、ヨーロッパでの議論が中途半端に紹介されていることについては、他でも論じるが、飯塚の批判などがある。

（10）日本人による体系的な気候学の研究書の先駆とされるこの『気候学』は版を重ね、名実ともに東アジア地域、ひいては日本帝国の気候についてのスタンダードワークとなっていった。福井は、日本帝国の気象ネットワークのなかで活躍した人物である。彼は大日本帝国陸軍気象部嘱託を兼ね、中国・北京の華北観象台の副台長などを経て、一九四二年から一九四八年まで中央気象台に勤務した。

（11）物理学的で現象に即した記述的方法が、広義の輸入学問であったことは言うまでもない。またそれを社会的レベルにまで広げた気候学・経済地理学や植物地理学も、当時の日本はヨーロッパ・アメリカの後塵を拝している。和辻をはじめとする文化史的な風土論の発想を批判していることについては、飯塚浩二（1944）がある種の先見を持っていたかに見えるが、飯塚の議論はフランスの文化地理学をいち早く導入してなされた見解に過ぎない。

（12）この当時、特に一九二三年前後の時期の『地理学評論』では、「雑報」や「紹介」の覧でハンチントン・ケッペンらの紹介や、人種についての議論、白人の熱帯への移民についての地理学的見解などが論じられており、時代性を垣間みることができる。立岡裕士（1987）なども参照。また福井はインタビュー（福井 1986、『地理学を学ぶ』に収録）で、福井が地質学から気候学（地理学科）へ移った経緯で、「ハンチントンに興味を覚えた」と言っている。戦後のハンチントンの影響については、鈴木秀夫（1975）などがある。信じがたいことだが、いまだにハンチントンの人種主義的地理学を再評価しようという小林哲夫（2016）などの動きもある。

（13）小笠原和夫については Zaiki& Tsukahara, 2007。

（14）大東亜共栄圏にオセアニアを加えるべきであるとオーストラリア・ニュージーランドの領有を主張したのは、「帝国主義的発想」に気候学が相乗りした結果である。小笠原はローカル・サイエンティストに甘んじることはなく、あくまでユニバーサル（コスモポリタン）・サイエンスを眼差していた。だが彼のユニバーサリズムは、日本帝国の文脈の最前線では、ベルゲン学派の気象学に代わる日本科学としての「大東亜気象学」を打ち立てることと翻案されていた。

（15）小笠原の熱帯気象・気候学は基本的には二次文献の組み合わせによる集積である。たとえばフィリピンはデッペルマン神父のもの、インドネシアはオランダのものにほぼ完全に依拠している。帝国主義の本流はやはり「ヨーロッパ型帝国主義科学」の成果の集積と翻案であったということでもある。日本科学の帝国主義的な展開は、ヨーロッパの帝国主義を「モデル」として、東アジアで展開したものであって、その「後発性」に特徴がある。また彼の仕事には日本の帝国主義的侵略の「正当化」のために、科学技術を「利用」することを最優先する「実用主義的志向性」が反映していることも見て取れる。このことはフィリピンで発生する台風についての科学的知識を、日本がフィリピンに進攻しようとする直前に翻訳した小笠原の仕事にあらわれている。熱帯気候についての仕事も、領有を視野に入れた実用的な兵站要略であったと言うことも可能である。

（16）藤原の啓蒙書には、以下のようなものがある。『雲を摑む話』（岩波書店、通俗科學叢書第五編、一九二六年）；『科學と人間生活』（章華社、一九二九年）；『氣象と人間生活』（社會教育パンフレット第七八輯、社會教育協會、一九二九年）；『気象と人生』（鉄塔書院、一九三〇年）；『婦人と氣象』（婦人講座、第二七篇、社會教育協會、一九三二年）；『天文や氣象の話』（岩波書店、一九三五年）。

（17）同じく諏訪出身で岩波書店の創立者である岩波茂雄や、高等小学校の同級生の陸軍中将の永田鉄山（陸軍統制派の頭目であり、二・二六事件前夜に若手将校によって斬殺されている）たちとは親密な交友があった。故郷諏訪の係累として気象庁職員で小説家の新田次郎は甥（本名は藤原寛人）、エッセイストの藤原正彦は大甥に当たる。第一高等学校では和辻の親友であった阿部能成やのちに東京天文台の台長となる関口鯉吉（朝鮮総督府測候所や神戸海洋気象台を歴任、富士山頂の気象観測を行う）らとも知り合っている。

（18）藤原は岡田の家を訪ね、食事をごちそうになったり（自宅を訪れて岡田の妻が作ったオムレツを食べさせてもらうエピソードが知られている)、科学についての話を聞かせてもらったりする仲になっていたようだ。岡田の同郷の友人から、科学がよくできて物理に志を持つ学友であると紹介をされ知遇を得たわけであるが、物理や気象研究の話を熱心に聞く藤原とは波長が合ったようで、最初の訪問以来、岡田に親しく師事する関係が生涯にわたって続く。また岡田も藤原を公私にわたって援助しており、家族をあげて藤原をかわいがり、大学に入ってからは保証人にもなっている。

(19) 彼の若いころの仕事の一つとして当時話題になっていた「千里眼問題」にかかわったこと、その報告書を共著で出版していることも挙げておこう。このことで超常現象や怪奇現象とさえ呼ばれる事態に、科学的実証をもって答えようとする実証主義が培われたとも言われている。

(20) 火山の噴火や大量の火薬の爆発などで、音源から直接音波の聞こえる範囲を内聴域、その外で音の聞こえない範囲を無音域、さらにその外側にも音の聞こえる地帯があるが、それは外聴域もしくは異常聴域と呼ばれている。このように遠方で音が聞こえる現象は、それらの音が大気上空の気温の上昇をし始める逆転層で反射して、百km—二百kmのかなり音源からは遠い地域でもみられるという。藤原の研究は、これらの分布を調べ、それらによって導かれた数式によって高層の気象の垂直分布を求めるもので、風向・風速・気温も、それらの原理から分かるというものである。

(21) 特に藤原がかかわっているところでは、一九一二年の十一月から気象台で東京帝大理科大学の有志が集まりや気象談話会が開催されるようになった（根本1985)。これは外国雑誌の新着論文を読み、これを検討・講評するものだが、藤原はこの会の中心であったようだ。

(22) 気象・気候研究のルーチンネットワークの拡大は、日清・日露戦争を通じて顕著になっていった。たとえば日本の気象観測ネットワークがアジアで拡大してきたことについては、Zaiki&Tsukahara（2007)。

(23) 第二次世界大戦時の気象業務は、ほぼベルゲン学派の知的所産で動いている。言うならば第一次世界大戦期から第二次世界大戦にかけて、航空機が戦争の中心的役割を持つようになるプロセスで、地球の大気とその動向についての学知が、この北欧発の学派によって形成されてきたことになる。

(24) 藤原はグライダーについても積極的に研究して一家言あったようで、一九三二年には自ら会長となり「霧ヶ峰グライダー研究会」を旗揚げし、一九三四年には日本初のグライダー大会を開催するなど、日本のグライダー研究の草分け的存在としても知られている。グライダーの研究は、平和で趣味的と言うより、当時はまさに気象と航空、そして軍事が重なる意味合いがある部分でもあって、まさに「帝国の科学の前線」を担うものであったことには、注意をしておかなくてはならないだろう。

(25) 海洋気象台による水平的なネットワークの（海への）拡大と、高層気象台による垂直的な観測ネットワークの（空への）伸長については、財城・塚原（2010）などを参照。日本での高層気象と海洋気象の研究は、この第一次世界大戦後の世界的な科学の制度化の展開にまさに歩調を合わせたものであると考えていいだろう。気象学が軍事的な制度化のなかに繰り込まれてきていることは、山本義隆（2018）はこのことをより直截に言い切っている。

（26）ビャークネス学派の成果である「気団論」について日本付近で本格的に検討したのは、東大と気象庁で藤原の後継者に位置付けられている荒川秀俊である。藤原はビャークネス学派の本拠に留学したにもかかわらず、この学派への貢献はほとんどない。

（27）実際彼はロンドンでは渦巻きについての水槽実験を行っている。これは当時の流体力学を論じたもので、ショウの紹介によって、イギリス気象学会誌（*Q.J.R.M.S.*）に二つの論文を出している（Fujihara 1921, 1923）。一九三一年に再現実験の写真を紹介した短い英文の報告もある（Fujihara 1931）。帰国後に再現実験をし、発展となる研究もしようとしたらしいが、この後の論文は見あたらない。

（28）ライオンの比喩は、元はといえばイギリスで聞かれたもので、追って日本でも長岡半太郎が藤原咲平を評する際に、檻を飛び出したライオンと言ったらしい。長岡は藤原の渦動論について、「おれのふろしきも大きいが、藤原のほうがはるかに大ぶろしきだ」と周囲に語っていたともいう。藤原も長岡を慕い、長岡に頼み込んで書いてもらった「渦動生萬象」の額を、気象台官舎の正面玄関に高々と掲げていたという（上山 2007）。しかし、いい意味なのか、それとも手に負えないという意味で言っていたのか、判断に苦しむところである。

（29）気象警報については（宮川 2016）などを参照。

（30）接近した台風がお互いに複雑な動きをする理由としては、互いの風の影響という仮説が立てられているが詳しいメカニズムは分かっていない。気象庁では、二〇〇七年に予報用語の改正を行い「天気予報などでは使用しないが報道資料などで使用する用語」として、それまでの「台風が干渉する」に代えて「藤原の効果」を採用した。しかし二〇一六年四月現在では「藤原の効果」は予報用語としては「使用を控える用語」とされている。近年では渦動の相互作用は「ブロッキングメカニズム」の問題として精緻に検討されているが（山崎 2015）、藤原の議論とは次元がちがうものとなっている。

（31）稲田の後光はドイツ語における呼称から「ハイリゲンシャイン（Heiligenschein：光背）」ともいう。これは微小水滴による太陽光線の回折現象で、露が太陽光を集め、光の一部がバックスキャッター（背後にある散乱源）として働き、光の暈を作るものである。稲に限らず、芝でも麦でも、露のある草原に影を映せばこの現象を見ることができる。

（32）藤原の雲についての本としては、他にも『大気物理学』（一九三〇年）、『大気中の光象』（一九三三年）、『雲を摑む話』（一九二六年）などがある。

（33）この本については、「気象学の根本原理を探究し、独自の渦動論的見地から千差万別の雲の形を解釈」し、「現代の気象学において極めて重要な古典的名著となっている」という評価もある。（上山、一九八二）しかしここで言うところの根本原理とは何を意味しているのだろう。とりあえずこの本では、極めて丹念に観察と記述はなされている。そして当時としては写真もふんだんに使われたもので、本として実は贅沢な造りになっている。ただ内容的には目視による「雲の自然誌」なのではないだろうか。それはそれで古典かもしれないのは、岩波という大出版社（社長の岩波茂雄は藤原の小学校からの友人）で、科学エリートとしての藤原が贅沢な本を出すということで一定のピアーからの評価が受けられ、また売り上げがあるということでもある。高層観測も端緒についたばかりで、この領域の研究、すなわちその後の高層気象、雲研究が実証的に進められるのは高橋浩一郎らの業績によるものである。高橋は中央気象台に着任して最初の上司が藤原であり、藤原との共著論文なども発表しているが、藤原による雲にかんする著作と直接の関係はない。

(34)　三澤は長野県の農家に生まれ尋常小学校、高等小学校を卒業のあと小学校訓導や諏訪中学校の教諭になり、「地域の力」や「地表現象」といった独自の用語によって地理学を論じ、歴史的考察を含めた経済地理学的な地域研究を行ない、地理学、博物科の鉱物学、太陽黒点観測をはじめとする天文学の研究に打ち込んだ人物である。地理教育の上で野外調査を重視し、生徒たちにも実地観察と自分の頭で考える大切さを教えている。そして風土を知り尽くすことが自然を活用した産業を育成する基礎であると言っている。たとえば八ヶ岳山麓のマツ（松）のため、寒冷地に多くの人々が居住できると賞賛しており、また信州の冬の厳寒と乾燥を利用し、凍み豆腐、寒天づくりなど産業振興を勧めていた。

(35)　藤原はこのような問題について、注意は払いながらも「十分に科学的研究を要するものである」としており、また（刊行されているものではないが）、「自分は科学者なるがゆえに冥理を恐れる。新しい意味に於いての冥理を恐れる。冥理は暗き理である。」という書付けもあるという（根本一九八五）。このなかで根本は「冥理」ということばを、「パラドックス」であるとしているが、パラドックスとは「逆理」のことで、ここで藤原が冥理としたのは、むしろミスティシズム（神秘主義的なもの）やオカルト的な超自然現象・魔術的なものであろう。

(36)　藤原は物忘れの名人でもあつたという。たとえば、万年筆やメモ帖、眼鏡、懐中時計、身分証明書などの必要な品々を、すべて紐で結わえて首にまきつけていたというのは有名な話である。その姿は、一見して尋常ではなかつたようだ。藤原は、太平洋戦争末期の昭和二十年七月、「気象国民義勇隊」の「中央気象台部隊長」を兼務するという立場にあったとき、彼の下で気象台技師として勤めた上松清（のちに日本気象協会理事）は、藤原の一種異様な格好をこう書き留めている。「頭には少しいかれた戦闘帽をかぶり、肩には斜めに鉄カブト、すねには巻脚絆、靴は大きなドタ靴であった。特に目を引いたのは、首にかけた何本もの黒い紐であった。その一本一本の先には手帳、太い万年筆、財布、印鑑、眼鏡などが結びつけられていた。言うまでもなく彼独特の物忘れを防ぐためであった。早朝出勤すると、門衛は直立不動の姿勢で挙手の礼をする。すると彼はこの姿で、おもむろに礼を返すのであった」（上松論文、和達 1982 に収録）。

(37)　官舎住まいだった藤原の一家は自宅を持たなかったため、公職追放で官舎を追い出された後は大分苦労したようである。この時は気象庁の後輩である荒川秀俊が藤原を自宅に住まわせる（自らは妻の自宅に行く）など、弟子や後輩が援助をしたそうである。だがこの頃の藤原は、遣るかたなき憤懣を抱えていたようであり、家庭内でも不穏であり、皿を投げて割ったり手当たり次第に物を壊すなど暴力的に何事にも当たり散らし、家族からも疎まれるようなかなり荒れた晩年を送ったようである。

(38)　（戦後の主な著作、気象学史、回想録・覚え書などは以下のとおり）『生みの悩み』（蓼科書房一九四七年）；『僕の気象研究　お天気問答』（さ・え・ら書房　一九四八年）；『暦と生活』（三省堂　一九四八年）；『気象ノート』（蓼科書房　一九四八年）；『群渦―気象四十年』（遺稿　羽田書店　一九五〇年）；『日本気象学史』（岩波書店　一九五一年）；暦と生活』（三省堂　三省堂百科シリーズ　一九五五年）。

(39)　藤原の渦巻理論についての著作には、『渦巻の実験』（河出書房　河出物理実験講座　一九三九年）；『地渦・地裂及び地震』（古今書院　一九三二年）などがある。藤原の理論は、時代や対象によって若干の差があるが、「各種の渦巻きについて」（『自然と人生』、鶴見俊輔編に収録のもの）がまとまっている。

(40)　同種のものとしては渋沢栄一が主宰する『龍門雑誌』大正一五年九月、四五六号に掲載された四三ページの長文「物理学的に見たる平等及不平等と成長及死滅の関係」、および雑誌『宇宙』大正一五年一一月号に掲載された「物理学的に見たる生死及平等差別の原理」があり、藤原はさらに仏教原理との類似を説いた「社会及国家」掲載の論文があったが、この方は震災で失われてしまったと述べている。上記三編のうち、内容の最も充実しているのは、『龍門雑誌』に掲載されたものであるという（根本 1985）。

(41)　渡辺慧によると「持続性」について藤原は、晴天確率が前日の天気に依存すると考え、「マルコフの鎖の問題」として研究した。渡辺はそれを参考に一九三二―三三年ごろ「持続性の理論」を出しており、その間に伏見らの論文も出ており、エミル・ボレルも天気の持続性について述べていた。渡辺はボレルに、藤原の論文がボレルの理論より先取性があることを知らせたという（渡辺『時』（1974）でもふれられている）。

(42)　伏見康治「藤原教授の気象学演習」、渡辺慧「横抵抗・渦巻・持続性・集積性」。これらは和達（1982）に収録。藤原の数理・物理の理論的理解はあまりすぐれていたとは思われないという見解もあるのだが、理論的思考のできる優秀な学生（この場合伏見や渡辺には）、よい刺激を与える教師としての能力はすぐれていたのだと考えてもいいのだろう。

(43)　この書簡については残念ながら原本は確認できなかった。

(44)　「生命の集積性」という概念で藤原は、生命だけでなく渦にも集積性を認めた。渦が集中する（エントロピーが減る）ことが、粘性でエネルギーが熱に変わる（エントロピーがふえる）ことと並行して起こると考えたという。渡辺は『生命と自由』（1981）で論じた非決定性と未来指向性の議論の根は藤原のアイディアにあるとして、藤原を高く評価しているが、これらの原則がどこまで一般化が可能なものであるのかは判然としない。またその後、歴史的に藤原の渦巻理論を評価したものは東大での受講生であった渡辺以外には、（管見だが）ほとんど見当たらない。山崎哲の近年の議論（山崎 2015）でも藤原への言及は見あたらない。

(45) 藤原と岡邦雄との論争は、『帝大新聞』において、まったくすれ違いながら行われている。一九三二年十一月十四日号、「科学とマルクス主義：岡邦雄氏に呈す」（藤原咲平寄稿）、同年十一月二一日「科学批評の意義：藤原博士の避難に関連して」（岡邦雄）

(46) デカルトの渦動論自体、彼の機械論の一環だったという解釈も可能だが、藤原は空間を連続体であると考えたデカルトとは違い、ニュートン的に真空を想定した粒子論的・数学的な記述で渦巻を捕えようとしていたのだと考えることもできる。

(47)『気象学的社会観』は本文三四ページのパンフレットであり『気象感触』のなかでも再版されている。これは「民衆文庫」の第八二篇として刊行されたものである。藤原はこの社会教育協会（財団法人）とは以前から縁があったようで、一九二七年には「民衆文庫」の第一〇篇として『暦の知識』を執筆しているほか、多くの講演録や雑誌・新聞の記事をまとめて刊行している。この協会はその名前やシリーズ名（社会教育や民衆）が示唆するような社会主義系の団体ではない。

(48) 藤原咲平［著］（教學叢書、第8輯）教學局、一九四〇・三に収録。これは、『気象感触』（一九四二）に再度収録されている。大空社『日本現代　気象名著選集　七』（二〇一〇）にも収められている。

(49) ブライアン・ウィン（2001）、同様に二〇一一年に立石によって訳出された論文の解題（立石裕二、ウィン（2011）に収録）も参照。

(50) 岡田台長のころから、一九三九年に実施された地方気象台（多くは都道府県が運営していた）の国営への移管など、気象台と外部との折衝は藤原があたっていたのだという。気象台は軍に併合はされなかったが、一九四一年十二月八日から気象報道管制が実施された。この間、藤原の大政翼賛会での役割や発言では「私の役所を行くゆくは軍隊組織のやうにしたい」とも述べているほか、なかなか直截な戦争協力の発言の連続である。このようにストレートに戦争協力の発現をしていたにも関わらず、（もしくはそのゆえに）、終戦後の藤原の対応は、さまざまな意味で非常に速かった。変わり身の早さは、目を瞠らせるほどのものがある。藤原は中央気象台長として日本軍に協力したほかに、個人として雑誌などに発表した文章にも連合軍から見て公職追放に値する思想があったとするのが順当な見方だろう。しかし連合軍は、終戦直後の日本では中央気象台の観測・通信などの機能を必要とし、観測官や専門的な知識を持つ技術者集団を動かす人物として、藤原が最も適任だと見ていたとも考えられる。そのために終戦当初は公職追放や戦犯の対象にならないだろうという憶測があったようだ。戦争と気象について、より翼賛的であったと目されている荒川秀俊は、『戦争と気象』（岩波新書、一九四四）という書物も書いている。藤原が公職追放となり、荒川はそうならなかったことの理由、また気象関係者の第二次世界大戦時における戦争協力や戦犯・公職追放の基準や、その後の米軍の気象業務へのかかわり（特に朝鮮戦争や米軍のアジア展開への貢献）などについては、今後のさらなる調査が必要な点である。

(51)　日帝自立論と対米従属論は、第二次世界大戦後に拡大してきた日本帝国主義をどう規定するかという議論のなかで出てきた二つの観点である。日本というのは独自の帝国主義勢力としてアジアに君臨し搾取する存在であるのか（日帝自立論）、アメリカに従属した帝国の一部なのか（対米従属論）という議論である。これについて塚原は、〈帝国〉の世界史的規定として、特に日本については衛星帝国論（サブサテライト・エンパイアー・セオリー）の立場をとっている。

(52)　志賀・和辻には、戦後の唐木順三にも通底するレトリシズムがある。志賀は無邪気で楽しい明治風だが、和辻は時折、ヨーロッパに対するコンプレックスが痛々しいのが昭和の青春っぽいところであり、共感を禁じ得ない。唐木を含む大正知識人系のレトリシズムへの批判については、塚原（2016）など。

(53)　サーキュレーション説については、カピール・ラジ（2016）などを参照。

(54)　コンボルーション論は、トマス・クーンの科学革命（レボルーション）の構造論と、クリフォード・ギアツのジャワ農村の内発的発展論（インボルーション論）に刺激を受けたものである。

(55)　もちろんこれを説得的に主張するためには、藤原が「渦巻」に拘泥した内在的な思想的要素や潮流、そしてオール・メテオロロギーを主張するうえでの日本的伝統・伝統とされるものを賞揚する思潮の存在などを、より細かく見てゆくべきではあるが、本章では限界があった。

(56)　サテライト論については、科学と帝国主義の比較研究（Pyenson、1989）、またロイ・マクロードの「Moving Metropolis」論（マトリックス論、MacLeod 1987）などを参照。

(57)　藤原を「サブ・サテライト論」で解釈するためには、彼のアジアへの眼差しを検討する必要があるという指摘を受けている。それは気象事業のなかでは、朝鮮気象台の台長を務めた和田雄二ら、本稿では検討をしきれなかったが、いわゆる「地域気候学」として「大東亜気象学」を構想したグループとの関係が重要になってくる。これは科学思想史の観点から、稿を改めて論じなければならないテーマであるが、近年では山本晴彦の連作（『帝国日本の気象ネットワーク』シリーズ1―5）などが進行中である。山本（2014–）。

第四章　植民地朝鮮の新旧暦書をめぐる相克
――民衆時間に対する帝国権力の介入

宮川卓也

はじめに

次頁に掲げた図は、一九一〇年一〇月に朝鮮総督府が発行した暦書『明治四十四年朝鮮民暦』の一月の面である。朝鮮総督府は一九一一年分から『朝鮮民暦』の発行・販売を開始し、一九三七年に『略暦』と改称、一九四〇年からは旧暦を大幅に縮小するなどの変更を加えたものの、三五年間にわたって植民地朝鮮の公式の暦書を編纂しつづけた。図1のように、『朝鮮民暦』[1]は上段に太陽暦（グレゴリオ暦。以下、陽暦または新暦）、下段に「舊暦」である太陰太陽暦（以下、陰暦または旧暦）を配置する体裁をとっており、一九四〇年からは陰暦の日付が記載されず「月齢」と改称され（月齢が記されているため実質的には陰暦の日付を表記しているのと同じであるが）、陽暦の日付だけが残された。陰暦の日付の下部に「宜伐木」や「宜入學嫁娶」などとあるのは、その日の吉凶に関する記述（暦註）で、これらは『昭和十一年朝鮮民暦』（一九三六年）まで記入されつづけた。

日本では一八七二年に明治政府が陽暦の採用および陰暦の廃止を決定し、その翌年から太陽暦を公式の暦とした。明治改暦である。新政府による性急で強権的な改暦は民衆の反発を招いたため、改暦後も猶予期間が置かれ、一九一

図 4-1　朝鮮総督府編製『明治四十四年朝鮮民暦』(1909 年)

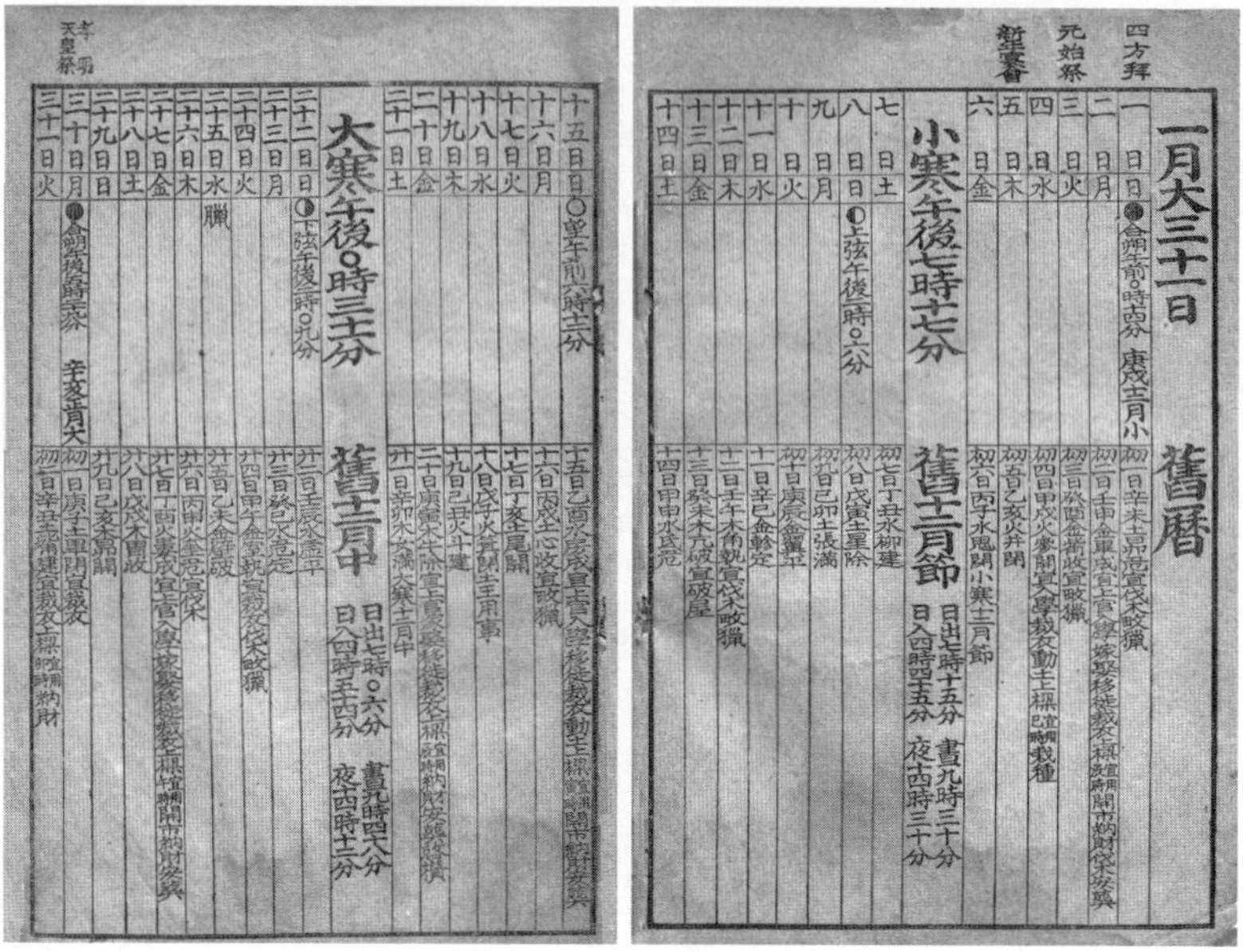

○年になってようやく陰暦が暦書から削除された(2)。同じ年に植民地支配が始まった朝鮮では陰暦が維持され、内地では陽暦への完全移行が実施されたのである(3)。朝鮮総督府は、明治政府と同じように、強権的に陰暦を廃止して陽暦の使用を強く進めることもできたはずだが、一九三〇年代まで旧暦を暦書に併記しつづけたのはいかなる理由によるものなのか。逆にいえば、何が総督府をして旧暦を併記させ続けたのか。朝鮮社会(4)において陰暦から陽暦への改暦は何を意味していたのか。本章は大韓帝国期から統監府期、朝鮮総督府期にかけて、朝鮮における太陽暦の採用および普及過程、そしてその背景にある政治社会的意味を検討する。

東アジア世界では古来より太陰太陽暦を主暦とし、朝鮮も例外ではなかった。日本では江戸中期まで幕府主体の編暦事業にさほど注力されなかったが、中国の歴代王朝と十数世紀にわたってより近い関係を築いてきた朝鮮は、暦をきわめて重要視する中華文明圏の強い影響下にあり、中国から正朔(5)を受け続けつつ暦書編纂にも熱心であった。編暦は緻密な天文観測と計算が要求される高度な科学活動であり、そこに陰陽五行や風水地理などの思想を加えた伝統的宇宙観が有機的に組み込まれたものが暦書であった（全：2005）。

長い時を経て蓄積され研鑽され続けてきた暦書に大きな変化が訪れたのが一九世紀末である。朝鮮において初めて太陽暦が導入されたのは、朝鮮総督府によってではなく、一八九〇年代半ば、朝鮮王朝が大韓帝国に国号を変えて独自の近代化の道を探っていた時期であった[6]。一九世紀末の朝鮮社会は、日本や清朝、ロシアなど互いに角逐する周辺各国から様々な圧力と干渉を受け、新しいかたちの国際関係に巻き込まれていく激動の時代にあった。その中で朝鮮王朝みずからも新しい国のありかたを模索し、新しい文化や科学技術を取り込もうとする意欲的な動きを見せていた（キム・ヨニ：2016）。

新暦の採用もその一環であったが、すべてが急激に変化しつつあった一方で、数百年もの時をかけて根付いた伝統的宇宙観や生活習慣までもが一斉に変化したわけではない。新しく暦を書き換えることは生活全般にわたる旧来の慣習に多くの転換を要求するものであったが、民衆はもちろんのこと、改革を進めた政府や知識人たちもまた長く受け継がれてきた伝統的時間軸の中に生きていたのであり、改革は新しい時間軸に適応する以上の変化をともなうものであったために、その波及は急速ではなかった。一九世紀末に成立した大韓帝国期に始まり、日露戦争後に朝鮮に対する実質支配を進めた統監府期、そして韓国併合後の朝鮮総督府期にかけて少しずつ改定されていった暦書には、そうした大きな、しかし緩やかな変化の断片が散りばめられている。本章では「西欧近代化」の波が朝鮮に押し寄せていたなかでの暦書の変遷を検討しつつ、植民地支配前後の朝鮮社会において科学的産物である暦書の政治性について論じたい。

これまで『朝鮮民暦』に関する歴史研究は韓国の史学界で発表されたものがすべてである。それらは主に大韓帝国期に導入された太陽暦に焦点を当てたものが多いが、各研究が対象とする時期や内容から、その傾向を三つに分類することができる。一つ目は暦書そのものの変遷や特徴を整理したもので、暦書がもつ政治社会的影響や背景の分析はほとんどなされていない（イ・ウンソン：1985；チェ・ゴウン：2010）。二つ目は大韓帝国で初めて太陽暦が採用された事件のもつ歴史的含意についての分析である。太陽暦への改暦が清朝からの独立宣言と同様の象徴的意味合いがあったことなど暦書の政治性を強調しているが、その射程は大韓帝国期のみにとどまっている（チョン・ソンヒ：2005；チョン・ヨンフン：2013）。最後は植民地期における太陽暦および近代的時間制の導入が朝鮮社会に与えた影響を論じた研究で、「植民地近代」の問題を土台に議論が展開されている（チョ・ヒョンボム：1999；チョン・グンシク：2000, 2005）。それらは特に七曜制や二四時間制など近代的時制の世界に朝鮮の人々が慌ただしく組み込まれていく様を描いた。

これらの先行研究は、大韓帝国から植民地期まで朝鮮半島の時間制度の変遷過程を追いかけ、暦の変化が朝鮮の政治的・社会的変動のなかで進められたことを論証してきた[7]。しかし帝国日本による韓国併合後も「生き残った」陰暦の編纂やその背景を分析した研究はこれまでのところ発表されていない[8]。既存の記述には朝鮮社会に及ぼした近代的時間制の影響力を強調し、強大な権力主体であった植民地当局やエリート知識人によって旧来の時間観念や旧暦に基盤を置いた生活からの脱却が直ちに広がったかのように描写するきらいがある。そこには三つの見落としがあるように思われる。

一つ目は暦書の機能についてである。暦書は単に正確な日時を報せるだけではない。冒頭に紹介したように、日の吉凶に関する記述は毎日の生活を規定するほど、正確な日時と同等に重要な情報であった。二つ目は、それゆえに、旧暦は朝鮮社会において強い慣性を持ち続けたのであるが、既存の研究はこれを等閑視する傾向があった。三つ目にそうした研究の背景として、植民地権力による近代化の強度と速度についての認識である。

植民地近代性についての議論が活発となった一九九〇年代後半以降、近代化そのものに内在する、まさに植民地的な権力性や暴力性を鋭く剔抉する論考が数多く発表されてきた。しかしながら、それらは近代化の推進者とその受動者の緊張関係を具体的な事例とともに描きつつも、他方で近代化に「包摂されない」人々や、近代化の推進者とは異なる生活時間を生きる人々を捨象しているように見える。(9) 朝鮮の近代化や文明化を植民地支配の正当化のスローガンとして掲げていた朝鮮総督府は、なぜ陰暦が併記された『朝鮮民暦』を発行しつづけたのか。一九三〇年代後半になっても、新聞や雑誌紙面に「陽暦励行」に関する記事が多く掲載されつづけたのはなぜなのか。

本章は、朝鮮における太陽暦の導入から採用運動の過程を検討し、帝国権力による「時の近代化」が民衆の生活規範への直接的な介入であったこと、しかし同時に、それが必ずしも徹底しえなかったことを論じたい。近代科学を背景とした植民地権力の介入は確かに強力なものであったが、生活や慣習と深く結びついた旧暦の慣性はそれに劣らぬ力を示していたのである。以下では大韓帝国期、統監府期、朝鮮総督府期の三つの時期に分け、各時期に旧暦を取り巻く状況や政策、言説がどのように展開されていったのか検討していく。

第一節　大韓帝国期——太陽暦の導入と葛藤

改暦と新国家

朝鮮において初めて太陽暦が国家の公式の暦として採用されたのは一八九六（高宗三三）年のことである。この年、朝鮮政府は暦書名を『大朝鮮開国五百五年歳次丙申時憲暦』と定め、暦面に初めて太陽暦を記入した。しかし太陽暦の使用は改暦の約二〇年前から始められていた。それは一八七〇年代から日本をはじめとする諸外国との交信が急増し、文書の送受信の日にちに陽暦を明記する必要が出てきたことによるものである。一八七六年の日朝修好条規を皮切りに、アメリカやイギリス、ドイツなどとも条約を結んだことで、外交文書、郵便や電信など様々な場面で陽暦の記載を諸外国から求められていた（イ・ウンソン：1985, pp. 340–341；チョン・ソンヒ：2005, p. 214）。

だが太陽暦の使用がすぐさま普及したわけではない。例を挙げると、一八七八年に、日本海軍の軍艦が朝鮮半島東側沿岸で測量を行うことの許可に関して、在釜山外務二等属の副田節と東莱府伯の尹致和の間で文書が交わされた際、尹致和から副田に宛てた文書には「戊寅四月初六日　東莱府伯　尹致和」と記載されている。尹の文書は、もともと副田が日本海軍および外務省からの要望を尹に伝えた文書への返信であり、副田からの文書には「明治十一年五月六日」と記されている[10]。すなわち副田は陽暦の、尹は陰暦の日付をそれぞれ文書で使用しており、朝鮮側では外交文書においても太陽暦が徹底されていなかったことがわかる。また一八八三年一〇月に創刊された朝鮮で初めての新聞『漢城旬報』も、発行の日付は陰暦を基準にしており、記事の内容においても陽暦に言及するものはあったがその数は少なく、西洋各国ではみな太陽暦を用いていることや二四時間制など彼らにとって新しい時間制度を紹介する程度のものであった[11]。あるいは、同紙において、江華島条約、すなわち日朝修好条規の締結日が「日本暦明治九年二月二十六日朝鮮暦丙子年二月初二日」と記されたことも、この時点で太陽暦が普及していなかったことをうかがわせる（チョ・ヒョンボム：1999, pp. 238–240）。

こうした状況に変化が見え始めるのは、一八九四年に始まる甲午改革および一八九六年から九七年にかけての改暦によってである。この改暦は対内的・対外的に大きな政治的意味をもっていた。

まず行われたのは紀年法の変更であった。日清両国が開戦した一八九四年七月二七日、朝鮮では親日派の金弘集率いる政権が成立し、立法権と行政権の両方を備えた軍国機務処を設置して、翌々年二月までの約一年半の間に次々と改革を断行していく。日本の影響を強く受けていた軍国機務処の改革案に示された事項は、官庁再編や科挙の廃止、税制改革、新式貨幣発行、身分制撤廃、早婚禁止など多岐にわたっているが、なかでも最初に示されたのは国内外の公文書および私文書に「開国紀年」を用いるというものであった[12]。この新しい紀年法は李成桂が朝鮮王朝を打ち立て

図 4-2 『大朝鮮開国五百五年歳次丙申時憲暦』(1895 年)

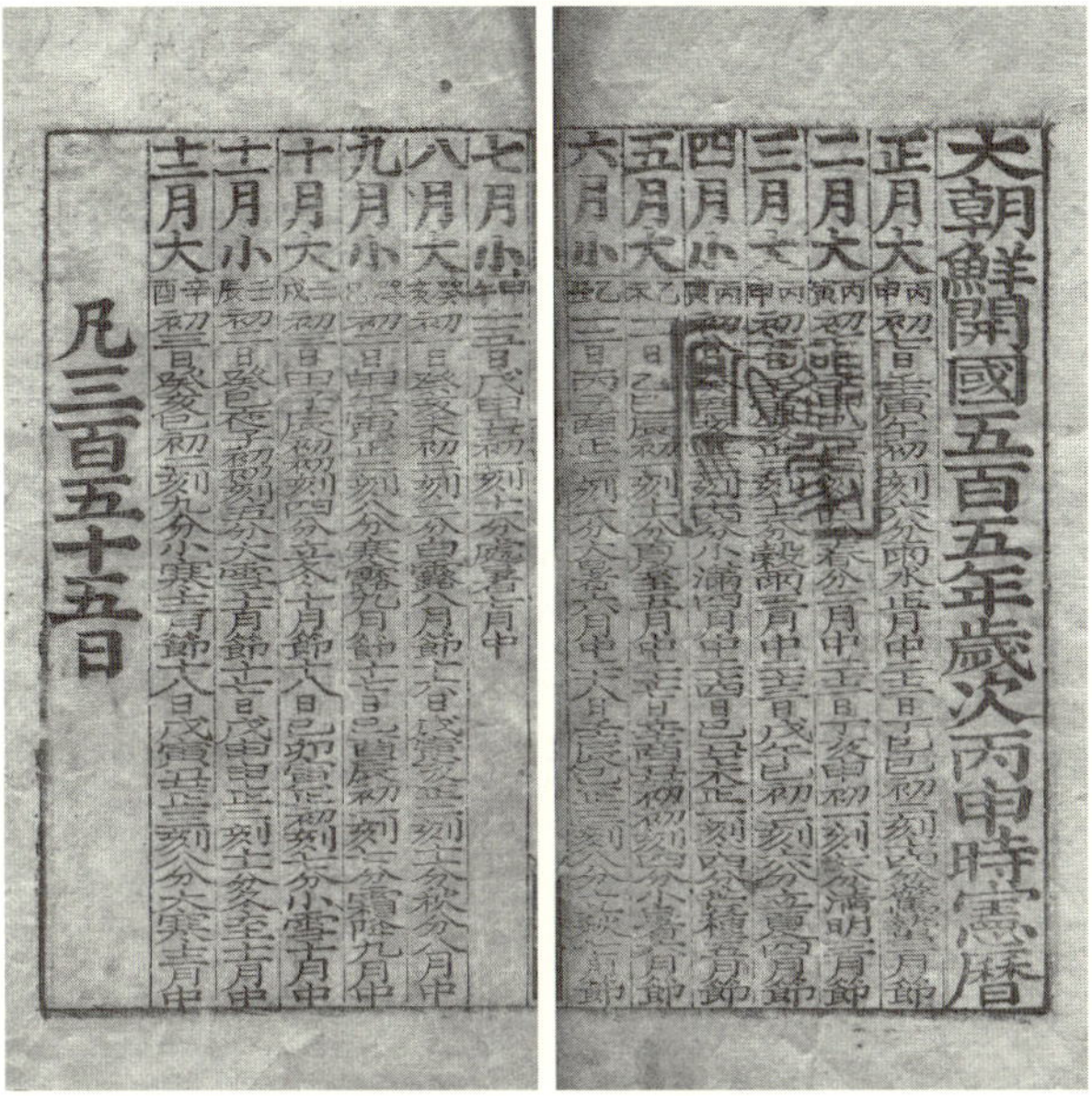

た一三九二年を元年とするもので、当然のことながら暦書にも反映され、一八九五年の暦書は『大朝鮮開国五百四年歳次丙申時憲書』と改称された。紀年法変更前に編纂された一八九四年分の暦書名は『大清光緒二十年歳次甲午時憲書』となっているが、変更後には清の年号が削除され「大朝鮮開国」が用いられたのである。(13)

新紀年法の導入が決定された背景には、一つに朝鮮の独立を画策していた日本の影響、もう一つに朝鮮国内における高宗の権威を確固たるものにする目的があった。紀年法改定の過程を追ったキム・ミファによれば、日本は自主独立の証として「称帝建元」を提案し、それに対して高宗は一八九六年を「建陽」元年としたが得心せず、翌年八月には新しく「光武」を年号とすることを決定して一八九七年をその元年とした。親露派や新国家建設を目指した改革派などとの調整を経て、日本の影響力を排した新元号を発したのである。高宗自身、一八九六年ごろまで政府によって権力を制限されていたこともあって、自らの皇帝即位にともない、新しく頒布する暦書に新年号を用いるのは朝鮮における王の権威を誇示するねらいがあった（キム・ミファ：2016, pp. 193-197）。

対外的にも――特に旧来の中華的国際秩序において――、新国家成立の主張が暦書に示されていた。すなわち、一八九六年の暦書『大朝鮮開国五百五年歳次丙申時憲暦』においては、「時憲書」が「時憲暦」に変更された。それまで暦書名に「暦」の字が使用されなかったのは、乾隆帝の諱《いみな》が「弘暦」であったことから「暦」の字の使用を避けていたことに起因するが、その文字の使用を朝鮮が自ら解禁したことは、前年からの紀年法を変更したこととともに、冊封国に対する朝貢国の儀礼的行為がここに終焉したと宣言するきわめて政治的なパフォーマンスであった。もちろん日清講和条約（下関条約）によって朝鮮は清朝との宗属関係を破棄したため、国際法上ではすでに独立を果たしていた。しかし一九世紀末の時点においては、この前近代東アジア世界における象徴的行為がまだまだ重要な意味をもっていたのである。

そしていよいよ一八九六年から太陽暦が公式に採用される。高宗は一八九五（高宗三二）年一一月一七日（旧暦）を新暦の一八九六年一月一日とすることを決定し、本来あったはずの開国五〇四年の四十余日は消えてしまった[14]。高宗の王としての日々の活動を記録した『高宗実録』は一八九五年一一月一六日を最後に陰暦での記録が途絶え、翌日から陽暦一八九六年一月一日となっている（チョン・ソンヒ：2003, pp. 29-53）。

さらに翌年（高宗三四）一一月三〇日、高宗は議政沈舜澤の上奏を受け、大韓帝国と国号を改めるに先立って、翌年の暦書から太陽暦を採り入れた新しい暦の名を「明時」とすることを決定し頒布した[15]。時憲暦すら廃して朝鮮独自の暦書である明時暦に改め、年号を建陽に変えたことは、当然のことながら、朝鮮が清朝の属国ではなく独立国であることを改めて内外に誇示する、伝統的華夷秩序における政治外交的示威行為であった。古来、中華文明圏において暦書は統治者が天の意を汲み取って民に時を報せるためのものであり、これを『書経』に記された言葉で「観象授時」という。統治者は天を緻密に観察し、その動きの規則性を読み取り、正確な日時を報せ、日食や月食など天の異変を予め察知して民を安堵させねばならない。天の意を理解し、農事を中心とした生活のリズムを保証し、また民を災いから守ることができることを示すことで、王（皇帝）は統治者としての正統性を誇示してきたのである。中華文明圏においてその行為が許されたのは天子たる歴代中国王朝の皇帝のみであり、朝貢国であった朝鮮には、たとえ王であろうと認められなかった。冊封関係において朝貢国は冊封国から正朔、すなわち宗主国の時間規範に従うのは義務であった。もし朝鮮が独自に編暦を実行すれば、それは宗主国への叛意ともとられかねない[16]。すなわち、朝鮮の王が清朝の年号を削除したことに加えて新暦を自ら頒布したという事実は、東アジア社会の伝統的国際秩序における新国家誕生の宣言を意味するものであった。

新暦書の構成と人々の日常

暦書の内容にはどのような変化があったのか。一八九六年時憲暦は朝鮮で初めて暦書に太陽暦が記載された暦書である。改暦決定直後には、日本政府にも朝鮮政府が「陰暦を廃し陽暦を採用」したことが伝えられたが[17]、実際のところ、暦書に陽暦が挿入されるようになったものの、朝鮮社会で太陽暦がすぐに普及したわけでも使用されたわけでもなかった。このことは大韓帝国期を通じて発行された暦書の構成からも見て取れる。

『大韓光武二年明時暦』の一八九八年一月にあたる「正月大」を見てみよう（図4-3）。この月は陰暦で日数が三〇日であることを示す「大」となっており、また六〇干支に基づいた月の名前（「（月）建」）が「甲寅」であると大きく記され、その月の節と方位の吉凶を示す文章（十四日戊戌丑正三刻立春正月節天道南行宜向南行宜修造南方）、九宮図も描かれている。毎日の日づけにも十干十二支があてられ、その下には日々の吉凶（宜・不宜）が続く。

このような従来の陰陽五行思想が強く表れた暦面から読み取れるのは、一つ目に、暦書における陽暦の位置付けが陰暦の対照表程度に扱われていることからも、王室を含め、朝鮮の人々の生活時間が依然として旧暦を基盤としてい

図 4-3　大韓光武二年明時暦（1897 年）

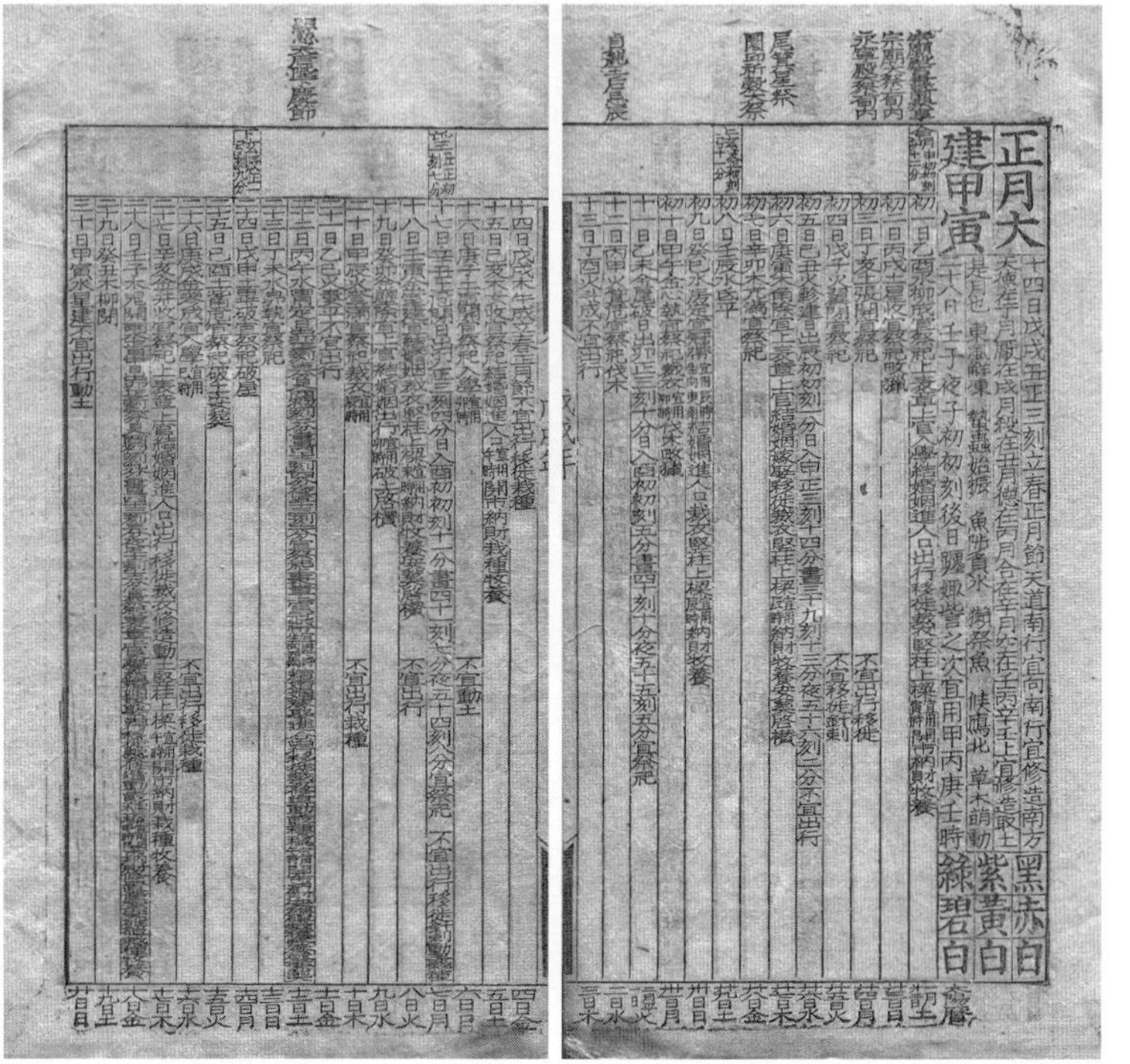

たことである。暦書名を「明時暦」と改称したもののそのベースは時憲暦であり、暦書において旧暦が依然として主暦であった。そのことは図4-3の上部に記されている年中行事の記述が示している。例えば王室の各種儀礼や行事、忌日などが陰暦の日付に合わせて執り行われていた。新暦採用が始まった一八九六年七月、高宗は大小各種の祭祀日をすべて「旧式」の暦日で執り行う詔勅を出した(18)。大韓帝国末年の一九一〇年二月においても、新年を祝い皇帝（純宗）に謁見する宮中行事は陰暦で行われた(19)。太陽暦の採用を決定した王室でさえも、各種行事は陰暦で日取りがなされていたのである。

大韓帝国期を通じて、もう一つ編纂された暦書があった。陽暦をメインとした暦書『大韓光武〇年暦』と名を付された暦書である。一八九七年の改暦後に頒布された明時暦でも欄外に陽暦の日付が記されてはいたが、あくまで陰暦を中心とした暦書であった。他方、「時憲」「明時」などの名称はなく『大韓光武〇年暦』とだけ冠された暦書は、その構成として陽暦の日付を上段に、陰暦を下段に置いており、明時暦とは異なる体裁をとっている。しかしこの暦書は、暦註が一切記入されていないシンプルな構成をとっていたことから、陰陽暦の日付対照を目的とする補助的なものであったようだ（チョン・ヨンフン：2013, pp. 37-59）。急増しつつあった諸外国との交渉などを念頭においたものであって、宮中の行事や人民の生活まで太陽暦へと移行したわけではなかったのである。

当然のことながら民衆の生活時間も陰暦に拠っていた。人々が陽暦の年末年始よりも旧暦の正月を重要に捉えていた様子は当時の新聞紙面から伝わってくる。旧暦が人々の暮らしに根強く残っていることに批判的であった天道教系日刊紙の『萬歳報』は次のように論じている[20]。

皇室典範にも旧暦を用い、人民俗尚にも旧暦を用い、節候も旧暦を用い、農事も旧暦を用い、祭祀年辰も旧暦を用いており、これは猝然不改の一事である。（中略）陰暦過歳に至っては全国人民が債簿を清帳し、新しい衣服を製作し、隣里長老に礼拝し、食べ物を備え、祖先の祭祀を行い、賓客を饗応し、送旧迎新する一大名節において慶福を互いに祝賀している[21]。

皇室から全国の人民に至るまで陰暦にしたがって「送旧迎新」を祝い、新年に応じた活動を行なっている様が伝わるが、この慣習が「猝然不改」、すなわちすぐには改まらない一事であると認識されている。

併合直前の一九一〇年二月、旧暦の年末の様子を報じた『慶南日報』の社説は、旧来の年末年始に愛着を感じさせる。それによれば、韓国民の貧しさは悲惨な状況にあるが、一方で「四千年の慣例」である旧暦で年末年始を過ごし、「累千年伝来の習俗」である年末年始の伝統的な遊びをしながら「新年の幸福」を同胞たちがともに祝えるようになるために経済界の増進と発達を促進すべきであると主張する。[22]

また併合後初めての新年となった一九一一年初頭、朝鮮総督府の御用新聞『毎日申報』には次のような記事が掲載された。

陰暦正月までわずか二十余日を残すところとなったが、例年、歳末歳始に盗賊が横行して良民の財産を略奪あるいは窃盗する弊害が少なくない。京畿道庁警務部では絶対にこれらの盗賊を防止するため、数日前から警務総監部に対して具案申請していたが、本月十日から三ヶ月間にわたって特別警戒を行うとし、その方法は明記できないが、官民の一致協力で予防に尽力するつもりだ。[23]

年末年始に増加傾向にある窃盗に対して特別警戒を実施する旨が記されたこの記事からうかがえるのは、日本の植民地支配が始まっても人々の暮らしは依然として旧暦に基づいたものであったことである。その傾向は特に農村部で顕著であったが、これについては第四節で詳論したい。

以上のように、朝鮮の人々にとって新月の日が月の始まりであり、大寒の後の立春の入る月に新年を迎えることは、当然の暮らしのリズムであった。[24] 暦書の重要な機能の一つは正確な日時を報せることにあるが、太陽だけでなく月の運行も考慮に入れつつ、二つをうまく合わせてつくられた旧暦は、朝鮮の民衆にとって長い間慣れ親しんだ、合理的でわかりやすい時間軸であり、それに基づく生活習慣は身分の上下を問わず容易に改まるものではなかった。

暦面における二つ目のポイントは、暦書が人びとのその日の行動を決める規範であったことである。暦書の目的は単に日にちを報せるのみならず、日常的行為の吉凶を記すことにより、彼らの日々の行動指針とすることであった。そのことは、暦書において日と方位の吉凶についての記述、すなわち暦註が紙面の大半を占めていることに表れている。一八九八年の暦書『大韓光武二年歳次戊戌明時暦』の一月から暦註の内容をいくつか見てみよう。

初一日乙酉水柳成宜祭祀上表章上官入學結婚姻進人口出行移徙裁衣竪柱上樑宜用寅時開市納財牧養　一月廿二日土

初四日戊子火翼閉宜祭祀　不宜移徙針刺　廿五日火

二十日甲辰火奎滿宜祭祀裁衣宜用辰時　不宜出行栽種　十日木

年のはじまりにあたる初一日は、陽暦で一月二二日土曜日にあたるが、祭祀をはじめ、入学や婚姻、さらには裁縫や市を開くことなども良い（宜）とされる。一方、四日は引っ越し（移徙）や裁縫（針刺）を行うのが良くない（不宜）日であった。二〇日（陽暦で二月一〇日）には特に辰の時（午前八時ごろ）に祭祀や裁衣を行うのは良いが、出かけたり種を植えたりするには良くない日とされている。このような記述は一年を通じて書き込まれており、儀式や生活に関わるあらゆる行為をどの日に行うべきか、あるいは行うべきでないかを知らせる日選び（択日）の指針として日々の行動を規定していた。一八九七年に年号を「光武」と宣言する建元の儀が旧暦八月一六日に挙行されたのは、王室の儀礼を取り仕切る掌禮院が暦註をもとに吉日と選んだからであった(25)。

暦書に基づく択日を日々の活動指針とすることは朝鮮の人々にとって日常であり、深く内面化されていたものであった。択日は陰陽五行思想が複雑に組み込まれた宇宙観に基づいて行われていたため、それに規定される日常の諸行為は暦書を通じて宇宙論と深く結び付いていたのである。東アジアの伝統的な自然観・宇宙観が、天地人を有機的・相関的に結びついているとみなしていたことはすでに多くの研究が指摘してきた通りである(26)。天の動きがすなわち地の政治社会状況や人の運命を暗示しており、したがって統治者は天の動きを見定めてより良い政治を行おうとしたり、市井の人々は自身の生まれた日を基にした占いを信じて行動したりしてきたのである。暦書は、現代のカレンダーのような、単に時を知らせるだけの無機質な情報源ではなく、日常生活そのものであった。

これらは、後述するように、のちに朝鮮総督府や日本と朝鮮の知識人たちによって「迷信」と一蹴され、朝鮮の未開性を象徴する旧慣として「打破」の対象と目された。だが、日々の暮らしに密着するどころか暮らしそのものであった暦註を人びとは暦書に望みつづけたのであり、それこそが一八九〇年代半ばの改暦を経てもなお暦註が暦書に残された理由であった。そしてそれは、朝鮮総督府が暦書の完全な改編を進めきれない大きな要因となった。

第二節　統監府期――伝統的観象事業の植民地的再編

編暦事業の再編

陰暦主体の暦書の体裁に変化が見られるのは一九〇九年の暦書『隆熙三年暦』からである。この年から「明時暦」という暦書名が廃されて年号のみの記載となったことは、大韓帝国の権威と主権がすでに失われつつあったことを暗示していた。図4-4のとおり、この年の暦書では上段に陽暦、下段に「舊暦」が配置され、前年までの配置と上下が入れ替わっている。それまで朝鮮で長く使われてきた暦は「旧い暦」と称されるようになったのである。

暦面における配置転換は、太陽暦を国家の公式の暦とする方針をより明確にするものであったが、一方でこれは明らかに統監府の介入が強まったことを物語っていた。一九〇六年、大韓帝国政府に「助言」や「指導」を行う目的で設置された統監府は、「施政改善」を名目に次から次へと制度改革に乗り出し、[27]その一環として伝統的に観測業務を担ってきた観象所（朝鮮王朝時代は観象監）を解体した。一九〇七年一二月一三日大韓帝国令五四号によって、暦書関連業務は学部編輯局で、気象関連業務は統監府観測所（仁川）でそれぞれ分担するよう改編される（韓国気象庁：

図 4-4 『大韓隆熙三年暦』一月（1908 年）

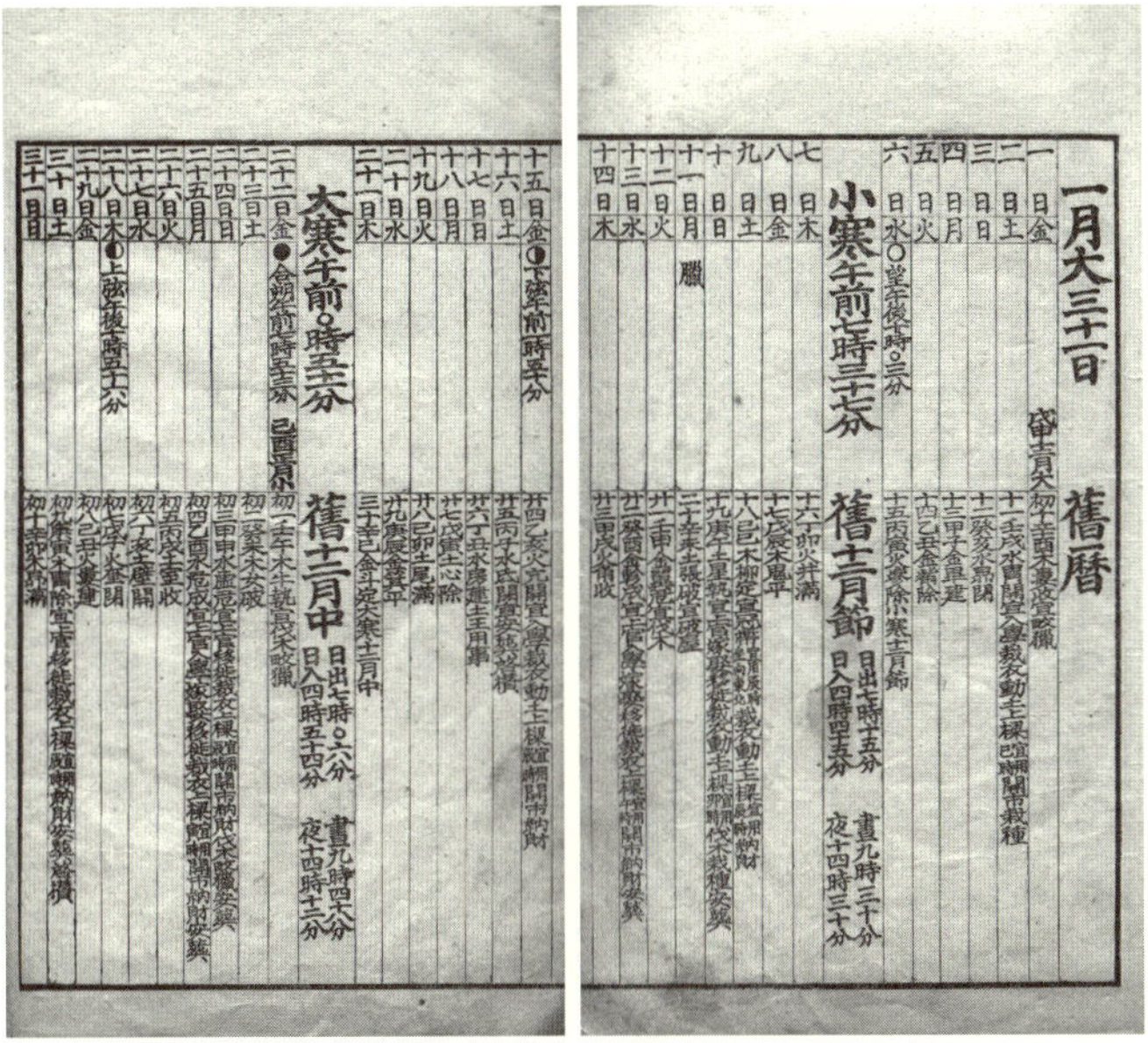

2004, p. 60)。これにより、天の観測という前近代においてきわめて政治的意味合いの強かった天の科学、すなわち天文・暦算と気象観測の両方を担ってきた伝統的観象事業は、天文学と気象学という近代科学的区分にしたがってその機能が分割され、そのうち気象に関しては日本人の手中にあった気象観測所で一手に引き受けられることとなった。

この制度改編は日露戦争中に始まった帝国日本の気象観測事業の展開に端を発していた。一九〇四年、ロシアと戦闘の口火が切られると、日本は朝鮮半島の戦略的要地五か所に臨時気象観測所を設置した[28]。東京中央気象台直属として設置された臨時観測所は、日露戦後に統監府、一九〇八年には大韓帝国農商工部へと移管されるが、観測所の運営は設置当初から元中央気象台予報課長の和田雄治を中心とする日本人気象学者によって占められた[29]。

一九〇七年から一九〇八年にかけての組織改編が意味するのは、まさに大韓帝国が独自の暦書を頒布したことと同様に、それが統治者の交代を告げる政治的事件であったということである。前述のように、天を観察し民に時を報せる観象授時は東アジアにおける王権の象徴的行為であり、観象監はそのために存在する、そして唯一の権威ある機関であった。日本が朝鮮支配に対する干渉を強めていくなかで観測施設に求めたのは、戦争を有利に進めたり新しい領地を効率的に把握したりする上でより実用的な気象情報の収集と提供であり、暦書の編纂ではなかった。一九〇七年に施行された明治四〇年勅令第七〇号「統監府観測所官制」第一条において、「統監府観測所ハ統監ノ管理ニ属シ気象観測ノ事務ヲ掌ル」と明記されたとおり、観測所の目的は気象観測であって暦書編纂は業務の対象とされていない[30]。統監府からすれば、伝統的観象事業とその担当部署である観象所にもはや存在意義を認めることはできなかったのである。

編暦業務が学部編輯局に移管されると、前観象所長の李敦修（一八三八―一九二〇）や同所技師の劉漢鳳（一八三九―?）はここに配置され、併合後の一九一二年まで編暦を担当した。だがそれ以降、天文と気象観測の両事業に関して、観象所の職員を含めた朝鮮の人々は植民地期を通じて徹底して排除された[31]。そのことは一九〇八年まで編纂を担当した観象所員たちの存在が紙面から削除されたことからも推察される。一九〇八年の暦書『隆熙二年暦』まで、李所長をはじめ所員一四名の氏名および役職が明記されていたが、翌年の暦から編纂に携わった人員の氏名は記されていない。一九一二年まで李敦修と劉漢鳳の二人は編暦業務を担っていたが、一九〇九年の暦書以降はその名が記されることはなく、その存在感は薄れていった[32]。

制度改革によって暦書編纂が完全に撤廃されたわけではなかったが、改革は活動内容の大幅な縮小にとどまらず伝統的な暦算学の断絶をもたらした。「七政暦」と呼ばれる、『七政経緯宿度五星伏見目録』の編纂が一九〇八年度分を最後に途絶えたことがそれを物語る。七政暦とは太陽、月および五惑星（水・金・火・木・土）の一年を通じた運行を計算してそれぞれ毎日天のどの位置に来るのかを示し、天体現象を予測したり日付の計算をしたり、またそこから日の吉凶を占ったりするために使用される。日付と暦註を知ることを主目的とする日課暦である時憲暦や明時暦の基礎となる暦書である。七政暦を編纂するためにはきわめて緻密な観測と計算が要求される。朝鮮王朝以降の天文学および暦学を分析したチョン・ヨンフンによれば、大韓帝国期においても、朝鮮時代から引き続き日課暦と七政暦の両方が編纂されていた（チョン・ヨンフン：2013, pp. 44-48）。だが一九〇七年を最後に七政暦の編纂事業が廃されたことは、観象所とともに、もはや暦算を主目的とする伝統的天文学が過去の遺物のようにその存在価値を否定され、新しい天文学に取って代わられる、強権的パラダイムシフトとも呼ぶべき科学の転換が進められたことを意味していた。

暦書介入の意味

暦書編纂業務が大幅に縮小されることにより、暦書の内容にも大きな変化が見られた。一九〇九年の暦書『大韓隆熙三年暦』から陰暦と陽暦の位置が逆転し、陽暦が上部に、「舊暦」とされた陰暦が下部に配置されたのは上述したとおりである。一月は陽暦の一月一日から始まり、旧暦は「十二月初十日」から始まっている。暦面は大幅な簡素化が進められ、図4-4のように、一九〇八年まで書かれていた「正月大」の左および下部にその月の月建や「宜」「不宜」、九宮図などはほぼ省略され、さらに暦面上部に記されていた大韓帝国皇室の忌辰や祭祀に関する情報も削除された。その代わりに月の満ち欠けや二四節気の日の正確な時刻が挿入されている。このとき改定された体裁は、一九一一年に『朝鮮民暦』と名を変えたり小幅な内容変更を加えたりしつつも、基本的には一九三六年まで維持される。一九三七年からは暦書名が『昭和十二年略暦』とされ、陰暦に関する記述は日にちのみになる。一九〇九年の時点で忌辰や祭祀に関する記述が消されてしまったことは、伝統的東アジア社会における権威の象徴であった暦書において、大韓帝国皇室がその威光を統監府の介入によって喪失し、朝鮮社会の近代的時間制への移行を促す統監府の意図が表面化したことを示している。

一九〇八年から一九〇九年にかけての暦書構成の刷新をめぐり、巷間では陰暦が完全に廃止されるのではないかという憂慮を含んだ噂が流れた。『大韓毎日申報』の紙面からは当時の混乱がよく伝わる。一九〇八年七月四日、編纂が進められていた次年度の暦書について、「陰暦は永遠に廃止して陽暦を実施し、各忌辰祭や誕辰を陽暦の月日で設行するよう改定されるという説がある(33)」という記事が掲載される。ところが同月二一日には、「陰暦は廃止して陽暦を施行するという説は本報ですでに知らせたが、現在用いている［暦書で］陰暦の下に陽暦を書くように、陰暦を陽暦の下に書くことを酌定したという説がある(34)」とし、陰暦が完全に廃止されるわけではないと報じた。さらにその翌年にも同様の事態が同紙上で繰り返される。特に一九〇九年六月一六日の記事では、「明年度暦書にも旧暦を従前のとおり並記して人民の使用に便宜を図る(35)」という学部編輯局のコメントを付して読者を安堵させようとした。情報が錯綜する中で、「人民の使用に便宜を図る」ことを伝えるこの記事には、次年度の暦書における陰暦の存廃に対する人々の強い関心が反映されていた。

暦面にみられるもう一つの大きな改変は、毎日の吉凶に関する記述においてであった。すなわち、日々の諸活動についての吉凶を示す「宜」「不宜」のうち、「不宜」についての記載がこのときから削除される。再び図4-4を見てみよう。『大韓隆熙三年暦』の一月の暦面において下段に配置された「舊暦」は一二月初十日から始まっている。その日は「宜畋猟」とあり、土を耕し狩猟をするのに良い日とされている。翌一一日は「宜入学裁衣動土上樑宜用巳時開市栽種」とあり、入学や裁縫、土を動かすこと、家の基礎づくりなどに良い日であり、巳の刻（午前一〇時から正午）に市を開いたり種をまいたりするのが良いとされる。以後、一八日、一九日などにも「宜」に関しては記載があるが、前年まで記されていた「不宜」については一切記入されていない。暦書に「宜」だけを残し「不宜」を削除した理由を明確に示す資料は残されていないが、大韓帝国期から徐々に広がりを見せていた「迷信打破運動」と無関係ではないだろう。それは吉凶の記述に関するもう一つの変化、すなわち「年神方位図」そのものの変更や掲載位置の変更、「九宮図」の削除とも関わっている。

図4-5 「年神方位図」（『大韓隆熙二年明時暦』，1907年）

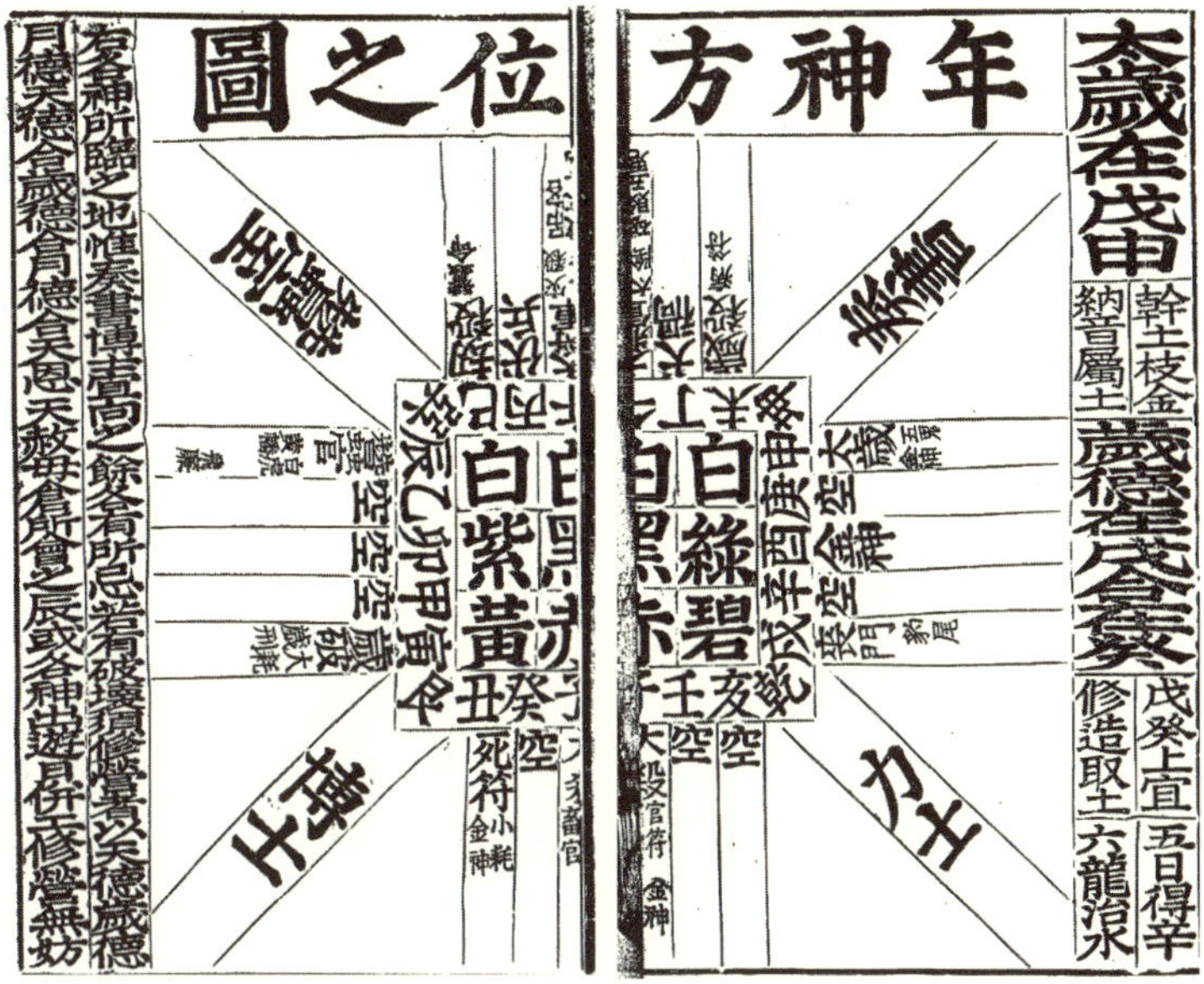

年神とはある方角にその一年間とどまってさまざまな分野の吉凶を司る神のことであり、年神方位図はその年にどの神がどの方角に居座っているのかを図で示したものである。一九〇八年の暦書『大韓隆熙二年明時暦』に描かれた年神方位図を例にとってみよう（図4-5）。中央に九宮図（九星図）を置き、その周囲に東西南北が八の天干、一二の地支、四の卦の二四方位に分けられ、各方角に様々な神が配置される（神が不在の方位は「空」と記される）。太歳、博士、力士、奏書などはすべて神の名であり、神は東回りに毎年移動するがその動き方は一様ではない。例えば各神を率いる神である太歳は木星の精とされ、十二支の名が冠された方角にのみ置かれるので一二年で一周する。一九〇八年は申に座しているので、翌一九〇九年には酉の位置に来る。また、力士は悪神で殺戮を担い、常に四の卦のうち太歳の左側に置かれる（イ・ウンソン：1985, pp. 397–406[36]）。他の神々もそれぞれの規則性にしたがって移動を繰り返し、人々の運勢を左右すると考えられた。

九宮図は中央の「中宮」と八方位に白、黒、赤、紫など七色を割り当て（白は三回）、それぞれ九年、九か月、九

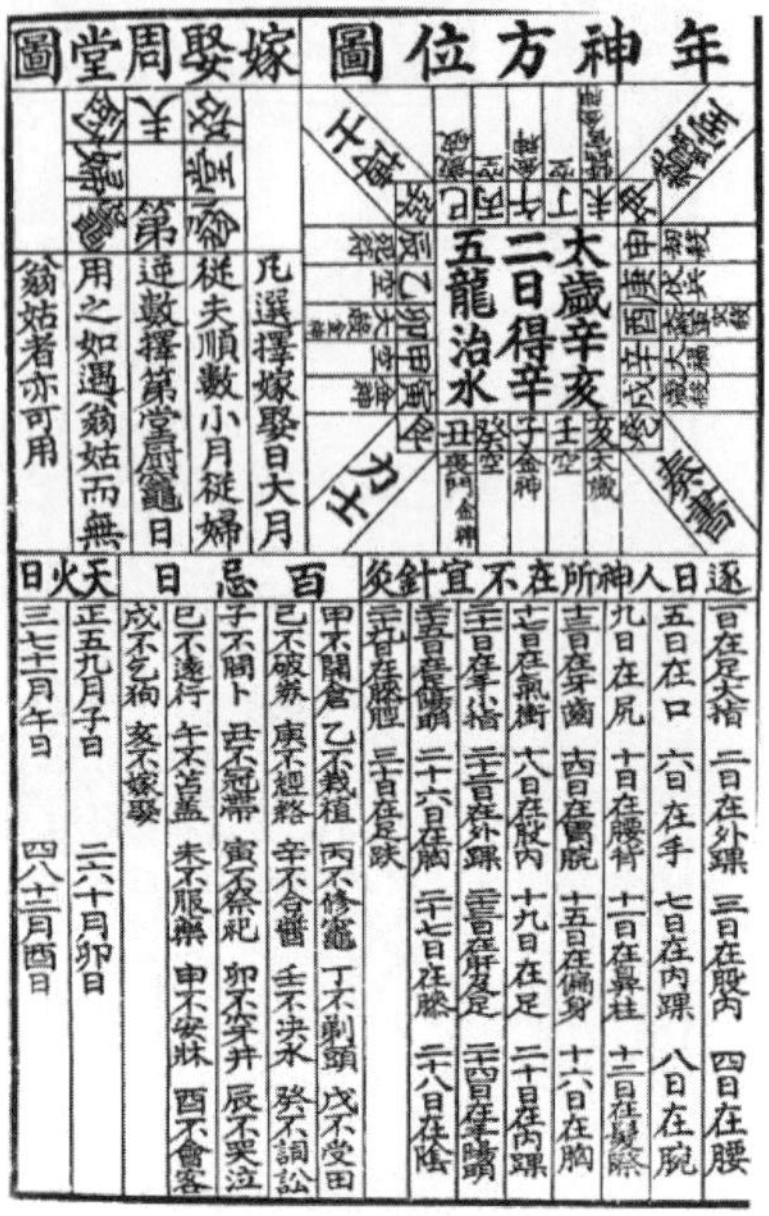

図 4-6　「年神方位図」『明治四十四年朝鮮民暦』（1909 年）

日で一定方向に循環し、人の運命や方位の吉凶などを示したものである。その年の方角の吉凶を示したものを「年白」、月ごとのものを「月白」、日ごとのものを「日白」と呼ぶ。人の誕生年月日時にも配当されるため他の人との相性を知ったり、古暦の年代を測定したり、各年月日の吉方や凶方を知ったりするために利用される（イ・ウンソン：1985, pp. 220–235；岡田：2015, pp. 216–219）。

年神方位図および九宮図は、一定の規則にしたがって配置された諸神もしくは九星の方位からその年の方角の吉凶を一目でわかるようにしたもので、風水地理思想とも関わりが深い。各神は祭祀や仏供、納財、婚約、開市、起工、旅行、葬礼、還暦祝い、出兵、移住など、公私を問わず生活や行政のあらゆる分野にわたって人々の行為を規定していた。また九宮図も結婚相手との相性や死者を埋葬すべき位置、病人を寝かせる方向など、日々の吉凶方位を知るためのものであった。暦註と年神方位図、九宮図に示された吉凶に関する記述は、ときに互いに矛盾することもあるが、人々はそのときの状況と必要に応じて柔軟に対応していた（スミス：1998, pp. 49–66）。

これらの方位図は、天の規則的な動きに地勢が有機的に連関し、人の活動もまたそこに結び付けられるという相関的宇宙論が具現化されたものである。暦書は基本的に天の動きを文字に起こしたものと言えるが、東アジアの伝統的宇宙観において天だけが独立して動きをなすことはないとされていたため、天・地・人すべてがそれぞれ動的な時空間の中に相互作用しながら存在することを暦書は示しているのである。暦註も方位図も従来は天体の位置変化から算出する暦日と直接的な関係はなく占術のために存在するものであるが、暦書には必ず記入され、人々にとってその日の日付に劣らず重要な情報であった。一九〇九年以降、年神方位図が巻末に小さく掲載されるようになったのは、暦書に可視化された伝統的宇宙観に統監府が大きく踏み込んだことを意味していた（図4-6）。統監府期に進められた伝統的観象事業の再編は、単なる組織改編に止まるものではなく、十数世紀にわたって東アジアの人々の暮らしを規定してきた宇宙観に介入しようとしたものであった。

第三節　朝鮮総督府期――『朝鮮民暦』と迷信打破・陽暦励行運動

『朝鮮民暦』の発行

大韓帝国を併合した翌年の一九一一年分から朝鮮総督府は『朝鮮民暦』の発行を開始した。「朝鮮総督府編製　明治四十四年朝鮮民暦」と大きく記された暦書の表紙から、この国の統治者が大韓帝国から朝鮮総督府に交替したこと、また年号が「明治」とされていることから大日本帝国の天皇がその上に立つことが目に見える形で示された。近代法や行政においてのみならず、東アジアにおける王権の象徴たる暦書においても日本による朝鮮支配が可視化されたのである。

統監府の介入により大きく改められた暦書の体裁は韓国併合後も継承される。朝鮮総督府は一九一一年から『朝鮮民暦』を発行し、その編纂は朝鮮総督府観測所（仁川観測所）が担った。だが併合直後の二年間は、観測所職員ではなく元観象所員の李敦修と劉漢鳳が行なっていた。『朝鮮総督府分掌規程』（一九一〇）によれば、学務局編輯課の任務の一つは「民暦ニ關スル事項」であり、また『明治四十四年朝鮮総督府職員録』において学務局編輯課に李と劉が技師として在職していたことが確認できる。このことから、李と劉が陰暦および暦註の記入を担い、観測所では太陽と月の運行を観測し、観測結果から時刻を計測して陽暦の記述を担っていたとわかる。明治四四年と四五（大正元）年の『朝鮮民暦』に編者の名は記されておらず、総督府文書などにも編暦の担当者に関する明確な言及は見られないが、東京帝国大学星学科教授の平山清次は次のような証言を残している。

　総督府で朝鮮人専用の暦を発行したのは今度で三回目である。二回迄は韓国在来の暦同様朝鮮人の造《ママ》ったものであったが今年から改めて仁川観測所の手に移り其結果出来たものが大正二年朝鮮民暦である（平山：1912, p. 103）。

李と劉が一九一二年四月に依願免職で総督府を離れると、同年内地から派遣された天文学者関口鯉吉[37]を中心に、仁川観測所が『朝鮮民暦』編纂を引き継いだ。関口は仁川赴任後、観測所で唯一の天文学者として天文観測および研究、編暦業務に従事する一方で、着任直後に和田所長とともに「気象講話会」を組織して仁川観測所職員と新任を対象とした天文学・気象学講義を行った[38]。関口は一九一七年に東京の中央気象台に移るが、それ以降も気象観測や予報を主要業務としていた仁川観測所において暦書編纂事業が続けられるよう人材の養成を企図していたのだろう。

だが関口が去った後の編暦業務は順調ではなかった。たとえば一九一八年一月一一日、朝鮮総督府内務部は東京天文台に「月ノ大小ニ關スル件」について問い合わせている。その内容は、東京天文台が発行した暦書には三一日まである月には「大」、三〇日の月を「小」としているが、なぜ二月には大小の記載がないのかというものであった。これに対して東京天文台は、二八日または二九日しかない二月が「小」であることは明らかであるから、省略するのが習慣となっていると返答した（東京天文台：1917）。関口が朝鮮を離れた直後の一九一八年に、暦書の表記に関する基本的な慣例について問い合わせねばならないほど編暦担当者の質が下がっており、関口の人材養成プロジェクトがねらい通りにいかなかったことをうかがわせる。

一九二五年末には、間もなく発行予定だった『大正十六年朝鮮民暦』において、陰暦の日付の配置にミスのあることが発覚した。第三代仁川観測所長の後藤一郎はこれに激怒し、彼の独断で当時の担当者を免官させてしまう。誤差はすぐに修正され、なんとか問題を回避することができたが、翌年の暦書編纂を担当する者がいなくなったため、東京天文台に編暦のための人員派遣を要請せねばならない状況となった。[39] 仁川観測所としては、今回の失敗だけでなく今後の編纂事業においても不安が残るため、東京天文台から派遣される暦書専門家を仁川に常勤させることを希望する旨を伝えたが、東京天文台長平山信は天文台も慢性的に深刻な人材難を抱えており、『昭和二年朝鮮民暦』を編纂して送付することと、他機関から専門家を探して天文台がその人物を監督することで妥協するよう申し出た。一九二六年四月二六日、無事に二七年の『朝鮮民暦』が仁川観測所に到着し、一〇月一日に発行されるが、実際に発行された冊子には「朝鮮総督府観測所編製」と記されている。[40]

編暦作業に不安定さはあったものの、『朝鮮民暦』は少しずつ内容の変化をともないつつ発行が続けられた。大正二年から日出入時刻が記載されるようになり、大正四年からは月出入時刻、大正九年には毎月の農事暦が漢字ハングル混じり文で記入され、文政年間からの「年歳對照」に加えて、「本邦行政區劃圖」など帝国行政に関する諸情報が加筆された。大正一二年には『朝鮮民暦』の印刷と発売が朝鮮書籍印刷株式会社に移管されるとともに表紙のデザインが変更され、龍の模様が描かれるようになった。大正一三年には朝鮮半島の気象情報、昭和七年は通信料金や交通網に関する情報も記載されるなど、『朝鮮民暦』は暦書が本来備えるべき以上の情報が盛られていき、冊子自体の厚みも徐々に増していった。また、理由は明らかでないが、『昭和七年』から暦註に漢字ハングル混じり文が用いられ、『昭和八年朝鮮民暦』では一九〇八年以来二五年ぶりに月白が復活し、陰暦の月初の欄外下に記入されるようになる。これは『朝鮮民暦』が廃刊され『略暦』と改称される前年の一九三六年まで続いた。

一九三七年、『昭和十二年略暦』と一新された暦書には、「舊暦」が「陰暦」と表記され、その日付が小さな欄で示されるのみで、暦註や年神方位図など「迷信」に類する項目はすべて削除された。漢字ハングル混じり文はハングルがカタカナとの併記となり、農漁業に関する情報がさらに追加された。そして『昭和十五年』にはついに「陰暦」が記載されず、「月齢」だけが残された。

暦書発行のねらいと効果

これらの変遷は何を反映していたのか。まず『朝鮮民暦』に含まれる情報量の増加は発行部数の増加に関係していたと考えられる。一九一一年時点で二四万部だった発行部数は一九一五年に五〇万部となり、一九二五年には六〇万部を突破した（朝鮮総督府学務局：1925, pp. 392–394）。増えつづける『朝鮮民暦』利用者を対象に、近代天文学・観測に基づく科学知識や、朝鮮が帝国日本の一部となったことを意識させるような情報を組み込むことによって、本来は時を報せることを目的とする『朝鮮民暦』は啓蒙書の役割も付与されていったと見ることができる。前述の平山清次いわく「朝鮮人専用」の暦書であった『朝鮮民暦』は、総督府がこれを通じてさまざまな知識や情報を広めるために利用しようとした啓蒙の「場」でもあった。

総督府が朝鮮の人々を指導や教化が必要な、文明水準の遅れた存在であると見ていたことはすでに膨大な研究により実証されてきたが、『朝鮮民暦』の編纂目的においてもそれは表れていた。編暦を担当していた朝鮮総督府観測所（仁川観測所）はその目的を次のように記している。

> 鮮人一般ノ民情ハ未ダ旧来ノ慣習ヲ脱セザルガ故ニ、本邦内地暦ヲ其儘使用セシムルコト能ワザル事情アルヲ以テ、特ニ鮮人ニ使用セシムル為、近世天文学ノ学理ト朝鮮旧来ノ慣習トヲ参酌シテ朝鮮民暦ヲ本所ニ於テ編纂ス。（朝鮮総督府観測所：1915, pp. 7–8。句読点は引用者が補った）。

また朝鮮総督府は観測所の業務の一つである暦書編纂に関して次のように記している。

仁川観測所ニ於テ朝鮮民暦ヲ編製シテ内地ト同一ノ標準時ヲ用ヒ、又大正元年十二月以降治安ニ妨害アル支那暦ノ輸入ヲ禁止シ、毎年民暦ノ印刷冊数ヲ増加シ、本年度ハ五十万冊ニ達スルニ至レリ（朝鮮総督府：1915, pp. 131-132. 句読点は引用者が補った）。

総督府および観測所は、朝鮮人が「旧来ノ慣習」に囚われ、陽暦に適応できずにいるため、中国から暦書を輸入して治安問題を引き起こしていると述べる。総督府が中国の暦書の輸入を禁止し、陰暦を併記した『朝鮮民暦』の発行部数を増加したのはその対策の一環であった。(41)

『朝鮮民暦』の上段に記された陽暦のみならず、下段の旧暦もまた伝統暦学を近代天文学によって再構成したものであり、総督府の言に従うなら「（朝）鮮人ニ使用セシムル」ために「近代天文学ノ学理」をベースにつくられたものであった。仁川観測所長の和田は観象所時代の編暦事業について、「単に清國の暦法に據り算木を以て推歩するに過ぎぬので、観象測候などとは思も因らぬ事で、時計一つあるではなし、（中略）到底精密な事が出来様筈もない」と批判したことがあるが（和田：1909, pp. 102-103）、それとは対照的に『朝鮮民暦』は日本人技師のもつ「近代天文学ノ学理」によって編まれた、人々に精確な日時を報せるものであることが誇示されたのである。

だがその受益者であるはずの朝鮮人にとって『朝鮮民暦』は不便で、内容においても不満の大きいものであった。それは日の吉凶のうち「不宜」に関する記載が削除されていたからである。統監府による暦の体裁に対する介入が始まった一九〇九年以降、公式の暦から「不宜」が消えて「宜」のみが残されたことにより、日々の行動指針としての暦書はその機能を大きく損なうこととなり、そのことが朝鮮の人々を「支那暦」に向かわせた[42]。天文学者新城新蔵は、内地で迷信に満ちた旧暦が流通しつづけている理由の一つとして、「旧暦に執着する第三の理由は、旧暦と迷信との関係で、これは長き年代の間にからみ合いたる悪因縁である。」と述べた。したがって新城は「旧暦の日付に対する要求の大部分は、旧暦の暦日に色着けられたる日の吉凶に関する迷信が、過去に於けるが如く、現在に於いても、如何に甚だしく健全なる文化の発達を阻害しつつあるかを思えば、実はこの事実だけから見ても、旧暦は廃止するの必要があると言って可いと思う。」と主張した[43]。彼の記述は、一九二〇年代の内地においても多くの人々が旧暦で暮らしていたことをうかがわせるが、ここで重要なのは、「旧暦に執着する」人々の認識において陰暦と日の吉凶に関する記述が密接に結びついていた点である。彼らにとって暦書に「宜」「不宜」の記述があることは当然のことであり、それがなければ暦書としての役割を果たしていないも同然であった。総督府は近代天文学によって「旧慣」に囚われ続ける朝鮮人を啓蒙しようとしたが、その対象者である朝鮮の人々の期待に応えるものではなく、むしろ総督府にとって「治安問題」の原因を招来する結果になったのである。パイエンソンは「文化帝国主義」という概念を用いて、精密科学が帝国の威光や「文明度」を植民地に示すための理念的機能を果たすと論じたが（Pyenson：1985）、その威光に実用性が伴わなければ、朝鮮の人々からすればそれは無用の長物に過ぎなかった。

実際、一九二〇年代や三〇年代になっても、多くの人々は「支那暦」を使用しつづけた。そのことは「支那暦」と『朝鮮民暦』になぜ日にちのズレが出るのかを解説した新聞記事に表れている。例えば朝鮮日報は『昭和三年朝鮮民暦』と「萬歳暦」の陰暦の日付に一日の差があり、それにより八月と九月の大小が逆になっていると報じた。

朝鮮の一般家庭で使われる「カレンダー」や、または広告紙に挟まれる月暦には、陰暦は萬歳暦のような在来暦からもってきたものが多い。しかしこの在来暦はたいてい中国北京（東経一一六度二八分）の子午線を標準として計算しているため、現在の中央標準時（東経一三五度）で計算される朝鮮民暦に比べて、前記二つの標準経度にほぼ一時間一四分の差があり、そのため合朔日の分岐点で月の大小や日次が一日ほど異なることがある。これにより一般公衆の旧習慣による冠婚祭礼や場市取引のほか、さまざまな択日をする上で少なくない疑惑を抱かせ、さらには市場の日をまともに立てられないという噂まで耳にする。今回発表された昭和三年朝鮮民暦においてもこうした例がある。すなわち朝鮮民暦の陰暦の月の大小では八月大・九月小となっているが、在来暦ではこれと反対に八月小・九月大となっている。したがって在来暦は朝鮮民暦に比べて陰九月の日時が一日ずつ違ってくる。一般公衆は朝鮮の民暦によるのが正当であり、決して惑わされることがないよう注意しなければならない。(44)

記事によると、朝鮮の一般家庭で用いられていたのは北京標準時で作成された「萬歳暦」であり、そのため東京標準時で編まれる『朝鮮民暦』とは旧暦の月日とズレが出ることがあり、昭和三年はまさにそういう年であった。それにともない、旧暦で行われていた冠婚葬祭や定期市（場市）の開催日にも混乱があったことが伝えられている。こうした報道は一九二〇年代から三〇年代にかけて少なからず見られるが、朝鮮総督府が『朝鮮民暦』を数十万部販売していたとはいえ、多くの家庭では「支那暦」に基づくカレンダーが使われていたのであり、それはつまり総督府が早くから取り締まろうとしていた「支那暦」が広く流通していたことを物語っているのである。(45)

一方で、総督府は暦書から「不宜」を削除したとはいえ、「宜」を残したのも事実である。「旧来ノ慣習ヲ脱セザル」朝鮮人のために「朝鮮旧来ノ慣習トヲ参酌シテ朝鮮民暦ヲ本所ニ於テ編纂ス」としたのはいかなる理由によるものなのか。併合前後の朝鮮における「迷信」言説を分析した宮内彩季によれば、植民地当局は統監府期から迷信に基づく行為に対して警察による強権的で拙速な取り締まりはかえって強い反発を呼ぶ可能性が高いため、徐々に改善させていく方針を固めていた。巫俗による医療行為や風水思想に基づく墓地選定など、朝鮮の人々に深く根付いた習俗を「迷信打破」の名の下に一掃してしまうことは極めて困難であり、法整備や取り締まりはあくまで「公安風俗」を害するような過度なものに限って実行すべきであるという認識が統監府、のちに総督府においても共有されていた。植民地当局はそれら迷信を取り除く方法として、教育を通じて徐々に改善させていく方針をとったのである（宮内：2012）。

一九〇九年以降の『朝鮮民暦』において風水と深く関わる九宮図や「不宜」が削除される一方で、旧暦を併記し、日の「宜」や巻末に年神方位図を記載し続けたのも、まさに総督府が迷信を徐々に改善させていくための方策の一つであった。宮内が分析した一九一〇年代の墓地問題に関していえば、これに深く関連する情報である九宮図を暦書から排除するのは総督府としては尋常の判断であったといえる。他方、一九一〇年代以降も朝鮮の人々は旧暦を生活時間としており、とくに年末年始と仲秋は旧暦でなければ意味のない重要な行事であり、大多数の朝鮮の人々は旧暦の新年と仲秋を厳粛かつ盛大に祝いつづけた。したがって、総督府は朝鮮人の迷信や弊習を改善させることを「文明化の使命」の重要な一部と捉えつつも、その方法においては漸進的とならざるをえなかった(46)。

朝鮮知識人の太陽暦採用運動

朝鮮に広く深く根付いた「迷信」や「旧習」、「旧思想」を改善・排撃し、朝鮮の文明化を図ったのは総督府だけではない。大韓帝国期には開化派知識人たちの主導による「自強運動」と呼ばれる運動、一九一〇年代に入ると日本に留学した経験をもつ新知識人を中心とした実力養成（運動）論が展開され、朝鮮社会の改革が叫ばれた。社会進化論の影響を強く受けていた彼らは、朝鮮が国際的には弱者であることを認め、自主独立を果たすためには日本や欧米諸国に立ち向かえるような実力を養成する必要性を主張した（パク：1992, 第二章―第三章）。

大韓帝国期に太陽暦が採用されてから、その実施に対して明確に反対意思を示した知識人は多くない。数少ない例として、一八九六年に上疏文を記した申箕善が挙げられる。同年、学部大臣に任命された申は、甲午改革を通じて進められた西欧化政策、例えば断髪令や洋服を着ることなどに対して、「高貴な人間が野蛮になる始まり」であるとして猛反対した。申は太陽暦を採用することは民を騒然とさせるだけであり、人民のためにも国のためにもならず、大きな罪を犯すことになると主張した(47)。だがこのような太陽暦導入に対する反対意見は、少なくとも新聞や雑誌紙上においてはその後影を潜めていき、むしろ陰暦を廃止して太陽暦での生活を促す声が大きくなっていった。

総督府により言論活動が厳しく制限されていた一九一〇年代にそうした声を探すのは容易でないが(48)、二〇年代に入って朝鮮語の新聞・雑誌の発行が許可されると、新聞社や知識人たちは陰暦の廃止を主張する記事をこぞって発表するようになる。陰暦は全廃すべきであると断じた燕岐郡の面書記であった裴相哲は、朝鮮の人々が旧暦を使用する理由を次のように分析する。

彼ら［一般の人々＝引用者］が陽暦を使用せず陰暦を用いるのには、其原因として三つが有る。（一）［陽暦が］西洋暦書という観念、（二）日辰［＝その日の干支］が無く吉凶の法を推知する途が無いというもの、（三）節候が無いというもの等である。即ちこれを換言すれば、陽暦の制度を根本的に理解できていないことから出ているものである。第一原因として、西洋暦書といって此を用いない必要がどこにあるのか。西洋の制であろうと東洋の制であろうと、吾人日用生活上に必要で合理的であれば、吾人は此を採用しないわけにはいかない。（中略）次に、日辰説についてはこれがあまりに迷信的指南石を求めようとする故に、現下迷信衰退期に在ってはこれらの観念上に一棒を加えるべきところだ。（中略）第三の節候については、一般識者間に起きている問題ではなく、すなわち学に蒙昧な人々の言葉であり、彼らは果たして陽暦に一定の節候があることを知らないからである(49)。

新暦を励行していたのは主に留学経験者や京城在住の知識人たちであったが、この記事に代表されるように、知識人たちは多くの朝鮮人が「蒙昧」であり啓蒙の必要な人々と捉えていた。その点において、つまり旧習に囚われ無知な人々を教化して朝鮮の改革推進を主張していた点において、朝鮮知識人と総督府は同じ立場にあった。

この時期、旧暦廃止に関して活発に議論されたのは「二重過歳」の問題であった。多くの論説などでは新旧両方の年末年始を過ごすことによるさまざまな弊害が論じられた。大衆雑誌『別乾坤』は一九三〇年二月号において「迷信打破」の特集号を組み、そのなかで「二重過歳」廃止についてもいくつか記事を掲載した。たとえば独立運動家の韓基岳は生活改善の一環として二重過歳の廃止を訴えた。

いまだ旧習にまみれた中老以上の人々は、陰暦の正月を過ごして初めて歳を重ねると考え、婦女子においてよりそうした傾向があるようです。長く守ってきた、体に染み込んだ因習を一度に廃止して一斉に陽暦に従おうというのはたいへん難しいようです。しかし現在我々がよくわかっていながらも続けている二重生活は、やはり因習が残っていて廃することのできないことによるものですが、我々の生活を改善しようとすれば、まずはこの二重過歳から改善すべきだと言わねばなりません。(50)

新女性であり女学校で教鞭もとっていた申アルベットは、陰暦正月をなくすためには女性の改革が必要であると主張する。

私は正月だからと食事を用意することもなく、歳拝をすることもありませんが、この二重過歳については常日頃から廃止して正月を一つにすべきだと考えています。しかし早婚問題と同じくらい大変難しく、どうすればよいのか妙策といえるようなものはありません。果たして一年に歳を二回も重ねる法などどこにあり、さらにわれわれの経済を見ても、それこそ泣きながらなんとか守りつづけている新年を一年に一度過ごすのも厳しいのに、どうして二度ずつも送らねばならないのでしょう。（中略）今からでもこれを改善しようとするなら、家庭においてはまず主婦にその観念を吹き込んでから実行に移すべきです。どれだけ夫が口酸っぱく陽暦過歳をしようと言っても、その妻が夫の知らないところで陰暦の正月準備として新しい服や食事を整えてしまうと、どうしても改善は難しいでしょう(51)。

知識人たちによるこうした主張は、一九二〇年代に一段と活発化した実力養成論を背景としつつ、一九三〇年代に総督府が推進した農村振興運動とも軌を同じくしていた。朝鮮社会、とくに地方農村部の貧しさは彼らの無知や生活全般における旧習の固執にその原因があり、これを改善することで農村経済の立て直しを図った啓蒙キャンペーンであった。『毎日申報』は、一九三四年一月七日の一面を陰暦廃止に関する記事で飾った。特に二重過歳の不合理性や弊害を訴え、歴史的には大韓帝国の時代に陽暦が導入されたにもかかわらず、いまだ多くの朝鮮民衆が「暗昧」なために新暦での過歳に「躊躇」している様子を批判的に伝えている。また著名な漢学者鄭寅普の談も掲載して陰暦過歳の不当さを報じるなど、総督府による押し付けではないように見せる工夫もあった。

二重過歳については早急に廃止すべきだが、陰暦そのものの廃止については慎重であるべきとする意見もあった。農林局農産課技師の山本尋巳は、同じ紙面において、旧暦併記の廃止は都市住民にとっては別段問題とならないが、農家にとっては重大な不便と苦難を与えることになると警告した。山本は、朝鮮では長く旧暦に準じて農事を営んできたため、農事全般において旧暦に記された節候が適合していること、また内地の農村と同様に朝鮮農村も新年の家庭行事はすべて旧暦に従っているので、陰暦の完全廃止は農家に「至大な不便」を与えることになると指摘した(52)。

朝鮮日報や東亜日報など多くの朝鮮語新聞も、陰暦生活の撤廃を謳うスローガンや記事をしばしば掲載した。東亜日報は一九三二年四月一八日の社説「文化革新を提唱する」において、朝鮮に新文化が輸入されて久しいが、実際の朝鮮人の生活には「新文化の真髄」である「科学的思索」を体得できずにおり、むしろ「非科学的な旧思想の迷宮」から抜け出せず、都市と農村を問わず「四柱占い、巫の儀式、風水師、その他魍魎迷信団体の活躍」が見られるなど、朝鮮人の生活は「旧思想の濁流」中にあると痛嘆した(53)。

総督府および朝鮮知識人が主導する啓蒙キャンペーンという大きな思潮は朝鮮社会全体に広がりつつあったが、陽暦が科学的で合理的であることや、一日も早く陰暦の生活から脱すべきことがさまざまな媒体で熱心に論じられていたことは、それだけ多くの朝鮮人が陽暦に移行していなかったことを意味している。実際、一九二〇年代後半に全羅北道の農村に移住した日本人は、村の人々が陰暦の正月と秋夕（仲秋）に盛大に祝ったり法事を行ったりしていたことに驚いたと証言している(54)。近代化の推進主体は朝鮮社会に迅速な改革を求めたが、多くの人々の暮らしは緩慢な変化の中にあった。

「啓蒙の場」として『朝鮮民暦』にさまざまな工夫を凝らしていた総督府が、一九三七年から『朝鮮民暦』を『略暦』と改称して旧暦に関する内容を大幅に削減したのは、陽暦移行を早急に進めようという目論みからであった。その前年から進められていた『朝鮮民暦』の改定作業の意義について、京城日報は次のように報じた。

生活の簡素化と民心作興をはかるため、総督府では朝鮮に於ける新、旧暦の一元化を断行すべく仁川観測所で朝鮮民暦の改正を急いでいたところ漸く二十日完成、直ちに総督府学務局に改正朝鮮民暦を送ることになった。新民暦は宇垣総督の精神を十分注入し、まず迷信打破のため、施政上面白からぬ、例えば納税の悪日というようなものは全部削除、葬式に悪い日、婚礼に悪い日、即ち新暦の大安、さんりんぼ［三隣亡：引用者注］程度のものは朝鮮のローカルを出すため書入れ、今まで記入されて居ないもので、日の出、日の入、潮時、一般気象知識を加え、特に国旗のいはれ、祝祭日の上には現在黒色で描く国旗を赤色でポッカリと浮きたたせ、国民的祝祭日並に国旗に対する認識を強めることに資するなど改正民暦は半島大衆の生活新色をシンボライズしている。暦の頁数は幾分増えるが形態は現在のと同様でなお実施は明年からの模様である。(55)

「宇垣総督の精神」とは宇垣一成の総督期における農村振興運動のねらい、すなわち生活改善運動を通じた朝鮮の近代化を指しており、暦書を一新して迷信打破を進めようとする強い意志が感じられる。また、国旗や祝祭日に関する強調は、次の総督である南次郎の時期に進められる皇民化運動へと直結するものであった。

暦書改定に関する宇垣の初期方針に対して、総督府内部で意見が一致していたわけではない。同年七月、民暦改定を主導していた学務局は、新しい暦書の内容について総督府内および各道知事との意見交換の場を設けた。その席で、「半島大衆の大部分を占める農村漁村の家庭は勿論、一般家庭の生活態度が急変を来すことになる、殊に冠婚葬祭等の重大儀式が陰暦に因っているので、民暦改正の万全を期する」べきだとする意見や、「民暦改正を断行し、躍進朝鮮に相応した新家庭建設を要望する」意見、「時期尚早で且つ改正後の暦の統制が困難を生ずる」ため改正に反対する意見など賛否が分かれ、会議は紛糾した。(56)この結果は仁川観測所に持ち込まれ、当時の所長国富信一を中心に、新暦書の編纂作業が進められた。

そうして出来上がった『昭和十二年略暦』は、しかし、当初よりも旧暦や迷信を「打破」する意向が強く打ち出されたものとなった。上述のとおり、「陰暦」については日付だけが記され、暦註が完全削除されたのは当然のこと、宇垣が書き入れると語った大安や三隣亡も一切記述がない。「朝鮮のローカル」と呼べるものは日出入・月出入時刻や朝鮮半島各地の気象情報くらいで、それはつまり朝鮮半島の地理的位置を反映した情報に過ぎない。(57)

『略暦』発行後、陽暦励行と実施の動きは急速に広がっていく。顕著な例が場市（定期市）の開催日を陽暦とする動きが朝鮮各地に進められたことである。その真の目的は、場市の陽暦化を通じて農民の生活を陽暦化することにあった。毎日申報の記事は総督府の意図を露骨なまでに明らかにしている。

朝鮮古来の商業上重大な経済的役割を果たしている市場、すなわち市日を現在陰暦によって開市しているのを、陽暦に改正して全部一斉に陽暦による開市をするよう各郡に通牒し実行させるという。市日というのは、商取引上から見て農民大衆との関係が深く、農民にとって陽暦使用の慣習を持たせる上でこれ以上合理的方法はなく、陽暦使用奨励の最適な方法と考え、その実施を極力宣伝・実行させる。(58)

植民地期の定期市を研究したホ・ヨンランによれば、定期市は朝鮮住民の大多数を占める農民の主な経済活動の場であった。ほとんどの地域で五日ごとに循環して開かれる市は、祭祀と同様に日常生活の重要な一部であり、その開催日は旧暦の日付で決められていた。朝鮮における市の重要性を早くから認識していた朝鮮総督府は、一九一〇年代から開市日を陽暦にするよう命じていたが、商人や農民の強い反対に遭って強行できずにいた。しかし総督府の強力な国家権力が村落単位にまで及ぶようになった一九三〇年代後半になって、朝鮮全域で構築されていた定期市ネットワークへの介入を強化するに至り、そうして初めて農民に対して陽暦本位の生活を本格的に奨励するようになったのである（ホ：2009, pp. 276–284）。

実際、一九三八年から三九年にかけて多くの地域で定期市が陽暦で開催されたことを報じる新聞記事は多い。同時期に各道や郡において陽暦での過歳の徹底実施が行われたことも頻繁に報じられた。朝鮮農民の陽暦生活は、農村振興運動や実力養成論が目標として掲げていた生活改善の一つであったが、それは戦争の長期化にともなう総動員体制が朝鮮を徐々に覆い始めるなかで進められていったのである。

一九三〇年代末に総督府が徹底しようとした朝鮮の陽暦化は、はたしてその後の韓国社会に根付いたのだろうか。解放後の韓国において天文・気象関連業務を担った国立中央観象台の初代台長李源喆は、一九六一年の暦書を刊行するにあたって次のように述べている。

太陽の運行は私たちにまた一つ新しい暦書をもたらしてくれた。

顧みるに、わが民族が日帝の桎梏から解放され、六・二五における共産党の侵略を果敢に退け、また全ての不宜や紊乱を打破して新しい国を打ち建て、希望を抱いて福祉を享受しようと突き進むこの時期において、一つだけ非常に残念なのは、いまだに迷信的な生活から脱出できていない点である。

無知蒙昧な卜占家たちに四柱［占い］や観相、宮合［＝男女の相性占い］を占ってもらい、禍福にめぐまれることを夢見て引越しや土役、あるいは冠婚葬祭に吉凶禍福の日を選ぶという虚妄な妖言に盲従することは、文明人としていかに恥ずべきことか。（中略）

いまや人類が原子力を利用し、人工衛星を発射し、宇宙旅行を試みるこの段階において、自身の日常行為が単なる迷信に拘碍されるのはなんと痛嘆なことであろうか。迷信の根源である陰陽五行説は、数千年前の中国の暦象家たちによってその基礎を陰暦においた関係によるものであり、根本的に迷信を打破しようというのなら、まず陰暦の使用という陋習から捨て去るべきである。（中略）

要するに、今後われわれ国民全体が心と力を合わせて、日常生活において百害無益で、迷信の根源となる陰暦使用の弊習を廃棄することによって社会的な悪弊が一掃され、すべての方面において活発で科学的で能率的な生活を営むようになることによってのみわれわれの行く末に幸福が訪れるだろうし、またこうした改良があってこそ新生共和国の未来に光明が差すであろうと信じている。

檀紀四二九三年一一月
国立中央観象台長　李源喆(59)

解放から一五年たった時点で李が語る言葉は、一九三〇年代の総督府や朝鮮知識人が語っていたものと大きく異ならない。解放後、歴代大統領の政策により新暦が励行され、また七〇年代に進められたセマウル運動や「漢江の奇跡」と呼ばれる急速な経済発展を通じて、旧暦に基づく習慣は大きく失われていった（崔：2011）。だが、それにもかかわらず、李台長の言葉にあるように、誕生日を旧暦で数え、四柱占いや観相などに耳を傾ける人々は多い。一九八五年には旧暦正月と仲秋が公休日に制定され、今もそれは続いている。これらは単に国家による伝統の復活ではなく、旧暦の正月を祝う風習が綿々と続いていたことが少なからず影響していたのだろう。旧暦とそれに基づく風習はなおその生命力を保ちつづけている。

敗戦直後の日本においても状況は同じであった。明治政府が一八七二年に改暦を断行し陰暦を廃止して以降、陽暦化がすぐに進んだわけではない。一八八九年に初代天文台長の寺尾寿が各府県の協力を得て行った各地住民の暦使用状況に関する調査は、ほとんどの府県において陰暦で新年を迎えていたことを明らかにした（東京天文台：1889）。暦書から陰暦が削除された一九一〇年以降も、地方有志が陰暦の使用禁止を訴える請願を政府に提出するなど、農村では依然として陰暦での生活が通常であった(60)。さらに敗戦翌年の一九四六年に中央気象台が行った調査によれば、農村部では新暦の正月を迎える割合は四〇％以下であった。新暦が農村部にまで普及していくのは昭和三〇年代の高度成長期以降のことである（岡田：1994，pp. 224-225）。朝鮮で陽暦励行運動が活発となった一九二〇年代から三〇年代だけでなく、戦後も天文学者や暦学者らによって暦に関する啓蒙書がいくつも出版されたことも、暦書や迷信をとりまく状況に関して内地と植民地、日本と韓国に大きな差がなかったことを示している（渡邊：1937；平山：1938；鈴木：1957）。朝鮮と日本両国において、時の近代化は為政者によって強権的に進められたが、その効果が国の隅々にまで浸透するのは二〇世紀後半の高度経済成長期を通じてであった。

もちろん、特に都市部においては、すでに陽暦が日常時間として定着していたし、学校や鉄道、工場労働などを通じて七曜制および二四時間などの新しい時制は早くから普及しはじめていた（橋本：2001）。朝鮮においても、二〇世紀に入って各地に設立された新式の学校や、大韓帝国期に敷設が始まった鉄道の運行、植民地期に急増した工場労働は、人々に時間規律を植え付ける訓練の場として機能した。一九二〇年代になると京城をはじめとする都市部を中心に、植民地権力や朝鮮知識人による近代的時制の強要と啓蒙活動が進められるとともに、新しい時制に基づく日常生活が急速に広がっていった。

だが日朝の間には大きな違いがあった。まず改暦の実施に約四〇年の差があった。日本では一八七二年に、朝鮮では一八九六年に改暦が布告されたが、朝鮮における改暦は宮廷行事などを旧暦で行うことが同時に布告されていたため、実質的には統監府時代の一九〇九年から、少なくとも暦書における本格的な陽暦実施が行われたのである。何より朝鮮と内地の違いは、改暦推進の主体と民衆との関係性にあった。統監府および総督府による改暦は、異民族による支配が可視化された象徴的行為としての意味があり、そのせいで新暦は「日暦」とも呼ばれ、むしろ朝鮮民衆の反感を買う代物でもあった。朝鮮の漸進的な陽暦化をねらった総督府は迷信的要素を除去しようとしたが、陽暦普及の「場」と想定された「民の暦」は、その民を支那暦に向かわせたのである。

日常を規定してきた日の吉凶に関する記述に加え、旧暦に基づく朝鮮のさまざまな年中行事は、人々に季節の移り変わりを感じさせるばかりでなく、民族意識を強く思い起こさせる儀礼でもあった。その一つが秋夕である。『別乾坤』に掲載された匿名の著者による記事は、そうした意識がにじみ出た悲痛な声にも聞こえる。

名節［年中行事、ここでは秋夕を指す：引用者］を名節らしく過ごせないわれわれにとって何がそうめでたいものなのかというが、この名節ぐらいはわれわれの名節として長く守っていっても害がないだろうと思う。（中略）名節のない民族は活気のない民族であり、名節を名節らしく過ごせない社会は光のない社会だ。（中略）名節のないわれわれ、あったとしても名節らしく過ごせないわれわれ、この秋夕だけでも永久に守っていきたいと深く願う。(61)

ここで民族的年中行事と主張される秋夕は、当然のことながら、旧暦に基づいて営まれる。旧暦八月一五日、親族が一堂に会して祖先を祀り、同時に秋の実りを祝う秋夕は、数ある年中行事の中でも正月と並んで最も重要視されてきた。秋夕が厳粛な儀式であり盛大な祭りでもあるのは今の韓国でも変わらない。戦後日本の農村で旧暦が命脈を保っていたのも同様の理由によるものだろう。一九三〇年代後半の総督府による陽暦化の強行は、単に時制の改革にとどまらず、年中行事に表出される民衆儀礼や意識、そして日常の行動規範に介入しようとしたものであった。しかしそれこそが、すなわち、暦書とともにあった民衆意識や日常生活の生命力こそが、統治権力による拙速な改暦と、民衆世界の時間意識の溝を容易に埋めることを許さなかった大きな要因として働いたのである。

付記

本章は、二〇一六―二〇一八年度科学研究費（若手研究Ｂ）「『朝鮮民暦』における伝統知と近代知の交錯についての科学史研究」（課題番号：16K16337）による研究成果の一部である。

註

（1）暦には大きく分けて太陽暦、太陰暦、太陰太陽暦の三種類がある。現行のグレゴリオ暦は太陽暦であり、太陽の運行のみを基準に一年を約三六五・二四日として計算するものである。イスラム世界などで用いられている太陰暦は月の公転周期を一か月としてこれだけで一年を定めるもので、太陽の運行を考慮しない。一方、中国や朝鮮をはじめ広い地域で用いられてきた太陰太陽暦は、月と太陽の両方の運行を考慮したものである。月の変化を基準にして二九日もしくは三〇日を一か月とするが、一二か月で三五四日となり、太陽年（三六五日）に一一日足りず、四季の変化とずれが出る。そのため一九年に七回閏月を入れて月の運行と四季の巡りを調整する。本稿では、便宜上、太陰太陽暦を「旧暦」や「陰暦」とする。

（2）岡田芳朗（1994, pp244–250）。ここでいう暦書とは政府官庁が発行する暦書のことであり、民間が独自に作成・販売したものではない。

（3）内地における陽暦への完全移行は、政府機関による公式の暦書においてである。民間発行のカレンダーには陰暦が記載されつづけていた。

（4）本章では大韓帝国期を含め、朝鮮半島および社会の呼称を「朝鮮」に統一する。ただし一九四五年の解放以後については韓国とする。

（5）正朔とは暦書のことで、この場合「正朔を受ける」ことは朝鮮王朝が清朝を宗主国であると認めたことを意味する。

（6）西欧由来の暦書の採用という意味で言えば、清朝初期にイエズス会宣教師によって編まれた『時憲暦』はティコ・ブラーエの天文学を取り入れたものであり、さらに一八世紀に入って編纂された『暦象考成後編』はヨハネス・ケプラーの楕円説を採用しているが、両者とも太陰太陽暦であった。これについては膨大な研究蓄積がある（藪内：1969；Hashimoto：1988 などを参照）。朝鮮における時憲暦の学習と導入過程についてはLim（2012）を参照。

（7）筆者自身も以前の研究において『朝鮮民暦』に言及したことがある。日本が日露戦争勃発直後に朝鮮半島で気象観測事業を展開するなかで、『朝鮮民暦』を含む朝鮮の伝統的観測事業の改編が朝鮮の統治者交代を民衆に誇示する象徴的行為であったことを指摘した（Miyagawa：2008）。また朝鮮王朝時代の暦書（時憲書）に記された暦註を集中的に分析した研究もある（イ・チャンイク：2004）

（8）満洲国で発行された『時憲書』については、丸田がこうした観点からの研究を行った（丸田：2013）。

（9）愼蒼健は一九三〇年代に植民地朝鮮の地方農村で行われた衛生調査を事例にこの問題に鋭く切り込んだ（愼：2010、第一章）。

(10)「事項八　朝鮮開港ニ關スル件　附朝鮮國沿海測量一件」、外務省編纂『日本外交文書　第十一巻』、一九三九年。
(11)「陰陽兩暦對比」『漢城旬報』一八八四年四月一六日。
(12)「軍國機務處進議案一從今以後國內外公私文牒書開國紀年事」『高宗実録』三一巻、高宗三一年六月二八日（一八九四年七月二七日）
(13)　初めて新しい紀年法が用いられるようになったのは日本に迫られて開港した一八七六年のことで、朝貢関係が続いていた清朝以外の国々と交わした外交文書の多くに「大朝鮮開国」の紀年法が記されていた（キム・ミファ：2016）。しかしこのときはまだ暦書には記されていない。
(14)『高宗実録』三七冊三三巻（旧暦一八九五年九月九日）。この急な改暦は、明治改暦と全く同じやり方であった。
(15)「議政府議政沈舜澤奏臣等欽奉勅旨暦書議名望以明時一元議定以入伏候聖裁制曰暦書以明時二字爲名欽此」『高宗実録』三六巻、高宗三四年一一月三〇日（一八九七年一二月二三日）
(16)　ただし現実には、中国大陸（北京）と朝鮮半島（ソウル）に約三〇分の時差があるため、儀礼的に正朔を中国歴代王朝から下賜されるという体裁をとりつつも、時差を調整するための編暦が朝鮮王朝前期から行われていた。編暦の目的は日にちのズレを防ぐことと、朝鮮国内での統治者である王の権威を誇示するという対内的理由であった。その結果として世宗の時代（一五世紀前半）に編纂されたのが『七政算』である。『七政算』とは、元の授時暦と明の大統暦をベースに朝鮮半島における日月五星の動きを計算するための暦算書であり、清朝の時代に入ると時憲暦をベースとした新しい計算方法を記したものに書き換えられた。明朝や清朝から正朔を受けつつも、『七政算』をもとに暦のズレを微調整していたのである（チョン・ヨンフン：2017, pp175–194）。
(17)「朝鮮国ニ於テ陰暦ヲ廃シ陽暦ヲ採用候趣同国外務大臣ヨリ電報ノ件」（一八九五年一二月二四日）、JACAR（アジア歴史資料センター）Ref.A04010018000、公文雑纂明治二八年第一〇巻外務省五（国立公文書館）
(18)『高宗実録』三四巻、高宗三三年七月二四日（一八九六年）。
(19)「陰暦元旦問安」『大韓毎日申報』一九一〇年二月一二日。
(20)　天道教とは一九世紀後半に成立した東学を祖とし、第三代教祖の孫秉熙のときに天道教と改称した朝鮮の新興宗教である。儒教、仏教、道教、キリスト教などを批判的に受容しつつ組み立てられ、民族主義的で平等を掲げる思想は教団の急速な拡大を可能にし、一八九〇年には甲午東学農民戦争を引き起こしている。孫秉熙は特に開化思想をもち、天道教を近代的宗教集団に改革しようとした（申：2002, pp37–69）。
(21)「舊暦迎歳」『萬歳報』一九〇七年二月一〇日（原文は朝鮮語。漢字は現代漢字に改めた）。
(22)　当時の韓国民の貧しさは次のように伝えられた。「隆熙四年の新年を迎えて一か月がすでに過ぎたのに、最近の巷間の様子や市場の状況を瞥見しても、まったく新年の新事業を営む者は寥々未聞だ。しかし旧暦の年末が来たといっても一倍困難な状態を呈しているだけだ」。『慶南日報』一九一〇年二月八日（原文は朝鮮語）。

（23）「京畿道의特別警戒」『毎日申報』一九一一年一月七日（原文は朝鮮語）。

（24）季節の巡りに合わせた様々な年中行事は、旧暦の各月に合わせて行われるべきものである。ほとんどの年中行事が新暦ではおよそ一か月ずつのズレが生じるのは朝鮮も日本も同様だが、それは旧暦の月に合わせてつくられたものを無理に新暦の月に合わせているからである。

（25）「十五日詔曰有國建元所以紀年而亦所以與天下立信也必有隆称昭示久遠此萬世不易之典也以是年爲光武元年依掌禮院所擇吉日於八月十六日擧行頒詔鉅典各該府部諸臣有其責者一切事宜痛除前習毋或自遠罪戻致有後悔實心称職共濟時艱欽此」『高宗実録』三九冊三五巻（高宗三四年八月一五日（一八九七年八月一五日、強調は引用者。）

（26）中華文明圏の相関的宇宙論や自然観については膨大な研究蓄積がある。代表的なものとして、Henderson：1984を参照。

（27）施政改善政策は、日本の内政干渉に対する朝鮮人の反感を緩和することを意図したもので、財政、土地分配、農事改良事業、鉄道敷設、電信整備など多岐にわたって進められた（クォン：2004）。

（28）臨時観測所は朝鮮半島のほか、大連や大泊（樺太）などにも設置された。

（29）和田雄治（一八五九―一九一八）は、東京大学仏語物理学科を卒業後、内務省地理局（のちの中央気象台）に入局し、草創期の気象事業を支えた一人である。フランス留学などを経て予報課長となり、一九〇四年以降は朝鮮半島に派遣され一九一五年に退職するまで朝鮮における気象事業を統括した。その間、朝鮮時代の雨量観測記録や地震記録を「発見」するなどの業績を残した（宮川：2010）。

（30）明治四〇年三月二八日「勅令第七〇号　統監府観測所官制」JACAR（アジア歴史資料センター）Ref.A0302070850（国立公文書館）。一九〇八年四月一日に頒布された「隆熙二年勅令第一八号観測所官制」においても同様であった。第一条に「観測所ハ農商工部大臣ノ管理ニ属シ気象ニ関スル事務ヲ掌理ス」とされ、編暦関連業務は含まれていない。「韓国観測所長ヨリ観測所設置ニ関シ通牒ノ件」（明治四一年五月、JACAR（アジア歴史資料センター）Ref.B12082128100（外務省外交史料館）。

（31）気象観測事業において、被支配者を排除するのは朝鮮のみならず帝国全域で見られた傾向であり、一九三〇年代後半まで続いた（Miyagawa, *ibid.*：宮川：2015、第三章）。

（32）李敦修が他界した際、『東亜日報』は「朝鮮唯一の観象学者」として彼の死を伝えている。「李敦修氏永逝」『東亜日報』一九二〇年七月三〇日（原文は朝鮮語）。

（33）「陽暦施行」『大韓毎日申報』一九〇八年七月四日（原文は朝鮮語）。

(34)「陰下陽上」『大韓毎日申報』一九〇八年七月二一日（原文は朝鮮語）。
(35)「舊暦并刊」『大韓毎日申報』一九〇九年六月一八日（原文は朝鮮語）。この記事の二日前に旧暦廃止の報が出ていた。「舊暦永廢」『大韓毎日申報』一九〇九年六月一六日。
(36) 日本では一般的に太歳を「歳徳神」と呼び、歳徳神が座する方角は「恵方」とされる（岡田芳郎：2015, pp220–229）。
(37) 関口鯉吉（一八六六―一九五一）は、一九一〇年東京帝大理科大学星学科を卒業、朝鮮総督府観測所技師、中央気象台技師、東京天文台長などを歴任した天文物理学者で、特に太陽の研究に熱を注いだ。一九三三年には満洲国で新しくつくる暦書について協議もしている。
(38) 気象講話会の会誌『気象講話会報』はほとんど残されていないが、松野満寿巳（一九四五）『朝鮮氣象學文献目録』に関口による講演の題目が記されており、彼が特に暦書作成に必要な内容を中心に講演していたことがわかる。
(39) 東京天文臺編暦係「八月十九日」『編暦日誌　大正十四年五月以降』：「大正十六年朝鮮民暦及日用便覧ノ編纂囑託ニ關スル件（朝鮮総督府學務局長―東京帝國大學附属東京天文臺長宛、一二月二日）」『大正十四年度　東京天文台庶務書類』（国立天文台図書室所蔵）。どの部分に誤差があったのかに関する記録は残されていない。
(40) 一九二八年以降の『朝鮮民暦』が仁川で計算・編纂されたのか、あるいは東京で編纂されたものが仁川に送付されたのかはさだかではない。しかし一九二九年（昭和四）四月二五日付で後藤が東京天文台に「朝鮮暦推算ニ関スル件」として問い合わせており（その具体的な内容は明らかでない）、一九三〇年三月三一日付で朝鮮民暦の推算を担当した堀鎮夫に対して謝金が支払われていることから、少なくともこの時点までは『朝鮮民暦』の基礎計算が東京天文台で行われていたことがわかる。東京天文台（一九三〇）『昭和四年度発送件名郵券受拂簿』（国立天文台図書室所蔵）：東京天文台（一九三〇）「朝鮮民暦推算ニ関スル謝金贈呈ノ件」『昭和四年度会計』（国立天文台図書室所蔵）。
(41) 暦と治安問題が具体的にどのように結びつくのかに関しては明確な説明がなく、実際にどのような事件が発生したのか何も示されていない。
(42) ここに言う「支那暦」とは、中華民国で広く流通していた「通書」を指すものと考えられる。民国成立後、民国政府は国家の公式の暦書から暦註に関する記述を削除し、暦註が書き込まれた通書を厳しく規制した。しかし民間の業者から多種多様な通書が大量に出回っていた（スミス：1998、第二章）。
(43) 新城によれば、人々が旧暦に執着する第一と第二の理由は、風俗や文学などに深く刷り込まれていること、歴史的事件や故人の命日を旧暦のまま記憶したい願望であった（新城：1924, pp171–172）。
(44)「在来萬歳暦斗　朝鮮民暦一日差」『朝鮮日報』一九二七年一一月九日。

(45) 同じ状況を報じた記事として、「萬世曆과 朝鮮民曆 날짜가 하루를 남은 시간 계산의 관계다（萬世曆と朝鮮民曆の日にちが一日ずれた時間計算の関係）」『毎日申報』一九二四年二月一六日、「千歳曆과朝鮮民曆 어찌하여 틀리는가（「千歳曆と朝鮮民曆、どうして異なるのか」『毎日申報』一九三一年四月二六日、など多数にのぼる。

(46) 同様の措置はのちに満洲国でもとられた（丸田：2013）。

(47) 「잡보（雑報）」『독립신문（独立新聞）』一八九六年六月四日

(48) カトリック信者向けの雑誌『京郷雑誌』に陽曆と陰曆の違いを紹介しつつ、陰曆の不完全さを伝える記事が掲載された。류기정（リュ・キジョン）(1913)「음력과 양력의 관계（陰曆と陽曆の関係）」『京郷雑誌』二七〇号、四〇―四二；「음력과 양력의 관계（陰曆と陽曆の関係）（続）」二七一号、六三―六四。

(49) 裴相哲（1928）「陰曆全廢論」『朝鮮（朝鮮語）』一二四号、八四―八八頁（原文は朝鮮語）。

(50) 韓基岳（1930）「生活改善同盟을組織、二重過歳廢止策」『別乾坤』第二六号、七四―七五（原文は朝鮮語）。

(51) 申알벳트（申アルベット）(1930)「各家庭主婦를 깨우치라、二重過歳廢止策（各家庭の主婦を目覚めさせよ、二重過歳廃止策）」『別乾坤』第二六号、七五―七六（原文は朝鮮語）。

(52) 「農家에잇서선不便이至大타 ―― 農林局山本技師談（農家においては不便が至大だ）」『毎日申報』一九三四年一月七日（原文は朝鮮語）。

(53) 「社説 文化革新을提唱함」『東亜日報』昭和七年四月一八日（原文は朝鮮語）。

(54) 「全羅北道における営農体験談 ―― 朝鮮村の実情」、宮田節子監修（2008）『未公開資料 朝鮮総督府関係者録音記録（9）：植民地朝鮮農村に生きた日本人（東洋文化研究一〇号）』、六〇〇―六四七。

(55) 「半島生活の好伴侶 朝鮮民曆改正 ―― 総督精神を吹込んで出来た」『京城日報』一九三六年二月二一日。

(56) 「朝鮮民曆の改正を具體的に審議」『京城日報』一九三六年七月三日

(57) その背景として、ちょうどこの時期に朝鮮総督が宇垣から南次郎へと替わったことが影響していると考えられる。

(58) 「定期市日과釋尊祭 陽曆으로實行乎 ―― 江原道서對策練磨」『毎日申報』一九三七年三月一四日（原文は朝鮮語）

(59) 리원철（李源喆）(1960)「머리말（はじめに）」『단기 四二九四년 역서（檀紀四二九四年曆書）』（原文は韓国語）

(60) 羽夫瀬藤治郎外四名（1914）「陰曆使用禁止ニ関する請願」（国立公文書館）

(61) 著者不明（1931）「朝鮮의名節 秋夕 이야기（朝鮮の名節 秋夕のはなし）」『別乾坤』四三号、一二（原文は朝鮮語）。

第五章　植民地朝鮮における温泉調査
——知のヒエラルキーをめぐって

金　凡性

プロローグ——朝鮮半島の温泉をめぐる視線

近年、韓国社会において植民地期の温泉に注目する動きが始まっている。たとえば釜山近代歴史館は二〇〇七年に「近代、観光を始める」という特別展示を開催し、その中で東萊温泉の「日本人の、日本人による、日本人のための温泉」としての歴史について検討した（イム・ファスン：2007）。また同歴史館は二〇一五年には「近代の風呂場——東萊温泉」というタイトルで同温泉にスポットライトを当てた特別展示も開催している（釜山近代歴史館編：2015）。竹国友康が『韓国温泉物語』を著したのは二〇〇四年のことだが（竹国：2004）、二〇〇六年にはその韓国語版が出版され、その翌年の二〇〇七年から同歴史館による特別展示が始まった。

イム・ファスン（任和淳）が指摘しているように、現代韓国における温泉の多くは植民地期に日本人によって本格的に開発されたものである。一九九五年に発表されたイムの博士学位論文「近代韓国における温泉観光地の発達過程に関する史的研究」は、日本人による温泉開発とその意味、朝鮮半島における温泉の変容、温泉と医療、温泉と鉄道、そして地質調査などにも目を配りつつ、朝鮮半島における温泉開発の歴史及び現状について多角的な考察を展開している。ただし、この論文では特に観光地としての温泉の開発に主眼が置かれている（イム・ファスン：1995）。

温泉をテーマとした韓国語論文には、他にも朝鮮半島における温泉浴全般を取り上げたハン・ギョンスの論文（ハン：2012）、温陽温泉の観光資源としての価値に注目したカン・ピルソンらの論文（カン：パク・グウォン：2010）、温陽温泉が植民地期に新婚旅行地として変容していった経緯を分析したユ・グァンミンの論文（ユ：2012）など、観光資源としての温泉に注目した研究が一つの傾向として見られる。

一方、地方史の観点から温泉に注目した研究も注目に値する。遠藤麻衣は二〇〇八年に東萊温泉に関する修士論文を提出しており（遠藤：2008）、チョン・ソンヒョンは特に温泉開発と鉄道建設との関係に焦点を当てながら釜山の近代都市としての形成過程について検討した（チョン：2009）。またキム・スンは、東萊温泉と海雲台温泉の開発及び運営を中心に分析を行っており（キム・スン：2011）、温陽温泉についてはチョ・ヒョンヨルが温泉開発の歴史及びその意味について考察している（チョ：2011）。

以上の研究の多くは、温泉の普及と衛生言説、そして温泉観光と鉄道網の拡大に言及しており、朝鮮半島における「近代の温泉」及び「温泉の近代」を理解する上で大いに参考になる。一方で、植民地期において朝鮮の温泉は南満洲鉄道や朝鮮総督府鉄道局、地質調査所、衛生試験所など、当時の錚々たる技術・科学のアクターが注目する場であったことにも目を留める必要がある。このような観点から本章では、温泉に関する知識生産の局面に焦点を当てながら、植民地朝鮮で展開された温泉調査の意味を探ることにしたい。

はじめに――温泉をめぐる知のヒエラルキー

一九四一年三月、物理学者の中村清二は地球物理学、地質学、鉱物学、生物学、医学、物理学、化学等が交わる学際分野として「温泉科学」を捉えていたが、[1] このような意味で本章は、まず植民地朝鮮における「温泉科学」の実践について検討することになる。日本（列島）における温泉科学については中尾麻伊香が検討を行っているが（中尾：2013, 2015）、本章では分析の射程を植民地朝鮮に広げつつ、知識生産の実践におけるヒエラルキーやローカリティにも注目したい。

一九一五年、「陸軍軍医団長」として森林太郎（鷗外）は『日本鉱泉ラヂウムエマナチオン含有量表（*Radiumemanation*）』をまとめ、日本と台湾の鉱泉におけるラジウムエマナチオンの含有量データを提供した。[2] 森は、鉱泉が軍にとって重要な意味を持っていると認識していたのである。

しかしながら、ほぼ同時期、温泉調査は学問的な価値が低いと批判する科学者が存在したのも事実である。同じ一九一〇年代において、物理学者の長岡半太郎は、日本の科学研究がローカルな作業から脱却する必要があると力説する中で、科学の中心地であるドイツの科学者は温泉調査のような「機械的な調査」には従事していないと紹介したのである（坂倉他：1973）。ここで長岡は科学者が「コンサルタント」に成り下がっている日本の現状に対して不満を述べていたのだが、このような森と長岡の考え方の相違は研究の価値評価をめぐる「学問観」の違いであり、このような意味で金森修のいう「科学者の思想」、さらには「科学思想」とも関わっている（金森：2010, 2011）。

長岡の場合も含め、明治期から二〇世紀前半における日本の物理学者集団の学問観を分析した岡本拓司は、「西洋」に対して知的挑戦を挑む「競争的科学観」の存在を指摘している。そしてこのような科学観の下では、応用や実用性よりも、文化圏を超えて特に「西洋」の科学者に評価され得る普遍的・理論的な成果に高い価値が認められ、「世界の先端」や「世界一」が目標となっていたのである。岡本によると、このような「知の競争」は国家が設定した課題とは別の領域で展開されたものであり、「科学研究での成果を通じて民族や国家の地位を高めたい」という、日本の威信をかけた純粋科学の競争であった（岡本：2011）。

一方、梶雅範によると、明治期から二〇世紀半ばにかけて日本の有機化学は、「欧米の研究者と競争して勝てる研究」として、西欧の理論及び分析方法は受け入れながら、西欧人にとっては入手しがたい「東洋特産」の天然物を対象にした研究で自立化を模索していた。つまりこのような学問観においては、上述の物理学の場合とは異なり、ローカルな研究戦略を採択していたことになる（梶：2011）。

本章での話題とより密接に関係している「地学思想」をめぐって山室信一は、「帝国としての拡張地域と地質・資源調査地域がパラレル」であったと指摘しつつ、帝国という空間を測定・把握・可視化する地学的知は軍事戦略上、また産業戦略上必要とされる実践知であったと述べている（山室：2006）。米家泰作も、地理的知の生産と帝国経営との関係に言及している（米家：2017）。ウィニッチャクン（Thongchai Winichakul）の研究が明らかにしているように、地理的空間に関する知識の生産は国家と国民を生産する道具でもあったのである（Winichakul：1994）。

地球科学と国家や帝国主義との関係は、科学史分野においても主な研究テーマの一つである。たとえばカーウッド（John Cawood）は、一九世紀における地磁気調査の世界的な展開が「磁気の十字軍（magnetic crusade）」であったと述べている（Cawood：1979）。また矢島道子は、物理学などの分野と比べて、地質学は資源開発や植民地経営、そして戦争と常に密接に関連していた可能性を指摘している（矢島：2004, 2006）。筆者も、地震学と資源探査との関係について検討したことがある（金：2004）。

ところで、前述した長岡の学問観にも見られるように、科学知は〈権力〉だけでなく〈権威〉を支える手段にもなる。特に一九世紀末から二〇世紀前半にかけての日本は、国際政治的には帝国を築きながらも、科学のヒエラルキーにおいては概ね周縁に置かれていたといえる。筆者は、特に日本の地震学を事例としてこの問題について検討したことがある（金：2007）。

したがって、本章では「権力の知」だけでなく「知の権威」にも注目することになる。一般的に前者は主に科学知の有用性、後者は主にその妥当性や普遍性を重視する傾向があるといえるだろうが、特にここでは、ディア（Peter Dear）が指摘しているように、「自然哲学的な妥当性」がその有用性を保証するわけでもなければ、「工学的な有用性」が科学知の妥当性を裏付けるわけでもないことに注意する必要がある（Dear：2006）。隠岐さや香は、一七世紀から一八世紀にかけてフランスの学者たちが有力者に対して科学的な専門知識が「有用」であるとアピールし続けた歴史を取り上げているが（隠岐：2011）、科学知の有用性はアプリオリに自明なものではなかったのである。このように、科学知には「有用性」と「妥当性」といった二つの顔があり、温泉調査をめぐって森は主に前者を、長岡は後者をそれぞれ重視する立場であったといえる。このような観点から、本章では植民地朝鮮の温泉に対する知の実践を観察していくことになる。

第一節　未知の温泉に対する知の実践

帝国日本による朝鮮での温泉調査は、未知の世界に存在する有用性を可視化していく作業であった。前述のように森林太郎は軍医として帝国日本が有する鉱泉に関心を持っていたが、すでに陸軍参謀本部の『朝鮮地誌略』（一八八八年）やの大田才次郎『新撰朝鮮地理誌』（一八九四年）などにも「温泉」はその項目として記載されていた（米家：2017）。また一九〇八年の『医海時報』には、陸軍が鉱泉について調査を行ってきたという記述がある。[3] イム・ファスンは、帝国日本が朝鮮の温泉に対して軍人転地療養所としての価値に注目していた点を指摘している（イム・ファスン：1995）。

一方、日本の衛生当局も朝鮮の温泉に注目していた。すでに一九〇六年には温陽温泉の成分について東京衛生試験所が調査を行った記録があり、「淑井洞鉱泉」については一九〇七年に大阪衛生試験所が、一九一一年には東京衛生試験所が成分分析を行った記録がある。(4) また、一九一〇年からは朝鮮総督府警務総監部衛生課を中心に朝鮮の鉱泉に対する調査が始まった。「公衆衛生」及び「地方開発」を目的としたこの調査の項目は交通、泉質、泉温、溶出量、気候、施設、利用状況、歴史などであった。特にこの調査には憲兵や警察などが動員されているが、(5) シン・ドンウォンや松本武祝らが指摘しているように、植民地朝鮮の「近代」において衛生管理は警察の業務とされ、住民の身体と生活は統制された。また、その中で身体を水で洗うことも強調された（シン・ドンウォン：2013；松本：2007)。

温泉をめぐる地質学の知

ところで、地質学という専門知も温泉調査に動員されることになる。朝鮮半島における地質調査はドイツ人のゴッチェ（C. Gottsche）による一八八四年の探検調査から始まり、一九〇〇年からは東京帝国大学教授の小藤文次郎による調査も実施された。また一九〇四年からは日露戦争とも関係して「満韓利源調査」が行われ、その結果として『韓国鉱業調査報告』などがまとめられた。朝鮮半島が植民地化されてからは、朝鮮総督府農商工部鉱山課の事業として鉱床調査が実施され、一九一三年からは『朝鮮鉱床調査報告』全一三巻が刊行された。さらに、一九一八年には朝鮮総督府地質調査所が、一九二二年には燃料選鉱研究所が設立された（立岩：1976；山室：2006)。

朝鮮半島における温泉調査はこのような資源調査の一環であり、東京帝国大学を卒業した地質学のエリートが活躍する場となった（本章に登場する主な人物の略歴については表5-1を参照)。一九〇二年七月に東京帝国大学地質学科を卒業した川崎繁太郎と一九〇九年七月に同大学鉱物学科を卒業した保科正昭による『朝鮮鉱床調査報告』第九巻（一九二一年）には、その項目として「温泉」も含まれている。(6) とくに温泉調査に関しては、一九一三年七月に東京帝国大学地質学科を卒業し、一九二一年に朝鮮総督府技師に任命された駒田亥久雄がその中心人物となる。

表 5-1　本章に登場する主な人物の略歴

氏名	学歴	朝鮮総督府地質調査所での在職期間	備考
川崎繁太郎	1902 年，東京帝国大学地質学科卒業	1917 年 4 月～1931 年 3 月	1920 年に朝鮮総督府地質調査所所長に就任．退官後は地質調査所嘱託．
中村新太郎	1906 年，東京帝国大学地質学科卒業	1917 年 4 月～1919 年 11 月	1919 年に京都帝国大学助教授に赴任，後に教授．日本地質学会会長を歴任．
保科正昭	1909 年，東京帝国大学鉱物学科卒業	1917 年 4 月～1920 年 11 月	農商務省地質調査所に転出．後に貴族院議員．
駒田亥久雄	1913 年，東京帝国大学地質学科卒業	1921 年 8 月～1926 年 8 月	死亡．
立岩巌	1919 年，東京帝国大学地質学科卒業	1919 年 8 月～1945 年 8 月	1931 年に朝鮮総督府地質調査所所長に就任．戦後は九州大学教授，東京大学教授，日本地質学会会長を歴任．

出所：東京帝国大学（1933）『東京帝国大学卒業生氏名録』，立岩巌（1976）『朝鮮-日本列島地帯地質構造論考』（東京大学出版会），板倉聖宣監修（2014）『事典　日本の科学者』（日外アソシエーツ株式会社）を基に筆者が作成．

駒田亥久雄と「温泉学」

地質学の専門家として石油探鉱などの業務に従事していた駒田[7]は、朝鮮総督府技師として一九二二年から本格的に温泉に関する地質学的調査を展開していくことになる。ちなみに、駒田の後輩である立岩巌によると駒田は健康を害してから温泉調査に没頭するようになったということであるが（立岩：1976）、駒田の先輩である中村新太郎は朝鮮半島での温泉調査における南満洲鉄道株式会社（以下、満鉄）と駒田との関係に言及している[8]。駒田が温泉調査を推進することになる一九二二年は満鉄が東萊温泉の経営に本格的に参入した時期でもあり（イム・ファスン：2007）、駒田自身、同温泉の調査に関して満鉄側の協力に謝意を表している[9]。

駒田はまず東萊温泉について一九二二年の八月と九月、そして一九二三年一月から四月まで調査を行った。その主な調査項目は泉温、溶出量及びラジウムエマナチオンと化学成分であり[10]、このような調査項目は後続の調査でも基本的に踏襲されることになる。なお、この時期からすでにラジウムエマナチオンが調査項目に含まれていたことは注目に値する。

ただし、当初駒田の関心はローカルな温泉調査の域を超えていた。まず、駒田は世界に向けて「温泉学」という新しい学問を発信しようとしていた。駒田によると、世界的に見ても温泉に関する学術的研究はまだ「揺籃」の時期にあり、その分類法についても確立されていない状況であった。したがって、多種多様な温泉及び冷泉を有する日本には温泉研究の世界的な中心（「淵叢」）になり得るチャンスがあったのである。(11)

また、駒田は温泉に関する研究が「医薬方面の利用」といった実用的な側面に偏っている現状を批判しつつ、「科学」的で「根本」的な研究を目指していた。興味深いことに、この際に駒田にとって最も「根本的」な方法は物理学や化学よりも地質学であった。温泉の分類法について駒田は①物理的な現象を主眼とする方法、②化学成分を基礎とする方法、③地質学的な方法があるとしつつ、物理的な湧出の状況も化学成分も年々変化していくため、これらは「普遍」または「不変」とはいえないと指摘した。一方で、温泉の物理的・化学的状況はその成因と密接な関係があり、全世界のほとんどすべての温泉が火成岩に関係を有することを考えると、温泉の分類に関しては物理学や化学よりも地質学の方法こそ「根本的」で「普遍的」である、というのが駒田の立場であった。(12)

要するに、駒田はここで学問的には物理学や化学よりも地質学を上位に位置付ける理論研究、そして知識生産の地理的なヒエラルキーにおいては温泉研究の世界的な中心を構築することを目指していたのである。特にこの報告書には附録として英語版も付いており、「温泉学」を世界に向けて発信しようとする駒田の意欲も窺える。前述のように、梶は近代日本の有機化学が選択したローカルな戦略について評価しているが（梶：2011）、ここで駒田は世界全体の温泉を説明できるグローバルな科学理論を目指していたのであり、これは梶が紹介している有機化学の戦略よりは岡本が紹介している長岡の学問観に近いといえる。

ローカルな調査と「温泉コンサルタント」

しかしながら、実際の温泉調査は概ねローカルな実践に終始していた。学問的な研究項目以外にも温泉地へのアクセスや来歴も書き記されている報告書には「温泉案内」としての性格も含まれており、特に結論部において、社会・経済的な状況をも考慮した温泉地としての条件に言及しているところからはコンサルタント的な役割も見受けられる。[13]

一方、温泉調査が展開される植民地のフィールドは、「西欧・近代」と「日本・伝統」が交差する空間でもあった。試掘には、満鉄の鞍山製鉄所において採鉱目的で使われたスウェーデン製の「ダイアモンド試錐機」（図5-1）とともに、「最も簡単な」日本の「上総掘り」も併用された（図5-2）。[14] 植民地朝鮮のランドスケープの中で、「西欧」の「近代的な」技術と「日本」の「原始的な」技術が対比されてしまっていたのである。

このように、駒田の温泉調査は「普遍性」と「地域性」、そして「近代」と「前近代」のせめぎ合いの中で展開されたのだが、その後は駒田の理論的な関心は残りつつも、よりローカルな調査活動としての側面が目立つ形で、フィールドワークは空間的に広がっていく。

東萊温泉で始まった駒田の温泉調査は朝鮮半島を北上していった。すでに一九二二年九月には東萊温泉に近接した海雲台温泉について調査が始まっていたが、その後一九二三年二月には儒城温泉、一九二四年四月には温陽温泉、一九二四年九月には信川温泉、安岳温泉、龍岡温泉へと、引き続き温泉調査が展開された（表5-2を参照）。

これらの温泉調査においても、駒田は地質学的・理論的な関心を忘れなかったが、全体的には「温泉コンサルタント」のような性格が強かったといえる。

表5-2　駒田亥久雄による温泉調査の地理的展開

題名（対象地域）	ページ
海雲台温泉調査報文	1-72
儒城新温泉調査報文	73-82
温陽温泉調査報文	83-92
信川温泉調査報文	93-110
安岳温泉調査報文	111-120
龍岡温泉調査報文	121-139

出所：朝鮮総督府地質調査所（1925）『朝鮮地質調査要報』第3巻.

図 5-1 「ダイアモンド試錐機」による温泉の試掘

第三版

第一圖

クレリウス式 A.B.型ダイアモンド試錐機（作業中）（前面）

ダイアモンド堀第一號井試錐當時

Fig. 1 Front view of the diamond boring machine A.B. System Cradius, in operation of drilling of the well No .1.

出所：駒田亥久雄（1924）「東萊温泉調査報文」朝鮮総督府地質調査所『朝鮮地質調査要報』第 2 巻.

図 5-2 上総掘りによる温泉の試掘

第二圖

温泉主要部北端田ノ中ニ行ヘル最簡單ナル上總堀第一號試錐

Fig. 2 Kazusa-bori, the primitive method of percussion boring of the Japanese originality (during the boring of Kazusa-bori well No. 1.).

出所：駒田亥久雄（1924）「東萊温泉調査報文」朝鮮総督府地質調査所『朝鮮地質調査要報』第 2 巻.

たとえば安岳温泉や龍岡温泉について駒田は温泉の成因など地質学的に詳細な考察をしようと考えていたが、それは後日の研究を待って発表するしかなかった。(15) 一方で、これらの報告書の結論は概ね各々の温泉が持つ観光地としての、または療養地としての価値を点検しつつ、発展の方向性を提示するものであった。たとえば、海雲台温泉については泉質が良好で、ラジウムエマナチオンの含量は朝鮮において屈指であり、「東洋屈指の温泉場」となる可能性があると評価している。(16) また儒城新温泉についてもラジウムエマナチオン量が非常に豊富であることを理由に、かなり良好な条件であると評価した。(17) また、龍岡温泉については、交通が不便で景色も優れておらず、観光地としての魅力は低いとしつつ、泉質及び含有物濃度は良好なため医療目的の療養温泉場としては発展の可能性があると判定した。(18)

さらに、東萊温泉についてはある意味「定点観測」を行っていた。この時系列調査においても駒田は理論的な関心を示しているが、ここにおいても「温泉コンサルタント」としての性格が窺える。駒田は、継続調査が必要な理由について、泉温および溶出圧力は不変ではなく、温泉の将来の消長を推測するためには定期的に調査を行い、統計を作成する必要があると述べている。(19) また、同一人物が同一方法で測定して標準化を図ることにも留意している。その後、実際に駒田は毎年二回ずつ、東萊温泉の泉温と溶出量などについて調査を行っているが、主な関心は泉温や溶出量の低下傾向であり、ここで彼は悲観的な見解を述べている。(20) ここにおいても、東萊温泉の安定的な経営のために助言を行うという実践的な目的があったのである。

温泉知の移動性

しかしながら、このような駒田の調査は未知の地（*terra incognita*）を科学的に認知可能な（cognizable）地へと変換していくプロセスでもあった（Burnett：2000）。一九二五年に駒田が発表した「朝鮮主要温泉表」は、朝鮮総督府地質調査所の調査結果と『朝鮮鉱泉要記』によるものである。(21) このように、朝鮮半島のフィールドにおける温泉は表という形で持ち運び可能な知識（Latour：1987）へと変貌していったのである。そしてこのように移動可能になった知識は、海を越えて、帝国日本における知識生産の中心の一つであった京都帝国大学へと接続されていくことになる。

京都帝国大学地質学科を中心とした「地球学団」が発行した雑誌『地球』の第二巻第一号（一九二四年）の特集は「温泉」であったが、この特集号には、一九一七年からの朝鮮総督府地質調査所での勤務を経て一九一九年に同大学助教授に着任していた中村新太郎が「朝鮮の温泉」を寄稿しており、ここで中村は駒田の温泉調査にも言及している(22)。朝鮮の温泉というフィールドは主に駒田によって容易に移動可能な科学知に加工され、朝鮮半島に関する中村の経験と知識をも媒介として(23)、帝国大学の知識生産システムに包摂されていったのである。

ところで、植民地のフィールドにいながら「新しいグローバルな理論体系」の構築を目指していた駒田の夢は、一九二六年に彼が歿するとともに消えることになった。彼が東京帝国大学地質学科を卒業してから約一三年後のことであった（表5-1を参照）。ちなみに、同学科の先輩である川崎繁太郎と後輩の立岩巌はそれぞれ卒業の約一八年後と約一二年後には朝鮮総督府地質調査所の所長に就任しており、先輩の中村が京都帝国大学の助教授になるのは同学科を卒業してから約一三年後のことであった。中村と立岩は、後に日本地質学会の会長も歴任することになる。

第二節　鉄道、観光と温泉

一方、このように一九一〇年代から一九二〇年代半ばにかけて行われた知識生産活動と連動しつつ、植民地朝鮮の行政当局や鉄道事業者などは温泉に関する知を利用・発信していくことになる。たとえば、朝鮮総督府が発行していた雑誌『朝鮮』の第一三〇号（一九二六年）では、駒田が放射性元素や医療効果などを中心に温泉について説明を行

図 5-3　黄海道の温泉及び交通網

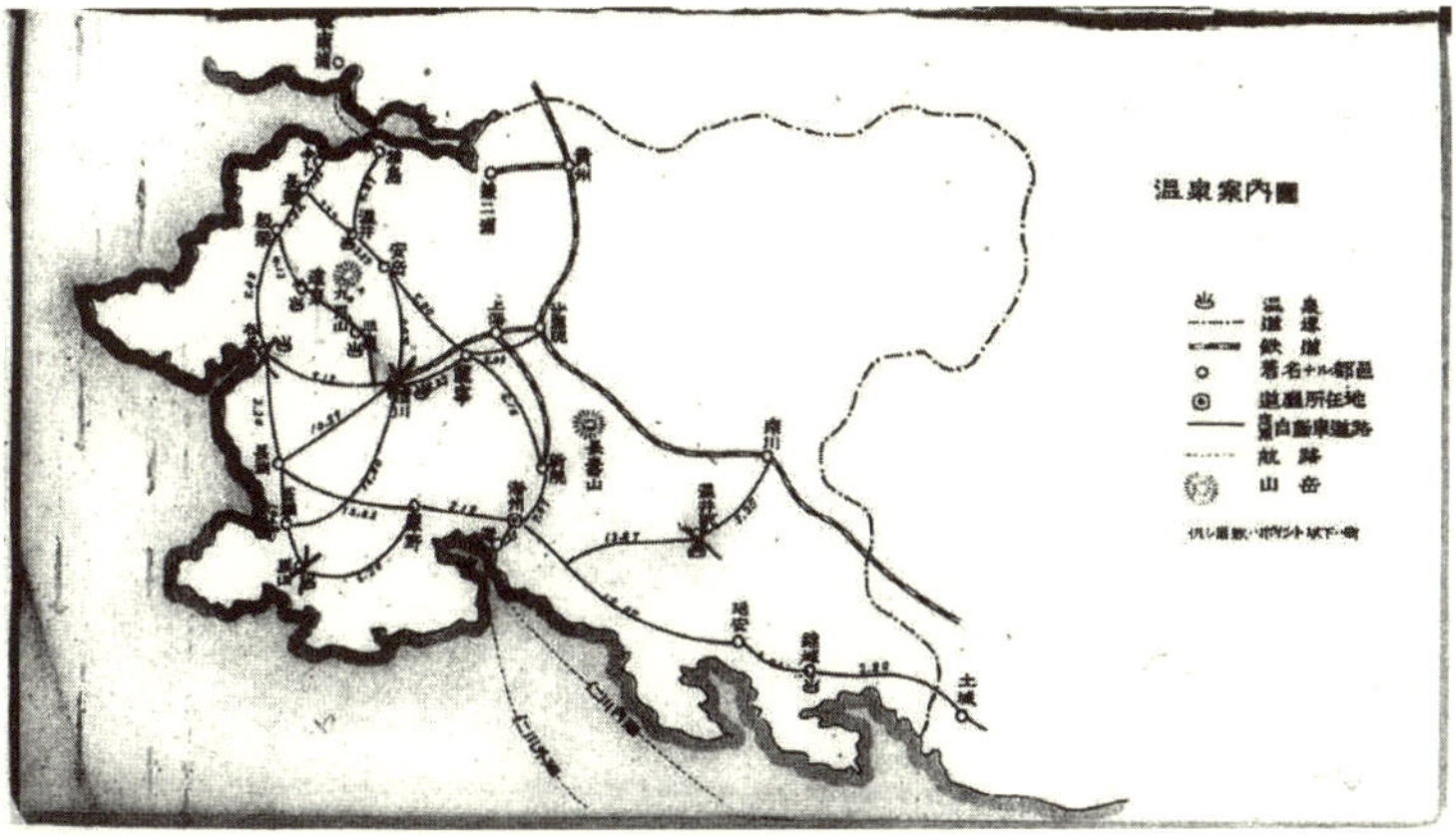

出所：黄海道（1925）『黄海道の温泉』黄海道.

っている[24]。また、一九二四年九月の調査の際に駒田が「温泉が多い[25]」と評した黄海道の当局は、早くも一九二五年には道内の各温泉を紹介する『黄海道の温泉』を刊行している。ここで黄海道はこの地域が温泉に恵まれていることを強調しつつ、まだ設備が貧弱な温泉場もあることを認めながらも、交通の便が発達することによって温泉が地域の繁栄に貢献することを期待していた[26]。図5-3では黄海道における鉄道網や道路網、航路などとともに温泉が可視化されている。

さらに、黄海道の温泉に対する専門家の調査も展開された。一九二八年に出版された報告書において、川崎繁太郎（一九二〇年から朝鮮総督府地質調査所所長）らは黄海道の温泉についてその地質、泉温、設備、経営、効用などに関する調査結果を発表している[27]。

一方、忠清南道地域の温泉も注目されるようになる。忠清南道に位置する温陽温泉は植民地化される以前から王室の温泉などとして使用されていたが、植民地化とともにその性格が変容していったのである（チョ：2011）。とくに、京南鉄道株式会社が一九二六年から同温泉を経営するようになったことが大きな転換点であった。一九二七年に出版された『朝鮮鉄道沿線要覧』では、「温陽温泉は中鮮随一の楽天地」であり、同温泉場には陸軍療養所（龍山衛戍病院療養所）なども設置されていると紹介されている[28]。鉄道、観光、陸軍といった新しい要素

図 5-4　忠清南道の温泉及び交通網

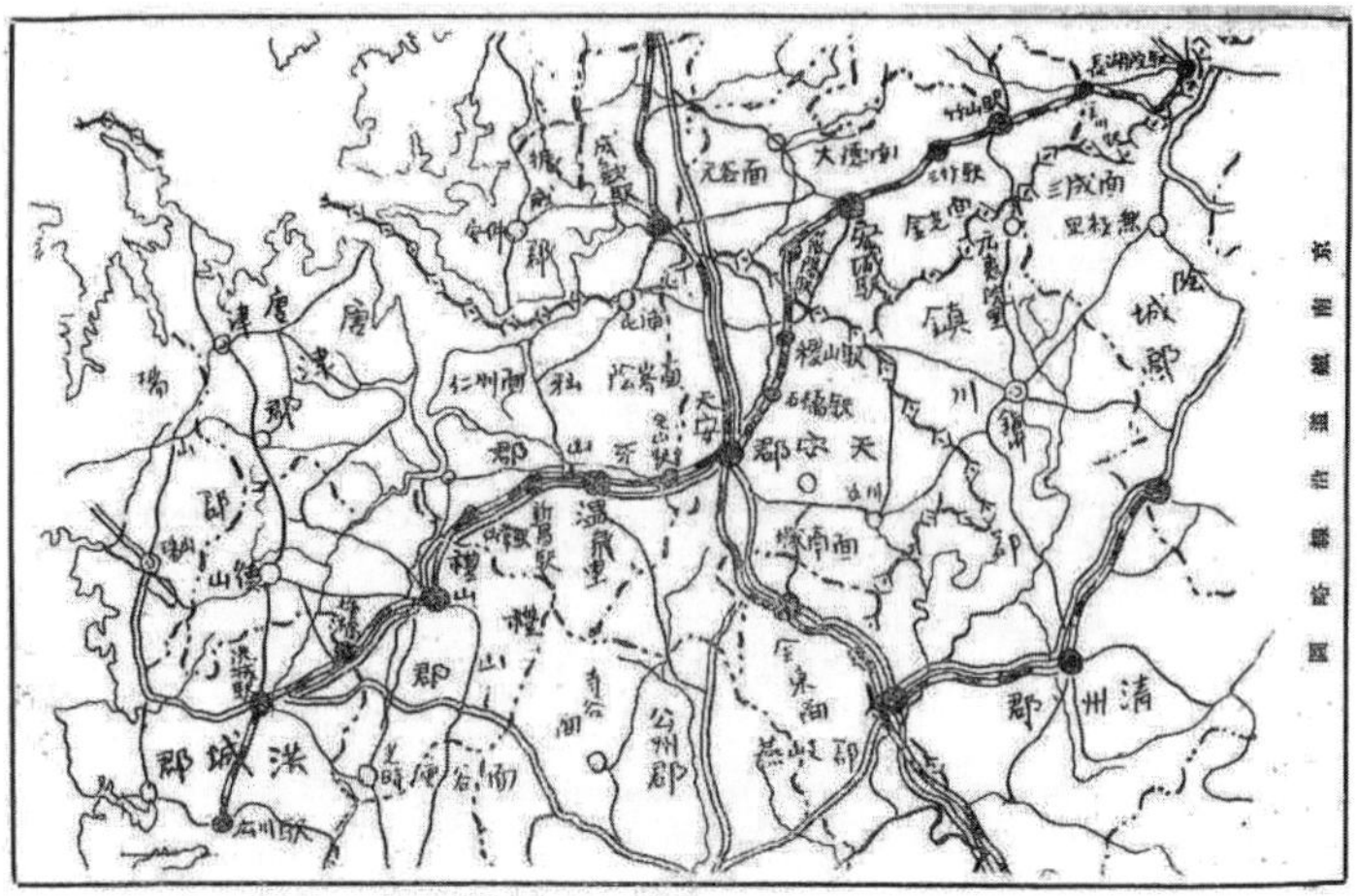

出所：亀岡栄吉（1927）『朝鮮鉄道沿線要覧』朝鮮拓殖資料調査会.

図 5-5　朝鮮半島及び旧満州の温泉及び交通網

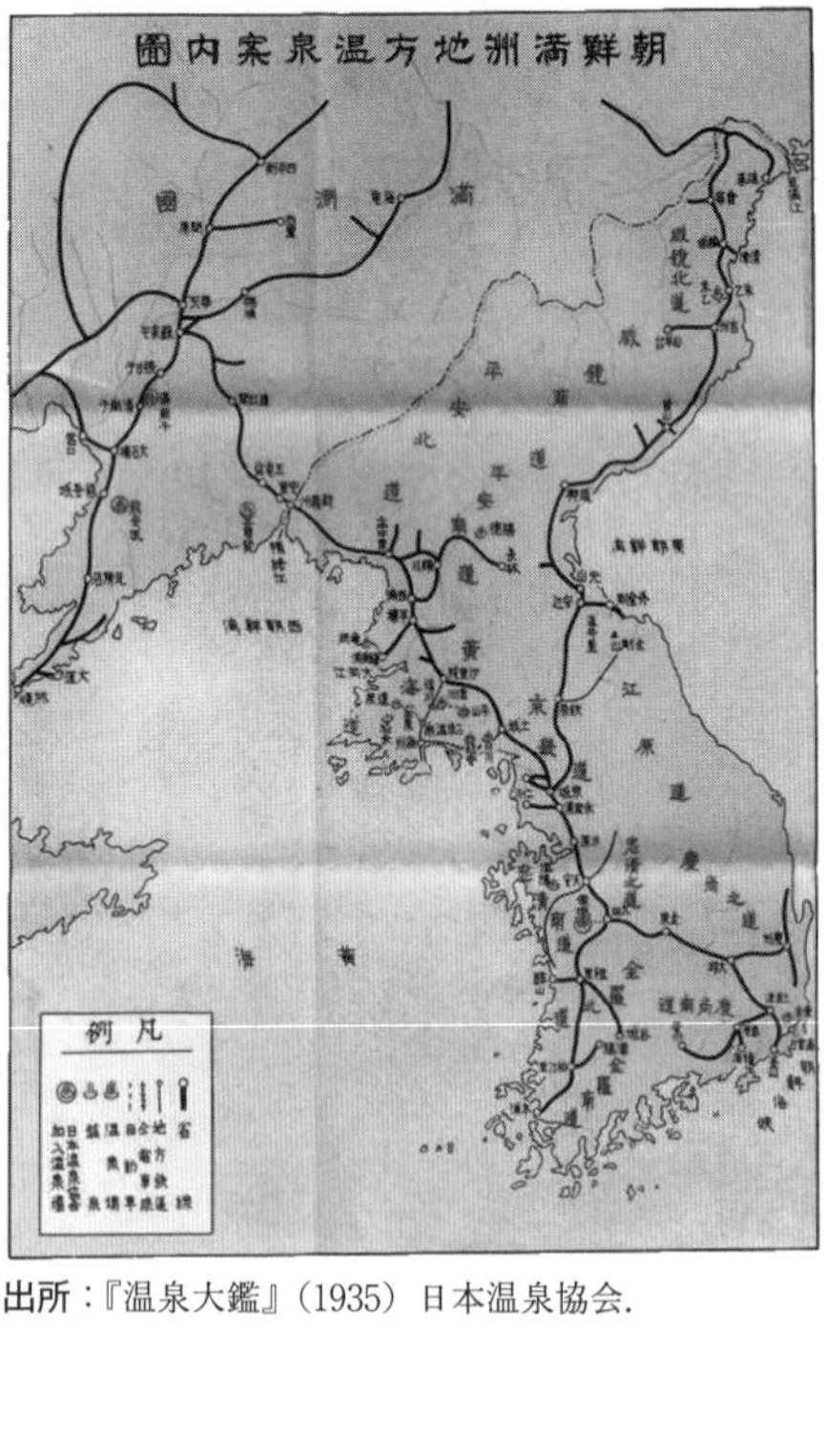

出所：『温泉大鑑』（1935）日本温泉協会.

の導入とともに温陽温泉の持つ意味が変容していったのである。図5-4では、同温泉周辺の地理情報が鉄道網とともに可視化されている。

このような動きと並行して、温陽温泉についても専門家による調査がさらに展開されることになる。京南鉄道株式会社による同温泉の経営が始まった翌年の一九二七年、立岩巌はすでに故人となっていた駒田の成果を踏まえながら実地調査を行った。調査を行うことになった理由について立岩は、一九一九年から一九二二年にかけての調査においても試錐または手掘りによって相当の成果は上がったものの、溶出量や泉温に問題があり、新しい源泉を探す必要があったと説明している(29)。ここにおいても、その四年後の一九三一年には朝鮮総督府地質調査所の所長に就任することになる地質学の専門家が温泉コンサルタントとして活動している姿が確認できる。

一方、一九三〇年代になると、図5-5で見られるように朝鮮半島と旧満洲における温泉と鉄道網を視覚化する地図も作製されるようになる。温泉・鉄道のネットワークは、朝鮮半島という地理的空間を超えて、帝国日本という空間の中で広がっていたのである。

朝鮮半島における「温泉の近代」

以上のような動きに共通しているのは、鉄道という、「近代」を可視化するテクノロジーである。関戸明子は、日本の「近代温泉」について観光と鉄道の役割に注目しているが（関戸：2007）、このことは「外地」においても例外ではなかった。イム・ファスンは、一九二〇年頃を境とした、「日本支配の鉄道会社による観光地開発・経営と日本人利用者の増大」に言及している（イム・ファスン：1995）。またチョン・ソンヒョンやユ・グァンミンも、植民地朝鮮における温泉開発と鉄道網との関係に注目している（チョン：2009；ユ：2012）。

「観光資源」としての温泉に対する鉄道側の関心は、前記の京南鉄道株式会社のような私鉄に限ることではなかった。たとえば、朝鮮総督府鉄道局が刊行した一九二五年版の『京城』には、温陽温泉、儒城温泉、信川温泉までの連絡二割引往復切符について案内が掲載されている[30]。また、朝鮮総督府鉄道局が刊行した一九三一年の『平壌案内』では朝鮮半島西北部の温泉が割引乗車券とともに紹介され、さらには旧満洲の五龍背温泉も言及されていることが確認できる[31]。

一方、ここで放射性物質が「観光資源」の一つとして注目されていたことは興味深い。朝鮮総督府鉄道局による観光案内には温陽温泉の土産物として「ラヂウム羊羹」が紹介されており、「ラヂウム単純泉」とされた儒城温泉の土産物としては「ラヂウム餅」や「ラヂウム煎餅」の宣伝も見られる[32]。中尾は、一九一〇年代の日本における「ラジウム温泉ブーム」の中で「ラヂウム餅」や「ラヂウム煎餅」が登場していたことを紹介しているが（中尾：2015）、このような「放射性和菓子」が植民地朝鮮にも持ち込まれていたのである。そして一九三〇年代になると、朝鮮の温泉は放射性物質との関連からも注目される場となる。

第三節　温泉の化学と放射性物質

前述したように、すでに一九一〇年代から森林太郎はラジウムエマナチオンに関心を示しており、ラジウムエマナチオンが有効であることは疑う余地がないと宣言していたが[33]、東京と大阪の衛生試験所でも、一九一三年から、植民地台湾を含め、日本各地の鉱泉におけるラジウムエマナチオンについて調査を行っていた[34]。一方、前述のように、一九二〇年代から本格化する朝鮮半島での温泉調査においても、駒田は当初からラヂウムエマナチオンに関心を有しており[35]、朝鮮の温泉に対してラジウムエマナチオンによるランク付けも行っていた[36]。さらに、立岩の報告書にも同様の記述があり[37]、黄海道警察部衛生課の小島来太郎による、一九三〇年及び一九三一年の報告も放射性物質に言及している。[38]

このように調査が進んでいくなか、一般向けの文章においても温泉における放射性物質が注目されるようになった。例えば一九二六年に発表された朱乙温泉の分析表においてはラジウムが筆頭項目として紹介されており、[39]一九三五年の『旅』に掲載された「朝鮮の温泉」も儒城温泉、東萊温泉、海雲台温泉の「ラヂウム放射能」について紹介していたのである。[40]

温泉調査のプロジェクト

一方、一九三八年には日本におけるレントゲン学や温泉治療学の開拓者の一人とされる藤浪剛一（一八八〇―一九四二）[41]が著書『温泉知識』で国民の保健のために「温泉国策」を樹立する必要があると訴え、[42]旧満洲の鞍山東南方の海域でウランを多く含むペグマタイトが発見されたが（矢島：2006）、同年、朝鮮総督府警務局衛生試験所は温泉に関する五カ年計画の共同研究を始め、翌年からは『朝鮮薬学会雑誌』にその成果が発表されるようになる。このプロジェクトは、一九二〇年代に朝鮮総督府地質調査所を中心に行われた調査の補強及びアップデートを目指すものであった。[43]

衛生試験所による一連の調査は、個々の温泉の特徴を記載するというローカルな知識生産活動であったといえる。各報告では、泉質、泉温、溶出量とともにそれぞれの温泉に関する歴史や伝説、交通、風光、設備、気候、娯楽施設なども言及されている。とくに、陽徳温泉に関しては京城日報社主催の「全鮮名勝地投票」で第一位になったと記載されており、また松興温泉と陽徳温泉についてはその付近が松茸の産地として有名であることも紹介されている。[44]

また、このような知識生産活動はローカルな情報を積極的に動員しながら展開された。たとえば、安岳温泉や細川温泉などの調査の際には、地方行政の関係者から主に地理情報について意見を聴取した上でフィールド調査を進めて

表 5-3　1939—1942 年の『朝鮮薬学会雑誌』に掲載された「温泉調査報告」一覧

著者名	題名（対象地域）	巻	刊行年	ページ
韓龜東，蔡禮錫，松下維光	朱乙温泉，金田温泉	19	1939	74-86
里見卓郎，稲垣繁，竹中正夫	龍岡温泉，温豊温泉	19	1939	154-159
磯野義雄，春日河内	馬場温泉，金剛山温泉	20	1939	19-29
里見卓郎，稲垣繁，大塚朝夫	東萊温泉，海雲台温泉	20	1940	55-61
韓龜東，寺本健二，大塚朝夫	温陽温泉，儒城温泉，水安堡温泉，馬金山温泉	20	1940	101-118
西原宇一（旧名　韓龜東），辰城正義（旧名　高仁錫）	白川温泉，延安温泉，馬山温泉，三泉温泉，達泉温泉	21	1941	31-44
西原宇一（旧名　韓龜東），辰城正義（旧名　高仁錫）	新豊温泉，舒洞温泉，石湯池温泉，龍澤温泉	22	1941	1-12
西原宇一（旧名　韓龜東），辰城正義（旧名　高仁錫）	温和温泉，石倉温泉，温井温泉	22	1941	12-19
稲垣繁，辰城正義	安岳温泉，平山温泉	22	1942	40-44
稲垣繁，松岡輝，辰城正義	上古温泉，甫上温泉	22	1942	44-50
稲垣繁，松平圭石，辰城正義	道高温泉，徳山温泉	22	1942	50-55
菊池直次，平田賢友，松岡輝（旧名　蔡禮錫）	細川温泉，松興温泉，温水坪温泉	22	1942	55-61
磯野義雄，春日河内，茂木登	信川温泉，松禾温泉，陽徳温泉，清渓里温泉	22	1942	61-73
磯野義雄，辰城正義	葛山温泉，白巌温泉	22	1942	73-77

出所：『朝鮮薬学会雑誌』を基に筆者作成.

いる(45)。前述のように、一九二〇年代における駒田の調査もコンサルタント的な性格を有していたが、一九四〇年前後に行われた共同研究においても同様の性格が窺える。一方、後者においては駒田のような理論的な志向はほとんど見られない。なお、一九四〇年前後におけるこのローカルなプロジェクトと関連しては、韓龜東、蔡禮錫、高仁錫などの名前も見られる。

放射性物質と温泉

一方、衛生試験所が主体となったこの共同研究の主眼は医療効果に置かれていたが、その中で様々な化学成分とともに放射性物質も注目されていた。この一連の調査においては大多数の温泉に対してラドンの含有量を測定した記録があり、たとえばラドン量が「鮮内他温泉に比して遥かに多い」とされた金剛山温泉の場合、調査チームは「ラドン温泉」と判定できることからその医療効果を認めていた。[46] 放射性物質の存在が医療効果の根拠とされていたのである。

このように温泉に含まれている放射性物質が注目される一方で、放射性物質に対する関心から鉱泉や温泉に注目する研究も存在した。イム・ジョンヒョクは植民地朝鮮で日本の科学者たちが放射性鉱物を探査していたことを取り上げているが（イム・ジョンヒョク（任正爀）：2008, 2010）、たとえば飯盛里安、吉村恂、畑晋は日本学術振興会の支援を受けて朝鮮半島における鉱泉のラドン濃度を測定し、一九三四年にその結果を発表している。彼らによると、ラドン含有量が比較的に多い鉱泉は儒城、椒井里、温井里（外金剛）であった。[47] 廣重徹は、一九三二年に設立された日本学術振興会が主に資源問題を始めとして産業や国防に関する実用的な科学・技術研究に関心を示していたと指摘しているが（廣重：1973）、飯盛らの研究もこのような文脈で理解できるだろう。

一方で一九四二年には岩瀬栄一と斎藤信房が、駒田による研究結果を頻繁に引用しながら、朝鮮半島中部の鉱泉または温泉におけるラジウム含量について報告している。[48] このような放射性物質探査において駒田による調査結果は重要な知的基盤をなしていたと考えられるが、特に斎藤は、一九四三年の『温泉科学』に寄稿した論文で朝鮮内の温泉に関する研究史を整理しつつ、朝鮮総督府地質調査所による地質学的・化学的調査が「初めて信頼できる温泉の科学的調査」であったと高く評価している。[49] 戦争と関連して放射性物質に対する関心が高まるなか（山崎：2011）、植民地朝鮮の温泉を舞台に展開されてきた知識生産活動は新しい文脈の中で再吟味されるようになっていったのである。

おわりに――帝国の知、ローカルな知

「朝鮮人は入浴を好まない」

一九四三年の前記の論文で斎藤は、「朝鮮人は入浴を好まない」としつつ、従来の為政者の「悪政」が朝鮮における温泉の開発を遅らせてきたと述べていたが、(50)このような言説は斎藤のオリジナルなものではない。一九三〇年代に朝鮮総督府が刊行した文献でも、朝鮮の温泉が発展していない理由として、「低い民度」や「経済的な困窮」とともに「旧体制の圧政」を挙げていた。(51)朝鮮の旧体制に対するこのような批判は、植民地化に「民衆の解放」という意味を与える言説であったのかも知れない。

一方で、日本人による温泉の開発は朝鮮人に「近代文明」を与える行為として解釈できる可能性があった。ヘンリー（Todd A. Henry）は、「不潔な朝鮮人」という言説は統監部時代にはすでに作られていたと指摘しているが（Henry：2005）、温泉と関連して、「朝鮮人は入浴を好まない」という言説は、一九二〇年代の駒田や中村新太郎の記述からも、一九三〇年代の小林儀一郎や朝鮮総督府鉄道局による記述からも確認できる。(52)さらに、新豊温泉や石倉温泉に関しては地域住民が温泉をブタやニワトリの屠畜に使用したという伝説も紹介されている。(53)また、このような議論の中では「交通の未発達」も朝鮮の温泉開発が遅れた理由として取り上げられているが、「日韓合併後」においては交通網の発展に伴い朝鮮の温泉開発も進んでいると説明されている。朝鮮の温泉は、「衛生」や「交通網」といった「近代文明」を媒介として、「遅れた朝鮮」と「文明化された日本」を対比させる場でもあったのである。

「植民地科学」としての温泉調査

このような文脈で行われた温泉調査は、植民地期朝鮮の温泉が医学、地質学、化学などによる知識生産を媒介として帝国の資源の一部として加工されていく過程でもあった。また、このような知の動員の背景には、軍や警察、鉄道、地質調査所、警務局衛生試験所など、帝国側の関心が存在していた。たとえば龍岡温泉の場合は日清戦争時に駐屯司令官が発見して軍隊療養所を設置しており、舒洞温泉や温和温泉の管理には憲兵隊が関わっていた。また、温豊温泉には警察官療養所があった。[54] 一方、道高温泉の付近には日清戦争の史跡があり、松興温泉は日露戦争の際に日本軍傷病兵のために療養の場として使われたという伝聞があるなど、[55] 温泉には帝国の記憶を伝える装置としての意味もあったのである。

このように、植民地朝鮮における温泉調査は、帝国日本の植民地支配に奉仕する科学であったといえる。植民地科学についてはバサラ（George Basalla）の三段階モデルが古典的であるとされるが、ここでバサラは、植民地における科学研究は（一）中心部の科学者に研究の素材を提供する段階、（二）植民地出身の科学者が従属的な立場ながら研究に参加する段階を経て、（三）自立的に科学活動を行う段階へと発展していくと主張している（Basalla：1967）。

本章で検討した温泉調査にこのモデルを適用してみると、植民地期を通じて朝鮮半島における温泉科学はバサラのいう「資料収集の段階」から「植民地科学」へと移行していったようにも見える。駒田が朝鮮半島における「未知」の温泉を「持ち運び可能な知識」へと加工していった際に、朝鮮半島は科学研究のためのデータを提供する存在に過ぎなかった。一方でそれから約一五年後には、韓亀東や蔡禮錫などの朝鮮人研究者が調査活動に参加している。[56] そして植民地からの解放後、彼らは韓国における薬理学の中心人物になっていくのである。[57]

「知の権威」と「権力の知」

ところで、科学研究における「中心」と「周縁」をめぐる問題は、地理的・政治的な次元に還元できるものではなく、むしろ知識生産の分業システムにおけるヒエラルキーの問題として分析する必要がある。[58] 主にローカルなデータを収集するだけの知の周縁と、集められたデータを加工して一般性の高い理論を構築・発信する知識生産の中心といった分業システムを考えた際に、駒田は、当時世界的に見てもまだ確立されていなかった「温泉学」、つまり世界全体の温泉を説明できる地質学的な理論体系を構築し、それを世界に向けて発信しようとしていた点で、自らが「温泉学」の中心になることを目指していたといえる。

しかしながら、朝鮮半島のフィールドにおける駒田の実践は主にローカルな活動に留まっており、さらにその後に実施された、衛生試験所による調査においては、理論的な関心はあまり見られなくなっている。駒田は当初、世界的に適用できる科学的理論を追求していたのだが、帝国大学出身のエリートといえども、結局は「自然哲学」的な「知の権威」よりは、有用な知の実践を優先せざるを得なかったのである。そして、「温泉学」で世界に挑んでいたはずの駒田は早くも一九二六年には歿している。

同様のことは、植民地朝鮮で行われた地質調査全般に対してもいえるのかも知れない。地質調査所の設立理由として、一九二〇年にその所長となる川崎繁太郎が起案したとされる要望書では、西欧列強と同様の調査研究機関を設立して自ら「文明国」であることを示すこと、また「新開の土地」における「富源」を把握して帝国の経営に資すること、などが挙げられていた。ここでの「文明国」言説は、西欧と学問的に対等な関係を目指していた長岡半太郎の志向と方向性が一致しているようにも見えるが、実際は「知の権威」よりも「権力の知」が優先されていたようである。川崎の後任の所長に当たる立岩は、当初朝鮮半島においては鉱床や鉱物に関する調査に比べて岩石学や古生物学のような基礎的研究は少なかったと回顧している（立岩：1976）。このように「自然哲学」よりも有用性を優先する態度に、植民地朝鮮で展開されていく地質研究の思想が反映されているのかも知れない。[59]

註

（1）中村清二（1941）「温泉科学発刊の辞」『温泉科学』第一巻第一号。
（2）森林太郎編（1915）『日本鉱泉ラヂウムエマナチオン含有量表（Radiumemanation）』。
（3）「鉱泉調査と陸軍」（1908）『医海時報』第八〇四号、四―五頁。
（4）東京衛生試験所（1912）「日本鉱泉分析表」内務省衛生試験所『衛生試験所彙報』第一二号、二四九―二五〇頁。
（5）朝鮮総督府警務総監部衛生課（1915）『朝鮮鉱泉要記』。
（6）川崎繁太郎、保科正昭（1921）『朝鮮鉱床調査報告』第九巻、一八八―一九〇頁。なお、イ・テヒや愼蒼健は、一九一〇年代から朝鮮総督府は植民地経営に必要な資料の確保するために朝鮮の資源についてフィールドワークを含めた調査を行っていたと指摘している（イ：2009；愼：2016）。
（7）駒田は一九二〇年に『石油鉱業』（採鉱冶金学講習会）を、一九二一年に『石油地質学』第一版・第二版（丸善株式会社）を上梓しており、『石油地質学』の「序」において東京帝国大学教授の小藤文次郎は駒田を「地質学専門家」と称している。
（8）中村新太郎（1924）「朝鮮の温泉」『地球』第二巻第一号、一三一―一四一頁（特に一三五―一三六頁）。
（9）駒田亥久雄（1924）「東莱温泉調査報文」朝鮮総督府地質調査所『朝鮮地質調査要報』第二巻、一―一二九頁、特に「序言」。
（10）ibid.
（11）ibid., 特に「序言」。
（12）ibid., 特に五三―六五頁。
（13）ibid., 特に「結論」。
（14）ibid., 特に二六―四〇頁。
（15）駒田亥久雄（1925）「安岳温泉調査報文」朝鮮総督府地質調査所『朝鮮地質調査要報』第三巻、一一一―一二〇頁（特に一一一頁）；駒田亥久雄（1925）「龍岡温泉調査報文」朝鮮総督府地質調査所『朝鮮地質調査要報』第三巻、一二一―一三九頁（特に一二一頁）。
（16）駒田亥久雄（1925）「海雲台温泉調査報文」朝鮮総督府地質調査所『朝鮮地質調査要報』第三巻、一―七二頁（特に六五―七二頁）。
（17）駒田亥久雄（1925）「儒城新温泉調査報文」朝鮮総督府地質調査所『朝鮮地質調査要報』第三巻、七三―八二頁（特に八一―八二頁）。
（18）駒田亥久雄（1925）「龍岡温泉調査報文」朝鮮総督府地質調査所『朝鮮地質調査要報』第三巻、一二一―一三九頁（特に一三八―一三九頁)。
(19) 駒田亥久雄(1924)「東萊温泉第二回検定報文　大正十二年九月初旬」朝鮮総督府地質調査所『朝鮮地質調査要報』第二巻、一三一―一三六頁(特に一三一頁)。
(20) 駒田亥久雄(1925)「東萊温泉第三回検定報文　大正十三年三―四月」朝鮮総督府地質調査所『朝鮮地質調査要報』第三巻、一五一―一五九頁;駒田亥久雄(1925)「東萊温泉第四回検定報文　大正十三年九月初旬」朝鮮総督府地質調査所『朝鮮地質調査要報』第三巻、一六一―一六八頁;駒田亥久雄(1926)「東萊温泉第五回検定報文　大正十四年三月」朝鮮総督府地質調査所『朝鮮地質調査要報』第七巻、一〇九―一一五頁;駒田亥久雄(1926)「東萊温泉第六回検定報文　大正十四年九月」朝鮮総督府地質調査所『朝鮮地質調査要報』第七巻、一一七―一二五頁。
(21) 駒田亥久雄(1925)「朝鮮主要温泉表」朝鮮総督府地質調査所『朝鮮地質調査要報』第三巻、一四一―一四九頁。
(22) 中村新太郎(1924)「朝鮮の温泉」『地球』第二巻第一号、一三二―一四一頁。
(23) 中村は、京都帝国大学に移ってからもしばしば朝鮮を訪れており、弟子たちを朝鮮に派遣していた。また彼は一九二七年には「朝鮮地質構造論序説」を発表し、一九三九年には朝鮮全体の平均高度を算定するなど(立岩:1946)、朝鮮半島に関する「地学的知」の専門家であり続けた。
(24) 駒田亥久雄(1926)「朝鮮に於ける温泉(三)」『朝鮮』第一三〇号、五〇―七八頁。
(25) 駒田亥久雄(1925)「信川温泉調査報文」朝鮮総督府地質調査所『朝鮮地質調査要報』第三巻、九三―一一〇頁(特に九三頁)。
(26) 黄海道(1925)『黄海道の温泉』黄海道。
(27) 川崎繁太郎、金剛美江(1928)「黄海道甕津郡馬山温泉調査報文」『朝鮮地質調査要報』第八巻ノ一、五一―五五頁。
(28) 亀岡栄吉(1927)『朝鮮鉄道沿線要覧』朝鮮拓殖資料調査会(特に一〇一八―一〇二三頁)。
(29) 立岩巌(1928)「忠清南道牙山郡温陽温泉調査報文」朝鮮総督府地質調査所『朝鮮地質調査要報』第八巻ノ一、三―二〇頁。
(30) 「京城付近の温泉」朝鮮総督府鉄道局(1925)『京城』四二頁。また、一九二七年版や一九三〇年版などでも同様の記述が確認できる。これについては、「京城付近の温泉」朝鮮総督府鉄道局(1927)『京城』;「京城付近の温泉」朝鮮総督府鉄道局(1930)『京城』などを参照。
(31) 『平壌案内』(1931)(特に四九―五三頁)。
(32) 朝鮮総督府鉄道局(1938)『京城・仁川・水原・開城　昭和十三年版』一五頁。
(33) 森林太郎編(1915)『日本鉱泉ラヂウムエマナチオン含有量表(Radiumemanation)』。
(34) 「本邦鉱泉のラヂウムエマナチオン含有調査成績」内務省衛生試験所(1925)『衛生試験所彙報』第二六号、一―三二頁。

(35) 例えば、駒田亥久雄 (1924)「東萊温泉調査報文」朝鮮総督府地質調査所『朝鮮地質調査要報』第二巻、一一―一二九頁（特に一〇九―一二六頁）; 駒田亥久雄 (1925)「朝鮮主要温泉表」朝鮮総督府地質調査所『朝鮮地質調査要報』第三巻、一四一―一四九頁（特に一四八頁）。
(36) 例えば、駒田亥久雄 (1925)「温陽温泉調査報文」朝鮮総督府地質調査所『朝鮮地質調査要報』第三巻、八三―九二頁（特に九一―九二頁）; 駒田亥久雄 (1925)「安岳温泉調査報文」朝鮮総督府地質調査所『朝鮮地質調査要報』第三巻、一一一―一二〇頁（特に一一九頁）。
(37) 立岩巌 (1928)「忠清南道牙山郡温陽温泉調査報文」朝鮮総督府地質調査所『朝鮮地質調査要報』第八巻ノ一、三―二〇頁（特に一九―二〇頁）。
(38) 小島来太郎 (1930)「黄海道温泉分析成績」『朝鮮薬学会雑誌』第一〇巻第二号、八〇―八七頁; 小島来太郎 (1931)「黄海道温泉分析成績補遺」『朝鮮薬学会雑誌』第一一巻第二号、六四―六六頁。
(39)「朱乙温泉」(1926)『朝鮮』第一三二号、一一八頁。
(40) 小林儀一郎 (1935)「朝鮮の温泉」『旅』第一二巻第八号、一四八―一五〇頁（特に一四九頁）。
(41) 藤浪は温泉研究談話会（一九三九年設立、一九四一年から日本温泉科学会に改組）の副会長も務めた。「追悼の辞」(1942)『温泉科学』第二巻第四号。
(42)「序」藤浪剛一 (1938)『温泉知識』丸善株式会社。
(43) 韓龜東、蔡禮錫、松下維光 (1939)「温泉調査報告　第一報　朱乙温泉、金田温泉」『朝鮮薬学会雑誌』第一九巻、七四―八六頁（特に七四頁）。
(44) 菊池直次、平田賢友、松岡輝（旧名　蔡禮錫）(1942)「温泉調査報告　第一二報　細川温泉、松興温泉、温水坪温泉」『朝鮮薬学会雑誌』第二二巻、五五―六一頁; 磯野義雄、春日河内、茂木登 (1942)「温泉調査報告　第一三報　信川温泉、松禾温泉、陽徳温泉、清渓里温泉」『朝鮮薬学会雑誌』第二二巻、六一―七三頁。
(45) 稲垣繁、辰城正義 (1942)「温泉調査報告　第九報　安岳温泉、平山温泉」『朝鮮薬学会雑誌』第二二巻、四〇―四四頁; 菊池直次、平田賢友、松岡輝（旧名　蔡禮錫）(1942)「温泉調査報告　第一二報　細川温泉、松興温泉、温水坪温泉」『朝鮮薬学会雑誌』第二二巻、五五―六一頁。
(46) 磯野義雄、春日河内 (1939)「温泉調査報告　第三報　馬場温泉、金剛山温泉」『朝鮮薬学会雑誌』第二〇巻第一号、一九―二九頁。
(47) 飯盛里安、吉村恂、畑晋 (1934)「朝鮮に於ける鉱泉のラドン含有量に就いて」『理化学研究所彙報』第一三輯第一一号、一三六三—一三七二頁。なお、その概要は岩波書店の『科学』にも紹介されている。J.S.（1934）「朝鮮に於ける鉱泉のラドン含有量について」『科学』第四巻第一二号、五一六頁。

(48) 岩瀬栄一、斎藤信房（1942）「忠清北道椒井里炭酸鉱泉に就て」『理化学研究所彙報』第二一輯第七号、七六三—七六六頁；岩瀬栄一、斎藤信房（1942）「外金剛温井里温泉に就て」『理化学研究所彙報』第二一輯第七号、七六七—七七三頁。

(49) 斎藤信房（1943）「朝鮮の温泉（其一）」『温泉科学』第三巻第二号、八四—九二頁（特に八五頁）。

(50) ibid. 特に八七—八八頁。

(51) 朝鮮総督府（1933）『朝鮮の聚落　中篇』（特に三九一—三九三頁）。

(52) 駒田亥久雄（1925）「朝鮮主要温泉表」朝鮮総督府地質調査所『朝鮮地質調査要報』第三巻、一四一—一四九頁；中村新太郎(1924)「朝鮮の温泉」『地球』第二巻第一号、一三二—一四一頁；小林儀一郎（1935）「朝鮮の温泉」『旅』第一二巻第八号、一四八—一五〇頁；朝鮮総督府鉄道局編（1939）『朝鮮の温泉』（特に二頁）。

(53) 西原宇一（旧名　韓龜東）、辰城正義（旧名　高仁錫）（1941）「温泉調査報告　第七報　新豊温泉、舒洞温泉、石湯池温泉、龍澤温泉」『朝鮮薬学会雑誌』第二一巻、一—一二頁（特に三頁）；西原宇一（旧名　韓龜東）、辰城正義（旧名　高仁錫）(1941)「温泉調査報告　第八報　温和温泉、石倉温泉、温井温泉」『朝鮮薬学会雑誌』第二一巻、一二—一九頁（特に一五頁）。

(54) 里見卓郎、稲垣繁、竹中正夫（1939）「温泉調査報告　第二報　龍岡温泉、温豊温泉」『朝鮮薬学会雑誌』第一九巻、一五四—一五九頁（特に一五五頁）；西原宇一（旧名　韓龜東）、辰城正義（旧名　高仁錫）（1941）「温泉調査報告　第七報　新豊温泉、舒洞温泉、石湯池温泉、龍澤温泉」『朝鮮薬学会雑誌』第二一巻、一—一二頁；西原宇一（旧名　韓龜東）、辰城正義（旧名　高仁錫）（1941）「温泉調査報告　第八報　温和温泉、石倉温泉、温井温泉」『朝鮮薬学会雑誌』第二一巻、一二—一九頁；里見卓郎、稲垣繁、竹中正夫（1939）「温泉調査報告　第二報　龍岡温泉、温豊温泉」『朝鮮薬学会雑誌』第一九巻、一五四—一五九頁（特に一五八頁）。

(55) 稲垣繁、松平圭石、辰城正義（1942）「温泉調査報告　第一一報　道高温泉、徳山温泉」『朝鮮薬学会雑誌』第二二巻、五〇—五五頁；菊池直次、平田賢友、松岡輝（旧名　蔡禮錫）（1942）「温泉調査報告　第一二報　細川温泉、松興温泉、温水坪温泉」『朝鮮薬学会雑誌』第二二巻、五五—六一頁。

(56) キム・グンベは、一九三〇年代半ばから朝鮮における教育運動及び戦時研究を背景として科学・技術に従事する朝鮮人が増加していったと述べている（キム・グンベ：2005）。

(57) 韓龜東（一九〇八～二〇〇〇）は一九二七年に朝鮮薬学校に入学し、一九三〇年に卒業して朝鮮総督府衛生試験所の研究員となった。解放後はソウル大学校薬学大学の教授及び大学長、大韓薬学会会長などを歴任した。一方、一九三五年に京城薬学専門学校を卒業した蔡禮錫（一九〇八～一九九五）は、京城帝国大学附属病院の薬剤師などを経て、解放後は国立化学研究所所長、国立保健院副院長などを歴任した。韓国歴代人物総合情報システムを参照。http://people.aks.ac.kr/index.aks（二〇一八年三月一〇日確認）。ただし、一九一八年に設立された朝鮮総督府地質調査所にも初期から李奎鐘、許丙斗、羅成燦、「崔某」など、朝鮮人だと思われる人物が多数勤務していた。このことについては、立岩巌（1976）『朝鮮-日本列島地帯地質構造論考――朝鮮地質調査研究史』東京大学出版会、七一―七二頁を参照。

(58) この問題について、筆者はすでに拙著（2007）『明治・大正の日本の地震学――「ローカル・サイエンス」を超えて』東京大学出版会、九一―一二頁で検討を行っている。

(59) なお、本章では主に知識生産という側面に焦点を当てて検討を行ったため、知識を消費する局面については十分な考察ができなかった。ただし、愼蒼健や朴潤栽、松本武祝らが「近代医療」について検討しているように、「近代の温泉」に対しても植民地朝鮮社会が示した反応について精査する必要があるだろう（愼：2010；朴潤栽：2013；松本：2007）。ユ・グァンミンは、「上流階層に対する模倣欲求」という観点から植民地朝鮮における温泉の観光地への変貌について考察しているが（ユ：2012）、温泉に関する知識が植民地朝鮮社会にどれほど浸透し、朝鮮半島における温泉をどのように変容させたのかについては今後の課題にしたい。また、本章では便宜上地理的な範囲を主に朝鮮半島に限定して検討したが、例えばドイツ及びオーストリアにおける温泉療法について紹介している一九二二年の記事からも確認できるように（酒井谷平（1922）「行き詰まった独墺医学界の最新現象――欧洲到る処に歓迎励行さらるる紫外線療法」『実業の日本』第二五巻第二号、七三―七六頁）、「温泉の科学」が朝鮮半島や帝国日本といった地理的な境界を超えて展開されていたことはいうまでもない。温泉学のグローバル・ヒストリー、またはトランス・ナショナルな歴史記述の可能性についても今後の課題としたい。

第六章　帝国を船がゆく
——南洋群島調査の科学思想史

坂野　徹

はじめに

本章では、一九一四年から四五年まで、日本の統治下にあったミクロネシアの島々——戦前は南洋群島あるいは内南洋（裏南洋）と呼ばれ、現在のパラオ共和国、ミクロネシア連邦、マーシャル諸島共和国、北マリアナ諸島自治連邦区に相当する——で実施された三つの調査活動を取り上げ、帝国日本におけるフィールドワークの思想と実践について考えてみたい。

具体的に取り上げるのは、（一）一九一四年の日本海軍による現地占領直後、実施された「南洋新占領地」の視察、（二）一九二九年、現地にわたった土方久功が住民を対象におこなった長期間の民族誌調査、（三）アジア・太平洋戦争開戦直前の一九四一年、京都探検地理学会が実施したポナペ調査の三つである。本章では、およそ三〇年続いた日本統治の初期、中期、末期にそれぞれおこなわれた、これら三つのフィールドワークを、現地統治の展開を考慮に入れながら比較検討する。

そして、本章でさらに注目したいのは、現地へ向かう船上での調査者たちの活動である。航空機により短時間で移動できる現在とは異なり、当時、日本「本土」からミクロネシアに向かい、太平洋に広がる島嶼間を移動するためには、長期の航海が必要であった（図6-1）。彼らの調査期間の多くを船による移動時間が占めており、船による移動もまた、彼らのフィールドワークを構成する重要な要素だった。こうした点も踏まえて、新たに帝国の版図となった太平洋の島々で学術調査をおこなうことの意味を考えるのが本章の課題となる。

まず第一節では、一九一四年から一五年にかけて、文部省が全国の高等教育機関から多数の研究者を現地に派遣しておこなわれた「南洋新占領地」の視察に検討をくわえる。ここで考えたいのは、全国から集められた専門の異なる研究者が「戦時下」で短期間のうちに実施した視察の実態と、彼らが植民地としてのミクロネシア開発の可能性についていかなる考察をおこなったかという問題である。(1)

続く第二節で取り上げるのは、施政機関である南洋庁創設後の一九二九年、ミクロネシアに単身渡航し、その後、長きにわたって現地で民族誌調査をおこなった土方久功という人物である。土方は、南洋庁が置かれたパラオ・コロール島で調査を始め、三一年末にはヤップの離島であるサタワル島に移住、住民わずか二百八〇名という絶海の孤島で七年ものあいだ調査を続けた。本節の主題は、現地住民と生活をともにしながら調査をおこなうことの意味である。(2)

さらに第三節では、京都帝大の今西錦司が率い、中尾佐助、吉良龍夫、梅棹忠夫、川喜田二郎ら、その後、戦後日本を代表する研究者となる若者が参加して、一九四一年夏におこなわれた京都探検地理学会のポナペ調査を検討する。ここではアジア・太平洋戦争開戦直前、「来るべき日にそなえての学生会員の訓練」を目的にポナペ島で実施された調査において、若者たちが現地の自然や住民に向けた眼差しと、彼らの調査体験の意味について考えたい。(3)

図 6-1　南洋群島の地図

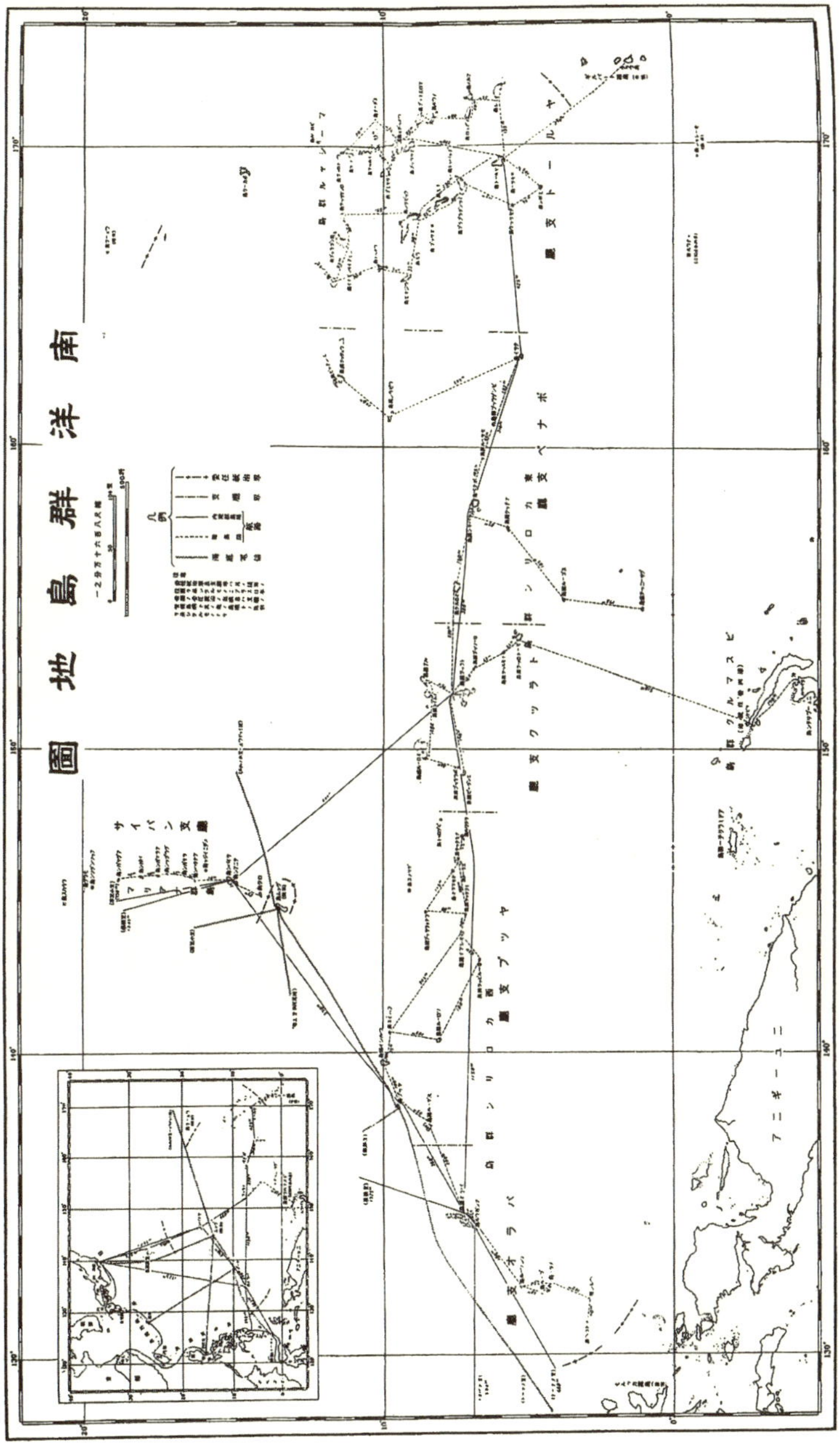

出所：『南洋庁始政十年記念南洋群島写真帖』1932 年．

第一節　占領と視察――『南洋新占領地視察報告』とは何か

大正三年独領南洋諸島の我帝国海軍の占領に帰するや文部省直轄学校中東京、京都、東北の各帝国大学、東京、広島の各高等師範学校、盛岡、鹿児島の各高等農林学校及長崎、小樽の各高等商業学校に於いては其職員を此等諸島に派遣して其風土文物に就き調査研究を為さしむる所ありたり（『南洋新占領地視察報告』一九一五年）。(4)

占領と調査

日英同盟にもとづき、ヨーロッパでの戦乱に乗じる形で第一次世界大戦に参戦した日本は、一九一四年、当時ドイツ領だったミクロネシア――一六世紀にスペインが領有を宣言するが、一八九八年、米西戦争に敗北したスペインはミクロネシアをドイツに売却し、その後、ドイツの統治下にあった――を無血のうちに占領する。海軍の占領作戦は一九一四年九月二九日のヤルート島占領に始まり、一〇月には終了。一二月二八日に臨時南洋群島防備隊条例が発布され、本格的に軍政が開始されることになった。管轄地域はサイパン、パラオ、トラック（現チューク）、ポナペ（ポンペイ）、ヤルート（ジャルート）の五管区に分けられ（翌一五年よりさらにヤップ管区が加わり、六管区となる）、司令部はトラック諸島の夏島（トノアス島）に置かれた。

占領作戦終了後、現地での学術調査は急務と考えられ、本節冒頭の引用にあるとおり、文部省は所轄の各高等教育機関から現地への研究者の派遣を決定する。残念ながら、研究者の選定がどのように進められたのかは不明だが、一九一四年暮れから翌一五年にかけて実施されたこれらの視察の成果は、『南洋新占領地視察報告』（一九一六年）と『南洋新占領地視察報告（追録）』（一九一七年）の二冊として、文部省専門学務局から刊行された。

　ここでまず注意したいのは、占領作戦は終了していたとはいえ、この視察がおこなわれた時期、現地はいまだ「戦時下」だったということである。占領直後から、交替要員や物資を現地に運ぶため、日本郵船が定期的に海軍御用船の運行を開始したが、当時、民間人の渡航は、海軍省の許可を得た上で、御用船に便乗するのが原則となっていた（「南洋渡航案内」：1915, p. 162）。

　ここで、報告書を提出している者だけだが、視察参加者の氏名と所属、調査日程、調査内容を表にまとめておく。派遣された研究者の専門領域は、（地球）物理学、地震学、地理学、動物学、植物学、地質学、人類学、考古学、医学、薬学、農学、林学、水産学、農政学、経済学、植民政策学と多岐にわたり、その総数は二冊の報告書に報告を載せているものだけで三〇名にのぼる（表6-1）。

横須賀軍港から南洋群島へ

　それでは、現地に派遣された研究者は具体的にどのような視察をおこなったのだろうか。次に彼らの詳しい調査日程を確認しよう。

　視察参加者が乗船した御用船の第一陣である神奈川丸は一四年一二月二〇日に横須賀軍港を出航、ミクロネシアの島々を巡航し、二月一三日横須賀に帰還した。第一陣は計二一名（教員一九名、学生二名）の大所帯となり、それぞれ調査項目は異なるものの、ほとんど終始行動をともにした（表6-2）。

　この表で注目すべきは、実際に調査にあてられる日数の短さである。冒頭でも述べたように、ミクロネシアは太平洋に散在する島嶼群であり、各島嶼間を船で移動するだけで時間がかかるため、実際に現地調査にあてられる時間は少なかった。

　しかもまた、現地の事情により、すべての島に上陸できるわけではなかった。上陸・宿泊を許された島では、現地

奥田譲（東京帝大農科大学助教授）	「南洋諸島出張報告」（続）	14年12月20日横須賀発（神奈川丸），15年2月13日帰国.	「水産物の調査」 水産化学者 後に九州帝大教授
宗正雄（東京帝大農科大学助教授）	「熱帯作物研究報告書」（続）		「熱帯作物」および「農業労力」の調査（現地での「土人の労働力」「内地農民移住の余地」など） 農事試験場の必要性も説く 育種学者
那須皓（東京帝大農科大学講師）	「農業経済ヨリ見タル邦領南洋諸島」（続）		「農業経済より見たる」ミクロネシア 農業経済学者，農政学者
長谷部言人（東京帝大医科大学副手）	「南洋新占領地視察報告」（続）	15年3月5日横須賀発（加賀丸），5月19日帰国（海南丸）.	「体質人類学的調査」と「材料蒐集」 形質人類学者 後に東京帝大教授
池田善雄（東京帝大医科大学副手）	「南洋諸島調査報告」（続）	15年3月5日横須賀発（加賀丸），7月11日帰国.	薬用植物，有用植物の調査 ？
小泉源一（東京帝大理科大学嘱託）	「ヤルート島植物地理」（続）	14年12月20日横須賀発（神奈川丸），15年2月13日帰国.	「植物地理」 植物学者
松村瞭（東京帝大理科大学嘱託）	「南洋占領地ニ於ケル人類学上ノ調査概略」（続）	15年3月5日横須賀発（加賀丸），5月7日帰国.	「人類学上の調査」 柴田常恵，長谷部と同道 形質人類学者
藤田輔世（東京帝大理科大学嘱託）	「旧独領ミクロネシア二於ケル海産動物調査報告書」（続）	14年12月20日横須賀発（神奈川丸），15年3月25日帰国.	「海産動物に関する調査」 東京帝大三崎臨海実験所助手をつとめる．日本の真珠養殖の先駆者
青木廉二郎（東京帝大大学院学生）	「新占領地南洋諸島地質略報」（続）	15年3月5日横須賀発（加賀丸）.	「地質」調査（珊瑚礁，リン鉱含む） 原農科大教授（原熙カ），長谷部，松村，柴田，池田，雨宮と同道． 地質学者
雨宮育作（東京帝大大学院生）	「水産上ヨリ見タル我カ南洋占領地」（続）	15年3月5日横須賀発（加賀丸），5月7日帰国.	「水産上の事項」調査 水産学者 後に東京帝大，名古屋大教授
山本美越乃（京都帝大法科大学助教授）	「南洋新占領地視察報告」（続）		現地の「経済的価値」の調査 経済学者，植民政策学者 後に京都帝大教授
高橋祥（広島高等師範学校教授）	「南洋占領諸島旅行報告」（続）	15年1月20日横須賀発（南海丸），4月16日帰国.	「動物採集」 動物学者
石丸文雄（盛岡農林学校教授）	「南洋占領地視察報告書」（続）	14年12月20日横須賀発（神奈川丸），15年2月13日帰国.	非常に幅広い調査 宮沢賢治の師．林学者
寺田貞次（小樽高等商業学校教授）	「新占領南洋諸島踏査報告（追報）」（続）		「正編」にある報告の続き

出所：『南洋新占領地視察報告』（1916年，追録1917年）より作成.

表 6-1 『南洋新占領地視察報告』（正編 1916 年，追録 1917 年）調査概要

氏名（所属）	報告書名	行程（船名）	調査内容（研究テーマ），特記事項など
松山基範（京都帝大理科大学講師）・金子秀吉（同助手）	「南洋ヤルート島二於ケル重力偏差測定報告」（正）	15 年 1 月 20 日横須賀発（南海丸，ヤルートで鹿児島丸へ）4 月 16 日帰国	「重力偏差測定」 地球物理学者
楢林兵三郎（京都帝大医科大学病理学教室）	「新占領南洋諸島ノ視察報告」（正）	14 年 12 月 20 日横須賀発（神奈川丸）．15 年 2 月初めまで	「病理学的方面」の調査が主．「医事衛生一般」も 医学者
石橋栄達（京都帝大医科大学副手）	「旧独領ミクロネシア諸島見聞記」（正）	14 年 12 月 20 日横須賀発（神奈川丸）．15 年 2 月 13 日帰国	「病原性動物の考察」にくわえ，「一般動物に就ての観察」も 動物学者，後に第三高校教授
内田寛一（京都帝大文科大学助手）	「我カ占領南洋諸島視察概報」（正）	14 年 12 月 20 日横須賀発（神奈川丸），15 年 2 月 13 日帰国	「地理学研究」 楢林，石橋と協力して調査 地理学者
日下部四郎太（東北帝大理科大学教授）	「マーシャルカロリンマリアナ群島視察報告」（正）	14 年 12 月 20 日横須賀発（神奈川丸），（おそらく）2 月 13 日帰国	地質学調査 地球物理学者
明峰正夫（東北帝大農科大学助教授）	「南洋新領土視察復命書」（正）	14 年 12 月 20 日横須賀発（神奈川丸）．	「植物の採集」 助手（渡瀬次郎）同道 育種学者
岩崎重三（東北帝大理科大学講師）	「南洋視察報告」（正）	14 年 12 月 20 日横須賀発（神奈川丸），15 年 2 月 13 日帰国	「火山の性質」「珊瑚礁の性質」「熱帯地方土壌の生成」「燐鉱」 地質学者，鉱物学者
河越重紀（鹿児島農林学校教授）	「新占領南洋諸島植物調査報告書」（正）	14 年 12 月 20 日横須賀発（神奈川丸），15 年 2 月 14 日まで	「経済植物調査研究」 （「有用植物の調査」） 植物学者
小出満二（鹿児島農林学校教授）	「南洋新占領地視察報告」（正）	14 年 12 月 20 日横須賀発（神奈川丸），15 年 12 月 14 日帰国	「独逸植民事業」の評価が中心 農政学者
堀井栄吉（鹿児島農林学校動物学教室助手）	「新領土南洋諸島動物調査報告書」（正）	14 年 12 月 20 日横須賀発（神奈川丸），15 年 2 月 14 日帰国	「動物に就て学術実地調査研究」
寺田貞次（小樽高等商業学校教授）	「南洋占領諸島視察復命書」（正）	（おそらく）15 年 6 月 28 日横須賀発（鹿児島丸），8 月 23 日帰国	「経済地理」「商品研究」「研究材料蒐集」の目的 経済地理学者
五島清太郎（東京帝大理科大学教授）・岡田弥一郎（東京帝大理科大嘱託）	「南洋新占領地視察報告」（続）	15 年 6 月 28 日横須賀発（鹿児島丸），8 月 6 日パラオ発，9 月 6 日帰国（加賀丸）	「玳瑁（タイマイ）の卵の採集」「蝙蝠の胎児の採集」「二枚貝類における心臓と腸との関係に就ての憶説を試験する材料蒐集」 動物学者
堀田正逸（東京帝大農科大学教授）	「南洋新占領地視察報告」（続）	14 年 12 月 20 日横須賀発（神奈川丸），15 年 2 月 13 日帰国．	各島における重要な樹木（ヤシ，パンノキ，タコノキ，マングローブ，マンゴー，パパイヤなど）の評価 林学者
草野俊助（東京帝大農科大学助教授）	「南洋諸島ノ森林」（続）	15 年 4 月 5 日横須賀港発．	「熱帯植物の研究資料として樹木の標本を採集」「各島の植物景観特に森林を観察」 植物病理学者，菌学者

表 6-2　第一陣（神奈川丸）旅程表

年月日	発着	視察内容
12月20日午前	横須賀発	
28日午前	トラック島着	ダブロン島（夏島）上陸帰船
29日		ソーン島（春島）視察帰船
30日		ウドート島（月曜島）視察帰船
31日		フエフワン島（秋島）視察・ダブロン島守備隊に泊．6日までダブロン島で視察
1月　6日午前	トラック発	ダブロン島より帰船
8日	ポナペ着	ポナペ島上陸，守備隊に泊
9日午後	ポナペ発	ポナペ島で視察帰船
11日午前	クサイ着	クサイ島上陸視察帰船
午後	クサイ発	
13日午前	ヤルート着	ヤポール上陸帰船
14日		ユニボール島視察帰船
15日		ヤポール視察帰船
17日午前	ヤルート発	
19日午前	クサイ着	上陸視察帰船
午後	クサイ発	
21日午前	ポナペ着	上陸守備隊に泊
22日午後	ポナペ発	ヂョカーヂ島視察帰船
24日午前	トラック着	ダブロン島（夏島）視察帰船
25日		同
26日午前	トラック発	
31日午前	アンガウル着	上陸視察帰船
2月　1日午前	パラウ着	マラカル，コロール島視察，マラカル南洋貿易会社に泊
2日		パラオ本島アイライ視察，同地の現地人集会所に泊
4日午後	パラウ発	マラカル，ヘカヘクに同地視察帰船
5日午前	ヤップ着	上陸視察帰船
5日午後	ヤップ発	
6日	フェイス島周航視察	
8日午前	サイパン着	上陸視察帰船
8日午後	サイパン発	
13日午後	横須賀着	（計56日）

出所：内田寛一「我カ占領南洋諸島視察概報」『南洋新占領地視察報告』（1916年）より作成．

守備隊や、開戦前から現地で開業していた日本の貿易商社員に宿泊の便宜を図ってもらい、ときに現地住民の集会所に泊まることもあった。だが、宿泊不能な島では日帰りとなり（船中泊）、その場合には、上陸と帰船に時間を要するため、島で調査に費やせる時間は数時間ということも普通だった（日下部：1916, p. 97）。

こうした事情について、京都帝大から動物学調査のため参加した石橋栄達（京都帝大医科大学副手）は次のように述べている。

動物学研究の為めヤルート島出張を命せられ同月二十日横須賀港発該島に向ひしも便船の都合上、該島に留る時は予定日数に多大の齟齬を来たすの所ありしを以て同一船にて始終し新占領の所謂南洋諸島を巡察する事と為せり。従て乗船日数は約二ヶ月に及ひしも碇泊日数は僅に十八日に過きす、其最も長く上陸せし時と雖も研究に費し得し日数は一週を越へす、多くは一日内外にして見聞せる所も概して上陸地点付近に限られたるは事止むを得さるに属すと雖遺憾些からす（石橋：1916, p. 70）。

上陸時間の短さによる調査の不十分さは参加者の多くに共通する嘆きであった。また、時間的制約から、調査はどうしても「眼より入りたるもの」（自らの観察）より「耳より入りたるもの」（現地での聞き書き）中心となるが、それらの情報が必ずしも信頼できるものではないという問題もあった（日下部：1916, pp. 97–100）。

ここで改めて注意しておきたいのは、視察参加者が訪れたミクロネシアの島々は、日本人にとってまったくの未踏の地域ではなく、当時、少数ながら、貿易商などを営む邦人が暮らしていたことである。視察参加者は、英語やドイツ語が少しわかる現地住民からも聞き書きを試みているが、実際に聞き書きの主な対象となったのは、現地在住の邦人や、わずかながら残っていた欧米人であった。欧米人の場合、ドイツの統治責任者は既に退去させられていたため、ドイツ人医官、ヤルート会社（ドイツの貿易会社）社員、アメリカ人宣教師などが主たる聞き書き対象となった。

「一行二十余名一室に起臥」しての視察は、情報交換という点ではそれなりに有用だったようだが（奥田：1917, p.51）、調査時間の短さにくわえて、全国の教育機関から急きょ集められた、異分野の研究者が常に行動をともにして調査をおこなうのには無理があったのだろう。第二陣の南海丸（一五年一月二〇日出航、三月二五日帰還）以降は、参加者が個別に調査計画を立てて船に乗り込み、調査の進展に応じて適宜途中で下船、現地で一定期間調査を実施した後、別の御用船に乗船して視察を続ける形となった。

そこで、次に、参加者が個別に調査日程を組むようになった第二陣以降の視察のなかから、旅程がある程度たどれる三つの視察を取り上げ、個々の調査経過について確認しておこう。ここで検討するのは、京都帝大から派遣され、「重力偏差測定」に従事した松山基範（南海丸＝第二陣）、東京帝大から人類学調査のため参加した松村瞭、柴田常恵、長谷部言人（加賀丸＝第三陣）、さらに小樽高専から派遣され、現地の経済学的な調査をおこなった寺田貞次（鹿児島丸＝第四陣）の調査日誌である。彼らの日誌からは、（地球）物理学、人類学（考古学）、経済地理学と、それぞれ専門を異にする研究者たちの「新占領地」視察の実態がうかがえる。

調査日誌（一）物理学者

松山基範（京都帝大講師、後に京大教授、地球物理学者）が参加したのは第二陣である。助手である金子秀吉を同道し、主目的はヤルートで「重力偏差測定」を実施することにあった(5)。

二人は一五年一月二〇日午後一時、南海丸に便乗して横須賀軍港を出航。現地での不便を予想し、松山たちはテント、食糧も用意し、やむを得ない場合は現地住民の家に宿泊し、彼らの食事をとることも覚悟していた。小笠原、サイパン、トラック、ポナペ、クサイ（現コスラエ）を経由して二月九日朝、目的地であるヤルートに到着。出航から二〇日目であった。出発前から野外観測に必要な機械類の運搬が最大の懸念材料であり、現地到着後、守備隊から、礁湖内でも意外と波浪は高く、機械類の運搬は困難で危険だと説かれるが、意を決して下船した。

ヤルートは小さな島々からなる環礁で、海軍守備隊の置かれたジャボールを除けば、ほとんど道路もなく、観測地点を移動する際にはいちいち船に乗る必要があった。だが、当時ヤルートで用いられていたのは主に丸木舟のため、機械類の運搬には適さない。ドイツ人経営のヤルート会社が帆船を所有していたが、戦時ゆえ使用できず、守備隊の船も他の任務のため使用不可。幸い現地の日本企業である南洋興業が所有する艀が一艘あり、支店主任の厚意で自由に使わせてもらうことになった。船長のほか、機械の積み卸し、据え付けなどに現地住民三名を雇うことになった。

こうして、彼らは二月一〇日から三月八日にかけて、ヤルート環礁各地で実測調査を実施する。観測地点の周囲は平坦である必要があり、現地住民の集落がある島では家屋周辺が平坦にならされているため便利であったが、そうでない場所では苦労した。また、三度渡航を試みるものの、波浪に妨げられてあきらめた地点もあった。

滞在中は守備隊の厚意により、ドイツ時代の旧病院医員官舎を宿舎として用い、食事は守備隊士官室で給されることになった。「重力偏差」の測定以外に、気象、潮汐の観測も業務としていたため、一名が常に宿舎に留まり、他の一名が南洋興業の艀に便乗して、各島で野外観測を実施した。当初は携帯した乾パンと缶詰を野外用の常食としたが、島に慣れてからは商店に備えてある「南京米」（インディカ米）を携帯し、現地住民から鮮魚を求めることになった。住民は非常に親切であり、予想以上に順調に調査を続けることができたのだという。

三月一一日、今度は鹿児島丸（八日に入航）に便乗してヤルートを出航、クサイ、ポナペを経由して三月一九日、トラックに再び入航。トラックの「重力偏差」を測定し、ヤルートと比較するのも興味深いことと考え、鹿児島丸が西部の各島を巡航して戻ってくるまでの三週間、トラックに留まるか迷ったが、今回は準備が不十分と判断し、断念した。

三月二〇日朝、トラックを出航、ヤップ、パラオ、アンガウル、さらにトラックを経由して、横須賀へ。四月一六日、横須賀港に帰還。視察は終了した（松山・金子：1915, pp. 1-16）。

調査日誌（二）人類学者

次に東京帝大から派遣された松村瞭（理科大学人類学教室嘱託、後に東京帝大助教授）、柴田常恵（同助手、後に慶応義塾大学講師）、長谷部言人（医科大学副手、後に東京帝大教授）の視察の足跡を検討しよう。

三人は一九一五年三月五日に加賀丸で横須賀軍港を出航（第三陣）。加賀丸はイギリス領フィジーで「特別任務」があるため、海軍防備隊の本部があったトラック島を経由し、いったんフィジーに向かった。スバ（Suva）港から上陸、一日間の滞在中、現地の博物館を訪問した際、長谷部はフィジー人の頭蓋骨を寄贈されている。

その後、三人はマーシャル、ヤルートを経由して、クサイ（クサイエ）へ。クサイには六日間滞在、この間、長谷部は現地人の計測調査（「頭目に選定せしめたる純血土人男子十一名」）、松村・柴田は各種資料の採集などに従事した。次の寄港地であるポナペには四月九日に到着。ここで長谷部は二人と別れ、その後は別行動となった。松村と柴田の視察目的が「古物遺跡の調査と土俗品蒐集」である一方、長谷部は「体質人類学的調査並に材料蒐集」に重点を置いていた。松村・柴田は幅広くミクロネシア全域を巡見することを優先したのに対して、長谷部の場合、身体測定に時間がかかるため別行動となったのだろう。

松村と柴田はそのまま加賀丸に乗り込み、ヤップ、パラオと巡見を続けた。船はパラオからアンガウルに向かったが、二人は乗船せず、パラオで調査を継続。アンガウルから戻ってきた船に再び乗り込み、さらにヤップ、トラック、サイパンと回って、横須賀に五月七日帰還した。この間二人は協力して「土人の体質測定観察、土語の蒐集、風習の取調、古趾の実査」などをおこない、「土人の容貌風俗を撮影すること二百有余枚、蒐集の土俗品は其点数三百数十点」に及んだ。全日程六四日、移動距離一一二〇〇海里の視察であった。

一方、ポナペで二人と別れた長谷部は現地に一二日滞在して、各集落の住民が数百名集まっての「大舞踏会」の見学、ドイツ統治時代から広く知られたナンマトール(「ナムマトル」)遺跡の視察、計測調査(「純粋土人十名」)などを実施した。その後、南海丸に乗り込み、トラックに向かう。トラック諸島には船中泊だが一二日間滞在した。夏島、秋島などで住民の観察、身体計測(「純粋土人十名」)も実施し、在留邦人から頭蓋骨二個の寄贈を受けた。

その後、上陸はわずか二時間足らずだが、長谷部はサイパンでも現地住民の集落の視察をおこなっている。さらに、小笠原(父島)に寄港した五月一六日、やはり文部省から派遣され、同船していた加藤鐵之助(東京高等師範学校教授、地理学者)が急死するというアクシデントが起こる。医学者でもある長谷部は遺骸に防腐剤注入の処置を施し、翌日納棺となった。南海丸で五月一九日、横須賀に帰還。全行程は七六日であった(長谷部:1917, pp. 98-100;松村:1917, pp. 117-118)。

調査日誌(三) 経済地理学者

寺田貞次(小樽高等商業教授、後に京大教授、経済地理学者)がくわわったのは第四陣である(鹿児島丸)。以下、同様に視察日程と注目される事項を記そう。

六月二八日午前一〇時、鹿児島丸に便乗し、午後一時、横須賀軍港を出航。五島清太郎(動物学者、東京帝大教授)、岡田弥一郎(同嘱託、後に東京高等師範教授)が同船していた。翌二九・三〇日は波浪が強く、船室にこもる。船酔いで三度の食事もとれぬほどだったが、七月一日早朝、小笠原(父島)二見港に入航。五島とともに二見町を見物し、物産陳列場、熱帯植物園などを巡見、四時出航する。船旅の途中(四日午後)、同船の便乗者で長年トラックに暮らす森小弁[6]からミクロネシアの話を聞く。

七月五日午前、サイパン入航。五島とともに守備隊本部へ向かった後、現地住民の集落へ。現地人経営の商店、石けん製造場、南洋貿易支店について調査し、午後出航。ドイツ時代に強制移住させられたサモア人五〇名ほどを帰国させるため（イギリス経由でサモアに送り返す予定）船に便乗させた。

七月八日早朝、トラックに入航し、上陸後、五島とともに司令部へ向かう。軍の調査報告書などを閲覧後、帰船。九日早朝、再び上陸し、五島と別れ、集落の調査。最終定期便で帰船。一〇日午前、出航。

七月一四日早朝、ヤップ入航。五島とともに上陸、守備隊本部へ。有名な海底電信所（ドイツ時代に設置）を見学後、現地住民の集会所（「オールメンハウス」）内に店を開いている南洋経営組合を訪問し、商品について調査。さらに来店する住民について視察を実施する。その後、南洋貿易支店で商業状態の調査。午後、守備隊主計長の案内で海岸沿いの集落を視察。家屋の建築、集会所などに感じられる美術的才能から「トラック島土人よりはるかに進歩しているのを認める」。平地に富むため、椰子の栽培地としてだけでなく、有用植物の栽培上、利用する価値があると考えた。

七月一五日早朝、上陸後、西カロリン会社を訪問、販売商品の調査。午前一〇時、出航。

七月一六日午後一時、パラオ入航。小さい蒸気船で島々のあいだを走りつつ、守備隊本部へ。集落の調査、南洋貿易の視察。しばらくパラオに滞在して調査を続ける五島らといったん別れ、商品についての調査後、日没帰船。

七月一七日早朝上陸。二社で調査。午後、付近の海岸を踏査、農林水産業の将来性について検討。文化的なヤップとの類似性、集会所の発達を認める。午後二時出港、アンガウルへ。

七月一七日［ママ］[7]早朝、アンガウル着。ドイツ時代に整備された軽便鉄道に乗り、リン鉱採掘場、乾燥場の視察。午後二時、パラオに戻る。

七月一八日から二五日、ヤップを経由してトラックへ。七月二六日、加賀丸で便乗してきた高等学校の学生たちが採集しているのをみかける。

七月二七日から八月一一日、トラックを出航後、ポナペ、クサイ、ヤルート、クサイ、ポナペと回って再びトラックへ。八月一二日、再びトラックにおいて、夏島でカヌーを雇い春島へ。島内および南洋貿易を視察。帰途、夏島の「満洲公園」に立ち寄り、イギリス人経営の商店を見学する。

八月一三日、加賀丸が入航し、パラオ調査を終えた五島と久しぶりの再会。夏島に上陸し、南洋貿易を訪問後、現地住民の集落を視察。夕方帰船。サイパンを経由して、二〇日、小笠原父島二見港入航。再び陳列場、農園など視察。夜出航。八月二三日、横須賀軍港に帰還（寺田：1917, pp. 205-268）。

植民地としてのミクロネシア

先に述べたとおり、視察実施時点でいまだ第一次世界大戦は終了しておらず、国際法上、現地は「一時占領」されたにすぎなかった。だが、視察参加者に文部省が期待したのは、まずは当該地域を日本の新たな領土として開発していくための基礎調査であったといってよい。このことは、高等農林（盛岡、鹿児島）、高等商業（長崎、小樽）から派遣された者を含めて、農学、林学、水産学、農政学、経済学、植民政策学などを専門とする研究者が一定数を占めていることからもわかる（表6-1参照）。

このような植民地経営に直結するテーマを携えて「新占領地」を訪れた研究者は、それぞれの専門にしたがって、現地の農林業（農産物、樹木、土壌、病害虫など）、水産業（海産物）、鉱業（ドイツ統治時代に開発が進められたリン鉱など）などの可能性をさぐるとともに、植民地としてのミクロネシアの将来性を経済学的見地から考察したのである。

それにくわえて、現地の医療・衛生状態に関わる調査も必要とされた。現地の「病理学的方面」「医事衛生一般」（ドイツ時代の医療制度など）の調査（楢林兵三郎）、「病原性動物の考察」（石橋栄達）、「薬用植物」（池田善雄）といった視察がこれに相当する。

ただし、植民地としてのミクロネシアの将来性に関する彼らの評価は必ずしも楽観的ではなく、日本からの移民を奨励するよりは、現地住民の「活用」に傾いていたことにも注意したい。たとえば、病理学・衛生学的な調査を実施した檜林兵三郎（京都帝大医科大学病理学教室）は次のように述べている。

此等諸島は其全面積漸く我琉球に比し、地質概ね珊瑚礁にあらされは火山質よりなり河川平野と称す可きなく、土質又肥沃ならすと聞く。面積広大、地味肥へ、物資豊穣なる其比に非らさる南満洲に於てすら、租借後十有余年、移住者未た十万人を越ゆる事大ならずと云へは、此等諸島の新占領地に対して多数邦人の移住は到底之を望む可らす。

檜林によれば、「本邦人か渡りて事業を経営するにせよ、気候風土に慣れ、しかも生活費用の低廉なる土人を使用するは策の得たるもの」であり、そのためにも各島に医官を置き、病院を開設して、現地住民の衛生、生活状態を改良し、疾病の予防、治療、助産、育児などに力を入れて、健康を増進し、活動効率を高め、人口増大を計ることが重要なのである（檜林：1916, p. 61）。

同様の主張は他の視察報告書にもみられる。たとえば、内田寛一（京都帝大文科大学助手、地理学者）は、南洋は日本人の「発展地」として有望だとする一方、次のように述べている。

椰子栽培又は海産物収穫の目的等によりて多数の邦人を移植すへき所とは思はれす、此の方面の経済的発展に対しては少数の日本人監督の下に土人を使役するの有利なるを感す、故に此点より見るも土人の教化の愈々急務にして、土人研究はさらに其根底たるへきを信す（内田：1916, p. 94）。

さらに、現地の「経済的価値」の調査を目的に視察に参加した山本美越乃（京都帝大助教授、戦前、植民政策学の権威として知られる）は次のようにいう。

新占領地の経済的価値は椰子核・燐鉱及ひ多少の水産物を除く外は、農業上に於ても亦工業上に於ても多大の希望を嘱す可からさるを以て、移住者にして土民と殆んと同一の劣等生活に甘んすへき決心を有せさる限りは漫りに其の移住を奨励す可きに非す。

山本によれば、「新占領地」への植民政策としては、「徒手空拳にして自己の労力を唯一の資本とせる労働階級」の移住を奨励するよりは、「多少の資本を有して椰子栽培又は水産物の採収及ひ養殖等に其の資を投し、土民の労力を使用して着実なる事業の経営に当らんとするか如き人士の渡航」を勧めるべきなのである（山本：1917, pp. 160–161）。以上の言明は、視察参加者が、現地でのフィールドワークを踏まえて、ドイツ時代と同様、少数の植民者によるミクロネシア経営を続けるのが得策だと考えていたことを物語っていよう。

実際には、その後、一九二一年に松江春次がサイパンで創業した南洋興発の製糖事業が成功した――半官半民の国策会社であり、「海の満鉄」とも呼ばれた南洋興発のおかげで、南洋庁は一九三二年に財政的自立を果たす（松島：2007）――ことを契機に、二〇年代以降、沖縄県出身者を中心に、ミクロネシアへわたる移民の数は急速に増大していく。そして、後述するように、もともと人口些少なミクロネシアの島々において、日本人移民の数は、次第に現地住民を圧倒するようになっていくのである。

だが、いずれにせよ、一九一四年から一五年の段階で、その後、現地の開発がどのように進んでいくのかは未知数だった。そして、視察に参加した研究者が予想もしなかった形で、その後、ミクロネシアは日本の版図となる。すなわち、国際連盟からの委任統治である。

第二節　「文明」から遠く離れて――土方久功と裸の「土人」たち

そして私は「青い海にうかぶ」という／百五十行の妙な詩を書いて／南洋の小さな島に渡ってしまったきり／十五年の年月を／裸の土人たちと遊び暮らしてしまったのだった
その妙な詩の中で　私は／文明の虚偽と不倫とをはかなみ／裸の土人たちの――実はまだ知らない裸の心を／夢み憧れ　そして礼賛したのだった
現実の小さな島々の／土人たちの裸の心は／それは雲の上の天使のそれとは／似ても似つかぬものだった／何故と言えば　彼らは生きた人間であり／社会の中に個を守っている／彼らは人間だったから――／彼らは貪欲でもあり　きたならしくもあり／悪心をさえもっていた／それでも私は満足した／十五年ものながい間私は彼らの言葉で／彼らの習慣に従って／よく遊び　よくふざけて飽きなかった（土方久功「黒い海」一九五六年）

南洋庁の設立と民間航路の整備

一九一八年一一月、第一次世界大戦はドイツ、オーストリアなど同盟国の敗戦でついに終結した。翌年のパリ講和会議（ヴェルサイユ条約）で、ミクロネシアは新たに創設される国際連盟（正式発足は二〇年）の委任統治地域（C式）として日本の版図に組み込まれることが決定（五月七日）。二二年四月にはパラオ・コロール島に南洋庁が設立され、正式に民政がスタートする。現地に残っていた軍隊は退去するとともに、軍政時代の行政区分を踏襲して、サイパン、パラオ、ヤップ、トラック、ポナペ、ヤルートに支庁が設置された。(8) また、現地住民については、法律上「島民」(Inhabitant of the islands) と規定され、帰化・婚姻その他の正規の手続きを経なければ、日本帝国臣民とは異なる身分とされた。

では、民間航路の整備状況はどうだったのだろうか。先にみたように、一九一四年から一五年にかけて、現地で視察をおこなった研究者は海軍御用船に便乗して視察を実施していた。(9) だが、海軍による占領後、現地への民間航路の開設は意外と早く、一五年のことである。大戦以前からミクロネシア各地に支店を開設していた南洋貿易が「本土」—南洋群島間の航路開設を海軍省から受命した。その後、日本郵船がこれを引き継ぎ、一七年末の第一船の横浜出航以降、アジア・太平洋戦争敗戦まで、「本土」と南洋群島を結ぶ航路は日本郵船の独占状態となった。日本郵船の南洋航路には東回り線（一九二〇年開設）、西回り線（一九二〇年開設）、東西連絡線（一九二四年開設）、サイパン線（一九三二年開設）の四つがあり、一九二二年の南洋庁設立以降は、同庁の補助金の交付を受ける命令航路となった。ちなみに、横浜から南洋庁が置かれたパラオ・コロール島まで最短で五日（東西連絡線）、通常だと一週間から一〇日程度の船旅であった。

一方、ミクロネシアの離島間については、先述した南洋貿易が最も大規模な経営をおこなっており、やはり南洋庁の補助を受け、サイパン、ヤップ、パラオなどの主要な島と周辺離島を結んだ。環礁内についても、現地の運送会社や個人経営による定期航路が存在し、環礁内の島々をつないでいた（若林：2016, pp. 121–151）。(10)

施政機関たる南洋庁が設立、民間航路も整備され、現地に渡航する日本人の数は着実に増大していく。そうしたなか、一九二九年三月、南洋の「土人」への憧れから、単身ミクロネシアへわたり、空前絶後の民族誌調査をおこなったのが、東京美術学校出身の芸術家土方久功にほかならない。

芸術と民族学のあいだ

ここでミクロネシアにわたるまでの土方久功の履歴を簡単に確認しておく。

一九〇〇年、明治維新の元勲・久元（伯爵）の甥、陸軍砲兵大佐の久路の次男として東京に生まれた久功は学習院に入学した。だが、学習院中学卒業後、父親の病気による陸軍退役などの事情から、土方は、高等科に進学できないという挫折を味わう。さらに、その頃には父母の関係が悪化していたこともあり、父親が亡くなる一九一九年までの二年間を彼は父の看病で費やすことになった。

一方、父が亡くなる直前の一九年、授業料が安いという理由から、土方は東京美術学校彫刻科塑造部に進学する。美校卒業後は、従兄弟である土方与志（久敬）が立ち上げた築地小劇場の活動に協力し、個展も開いている。だが、人生の悩みは深く、二九歳のとき、南の島や「土人」への憧れから、南洋庁所在地であるパラオ・コロール島にわたった。

土方はゴーギャンの絵や版画が好きだったが、彼自身の言によれば、彼を南洋へ「引っ張った」のは、「全然別のもの」であった。なぜなら、ゴーギャンの描く南洋の「土人」とは、彼には「不向きな夢の様なそれ」に思えたからである。むしろ、日本の古代文化への関心から「先史考古学、先史文化史」の本をあさっていくうちに、彼はまた「土人」にぶつかったのだという。すなわち、ゴーギャンの描く「夢のような土人」ではなく、「もっときたならしい本当の土人」である。

もとより、前節で検討した「新占領地」の視察に参加した研究者とは異なり、この時点での土方は、単なるひとりの南洋好きにすぎない。だが、彼は出発前から、現地での調査を計画しており、土方日記によると、当初は、「裏南洋」（ミクロネシア）と「表南洋」（東南アジア）のどちらでもよいと考えていた。だが、ミクロネシアの「先史」「土

郵便はがき

恐縮ですが切手をお貼りください

112-0005

東京都文京区
水道二丁目一番一号

勁草書房
愛読者カード係行

(弊社へのご意見・ご要望などお知らせください)

・本カードをお送りいただいた方に「総合図書目録」をお送りいたします。
・HP を開いております。ご利用ください。http://www.keisoshobo.co.jp
・裏面の「書籍注文書」を弊社刊行図書のご注文にご利用ください。ご指定の書店様に至急お送り致します。書店様から入荷のご連絡を差し上げますので、連絡先(ご住所・お電話番号)を明記してください。
・代金引換えの宅配便でお届けする方法もございます。代金は現品と引換えにお支払いください。送料は全国一律100円(ただし書籍代金の合計額(税込)が1, 000円以上で無料)になります。別途手数料が一回のご注文につき一律200円かかります(2013 年 7 月改訂)。

愛読者カード

10271-6　C3010

本書名　帝国日本の科学思想史

お名前《ふりがな》　　　　（　　　歳）

ご職業

ご住所　〒　　　　お電話（　　）　－

本書を何でお知りになりましたか
書店店頭（　　　　　書店）／新聞広告（　　　　　新聞）
目録、書評、チラシ、HP、その他（　　　　　　　）

本書についてご意見・ご感想をお聞かせください。なお、一部を HP をはじめ広告媒体に掲載させていただくことがございます。ご了承ください。

◇書籍注文書◇

最寄りご指定書店

市　　町（区）

書店

（書名）	¥	（　　）	部
（書名）	¥	（　　）	部
（書名）	¥	（　　）	部
（書名）	¥	（　　）	部

※ご記入いただいた個人情報につきましては、弊社からお客様へのご案内以外には使用いたしません。詳しくは弊社 HP のプライバシーポリシーをご覧ください。

図 6-2　サタワル島滞在時の土方久功（1937 年）

出所：羽根田弥太氏ご遺族提供.
注：左から二人目が土方久功，一人おいて子供を抱いているのが，杉浦佐助.

俗」「伝説」「歴史」「文化」は自分にとって「尽きない興味の泉」「飽きない研究の対象」となるだろうと判断し、さらに当初、言葉の困難を感じずにすむだろうという判断から南洋群島に決めた（土方：2010, p. 397）（図 6-2）。

山城丸に乗って

土方は一九二九年三月七日、兄弟や友人に見送られて横浜港を出航する。彼の南洋渡航に反対していた母親は二七年に亡くなっており、もはや彼を日本に留めるものはなかった。船は日本郵船の山城丸。第一次世界大戦の際、接収したドイツの汽船を改装した船であった。土方は友人、親戚から援助を受け、友人の勧めで一等船室に乗り込んだ。

土方日記は、小笠原、サイパンなどを経てパラオへ向かう旅の様子を伝えている。興味深いのは、船にはサイパンへと向かう沖縄からの移民が大勢乗船しており、土方自身、船中で初めて沖縄の民謡や踊りを経験していることである。

ここで確認しておくべきは、土方が船内で出会った沖縄からの移民は、同時期の沖縄諸島における経済的破綻を背景にしていたということだろう。大正末期から昭和初期に起こった世界恐慌とそれにともなう砂糖相場の暴落は、黒砂糖生産に支えられていた沖縄経済を直撃し、ソテツ地獄と呼ばれる極度の経済的疲弊のなか、多くの沖縄の人々が「本土」や海外への出稼ぎ、移民を余儀なくされていった。実際、南洋移民の半数以上を占めていたのが沖縄出身者であり、後でもみるように、資本をもたない彼らの多くは、現地の農場や工場、土木工事などの下級労働者として働いていた。

ともかく、土方日記から、船内で彼が出会った沖縄の人びとの様子をみておこう（三月九日）。

夕食後、全船のサイパンへ行く沖縄の移民達が踊を踊ってさわいで居たので、皆で見に行く。／真暗な階段を降りると、船底の三等船室の臭気がぷんと鼻をつく。薄倉い電燈の下に、十五畳位ひの低い台があって、お酒もりの場所に当てられて居る。男ばかり十五六人が台の三方に廻ってあぐらをかいて居り、各の前には湯呑に冷酒が置いてあって、時々手にしては、肴なしに酒を呑んで居る。一人が琉球特有の蛇皮線をひき、他の一人が片皮の小太鼓をうって拍子をとる。すると別の一人が踊る。他の連座のものは歌を唄ひながら手を拍って調子をとり、景気をつける。／他の廓は二段の升座敷になって居て、女達は此の升座敷から見物し、小声で唄などを合はせて居る。女も踊るそーであるが、男の方が多く踊るらしい。私達が見た時は男ばかりで、女は踊らなかった。男達は誰でも踊れるらしく、かはるがはる蛇皮線や太鼓も持ちまはし、踊手も相変りあった。

翌日・翌々日（一〇日・一一日）も土方は、三等船室へ沖縄の踊りをみにいき、沖縄の若者から踊りについていろいろな話を聞き書きしている（土方：2010, pp. 399–401）。土方は、それ以前から沖縄文化にも関心をもっていたが、すでに旅の途中から、彼なりの民族誌調査を試みていたのである。

一二日、サイパン着。沖縄からの移民はここで下船し[11]、船は荷下ろしで翌一三日もサイパンに停船した。再び上陸した土方は、いきなり現地住民（チャモロ[12]）の家を訪ねて、チャモロ料理を食べさせてほしいと頼み、無事、夕方四時からご馳走になっている。ここでも積極的に現地の人びとと関わろうとする姿勢がみてとれる。

一四日テニアンに到着し、ランチ（港内用船舶）で上陸。ヤップ（一八日）を経て、一九日、コロール到着。計一三日の船旅であった。

パラオにて

土方は、出発前から、知人のつてで現地での就職先を探す一方、いざとなれば「土人の仲間入り」をすればよいという腹づもりであった。彼はコロール到着の翌日、紹介状をもってパラオ支庁を訪ねたものの、すぐに仕事がみつかるはずもなく、アバイ（現地人の集会所）の絵を写生したりして過ごした。当初は邦人会の旅館に泊まっていたが、すぐに一軒家を借り、新居に引っ越した。

土方にとって幸運だったのが、到着早々での大工の杉浦佐助との出会いである。杉浦は愛知県出身、宮大工として修行を積んだが、年季奉公が明けた二〇歳（一九一七年）のとき、まだ軍政下だったミクロネシアに飛び込み、長年、南洋各地で暮らしていた。杉浦は土方がコロールにやってきたことを聞きつけ、子どもの頃から「彫り物」が好きだったことから、弟子入りを志願して訪ねてきたのだった。杉浦はパラオ語での会話に不自由しなかったため、土方は、芸術や彫刻の手ほどきをする代わりに、通訳兼助手として調査への協力を依頼する。ここに土方と杉浦のコンビが誕生し、彼らはサタワル島での七年を含めて、その後長きにわたり行動をともにすることになる[13]。

杉浦と出会って間もない四月一〇日、コロール島の東端に位置するアルミヅに出かけた土方は、まだ覚束ないパラオ語で現地の老人と会話しようと試みた。語学の才能に恵まれていた土方は、その後、パラオ語の習得につとめ、一年も経たないうちに、現地住民とある程度コミュニケーションがとれるようになる。当たり前だが、これは先にみた一九一四・一五年の「視察」のような短期間の滞在では不可能である。

後から爺さんが私を呼びとめた。日本語が全然わからないくせに、何かもごもご云って居る。私もこんな鄙びた処に、ア・バイなどあろうとも思はなかったが、「ガルケル、ア・バイ」とやって見る。すると以〔意〕外にも爺さん左手の道をさして、「テヤン、ア・バイ」とやる。私は又、右の道をさして、「ガラケル、テヤン」とやると、爺さん「テヤン？」と繰りかへして、右手と首とを横にふって居る。それから、爺さんが「タバコ」と云ふ。ははあ、タバコがほしくてついて来たのだとわかる。二本やって、それから椰子の実をとってくれと云ふ、椰子の実？　けげんな顔をして居るので「アリウス！」と云ってやると、爺さん手まねで、ア・バイ迄行って、帰りに此の家に寄れと云ふ（土方：2010, p. 412）。

コロールは面積八キロ平方メートルの小さな島だが、南洋群島の行政中心地であり、公学校（現地の子ども向けの学校）での日本語教育が普及していたため、「島民」の若者とは日本語でコミュニケーションすることが可能だった。コロール島内を歩き尽くした土方は早くパラオ本島（バベルダオブ島）を巡見したいと考えていたが、山城丸でサイパンから同船した南洋庁職員の誘いで、四月一四日、ようやく本島行きが実現する（二六日まで）。また、「土人の仲間入り」の一環ということだろうか、土方は、その後、食事をパラオのものに切り替えるようになる。五月一九日、隣の家に住む現地の少女ふたりに、毎日食事を運んでもらうように頼んだ。これ以降、土方は、コロール滞在中は基本的に現地住民と同じものを食べるようになった。

こうして土方は「土人」の生活にのめりこんでいったが、一方、この頃から彼はパラオでは伝統文化がすでに取り戻しがつかないまでに失われていると考えるようになった。ここでは五月二三日の日記を引いておこう。この日、土方は紹介状をもってパラオの病院長（高崎氏）を訪ね、ドイツ統治時代、ミクロネシアで幅広い調査を実施したことで知られるクレーマー（Augustin Krämer）の著作をみせてもらった。

高崎氏の処では、ミクロネシヤに関するクレーマーの本を見せて頂く。すばらしいものだ。無数の写真板と其処に出て居る数々の珍しいものとは羨しいものだ。今では見る事も出来ない様な面白い猫や猿の彫刻だの、沢山の人形をつけた大ランプだの。日本の南洋庁では何を持って居るか、私の来かたは確かにあんまり遅過ぎた。日本の博物館はもっとすばしこく、せめては一通りのものだけでも今のうちに集めて置かなくては、もう既に既に何もありやしない（土方：2011, p. 34）。

コロール到着から三か月たった二九年六月二〇日、ようやく南洋庁の嘱託として公学校で木彫りを教える仕事に就くことが決まった。こうして土方は、七月以降、コロール（七月―一〇月）、ガラルド（二九年一〇月―三〇年一月）、マルキョク（三〇年一月―三月）、再びコロール（三月―六月）と、パラオ各地の公学校で子どもたちに木彫りを教えながら調査をおこなう生活を送ることになった。三田牧は、この頃から土方の日記にパラオの人びとの個人名が頻出することに着目している。現地での生活にも慣れた土方のなかで、それまで「島民」「土人」と集合的に漠然と捉えられていたパラオの人びとは、ひとりひとりの個人として認識されるようになっていく（三田：2011, p. 267）。ここもまた、先にみた一九一四・一五年の視察参加者とは大きく異なる部分である。

この頃の土方の主な関心は、パラオ各地に残る石像などの物質文化と伝承にあり、日記には、調査の記録が詳細なスケッチとともに書き記されている。土方は、パラオの伝統文化が完全に失われる前に、可能な限り自分で調べていこうとしたのだといってよい。

だが、コロール到着から一年後の一九三〇年六月末をもって、土方は南洋庁の嘱託を辞めることになる。南洋庁の上司との関係が直接の原因のようだが（清水：2016, pp. 133-134）、最初から「土人の仲間入り」を志向していた土方にとって、我慢してまで嘱託の仕事を続ける意味はなかったのだろう。また、現地住民ともパラオ語でコミュニケーションできるようになり、パラオ各地に滞在したことで、現地の土地勘ができたことも大きい。

モデクゲイ

そして、パラオでの最初の二年半の生活で見逃せないのが、土方と宗教結社モデクゲイの関わりである。モデクゲイは一九一四年頃、パラオ北端に位置するガラルドの一村、アコールに生まれた、伝統信仰とキリスト教の混在した新宗教である。南洋庁は統治上、有害な団体としてモデクゲイを厳しく取り締まったが、日本統治時代、パラオ各地で信者を増やしていた（青柳：1985）。

土方は、ガラルド滞在中、モデクゲイの幹部であるイックルケヅと知り合い、その紹介で、一一月七日、指導者コデップ（コーデップ）と出会う。モデクゲイの関係者は当初、南洋庁嘱託である土方のことを「神様しらべをする人間」として警戒していたようだが、土方の目的が民族誌調査であることがわかり、コデップは、土方の調査にも協力するようになった（清水：2016, p. 133）。

南洋庁嘱託を辞めて以降、土方は、積極的にパラオ近傍の離島へと調査旅行に出かけている。七月から早速パラオの南に位置するペリリュー島、さらにパラオ本島の北にあるカヤンゲル環礁と回り、一〇月末にコロールに戻った。ペリリューはモデクゲイ信仰の盛んな島であり、カヤンゲルで土方はモデクゲイの集会にも参加している。日本人がおらず、伝統的な生活が保たれていたカヤンゲルを土方は気に入り、その後、パラオ支庁による島勢調査への協力、三〇年の暮れから翌年二月末と、機会をみてはカヤンゲルに滞在した。この間も、モデクゲイ指導者のコデップとの協力関係は続いており、たびたびともに調査を実施した。

だが、こうした土方とモデクゲイとの関係はやがて終わりを迎える。一九三一年六月頃には、モデクゲイとの関係が南洋庁内部で問題にされるようになり、さらに七月一〇日にコデップらが土方のもとを訪れ、彼らから「先生と大工さんが神様の事を調べて訴へたので、今度は皆はひどい目に合ふだろう」といわれてしまう（土方：2011, p. 511）。モデクゲイとの協力関係が失われ、パラオでの調査にはもう期待できないと考えたのであろう。八月以降、土方は、パラオに代わる長期滞在の候補地を探し始める。八月にはトコベイ島などのパラオの南にある離島もまわったが、あまり期待できる島は無かった。結局、カヤンゲル滞在時に知り合った、サタワル島出身のオジャラブルを案内人に同島に移住することを決断する。

そして、ここで注目されるのは、三〇年の暮れ以降、土方がパラオでの調査結果を発表し始めたことである。土方日記によれば、コロール在住の民俗愛好家の「民俗研究座談会」（民俗研究瑣談会）において、三〇年一一月一二日と翌三一年三月六日に発表をおこなっている（土方：2011, pp. 355, 430）。これらの口頭発表との関係は不明だが、土方はパラオでの二年間の調査の成果を「伝説遺物より見たるパラオ人」[14]と題する原稿にまとめ、この論考は、彼のサタワル滞在中、瑣談会の同人誌『女酋』に掲載された（土方：1931, pp. 1-128）。

サタワル——タブーの網の目

一九三一年秋、土方は、杉浦佐助とともに、ヤップ離島最東端のサタワル島（土方の表記は「サテワヌ島」）に移り住んだ。サタワル島は、島の周囲六キロメートル、住民はおよそ二八〇名。年に四回、南洋貿易の定期船（離島間航路）が立ち寄るとはいえ、テーブルリーフの孤島のため船は接岸できず、短時間、沖に碇泊するだけであった。そのため、当時、サタワルは南洋群島のなかでも辺境中の辺境と目されていたが、この絶海の孤島で土方は、およそ七年間、現地住民とほぼ同じ暮らしを続けることになる。

九月二一日、土方は、杉浦とオジャラブルとともにコロールを出航した。彼らが乗り込んだ南洋貿易の長明丸は、パラオの南方諸島とヤップの離島を結んでいた。土方は、これらの島々を経由し、出航から一八日目の一〇月八日にサタワル島に上陸した。

日記をもとにした回想録（『流木』）には、南洋貿易のパラオ支店長に事情を話し、ウルシーまでの切符は買うが、好きなところで降ろしてもらうことを了解してもらったと書かれている。だが、実際には土方は、最初からサタワル島に暮らすことを決めていた。ヤップ島に上陸した際、南洋貿易のヤップ支店長に、会社が所有する家の使用許可を得た上で、役所にサタワル島の入島届けも提出している（土方：2011, p. 524）。また、日記にも明示的に書かれておらず、いつ決まったかも不明だが、南洋貿易から委託されたコプラ管理が彼らの「副業」となっていたようである（染木：2008, p. 214）。

土方と杉浦は、サタワル島上陸後、南洋貿易所有の小屋を改装して島暮らしを始めた。ここで見逃せないのが、到着して五日目、サタワル島に同行したオジャラブルが連れてきた、イニポウピーという一七、八歳の娘を「お嫁さん」としたことである。いわゆる現地妻である。太平洋の島嶼社会では外来者に配偶者を与える習慣は広くみられたとはいえ、ここには、単なる「友だち」にはとどまらない、土方と現地住民の関係がある。(15) サタワル島到着後、土方が弟（久顕）に宛てて書いた最初の手紙ではサタワル島での生活について次のように述べられている（三一年一一月一六日）。

此の島の日本人と云ふのは私と、私と一緒に来た私のお弟子と、唯二人だけ。まだ言葉が一向わからないので面白いと云ふ所までは行かないが、それでも島中で一番えらいのだから、気持ちがいい。（中略）最後に特筆すべきは、此の島に来て五日目にお嫁さんを貰ったことだ。一つにはパラオは既に開け過ぎて居て、女達が殆ど計算的な男女関係をとる様になって居ることと、性病盛な事との為だったが、ここでは、それこそ神代の国だから、絶無とは云へないが、評判以外の者ならば、十中九までも健全と云っていい。私のお嫁さんはイリボ《マ》ーピ《マ》ーと云う者だが、島中で一番色が白いので評判の女だ（土方：2011, pp. 541-542）。

また、土方は、翌三二年の正月には、住民を海岸に集め、「両陛下並に帝国の万歳を称へ、皇居を遥拝」させている（土方：2011, p. 554）。彼は、島の「指導者」、端的に「支配者」でもあった。

もちろん、土方がサタワル島にわたった主たる目的は、現地住民の調査にあった。彼は、サタワル島でも日記に詳細な調査記録を残しており、その成果は後に数多くの論文として結実する。

一方、日記の調査記録自体も改稿され、後に『流木』（一九四三年）として刊行、これが土方最初の著作となった。『流木』の記述で注目されるのは、様々な禁忌（タブー）に、ある意味でがんじがらめになっているサタワル住民の暮らしである。同書の「はしがき」は次のように述べる。

> 未開人の生活がどんなに、ほとんど自ら作った網の中でもがいているような、こまごましたむずかしい規定に支配されなければならないか！
>
> しかしながら一方これがまた、この中にまた、彼らの理性をおきざりにした、盲目的に慣らされた感情の、論理にかかずらあわない矛盾だらけの神秘の——そしてそれによって何千年間彼らの実生活が、現に立派に過ごされている、彼らの道徳であり倫理であり——彼らの全生活の調和がこの中にあるのである。それは、これなくしては成り立たないていいのものであって、いちがいにわれわれ文明人の頭でわり出したような批判によって、その

一部をでさえも急激に覆しでもしたならば、たちまちこの調和は乱されるであろう。
すでに述べたように、現在残っている未開人というものは、おそらく太古の原始人とは似ても似つかない――もちろんその間には、技術、思考等の点については大体的な類似は大きいであろう――が、実際生活の上においては、彼らは、現在未開のまま取り残され、何千年の間積もり積もってきた、このままでは向上へも進歩へも、何とも動きようのない矛盾だらけな神秘の中に、文明人からは理解することのできない怪奇複雑な規矩の網の目の中に、生活しているのである（土方：1992, p. 2)。

ここに示されているのは、「未開人」を「文明」へと至る進化の系統樹上の下位段階に位置づけたり、現代に生きる「原始人」とみなす発想とは異なる視点である。彼らが生きているのは、けっして単純素朴な「原始人」の社会ではなく、危うい調和を保つ「複雑怪奇な規矩の網の目」のなかなのである。

実際、『流木』や土方日記をみると、当時のサタワルには実に多種多様な禁忌が存在していたことに驚かされる。たとえば、食事に関する禁忌のほんの一部を挙げるだけでも、バナナの実やマウ（鼈甲亀）はけっして食べてはならず、とりわけマウは獲ることも、獲ったものに触れることも許されない。ウォン（正覚坊亀）を捕らえた者は、月が二つかわるまで、海岸の砂浜に起居して穢を祓わねばならず、そのあいだは部落に出てきてはならないし、食物も一般の村人と別の火で調理されなければならない。また、流木に従ってやってきた魚は、煮たり切ったりしてはならず、丸ごと焼いて食べなければならないし、鰹は竹の刀で切らなければならない、といった具合である。土方は、島到着早々から、住民にこうした禁忌を聞いて、それを守りながら暮らし続けたのである。

「文明」と「未開」

それでは、土方はサタワル島の住民をどのように捉えていたのだろうか。土方の彼らに対する見方は多義的だが、たとえば、次の一節は、土方の「土人」観を示すものとして興味深い。これは、『流木』に続き、出版を予定して清書された未発表原稿の一部である。

この島に来てから既に二度正月を迎えた。私たちは、何ということはない、以前からの習慣によってお正月と思い、お正月のような気もし、お正月だといって御馳走を作ってみたりしたが、土人達――過去をいつくしむでもなければ、遠い将来に期待することもない、唯々今日に、或は僅かに明日か明後日の目先きにだけ生きている土人達が、何で自分の年齢のことなど考える訳があろう。今年こそ――なんて思う者もありはしないし、光陰矢の如しなんて歎ずる者は決してない。時をほしいなどと思う者に至っては――そんなことに何の意味があろう。今日出来ないことは明日があり、明後日もあるではないか。
いったい時を惜しむなんて事は、寿命を予測し、一生の仕事を予望するからなので――一歩一歩位置を高めて行く、金を貯めて行く、生活のレベルをあげて行く等――土人達のように今日を生きる為にだけ仕事をしている人生は、それだけ働けば立派なものであり、少しばかり怠け過ぎたところで、隣人がいるから頼めばよいではないか。頼むかわりにまた何時か頼まれればよいではないか。ものが無い時は貰えばよいではないか、沢山ある時は誰にでもやればよいではないか（土方：1992, p. 389）。

先に述べたとおり、土方と杉浦は、サタワル島で初めて正月を迎えた三二年の元旦、住民を海岸に集め皇居遥拝をさせていた。また、翌年の元旦にも全員を集め、「両陛下」「日本国」「当島」の「万歳」をさせた後、踊りを命じたりもしている（土方：2012, p. 150）。だが、皇居遥拝の儀式は最初の二年で終わり、その後は正月も他と変わらぬ一日となっていく。[16] こうした正月の過ごし方の変化は、土方たちが次第に現地住民と同化していったことを示している。

そして、ここで注意したいのは、「土人」たちの「今日を生きる為にだけ仕事をしている人生」が、「改善」の対象とはみなされず、むしろ自分が生きてきた「日本」をも捉え返す基点となっていることである。サタワル島での生活を通して、土方が獲得した自文化を相対化する視点を確認しなければならない。

しかし、当然のことながら、住民わずか二八〇名という離島であっても、一九二〇・三〇年代のミクロネシアに「文明」から完全に途絶された場所などありえなかった。たとえば、年に数回訪れる定期船は、住民たちにとってタバコを手に入れる重要な機会と位置付けられる一方、定期船の到着のたびに免疫をもたない島の住民のあいだでは感冒が流行り、幾人も命を落とすことが通例であった。

そして、結局のところ、土方たちはサタワル島の住民にとって異邦人であり、一九三九年、彼らはコロールに戻ることになる。土方がパラオに戻る決意を固めた理由はさだかではないが、その一つのきっかけとなったのが、彼らが訪れる前に島で起こった殺人事件であったことは確かだと思われる。実は土方たちが暮らし始める以前、サタワル島では黄永三というコプラの仲買をしていた一人の朝鮮人が椰子の木から落ちて変死するという事件があった。当時は、警察の捜査もそれ以上されず、その真相は分からないままだったが、あるきっかけで、土方たちは、素行が乱暴で住民から嫌われていたらしい黄が実は殺されていたことを知る。結局、土方たちが島を去るのと入れ替わりに、パラオから警官たちがサタワル島に派遣され、この殺人事件の責任者（当事者は既に死亡していた）として第一首長ほか一名がパラオ島に連れ出され、処刑されたのだという。

七年ぶりのコロール

一九三八年の暮れ（一二月二五日）、サタワル島をマイ丸（離島間航路）で立ち、翌三九年一月五日、土方は、七年ぶりにコロールに戻った。コロール到着後は、帰路の途中で船を乗り換える際、偶然一緒になった熱帯産業研究所の田山利三郎の舎宅に世話になることになった（土方：2012, pp. 550–551）。

サタワル島とは異なり、近代的な貨幣経済にすっかり組み込まれたコロールで暮らすため、その後、土方は職を探し始める。一時は日本へ帰ることも考えたようだが、田山の斡旋もあって、南洋庁に職を得て、土方はさらに四二年まで南洋群島に滞在することになる。

この間、南洋庁の地方課嘱託（四一年五月からは商工課物産陳列所も兼務）として民族誌調査や民芸品の蒐集にあたりつつ、土方は、主としてサタワル島での調査経験にもとづいて、「本土」の学会誌などに論文を精力的に発表していく。この時期に発表された土方の論文は、サタワル島の住民を直接のテーマとしたものにしぼっても、自然観、慣習、親族構造、宗教様式、子供の養育法、漁法、葬儀など多岐にわたり、敗戦までに発表された論文は、計二〇本にのぼる。

一方で七年の時を経てコロールに戻った土方がみいだしたのは、大きく変容した島の姿、そして現地住民の暮らしだった。戦後になって発表された「ガルミヅ行」（一九五三年）という文章のなかで、土方は当時のことを次のように語っている。

そこは確かに昔の所だった。けれども、そこはまた、昔のままでは決してなかった。昔の青い禿山《ア・ケツ》——その中を気まぐれに曲り曲り上ったり下ったり一筋に何処までも続いていた赤い道、そしてどこまでもひろがった段台と其処に面白く出来る影、何か、こう悲しい草のにおい、そして禿山の何処にでもひょろひょろと生えている蛸の木……それらは決して昔のようにはしていなかった。道は自動車が通れるように幅広くなっていた。それが新しくて石が敷かれて、何かかさかさと乾いた感じがする。高い処は掘りさげられ、昔の道とは関係なく、あまり上り下りがないように山の中腹を縫って、川のように大きくうねって横たわり、それよりもガルバケヅサオの方まで段台は崩されて一面の畑となり、その所々にマッチ箱のような四角い家があって、トタン屋根がオモチャのようにくっついている。（中略）そのうえ日曜日だと言うのに、三十人も四十人も沖縄人が山腹を削っては赭土を運び、それから或る所では小さな工場のようなものがあって、其処で白い石の塊がガラガラと二寸位の大きさに咬み砕かれ、それがトロッコで運ばれ、そして切り立てた赭土の山腹になだれおとされて居り、その下には人夫小屋が立っていて、その小屋の中で朝鮮服の白のうすよごれたのを著けた女達が何かしていた（土方：1991, p. 16）。

一九三九年当時、南洋群島に暮らす日本人人口は七万七千二五四人で、既に「島民」人口（五万一千七二五人）を大きく上回っており、とりわけコロール島の邦人数は、土方のサタワル島滞在中に二千人足らずから一万三千人へと増大していた。こうした移民による急速な人口増と開発の進展によって、コロールの風景もまた大きく変容していたのである。

しかも、「沖縄人」が道路工事に従事し、「人夫小屋」に朝鮮人女性がいるというこの記述には、植民地における多層的な差別の構造が表れている。当時のパラオにあって、「本土」出身の日本人は一級市民、「沖縄人」や朝鮮人は二級市民とみなされたとしばしばいわれるところである。

さらにまた、先の土方の回想には、パラオの老人たちとの会話を書き綴った次のような一節もある。

それから老人達は本島方面で起っている各工事、それに出る人夫とその賃金の分配に就いて不正と批評に関して長いこと話しあっていた。そして時々私に向って一寸とした説明をしたり、また「私達パラオの者達はまだ愚かなものですから、いつでも、何事でもこんな風にこんがらがってばかりいるのです。あなた方が聞かれたら、馬鹿なこととお思いになるのでしょうが」などと弁解したりする（土方：1991, p. 62）。

ここからうかがえるのは、各種工事にかり出されているコロールの住民、そして植民地支配のもと搾取される彼らの姿である。先に述べたように、「新占領地」視察参加者の予測（第一節）とは異なり、二〇年代以降、日本人（沖縄）移民が急増したこともあり、南洋群島において、労働力として現地住民の重要性は必ずしも高くなかった。だが、この語りからは、一九三〇年代末にあって、「島民」の労働力としての利用が進められつつあった状況も看取できる。

明治以降の日本の海外への領土的関心には、大きく分けて、朝鮮半島を経て中国本土、満洲方面に向かう北進論と、台湾、南洋群島を経て東南アジアへと深く南進論の二つの系譜が存在し、前者の思想を陸軍、後者を海軍が代表していたといわれる。だが、現実には日本の海外における領土的拡大は、陸軍主導による前者が主流を占め、南進論は基本的に貿易や経済開発を中心とするものであった（矢野：1975）。

しかし、満洲事変（一九三一年）後、国際連盟の調査団が提出した報告書（リットン報告書、一九三二年）を不服とした日本は一九三三年に国際連盟からの脱退を表明する。国連脱退は三五年に正式発効するが、この頃から海軍は「海の生命線」として南洋群島の重要性を喧伝し、一方、委任統治という軛から自由になった南洋群島は日本にとって文字通り植民地（直轄領土）と考えられるようになる。こうした状況下、一九三〇年代後半以降、パラオ開発は加速し、密かに軍事基地化が進められる一方、国内における南洋群島への関心も高まっていく（松島：2007）。

そして、サタワル島から戻って以降、土方自身も、こうした同時代の状況にいやがおうなく巻き込まれていく。南洋庁嘱託の仕事が三月に決まり、四月一七日、土方は、杉浦佐助らとともに山城丸に乗り込み、いったん「本土」に戻った。一〇年ぶりの東京では、友人や親戚と旧交を温めるとともに、杉浦の作品展（銀座三昧堂ギャラリー、六月二一—二四日）と土方自身が集めた「南洋土俗品展」を開催したりしている。[17] 八月に再びコロールに戻ってからは、南洋庁の土地旧慣調査委員としての業務、離島への出張旅行、南洋貿易（南貿）での民族資料の展覧会への出品などが続く。土方の南洋庁の仕事は嘱託であるため、出勤は不定期でよかったが、当時、コロール随一の文化人として土方の名は広く知られるようになっており、人と会う機会も増えていく。

だが、コロールに戻って以降、南洋庁の仕事に土方が積極的に関わったと考えては事態を見誤ることになるだろう。もともと南洋の「土人」たちの生活に憧れて、ミクロネシアにやってきた彼にとって南洋庁の役人たちもまた別の世界の人間だった。本章で論じる余裕はないが、コロールに戻った土方が心置きなくつきあえる人間は、彼がサタワル島滞在中の一九三四年に設立されたパラオ熱帯生物研究所の若い研究員や、一九四一年六月、南洋庁の教科書編纂掛として現地に赴任してきた作家中島敦など、ごく少数に限られていた。

そして、土方は、一九四二年二月、南洋庁の職を正式に辞し、三月四日、中島敦とともに、サイパン丸でコロールを去ることになる。三月一七日、横浜着。その後、彼は二度とミクロネシアの土を踏むことはなかった。

第三節　「来るべき日」のために——京都探検地理学会のポナペ調査

熱帯探検の足ならしといふほかに、この遠征隊にはもうひとつ重要な目的があった。それは隊員一〇名のうち七名までが学生であるといふ事実の示すごとく、来るべき日にそなへての学生会員の訓練といふことであった。わたくし自身も、当時蛇尾に附していった学生のひとりに他ならないのであるが、いまにして思へば、この遠征によって学生たちの受けた訓練は、まことに貴重なものであった。ひとり探検の技術的側面にとどまらず、優秀な幹部隊員の指導によって、学術探検家としての野外研究の訓練をつんだことは、特に有益であった（吉良龍夫「あとがき——編者に代りて」『ポナペ島』一九四四年)。

今西錦司と京都探検地理学会

太平洋戦争開戦直前の一九四一年夏、京都探検地理学会は、ミクロネシアのポナペ島などで三か月にわたる学術調査を実施した。調査隊のメンバーは、京都帝大の今西錦司隊長(当時、理学部無給講師)以下、森下正明(農学部副手、生態学者)、浅井辰郎(建国大学助手、地理学者)、池田敏夫(法学部学生)、秋山忠義(同)、松森富雄(経済学部学生)、中尾佐助(農学部副手)、吉良龍夫(農学部学生)、梅棹忠夫(理学部学生)、川喜田二郎(文学部学生)の計一〇名である。

ただし、後にみるように、調査旅行中に、帰国便に予定していた船(笠置丸)の欠航が決まるというアクシデントがあり、参加メンバーのうち、都合のつかない四名はそのまま帰国、今西と森下・中尾・吉良・梅棹・川喜田の六名が予定を一か月延長して調査を続行することになった。すみわけ理論などで知られる今西錦司とともにポナペに残った若者たちは、その後いずれも戦後日本を代表する研究者となった。また、調査報告書(『ポナペ島――生態学的研究』)は敗戦間近の一九四四年に刊行され、そこには編者の今西のほかに、吉良(第一部「生物」を今西とともに担当)、森下(第二部「島民」)、浅井(第三部「日本人」)、梅棹(第四部「紀行」)が執筆者としてくわわった。

まずは、ここでポナペ調査隊を送り出した京都探検地理学会について確認しておこう。京都探検地理学会は一九三八年暮れ、今西錦司が中心となり、京都帝大に属する各分野の若手研究者によって設立された。会長に大学総長に就任したばかりの羽田亨(東洋史学)、さらに新村出(言語学)、小川琢治(地質学・地理学)、川村多実二(動物学)、駒井卓(遺伝学)、正路倫之助(生理学者)らの教授・名誉教授陣を賛助員に迎え、今西のほかに、小牧実繁(地理学)、槇山次郎(古生物学・地質学)、水野清一(考古学)、徳田御稔(動物学・進化学)、木原均(遺伝学)の六名が幹事に就任した。

今西によれば、一九三八年一二月二日、彼は東京帝大で開かれた日本生物地理学会の一〇周年記念講演会に招かれて講演をおこなった。その晩餐会の席上、たまたま会に参加していた徳田御稔とともに、東京で学術探検熱が高まっていることを知り、京都でも学術探検のための団体を結成する必要性を感じたのだという。今西たちは、さっそく先に挙げた会合を京都帝大の楽友会館で開き、会名については、参加者の投票により京都探検地理学会と決まった（今西：1942, p. 1）。

学会では、翌三九年一月三一日、第一回の例会を開催し、四〇年からは会誌（『京都探検地理学会年報』）の発行を開始する。例会は楽友会館を会場に、最初はおよそ月一回のペースで開催、四三年一一月まで計二一回を数え、会誌も四三年九月まで計四冊発行された。

京都探検地理学会が産声をあげたのは日中戦争のさなか、アジア・太平洋戦争開戦直前のことであり、実際のところ、学会が公式に企画・実施できた海外調査は、ポナペ調査だけである。だが、今西は一九三〇年代から積極的に海外での学術調査を推し進め、それまでに京都帝大の白頭山遠征隊（一九三四―三五年）、内蒙古学術調査隊（一九三八年八―一〇月）などを実現させていた（斎藤：2014）。

一方、第三高等学校で今西の後輩にあたる吉良・梅棹・川喜田は、今西たちの影響を受けて、高校時代から海外での探検的登山の実績を積み重ね、四〇年、梅棹は、学会の学生会員たちが実施した樺太での犬ぞり旅行（樺太踏査隊）にも参加していた。吉良に一年遅れて四一年四月に梅棹と川喜田は京都帝大に進学、志を同じくする友人六名でベンゼン核と称するグループを結成し、今西の門をたたくことになる（梅棹：2002 ほか）。こうして四一年夏のポナペ調査への参加が実現したわけである。(18)

「来るべき日」のために

では、どのような経緯でポナペ調査は企画されたのだろうか。

今西によると、一九三九年夏、学会は北支蒙疆の調査計画を立て、外務省文化事業部に当たったが、話がうまく行かなかった。続いてイラン遠征計画を立て、大阪毎日の後援を受けるところまで話が進んだものの、四〇年五月頃より国際情勢が険悪となってきたため、東京毎日、大阪毎日なども協議し、むしろ南方の探検を先にすべきではないかということになった。そこで、学会では、ニューギニア探検計画を作成し、海軍の関係者とも協議を始めたが、ニューギニアにはいつになったら入れるか見当がつかない。さらに、翌四一年には興亜院北支連絡部の委嘱を受けて、北支調査を実施する予定を立てたが、これも交渉がなかなか進まなかった（今西：1942, pp. 2-3）。

一方、吉良によると、学会では、同年春頃から、幹事長の木原均と南洋興発の援助で、学生をくわえ会員の一部を南洋群島に派遣する計画も立てられていた。こうして夏前になり、今年はいっそのことミクロネシアに集中して調査を実施するということになった（吉良：1975, p. 501）。再び今西の言葉を借りれば、将来ニューギニアをやる気なら、南方の経験を積んでおいた方がよいと判断し、「取り敢へず行ける処として」（今西：1942, p. 3）ポナペ島は選ばれたのである。なお、当初、小牧実繁（地理学者）が調査隊を率いる予定だったが、急に支障が生じたため、今西がこれに替わることになった(19)。

ここで注意すべきは、ポナペ調査が何よりも「熱帯探検の足ならし」「来るべき日にそなへての学生会員の訓練」のために企画されたということだろう。今西たちの強い探検志向も考慮に入れなくてはならないとしても、これはミクロネシア調査史という観点から考えると、南洋群島がもはや単なる訓練（トレーニング）の場となり下がったことを意味している。統治開始から三〇年近くが経ち、現地の経済発展もあって、南洋群島は、ある意味で気楽に行ける場所になっていた。

では、なぜニューギニア探検だったのか。前節でみたように、日本が国際連盟から脱退した三〇年代中盤以降、ミクロネシアの植民地化は加速するが、一九四〇年頃には、南洋群島（内南洋）を拠点にニューギニアを含む東南アジア（外南洋）各地へ進出しようという機運が高まっていた（平野：1941, pp. 2-17）。ニューギニアは、探検の対象以前に日本人の経済進出先であり、実はポナペ調査に協力した南洋興発は早くからニューギニア開発をリードしてきた会社でもあった[20]。

それでは、ミクロネシアの数多くの島嶼のなかで、なぜポナペ島が選ばれたのだろうか。木原均によると、ポナペ調査では、ポナペを「外来者の影響をうけて、急激な変化を遂げつつある」太平洋の島々の「代表的の島と見たててその現実を記録」することを目指した（木原：1975, p. 1)。これだけではポナペを選んだ理由の説明としては不十分だが、戦後の吉良の回想によると、同島に決まったのは、なかば偶然の産物だったようである。「調査隊の生みの親」である木原は、その頃ミクロネシアでサトウキビの育種と細胞遺伝学の研究を進めていたが、木原研究室の当年の調査予定がたまたまポナペであったため、ポナペ調査隊もそれに便乗する形になったのだという。

だが、今西たちの山岳志向やニューギニアの予備調査という隊結成の経緯から考えて、隆起珊瑚礁の島や環礁島は問題外であったことは確かである。ニューギニアとは比べものにならない小さな島であるとはいえ、ミクロネシアの最高峰（ナナラウト山、七九八m）を擁する火山島で、海岸線からナナラウト山まで植生の高度分布が観察できるポナペはもともと生態学者である今西にとって好都合だったと考えられる。実際、吉良は、「てきとうな大きさ、ほとんど荒れていない自然、ゆたかだが熱帯としてはかなり単純化した生物相」などの点で「生態学のトレーニングの場」としてポナペは理想的な条件をそなえていたと振り返っている（吉良：1975, VI-V)。

パラオ丸に乗って

表6-3 パラオ丸での特別講義

氏名	所属	講義名
西山市三	京都帝大農学部助教授	南洋と遺伝学
泉井久之助	京都帝大文学部助教授	ミクロネシアの言語について
羽根田弥太	慈恵医大講師・パラオ熱帯生物研究所（元）研究員	熱帯の有毒動物
田山利三郎	東北帝大理学部助教授・熱帯産業研究所技師	南洋群島の地形学，及びニューギニア旅行談
杉浦健一	東京帝大理学部嘱託・南洋庁嘱託	南洋群島の民族学

出所：梅棹忠夫「紀行」今西編『ポナペ島』(1975年より) 作成.

一九四一年七月一四日、今西たちは、日本郵船のパラオ丸で横浜を出航する。梅棹によれば、南洋へ帰る人たち――移民や現地の会社員などであろう――で船は「超満員」であった。野外での生活に慣れた彼らは、三度の食事が終ると、デッキで波の起伏を眺めながら、大声で歌を歌ったり、議論したり、本を読んだりする毎日を送った（梅棹：1975, p. 402)。また、船中で学生たちは、同船したミクロネシアの専門家から毎朝、二、三時間の講義を受けることができた。他にも講義はあったようだが、梅棹が書き留めている研究者名と講義内容は上のとおりである（表6-3)。[21]

ただし、本来「北方大陸」での学術調査を志向し、ニューギニア行きも不可能となった結果としてのポナペ調査は、彼らにとって「大海の一粟中でのあくせくとした仕事」に思え、「気乗りが薄」いものであった。パラオ本島（バベルダオブ島）に船が近づくにつれて、梅棹は「その外観が内地のただの松山とさっぱり変わらない」ようにもみえ、悲観的な気持ちになったという。

調査隊一行はパラオ・コロールに七月二〇日到着。翌日、彼らは、南洋庁につとめる今西の旧友の案内で、物産陳列所、水産試験所、パラオ熱帯生物研究所、熱帯産業研究所、南洋神社などの各種施設を見学した。ちなみに、前節でみたように、土方久功は南洋庁嘱託として当時、物産陳列所につとめていたが、彼の日記には今西一行のことは記されていない。その日、土方は出勤していないため、今西たちと会うこともなかったのだろう。[22]

梅棹は、コロールの印象も書き留めているが、ここで注意してよいのは、彼の描き出すコロールの街には、ほとんど現地住民の姿がみえないことである。[23] 一行はアバイや「古い島民の部落」も見学したが、梅棹の印象に残ったのは、むしろ南洋神社（四〇年に創建）だったようで、神社の様子を詳しく記すとともに、「フロンティーアにおける神社の創建といふものは、大なり小なりその地方において、日本民族がすでにその土地を、辺境の前進基地として確保したことを示すもの」「その地方における民族の種として主体性の確立の表徴」だと述べている。

また、近代的にみえるコロールの街も、南洋庁近くの本通りから一歩外れると、「混乱と貧弱さ」があふれているとし、そこでみかけた移民たちの姿を次のように描いている。

そこでは、店は常に小さく汚いし、道にあそぶはだしの子供たちは殆ど裸体に近く、そこに行き交ふ日本人たちも、それは大部分沖縄県人らしく見受けられたが、黒い顔色と、その恥も外聞も忘れたような不体裁な服装とは、たしかに一部の人たちからは顰蹙をかふであらうが、実はこれらの人々の強靱な粘着力こそ、酷暑の環境を征服して、日本民族が着々と大地に建設の歩みをふみしめてきたその力の、偉大なる一部力をなしてゐるのであらう。[24]

二二日、パラオ丸はパラオを出航。次の目的地であるトラックに到着する頃、帰路に予定していた笠置丸が欠航となるという情報が入った。その次となると、九月末の横浜丸を待たなくてはならない。そこで、都合のつかない四名はそのままパラオ丸で一足早く帰ることにし、残る六名は時間に余裕ができたので、まずは全員でポナペ以東のクサイ、ヤルートまで足を伸ばすことで話が決まった。

二六日トラックに入航、トラックの「島民学校」や「島民」集落などの見学などをおこなう。二八日早朝トラックを出航し、二九日、目的地であるポナペ島到着。翌日から一泊二日でナナラウト山登山班（池田・松森・秋山・吉良・川喜田）と春木村（日本人移民村）視察班（浅井・中尾・梅棹）に分かれて大急ぎの踏査を実施した。

八月一日、一行は再びパラオ丸に乗り込み、クサイ、ヤルートを巡航して、八月九日、再びポナペ島コロニアに入航。四名は、翌一〇日、そのままパラオ丸で横浜へ向かい、残り六名により調査は「第二段階」に入った。

訓練地としてのポナペ

八月一一日、ポナペ島に残った今西・森下・中尾・吉良・梅棹・川喜田は、熱帯産業研究所から宿舎として提供された「分場長官舎」に移った。「調査計画の細目の打合せや、さまざまな論戦」「諸種の交渉、買出し、情報集め、郊外の予備的調査など」に数日費やす。こうして、ポナペ調査の三つの核である（一）植生を中心とした生態学的調査（二）「島民」の生活調査（三）「外来者日本人の社会」調査に関する細目が決まった（図6-3）。

八月一五日、一行は陸行班三名（一周道路で陸行）と船行班三名（汽艇でリーフ沿いにまわり、植生図を作成）に分かれて中心街であるコロニアを出発、まずはナナラウト山への登山口であるメタラニウム（マタラニーム）のレイタオに向かった。

陸行班は、途中のウー村イプトクからメタラニウムのレイタオへ峠を超えるまでで計三人の案内人を交替で雇い、彼らから動植物に関する詳しい情報を得る。夜遅くレイタオ着。一足先に到着していた船行班と合流した。

レイタオは南洋興発が一九三三年から開発を進めていた土地であり、彼らは興発の倶楽部に宿泊した。一行はナナラウト登山の準備を進めつつ、採集や周辺地域の見学を実施したが、レイタオでは日本人と「島民」が混在して暮らしており、現地住民は生活様式、言語、習慣において日本の影響を受けていることが予想された。そこで、レイタオを新たに調査地にくわえ、「ポナペにおける生態観察」の地点として「邦人の都市コロニア」「邦人の農村村春木村」

図 6-3　ポナペ島の地図と調査経路

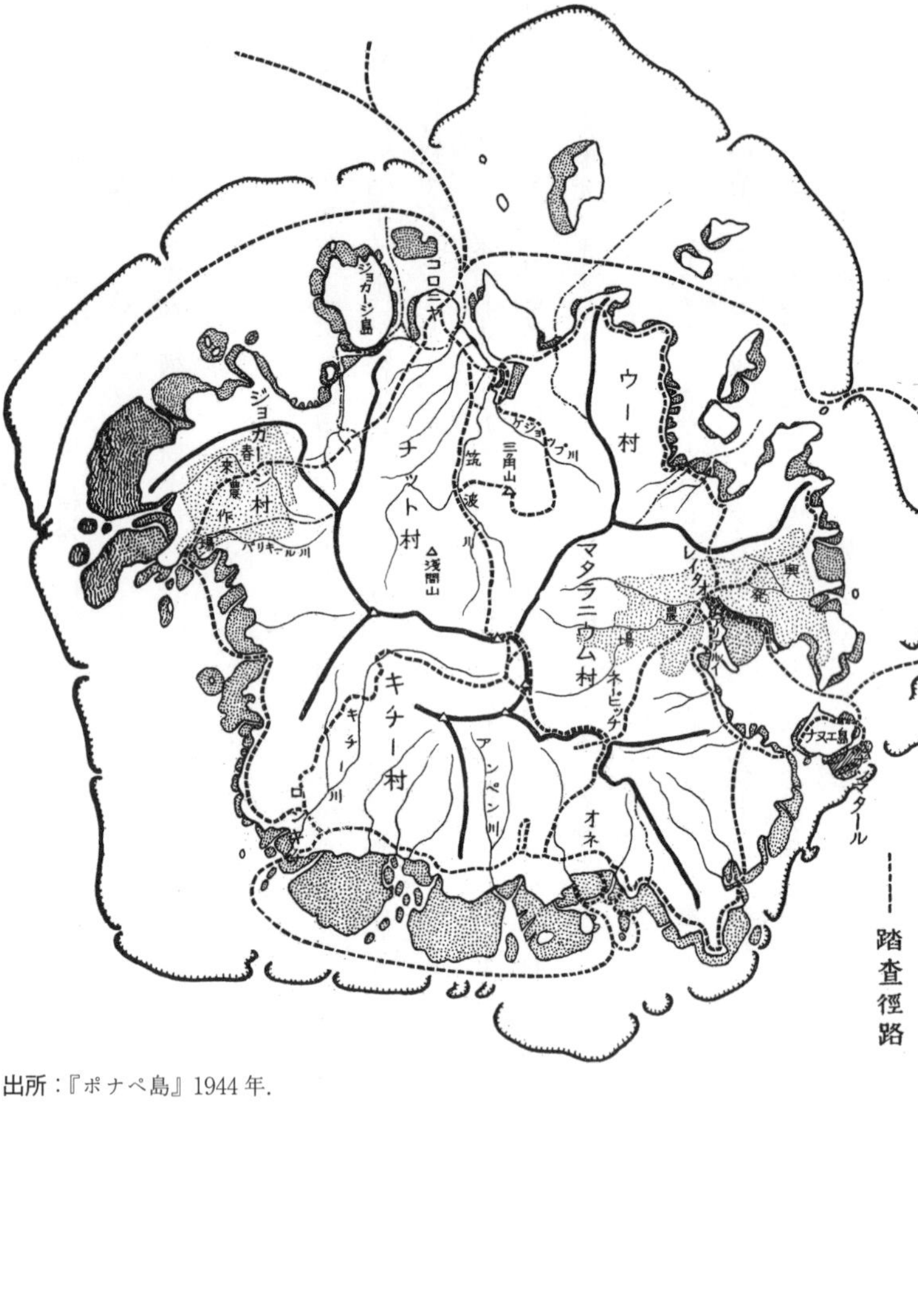

出所：『ポナペ島』1944 年.

「最も純粋な島民部落オネ」と「邦人、島民の混住するこのレイタオ」の四つとすることにした。滞在中、村の駐在所に頼んで、メタラニウムのカテルシャンを頭に「人夫」計六名を雇うことになった。

二一日朝、隊員六名、「人夫」六名でレイタオを出発。森林に入ってからは数人で手分けして、樹木の種類別統計を記録しながら進むが、次の「前進根拠地」として予定していた山頂部付近の岩小屋がなかなか発見できないというアクシデントが発生。現地に詳しい「島民」のアンドレアスを連れてくるため、いったん麓のオネ村まで森下・吉良・梅棹とカテルシャンが降り、二五日、アンドレアスのおかげで、ようやく岩小屋に到着することができた。この間に三名の「人夫」を村に返し、これ以降、カテルシャン・ウリアム・ヨアケムの三名とアンドレアスが今西たちと行動をともにすることになった。

この岩小屋は、巨大な岩盤が斜面から突き出た下にあり、広さは一五畳くらい、豪雨のときも雨が入らず、床の土は森林のなかで、唯一乾いた場所であった。かつてドイツ統治時代に起こった現地人の反乱（ジョカージの乱）の際、首謀者が最後に逃げ込んだ場所だったという。

梅棹は、調査時における「島民人夫」たちの能力を高く評価していた。彼は、自分たちが聞かされた、「南洋土人」の能力に関する低評価を否定したうえで、次のように述べている。

人夫の問題に関してわれわれがとった方策とその結果は次のようなものであった。一般に、仕事に対する適・不適の個人差を無視した人夫募集方法は、多分に危険性をもつものである。われわれは島内最優秀といはれるアレックこそ手に入らなかったが、その代りにカテルシャンを人夫頭として指名で傭ひ入れ、その他は彼の撰択指名に委せた。それも実際に山地で是非必要な人員よりも多くを一旦傭ひ入れ、われわれ自身による数日の観察によって、その働きぶりから判断して上述の如く篩にかけて三名をのこしたのである。そしてこれは非常に成功であった。体力の強い、精神的にも優秀な、そして何よりも山で働くことの真実にすきな連中がえらばれたからである。次に彼等の特殊な性質をのみこんで、よろこんで働けるようにしてやることが必要であった。彼等自身は何も村では所謂農耕業主であり、金銭のためには毫もこのような労働の必要を認めてゐないにも拘らず、駐在所の命令によって徴用されて来たものなのであるから、まづこの事情をよく呑みこんでやらねばならぬ。彼等は生来極めて朗かでユーモアに富んだ人種であり、われわれがそれを認めてある程度打ちとけてやれば、大いによろこんで和気藹々のうちに働くのである。そして、彼等は、その主人に心服すれば驚くべき従順さを示した。（中略）要するに彼等は、われわれが原始民族として、また屡々耳にした悪評を基として、彼等に期待してゐたものよりもはるかに優秀であることを身をもって示し、雇傭者側の不馴れや失敗がその大きい原因である所の同族の無実の罪を立派に拭ひ去ったのである。われわれは、更に南方の、そして更に未開な種族の間にふみ入る際の、優秀な下士官級の人物として、その風土に対する適応性とともに、彼等の素質をかなり高く評価してもよいと思った（梅棹：1975, pp. 467–468）。

ここで見逃せないのは、「島民人夫」が「駐在所の命令」による「徴用」だったことだろう。梅棹は、「人気男アンドレアス」をはじめとする「島民人夫」の活躍を記録しているが、隊員たちがあくまでも支配者として彼らに接していることは否定できない。なお、ポナペはコロールほどには日本語教育は普及しておらず、現在残されている梅棹のフィールドノート（国立民族学博物館所蔵）をみると、現地で彼がポナペ語の学習に励んでいた様子もうかがえる。隊員一行と「島民人夫」のコミュニケーションがどのようにおこなわれたのか、さだかではないが、おそらく「人夫頭」のカテルシャンとは日本語とポナペ語のちゃんぽんでやりとりしていたのだと思われる。

二八日、隊員とカテルシャンはナナラウト山の頂上へ。頂上で北方を遥拝し、カテルシャンとともに万歳三唱をおこなった。周辺の植物（中尾、吉良）、陸水及び陸水中の生物（梅棹）、蟻（森下）、陸産貝類（吉良）の標本などを採集しながら下る。

二九日、キチー川に沿って下山を開始。三〇日、河口（ロンキチ）のナンペイ商会の倶楽部に旅装を解き、ここで「島民人夫」たちと別れる。山間部での生態調査は終了した。

三一日、オネ村に移動、船で先着した吉良が交渉し、村長ルウエランから新築の一棟を借り受けることができた。以降、ここを宿舎に、およそ一週間、日本人がほとんどおらず、ポナペ島でもっとも伝統的な生活が残るオネで「島民の生態」を中心に調査を実施する。オネ村では日本語があまり通じなかったが――若い頃に英語を習ったことがある村長とは英語でやりとりした――、村民たちは非常に親切であった。九月三日には、事前の予告もなくいきなり住民の家庭を訪れ、分宿して、生活を観察するという乱暴な調査もおこなっている。その後、村のナニケン（副首長）訪問、家庭訪問、家系調査、椰子林調査、植生調査、陸水学研究などを手分けして実施。

九月八日、今西・森下の東廻り班はオネを出発、メタラニウムに向かう。翌九日、中尾・吉良・川喜田三名の西廻り班出発。最後まで残った梅棹は一一日、先発した西廻り班が手配した現地住民のボートに荷物を積んで村をあとにし、ロンキチで三名に合流。その後、それぞれ調査をおこないながら、順次コロニアの本部に帰着。資料の整理をおこないつつ、さらに調査を続けた。

二五日、横浜丸に乗船、トラック、サイパンを経て、一〇月八日朝、横浜港に帰着。彼らが調査出発直後に学生の海外旅行禁止令が出、さらにポナペ島に滞在中に、学生の卒業期三か月繰り上げが発表されていた。京都に全員が戻ったのは一〇月一四日のことであった（梅棹：1975, pp. 399–489；無署名：1942, pp. 26–31）(25)。

それでは、ポナペ調査は、参加した学生たちにとってどのような経験だったのか。

吉良の回想によれば、滞島の日が重なるにつれて、実際の「訓練」は思ったほど楽ではないことがわかってきたのだという。密林におおわれた島は思ったより広く、「不馴れな熱帯の風土」により行動が緩慢になった。降雨林のなかでは雨と汗で衣類はいつもしぼるようであり、しかも数百メートルの高さでも、しばらく立ち止まっていると冷たさを感じる。要するに、彼らは「もうポナペを馬鹿にしなくなった」のである。

他方、こうした調査を続けるなかで「この島のもつ特異性のいちじるしさ」が彼らの興味の中心になっていく。「予想していたよりもはるかに貧弱な生物界を、大洋による隔離の結果」と解釈することで「これらの特異性」を「大洋島社会の性格にもとづくもの」だという考えに導かれたのだという。こうして、調査報告書を貫く「生態学的、社会学的立場」が定まった。やがて山を降りて、「島民の生活」に入り込んでいったとき、彼らの仕事の興味もまた頂点に達した。吉良は次のように述べている。

> 長い隔離の時代ののち、急激な近代文明の侵入をうけた大洋島の人間社会が、いかに変革をうけたか。それは探検の目標とする辺境の地に、つねにおこってゐる、もっとも重要な民族社会学の問題である。しかし、島民部落の滞在もそこそこに切り上げて、やうやく眼を外来者日本人の社会に転じはじめてまもなく、四五日の滞島期間はをはりを告げてしまった（吉良：1975, pp. 502-503）。

そして、彼らはポナペ調査を通じて、学術調査の基本を今西から徹底的に教えられた。梅棹の言によれば、「あるきながら現象を観察し、議論をする。私たちはなまの自然をまえにして、それを自分の目で観察して解読する術を徹底的にたたきこまれた」。また、調査報告書の執筆過程では、学生たちが提出した原稿は今西により徹底的に直され、これは彼らにとってまたとない「文章修行」となった（梅棹：2002, p.65）。同様のことは吉良も述べている。吉良によれば、ポナペ調査は、今西との盟約における「その第一回の契約履行であり、このグループの実力の瀬ぶみであった。三人は、この入門試験に合格した。ポナペ島の報告書つくりを機会に、われわれの学問的実力も、きびしくたたきあげられていった」のである（吉良：1991, p. 28）。

植民地研究としての『ポナペ島』

ここで、改めて今西たちのポナペ調査隊が帝国日本のミクロネシア調査史のなかでもつ意味について考えてみよう。吉良もいうように、ポナペ調査は、島の自然（生物）から「島民」、日本人までを一貫した分析視角から捉えようとするものであり、それは『ポナペ島』の構成にも表れている。そして、こうした調査報告書を貫く視角は、戦後展開されることになる、今西学派のさまざまな成果――中尾と吉良・森下・川喜田のそれぞれ植物・動物・人類学上の業績から、梅棹の「文明の生態史観」まで――の出発点と評することができる（大串：1992）。

だが、それはまた同時に、帝国日本によるミクロネシア統治の産物でもあった。先に述べたとおり、ポナペ調査隊がミクロネシアを訪れた当時、日本海軍による「一時占領」からは三〇年近くが経過し、この間の南洋興発による現地開発や、沖縄出身者を中心とする大量の移民の流入などによって「大洋島の人間社会」は大きな「変革」を遂げていた[26]。

そして、『ポナペ島』の第二部（「島民」）・第三部（「日本人」）は、「過去における島民の生活」から「南洋群島将来の展望」まで、ポナペ島を中心に、まさしくミクロネシアの島々で生じた「変革」の過程とその将来を広範なフィールドワークと文献調査に即して考えようとするものであった[27]。その意味で、『ポナペ島』は、たとえば矢内原忠雄（植民政策学者）の名著『南洋群島』（一九三五年）などと同じく、ミクロネシアを対象とした――「生態学的、社会学的立場」からする――植民地研究とみることができるだろう。

「熱帯探検の足ならし」という意味では、実際に「来るべき日」が到来することはなかった[28]。だが、「戦時下」での今西たちのフィールドワークはこれ以降も続いていく。一九四二年五月から七月にかけて今西を隊長に北部大興安嶺探検がおこなわれ、そこにはポナペ調査に参加した吉良・梅棹・川喜田がくわわった。さらに今西・森下・中尾・梅棹は、四四年より、張家口に設立された西北研究所に赴任、彼らの念願だった「北方大陸」での学術調査を開始したが、現地で敗戦を迎え、大切なフィールドノートを携えて、命からがら「本土」に引き上げることになる。一方、その頃、ポナペやコロールを含むミクロネシアの島々は、日米の激しい戦火に襲われていたのであった。

おわりに

以上ここまで、一九一四・一五年の「南洋新占領地」の視察、一九二〇年代末から長期にわたって続けられた土方久功の民族誌調査、さらに四一年の京都探検地理学会のポナペ島調査の三つをとりあげ、帝国日本のミクロネシアにおける学術調査の展開をたどってきた。

むろん、ミクロネシアでの学術調査は本章で検討した以外にも数多く存在するし、これら三つが代表的なものというわけでもない(29)。だが、およそ三〇年続いた日本統治の初期（一九一四・一五年）、中期（一九二九年―）、末期（一九四一年）にそれぞれおこなわれた学術調査に着目することで、本章では、南洋群島におけるフィールドワークの思想と実践を、ある程度描き出せたと思われる。第一次世界大戦開戦直後という制約条件のもと、多分野の研究者を動員しておこなわれた視察（第一節）、南洋庁が設立され、現地に向かう移民が増えつつあった時期、「土人」の調査を志してパラオ・コロール島にわたり、絶海の孤島サタワルに行き着いた土方久功（第二節）、アジア・太平洋戦争の開戦直前、ミクロネシアの植民地化の過去と現在をも対象化したポナペ調査（第三節）。これらは、それぞれ将来の植民地経営のための基礎調査、「土人の仲間入り」を夢見ながらの調査、「熱帯探検の足ならし」および学生の訓練のための調査と、性格を異にしつつも、帝国日本のミクロネシア統治の展開を反映するものであった。

そして、本章で確認したように、これらの学術調査を可能にしたのは、「本土」とミクロネシアの島々を結ぶ船舶航路であった。一八世紀にクック船長が率いたエンデバー号や、一九世紀、ダーウィンを乗せたビーグル号のような探検航海とは異なり、彼らの調査は、日本帝国内外で大きな人口移動が起こった二〇世紀前半（蘭：2008；塩出：2015）、移民たちが帝国の海域を船で行き交うかたわらでおこなわれた[30]。

むろん、巨視的にみるならば、クック船長やダーウィンの探検航海は、大航海時代に始まるヨーロッパの植民地拡大の一環として実施されたものであり、ダーウィンの乗ったビーグル号の航海も、ヨーロッパ人の入植地を経由しておこなわれている。その意味で、本章で検討したミクロネシアにおける日本の学術調査は彼らの正当な後継者であったともいえるだろう。

だが一方、日本統治時代、ミクロネシアの島嶼社会は、ヨーロッパ（スペイン、ドイツ）統治時代には考えられなかった、大量の日本人移民の到来という未曾有の事態を経験した。それゆえ、ミクロネシアを訪れた日本の研究者もまた、それぞれのフィールドワークにおいて、帝国内における人びとの移動が現地社会にもたらす、さまざまな影響を目にすることになった。もはや、「文明」と無縁な「土人」と暮らすのは難しくなっていたし（土方久功）、「熱帯探検の足ならし」としてミクロネシアを訪れた者も、はからずも現地の植民地化の過程を調査対象とすることになった（ポナペ調査隊）。その意味で、帝国日本のミクロネシア調査とは、帝国内での人口移動をめぐる調査研究でもあったのである。

付記

本章は日本学術振興会科学研究費（「パラオ熱帯生物研究所に関する科学史研究」基盤（C）、H27～H30）及び日本大学経済学部特別研究員（H28）の研究成果の一部である。

註

（1）「南洋新占領地」の視察については、人類学者のものを中心に、部分的な検討はなされているものの（坂野：2005；小林：2007；飯高：2011；中生：2016など）、具体的な視察日程を含め、その全体像は明らかになっていない。

（2）土方久功のミクロネシア滞在は一九二九年から四二年までの長きにわたるが、大きく、最初のコロール滞在期（二九―三一年）、サタワル島滞在期（三一―三八年）、二度目のコロール滞在期（三九―四二年）の三期に分けられる。したがって、第三期は、次節で検討する京都探検地理学会のポナペ調査（一九四一年）と重なっていることを前もって断っておく。なお、土方は、ミクロネシアにわたる前から死の直前まで詳細な日記をつけており、近年、そのうちの戦前部分については、詳細な注釈付きで翻刻・出版された（土方：2010-2014）。また、土方の生涯については、土方再評価のきっかけをつくった岡谷公二氏の評伝（岡谷：1990）にくわえ、最近では土方日記の翻刻者による伝記も刊行されている（清水：2016）。

（3）今西錦司と梅棹忠夫を筆頭に、調査に参加した者の多くが著名な研究者となったこともあり、参加者の回想（梅棹：2002など）以外にも、ポナペ調査に関しては多くの研究が言及している（山本：2012；菊地：2013；中生：2016など）。本章では、これらの先行研究を踏まえつつ、ポナペ調査隊の調査日程を含めた詳細な検討をおこなう。

（4）原文は漢字カタカナ混じり文。以下同様。

（5）日本の地球物理学においては、明治期のお雇い外国人教師の時代以来、日本各地で重力（偏差）測定が試みられてきた（山本：2018）。その目的は地球の地下構造を知ることにあるが、地下資源の存在の推定にも活用できる。ただし、ヤルート島での調査では精密な測定ができなかったようで、松山は、その後、一九三四年と三八年に今度はテニアン島で測定を実施している（松山：1939, pp. 109–112）。

（6）森小弁は一八六九年、高知県に生まれた。一八九一年、単身ミクロネシアのトラック島に渡り現地の首長の娘と結婚、一九四五年に死去するまで同地に暮らした。一説には冒険ダン吉のモデルともいわれる。

（7）どこかで日にちの記述に誤りがあるものと思われるが、そのままとした。

（8）第一次世界大戦後における国際連盟の規約によると、委任統治とは、大戦にともない支配国の統治を離れた「植民地及領土にして近代世界の激甚なる生存競争の下に未だ自立し得さる人民」の「福祉及発達を計る」ことは「文明の神聖なる使命」であるという理念のもと、創設された統治形態である。「先進国にして資源、経験又は地理的位置に因り最も此の責任を引受くるに適し且つ之を受諾する」国家が後見の任務にあたり、C式統治は、南西アフリカや太平洋諸島のような人口希少、面積狭小で、「文明の中心より遠き地方」に適用される。そこにおいては、良心と信教の自由が許与されるとともに、奴隷の売買、武器及び火酒類の取引、軍事的施設の建設などは禁止される一方（以上はB式と同じ）、受任国がその「領土の構成部分として其の国法の下に施政を行ふ」こととされた（南洋庁編：1932, pp. 65–67）。

現地在住の邦人人口は、一九一四年の占領当時、数十名にすぎなかったが、その後、着実に増大し、南洋庁が設立された二二年当時、三三一〇人、さらに土方久功がミクロネシアに渡る前の二七年に実施された島勢調査では九九七九名となっていた（大蔵省管理局編：1947, p. 159）。

（9）大戦以前には、日本とミクロネシア間には正式な民間航路は存在せず、小さな商船がコプラやリン鉱石を求めて不定期に航海するだけであった。

（10）一九三九年には航空路も開かれ（旅客営業は四〇年から）、アジア・太平洋戦争開戦まで飛行艇が月二回、横浜とパラオを往復したが、運賃が高額であるため利用する研究者はほとんどいなかった。

（11）この旅を含む土方がみた沖縄人の姿については、仲程（2013, pp. 43–77）をも参照。

（12）チャモロは、ミクロネシアの原住民のうち、スペイン統治時代、スペイン人や労働者として連れてこられたメキシコ人、フィリピン人などとの混血、キリスト教化が進んだ人々を指す。それに対し、チャモロ以外の混血、キリスト教化が進んでいないポリネシア、ミクロネシア系住民は「カナカ」と総称されたが、この語は蔑称の意を含むため、現在では使われていない。ただし、本章では、チャモロと「カナカ」の関係には踏み込まない。

（13）杉浦佐助の生涯については、岡谷（2007）、牧野（2007）を参照。

（14）これが土方の論文デビュー作であり、後にこの論考は『太平洋圏・民族と文化（上）』（河出書房、1944）に再録された。

（15）その後（三三年六月八日）、土方は、もともと椰子林の監督のため、杉浦が島の中央部に建てた小屋にイニポウピーとともに移り住んだ。なお、理由はさだかではないが、イニポウピーは三五年六月頃、土方のもとを去った。その後、彼女は、他の男と数回結婚と離婚を繰り返した後、一九三八年一〇月に病死した。

（16）三四年の正月は朝に豚を殺させて「一寸ご馳走のつもり」になったが、三五年以降はこうした習慣もなくなった。

（17）この展覧会は、京橋の南洋群島文化協会東京出張所（六月二四・二五日）と東京帝大理学部人類学教室（七月八日）の二度開かれ、展示品は人類学教室の所蔵資料となった。当時の人類学教室の主任は、かつて「南洋新占領地」の視察にも参加した長谷部言人（第一節）、副手だったのが杉浦健一（図表5）である。杉浦は、戦後、新設された東京大学文化人類学教室の初代教授となるが、当時、南洋庁の嘱託もつとめており、この後、土地旧慣調査の仕事で土方と協力した。中生勝美は、土方はこの調査にくわわることで、人類学の理論的枠組みのなかで民族誌データを再構築する方法を学び取る一方で、杉浦も現地調査で土方の恩恵を受けたと指摘している（中生：2016, pp. 222, 229）。

(18) ベンゼン核のメンバーは、吉良・梅棹・川喜田のほか、藤田和夫（理学部学生）、和崎（本野）洋一（理学部学生）、伴豊（文学部学生）。彼らは、京大近くのしるこ屋の二階に今西を呼び出し、彼に学術探検の指導を頼み、ここに今西グループが誕生した。戦死した伴を除く五名は戦後、みな著名な研究者となった。なお、ベンゼン核メンバーのうち、藤田、伴は続く大興安嶺探検には参加している。

(19) この間の事情は不明だが、同じ学会の中心メンバー（幹事）であるとはいえ、「日本地政学」の提唱者で、今西らの登山家的・ナチュラリスト的な探検思想に批判的な小牧が調査隊のリーダーになっていたら、ポナペ調査はまったくの別物となっていただろう。小牧の思想と活動については、柴田（2016）、小牧の「日本地政学」と今西学派の関係については、山野（1999, pp. 1–32）を参照。

(20) 一九三〇年、南洋興発の松江春次は、当時、経済危機に陥っていたオランダ領ニューギニア（蘭領東インド）の買収案を提示し、翌年にはニューギニアに南洋興発合名会社を設立していた。

(21) このうち、西山は木原研究室の助教授であり、泉井は京都探検地理学会の幹事である。土方日記の記録もあわせると、西山・泉井・杉浦は、横浜から今西たちと同船したと判断できるが、田山と羽根田はコロールから船に乗り込んだのだと思われる。なお、羽根田が所属するパラオ熱帯生物研究所の活動については、坂野（2016）を参照。

(22) 土方は、今西たちと同じ船（パラオ丸）で来島した泉井・杉浦と知己の間柄であり、二一日には早速交流している（土方：2014, p. 368）。

(23) 前節で触れたように、一九三九年一月、七年ぶりにコロールに戻った土方久功は、すっかり日本化した町の様子に驚いていたが、現地が初めての梅棹にとって、それが当たり前の姿であっただろう。

(24) 菊地暁は、こうした記述について、若き梅棹が「帝国日本」の躍進を肯定し、「沖縄県人」への差別的な視線も有する、ごく普通の「時代の子」である一方、植民地統治の不体裁な現実を鋭くえぐり出すものだと評している（菊地：2013）。今西の「添削」が入っている可能性は否定できないが、同感である。

また、梅棹は、コロールの街で彼が感じ取ったニューギニア進出熱についても詳しく記録している。梅棹によると、彼らが出会った公学校の校長は熱っぽく「ニューギニア進駐」を語り、街では「若人よ、立て！　蘭印の陽は招く！」と呼びかける扇情的なポスターや、ニューギニア進出を目指す「南方挺身隊」への入隊申し込み所の看板をあちこちで見かけたのだという（梅棹：1944, pp. 409–410）。

(25) 日にちについては、梅棹の「紀行」と、「ポナペ島調査隊日記」（『京都探検地理学会年報』第三輯）で合わないところがある。ここでは「調査隊日記」の記述にしたがった。

(26) もちろん、日本以前に、ミクロネシアはスペイン、ドイツによる統治を経験していたが、現地の自然と社会の変化という点では日本統治時代のそれは圧倒的であったといえる。
(27) ただし、第三部の「日本人」に関しては、吉良もいうとおり、フィールドワークに当てられる時間がほとんど残っておらず、また執筆者が先に帰国した浅井辰郎であることもあり、ほとんどが文献資料にもとづく記述である。
(28) 本章で論じることはできないが、一九四三年、海軍省によるニューギニア調査が実施された。熱帯産業研究所（東北帝大）の田山利三郎（第二節）が隊長となり、東北帝大、京都帝大、京城帝大などから大勢の研究者が八つの班に分かれてニューギニア西部で資源調査をおこなったが、そこには南洋庁が募集したパラオ人青年およそ六十名もくわわっている（樋口：2003, pp. 377-388）。
(29) パラオ熱帯生物研究所の活動を含めた、ミクロネシアにおける日本の調査研究の全体像については、近刊予定の拙著（『〈島〉の科学史――パラオ熱帯生物研究所と帝国日本の南洋調査』勁草書房刊）で詳しく論じる予定である。
(30) なお、本章の題名は、クック船長の世界航海をたどった多木浩二の名著『船がゆく』（1998）を念頭に置いたものである。

第七章　米国施政下琉球の結核制圧事業

――ＢＣＧをめぐる「同化と異化のはざまで」

泉水英計

はじめに

一九五一年一二月、開所まもない那覇の保健所にギルバート・ペスケラ（Gilberto S. Pesquera）と名乗る軍医中佐が現れた。彼を迎えた所長の当山堅一は、結核対策に重点を置いた業務計画を練っていた。不意の来訪者が当山に告げたのは、米軍でも住民の結核対策を講じるので協力して欲しいということであった。ペスケラと当山が出会ったこの日、米国施政下の沖縄で本格的な結核制圧事業が始まった。四七年に死亡統計が再開されたときに沖縄の結核死亡率は開戦前を大きく下回っていた。戦争による窮乏が結核患者の命を奪い、一時的に患者数が減少したからである。翌年からは結核死亡率が徐々に上昇をはじめてしまったが、結核制圧事業が軌道に乗った五三年を頂点に折り返し、以後は六〇年まで急速に低下していく。これをみた琉球列島米国民政府（ＵＳＣＡＲ）の高官は、結核制圧事業は「米琉協力の輝かしい成果」であると自賛した。住民側もペスケラを「琉球結核制圧の恩人」とし、彼の肖像をあしらった複十字シールを発行してその業績を顕彰した。ひとまずは、ペスケラの結核制圧は、住民にも認められた米軍の民政事業の成功例であったといえよう。

差別や抑圧、暴力、搾取といった経験をもって植民地状況を特徴付けるポストコロニアル論に対して、植民地支配がもたらした近代化の利点を無視すべきでないという批判が寄せられ、植民地の近代をどのように評価すべきかについて論争が続いている。公衆衛生水準の向上は、病死者の減少と直結するために、植民地支配の副産物だと承知していても否定的な評価がとりわけ難しい。たとえば、植民地期に整備された学校制度は、近代的教育の恩恵となったとしても、同時に宗主国が住民を従属させ統制する手段ともなった。しかし、医療制度の整備は普遍的価値に直接に結びついた「グローバルな近代」であり、学校制度について指摘できるような「帝国的近代」の夾雑物を含まないようにみえる。後者は帝国が崩壊すれば放棄されるが、前者は独立後も存続する（サンド：2015, pp. 14-16）。

植民地医学の展開を批判的に読み解くうえでまず必要なのは「帝国の道具」という視点であろう。ヨーロッパが帝国主義的進出を果たすには熱帯医学による風土病の克服が必要であった。さらに、風土病の制圧は現地住民の懐柔にも貢献した。つまり、植民地での医療・衛生事業の究極の目的は宗主国の利益にあったという視点である。ただし、住民への影響は心理的影響に限られない。東アジアでのマラリア防遏史を辿った飯島渉は、日本の医療行政が進展したことにより感染症が管理下に収められたが、そのことによって日本の植民地政策が浸透度を高めたことを観察した。つまり、植民地主義には近代の両義性がむしろ不可分なものとして内在し、西洋医学はそのような近代性を最もよく象徴するのだという（飯島：2005）。

ただし、植民地状況がもたらした近代化が、米国施政下の沖縄（以下、琉球）では特有の意味合いを帯びたことに注意したい。琉球の植民地状況を規定したのは米軍基地の存在であり、基地の自由な建設と円滑な運用を確保するために米国は日本から琉球列島を分離した。国家の庇護を失った住民は、一方で、米軍基地の存在から生じる差別や抑圧、暴力、搾取を被ったが、他方では、日本の影響から解放され民族的アイデンティティへの自信を深めるよう促がされた。もちろん、旧懐の念や民主化願望、反戦意識などが交じり合い日本復帰を求める運動が起こるのであるが、米国施政下で固有の文化遺産の再評価が促されたというのは、琉球の教育やメディアについて論じる際の基本的な理解であるといってよい（小川 2012；吉本 2018）。つまり、戦前に日本を宗主国とする植民地状況があったため、戦後の米国による植民地化は日本からの解放でもあったのである。琉球を代表する作家の大城立裕が自らの随想集に付した『同化と異化のはざまで』（大城：1972）というタイトルは、琉球のこのような境界的な立場とその米国施政権の両義性をよく表している。

これを踏まえたうえで結核対策に視線を戻すと、琉球について文化論が指摘しているのと類似した施政権分離の利点の可能性が浮上する。それは、日本の医療行政から外れたことによって可能となったＢＣＧの回避である。日本では戦中からＢＣＧ集団接種が推進されていたが、ＢＣＧ接種は種痘のような強力な発症予防効果を持たなかった。この点を勘案すると、接種局所のケロイドといった頻発する副作用や、後段で詳述するように自然感染者の把握を困難にするという欠点を甘受するべきかは疑問であった(1)。米軍は琉球にＢＣＧを持ち込まなかったために、ＢＣＧの副作用や集団接種の欠点は回避された。換言すれば、日本の医療技術は、琉球では「帝国的近代」の様相を帯びたのである。けれども、本章ではむしろ、ＢＣＧを排除した米軍の結核対策に批判的な検討を加えてみたい。もとよりＢＣＧワクチンの免疫学的な再評価が本章の関心ではなく、筆者の能力の及ぶところでもない。本章を貫くのはむしろ、五〇年代前半に琉球、日本、米国その他地域で試みられていた異なる結核対策を、それぞれの優位性を主張する議論も含めて明らかにし、そのうえで米軍が琉球でＢＣＧを排除したことに再解釈を提示するという歴史的な関心である。

以下、本章では、まず、日本占領史における米軍の公衆衛生事業に対する批判的検討を瞥見し、上記のような二重の植民地状況あるいは「宗主国」の交替という状況の琉球ではそのような検討はそのままでは有効な批判とならないことを示す。一方で、近代日本の医療制度を批判するときに、日本と異なった琉球の結核対策を反証に用いると、米国式の結核対策が理想化されてしまうという問題を指摘する（第一節）。つぎに、米国結核史研究から、特定の社会規範がＢＣＧの排除を導いた可能性と、それでも同時代の米本国ではＢＣＧ不使用という方針が未確定であったという事実を確認し（第二節）、発症予防なしの結核対策が琉球で具体化した姿を確認したうえで（第三節）、一つの選択肢に過ぎなかった結核対策が日本の結核対策と対比されることで米国式の結核対策として認識されたことを示す（第四節）。最後に、琉球にＢＣＧを持ち込まないという選択には、発症予防よりも感染予防を重視した結核対策への支持とともに、その有効性を証明したいという対照試験の意図があったことを証拠づける（第五節）。

第一節　占領公衆衛生史と結核対策の日琉比較

占領公衆衛生史批判

ＧＨＱ／ＳＣＡＰの中核を担った米軍の公衆衛生事業の目的が、住民の利益ではなく進駐軍自身の利益に置かれていたということは、次の二つの次元で指摘されてきた。

第一の次元は端的な利己主義である。結核は三五年に日本人の死亡原因の第一位となり、戦後も五〇年の統計までこの位置にあったが[2]、占領当初の米軍は結核対策に熱心ではなかった。一つの理由は、旧植民地からの人の移動により、発疹チフスやコレラ、痘瘡などが流行し、緊急を要するこれらの感染症への対策が優先されたからであった。四六年一月から種痘が再開され、腸チフスの強制予防接種も全国的におこなわれた。急性感染症への対応が一段落した四七年になって厚生省から結核予防計画が提出され、ＧＨＱ／ＳＣＡＰ覚書「結核対策強化に関する件」（四八年三月）で承認されて組織的な結核予防事業が始動した（厚生省：1988, pp. 704-705）[3]。急性感染症対策を優先することは確かに合理的ではある。しかし、結核同様に慢性感染症である性病対策と比較すると、結核対策の遅れには米軍の利己主義がみえる。米軍は性病には占領当初より積極的な対応をみせたからである。四五年一一月に覚書「公衆衛生対策に関する件」が出され、花柳病予防法特例患者の届出受理と治療命令が保健所の業務とされた。四七年二月には、GHQ／SCAPが性病の治療自体を保健所業務とすることを申し入れたが、厚生省は、限られた人員と設備が性病対策に専有されることを懸念して抵抗した。結局、保健所を拡充強化したうえで、性病と結核については予防だけでなく治療もおこなうこととし、保健所法が改正された（同年九月、翌四八年一月施行）（厚生省：1988, pp. 721-723）。この経緯が示すのは、米軍にとっては、占領軍将兵の性病罹患を防ぐことのほうが、日本人の結核死亡を減らすことよりも優先する課題であったということである。結核対策を重視する厚生省への妥協として、性病対策とのいわば抱き合わせで保健所での結核対策が始まったといえよう。

さらに、結核のような住民の慢性疾患に米軍の公衆衛生事業が向けられるようになったのには、間接的な利己主義と呼べるような第二の次元があった。GHQ／SCAPによる公衆衛生史の展望を切り開いた杉山章子が、この政策転換の要因を具体的に指摘している（杉山：1995）。四七年五月の対日理事会においてソビエト代表から占領下日本の衛生状態が不満足なまま放置されているという批判があり、GHQ／SCAPの担当者と激しい議論が交わされた。杉山によれば、米軍はこのような批判を抑えるために公衆衛生政策を転換したのだという（同前、pp. 167-169）。つまり、住民の健康増進を図った事業ではあっても、真の目的は、冷戦に向かう国際情勢のなかで米国が道徳的優位を保つことにあった。

予防接種法の特異性もこの文脈でよく理解できよう。手塚洋輔（手塚：2010）によれば、四八年六月の予防接種法には不作為過誤回避指向が顕著にみられるという。不作為過誤とは、卑近な言葉で言えば、「しておけばよかったのに、しなかったので失敗した」という状態である。制定時の予防接種法は十二種の疾患を対象にワクチン接種を義務づけ、違反には罰則規定が設けられた。このような広汎性と強制性をもつ法律は世界的にみて特異だという[4]。しかし、BCGと百日咳はワクチンの生産が間に合わず全国的な実施が遅れてしまい、さらには、医学的根拠のない猩紅熱の予防接種まで含まれていた（手塚：2010，pp. 73-78）。拙速なまでに不作為過誤を回避したのは、為政者の不作為が問題化していたからであろう。

歴史解釈の観点からは米軍の公衆衛生事業にみられる利己主義の第一の次元から第二の次元への転換が、日本の医療水準に対する評価に影響を与えたことが重要である。杉山によれば、占領計画の策定段階では、医療政策の目的は日本医療の改善ではなく、進駐軍将兵への感染や、疾病流行による社会の動揺といった占領任務の妨害を除去することにあり、実施には既存の施設と人材を活用し、米国からの支援は、復興が戦前の水準を越えない範囲にとどめるという原則が明確にされていた（杉山：1995，pp. 119-121）。けれども、日本占領の正当性を示す必要が高まるにつれ、医療政策の目的は日本人の健康を保障することであると説明されるようになった（同前，p. 224）。対日理事会でソビエト代表が批判したとおり現前の衛生状態が不満足なものであるとき、それでも医療政策の実績を主張するために、占領前の日本の医療水準を実際よりも低く見積もるという操作がおこなわれたという（同前，p. 215）。

日本の医療水準を切り下げることで米軍の実績がその分水増しして主張されたという視点を敷衍し、占領期日本の公衆衛生史を全体的に書き換えたのがクリストファー・オルダスと鈴木晃仁である（Aldous & Suzuki：2012）。彼らが批判の俎上にのせたＧＨＱ／ＳＣＡＰ公衆衛生福祉局長クロフォード・サムスは、占領期を一貫して公衆衛生部門のトップを務めたため、彼の自伝的回顧録（Sams：1998；サムス：2007）は占領公衆衛生史の通説として受容されてきた。その基調は、遅れていた日本の医療界に進駐軍が先進医療の革命を起こしたというものであるが、オルダスと鈴木によれば、占領の成績を誇示するサムスは日本の医療水準と日本人医師の貢献を不当に過少評価しているという。たとえば、抗生物質のような効果的な新薬が米国からもたらされたのは事実だが、それが短期間に国産化されたのは日本の医学がすでに十分に近代化していたからにほかならない。保健所のようにＧＨＱ／ＳＣＡＰが推進したとされる公衆衛生事業も、戦争で中断していた日本の公衆衛生事業の再開と理解すべきものが多かった。

オルダスと鈴木の視点をとると、GHQ／SCAPの公衆衛生事業は、占領計画策定時の原則に忠実に従っていたということができる。米軍は日本の人材と技術を活用し戦争前の状態に医療を回復させた。少なくとも、サムスがそれをあたかも先進医療の利他的な恵与であるかのように演出したと解釈した方が、彼の演出をそのまま事実と受け取るよりは真実に近いことは疑えない。結核については、米軍はBCGの予防接種を主軸にした対策を推進したが、日本では米国よりもBCG研究が進んでいて、すでに戦中に集団接種を開始していた。この点では米国がもたらす先進医療は主張しづらく、サムスは従来の日本の結核対策を追認するという「決定」の重みを強調することになったという（Aldous & Suzuki : 2012, p. 143）。

では、琉球での結核制圧の成功譚についても、オルダスと鈴木が用いたような枠組みをもって再解釈が可能だろうか。答えは否である。ペスケラが指導した結核制圧事業には、日本の占領公衆衛生史と同様の批判的解釈は向けづらい。

ひとつの理由は、日本と異なり琉球は米軍の単独占領であり、しかも米軍の駐留が継続したために、端的な利己主義に立った公衆衛生事業も継続したからである。琉球の実質的な基本法となった「琉球列島米国民政府に関する指令」（極東軍総司令部より琉球軍司令官宛、五〇年一二月五日）では、米国は琉球の経済再建に責任を負うが、米政府資金（ガリオア資金）を投入するのは開戦前の生活水準に回復するまでであり、その先の生活水準の向上は琉球住民の努力によって達成されるべきであるという原則が定められた。先にみた占領下日本での公衆衛生事業の原則と類似しているが、琉球列島米国民政府に関する指令では公衆衛生分野は例外とされた。同指令が発令された時点ですでに開戦前の水準を越えたと認識されていたが、琉球に駐留する米人将兵の健康維持に必要であれば、ガリオア資金の継続投入が認められたのである（中野 : 1969, p. 55）。ペスケラを派遣した琉球列島学術調査（SIRI）という事業の全体がガリオア資金で運営されていたが、「琉球列島に持続可能な結核対策システムを構築する」という彼の任務はとりわけガリオア資金の使用に適合的であった。

いま一つの理由は、琉球には米軍が活用できる資源が少なかったからである。戦前からすでに医療のインフラも人材も他府県に比べて劣りがちであったが、地上戦により一層劣悪な状態に陥った。戦火が止んだとき、主要な医療施設は灰燼に帰し、医療人は三分の一が失われていた。これらを補うためには、外部からの持ち込みは物的にも人的にも多くならざるをえない。しかも、ペスケラが琉球で展開した結核対策は、ＢＣＧ予防接種の排除を特徴とするものであり、技術的にも日本の従来の結核対策システムとは異なっていた。

日本医療の鏡

戦後の日本と琉球で結核対策が異なっていたことに着目し、その歴史的意味を追求したのは常石敬一である。その著『結核と日本人』（常石：2011）で常石は日本の近代医療政策を批判的に検証しているが、現在まで続くその問題点を説得的に示す反証として、琉球で実施された結核制圧計画を取り上げている。

日本の結核対策について常石が問題視するのは、具体的な動きとしては次の二点である。ひとつは、科学的に十分な試験結果を得るまえにＢＣＧ集団接種に踏み切り、戦後はさらにＢＣＧ接種を法的に強制したこと、いま一つは、患者の治療よりも社会の防衛に重きを置いて入所施設の拡大に走り、抗結核薬による在宅治療が可能になっても入院治療を継続したことである。

周知のように、日本で結核対策が本格化したのは戦時体制強化の一環であった。徴兵不合格者の増加に危機感を抱いた陸軍の肝煎で三八年に厚生省が設置され、四〇年から全国的な体力検査を実施、身体測定や運動能力測定に加えてツベルクリン反応検査がおこなわれ、陽性者には胸部エックス線撮影による検査がおこなわれた。厚生省には傷兵保護院が設置され、三九年に臨時軍事援護部を統合して厚生省外局の軍事保護院となり、傷痍軍人用の結核施設の拡充をすすめた。同三九年には皇后の令旨に従い、下賜された内帑金を基に財団法人結核予防会も結成された。北里柴三郎の発起で組織された結核予防協会がすでにあったが、この機に発展的に解消された。後述する学術振興会第八小委員会で結核研究を指揮していた長與又郎が結核予防会結核研究所初代所長に就任し、創設期の結核予防会の事業も指揮した（小高：2002, pp. 480-520）。ただし、清瀬で建設が始まった研究所が竣工し移転するのは四四年度であり、それまでは東村山の保生園に仮寓していた。保生園は、第一生命保険相互会社創設者の矢野恒太が設立した財団法人保生会の運営していた療養所であるが、矢野が結核予防会への発展的解消を望み、健康相談所（神田）とともに結核予防会に寄付された（山形：1967, pp. 8-9）。

戦時期に向けて本格化した近代日本の結核対策史の検討からウィリアム・ジョンストンは、「疫病流行（epidemic）を本質的に定義することはできない」という結論を導いている（Johnston：1995, p. 298）。紡績工場の女工から罹患が拡がり結核死亡率がピークに達したのは、本格的な結核対策が講じられるずっと以前の一九一〇年代であった。より近年の例でも、エイズがゲイや薬物常習者に拡大した時期には高い関心は示されなかったように、何が疫病流行であり、政府が対策に乗り出すべき健康脅威なのかは一般的に社会的文脈に左右されるという（Ibid., p. 299）。結核はしばしば「亡国病」と形容されたが、戦時体制の一環として官民合同の一元的対策がおこなわれたことを省みるならば、単純に国民多数の命を脅かすという意味にとどまらず、兵員の数と体力が国家の存亡をわける戦争の時代ならではの形容であったと言えよう。したがって、対米開戦により物資が窮乏し人員が不足しても結核対策事業は拡大を続け、結核療養所は四三年までに三万五〇〇〇床の増設が計画された(5)。また、保健所については、母子保健や衛生啓蒙の機関として三五年に保健館が設立されていたが、国防力増強という観点から再編強化がはかられ、四四年までに七七〇施設が整備された(6)。

このような戦時体制下の結核対策の決定打として期待されたのが、結核予防会結核研究所で量産されたＢＣＧワクチンであった。まず、軍需工場への就職を希望する国民学校修了予定者に接種され、四二年からは他の国民学校修了予定者も含めた集団接種（三八万人）が開始され、四四年には対象校を拡大して五〇三万人にＢＣＧが接種された。この国家的な結核制圧事業に先だって学術振興会に第八小委員会が設置され、長與以下専門家二四名が委嘱を受けて結核予防について五箇年間の共同研究をおこなった（柳沢：1983, pp. 54-58）。この共同研究の最も重要な成果はＢＣＧの効果判定であり、ＢＣＧ接種によって発病率を半分以下に、死亡率を八分の一以下に抑制できるという結論が導き出された（同前、pp. 81-82）。

しかし、常石は戦時のＢＣＧ集団接種に多くの問題があったことを指摘している。まず、厚生省がＢＣＧ集団接種を開始したときには、第八小委員会の研究報告はまだ出ていなかった。委員のなかでは今村荒男（大阪帝国大学）がＢＣＧ試験の実績を積んでいたが、常石によれば、観察期間がワクチンの有効性を検証するのに十分ではなかった。また、共同研究に比較的整ったデータを提供したのは戸田忠雄（九州帝国大学）であったが、それでも異なる結論を導きうるような欠陥があったという（常石：2011, pp. 92-97, 122-129）。戦中ゆえに十分な研究環境が整わず、早急に結論が導かれた面もあったが、第八小委員会を構成した医学者は戦後も結核対策の指揮を執り、むしろより強力に集団接種が推進された。ＢＣＧは四八年の予防接種法（五一年からは結核予防法）の対象となり、三〇歳未満の国民は毎年のツベルクリン反応検査を受け、陰性反応であればＢＣＧを接種することが義務づけられた(7)。

常石によれば、結核予防法に結実する日本の結核対策は健康人を守るという姿勢が顕著にみられ、一方で患者の治療については「及び腰」であり、実行性のある具体的な方策が欠けていた。結核療養所の拡充が図られたが、それは、結核患者は隔離収容するという従来からの対策の延長であったという（同前、pp. 111-117）。常石の批判をより一般化して述べれば、患者の立場を考慮しない医療専門家の専横であり、専門家がひとたび確立した医療制度の自己保存的な存続ということになろう。戦後の日本で結核死亡率が減少したのが事実であっても、このような結核制圧事業を成功とみなしてよいのか。このような常石の疑念に裏付けを与えたのが、同時期の琉球でペスケラがおこなった患者発見と在宅治療に重点を置く結核対策であった。

ペスケラは患者発見を優先し琉球にBCGワクチンを導入しなかった。結核菌に感染している者にツベルクリン（結核菌の培養液から分離精製したタンパク質）溶液を皮内注射するとその部位に発赤や硬結が現れる。結核菌に感染した者がすべて結核を発病するのではないが、発病の疑いのある者をツベルクリン反応検査によって絞り込むことができる。しかし、発赤や硬結は免疫反応であるから、BCGワクチン（弱毒化した結核菌）を接種済みの者もこれらの陽性反応を示す。すなわち、BCG接種は、感染の有無を知る容易な方法を無効にしてしまい、結核患者発見の足枷となってしまう（常石：2010, p. 137）。

また、ペスケラは在宅療養の拡充に努めた。患者のフォローには、琉球で「公衆衛生看護婦」と呼ばれた保健婦に巡回指導をおこなわせた（常石：2010, pp. 129–133）。住民地区の巡回は保健婦の一般的な業務であるが、僻地まで巡回を支える体制が琉球で発達していたことは、とくに抗結核薬が普及したとき利点となった。抗結核薬は抗生物質であり、長期にわたり処方通りの服薬を厳守することが肝要である。服薬の中断は薬剤耐性菌を発生させ、患者本人にとってばかりでなく一般住民にとっても脅威を生む。公衆衛生看護婦が巡回時に投薬をおこなうことで、服薬の中断を防ぐことができた。公衆衛生看護婦による在宅療養患者への投薬は結核の治療に効果的であり、後年にWHOが採用することになる直接監視下短期化学療法（DOTS）を先取りすることになった（同前、pp. 131, 196）。

BCGによる発症予防を棚上げし、患者発見とその在宅療養に力を向けた結果はどうであったのか。一九三四年の結核死亡率は、全国平均が一〇万人あたり一九〇・八人であるが、沖縄県は二三四・三人とこれを大きく上回っていた。戦前の沖縄が「結核県」と言われた所以である。米軍統治を経て再び日本政府の施政権下に戻るのは七二年であるが、本章冒頭で触れたようにBCG集団接種は一足早く六七年に琉球でも実施されるようになった。この時点で結核死亡率の全国平均が一六・八人であるが、琉球は一四・八人とこれを下回っていた（常石：2010, p. 41）。すなわち、琉球ではBCGを使わずに結核制圧に成功し、むしろ日本より好成績を収めていたのである。

このような琉球の結核対策の成果を根拠にして常石は、実は日本においてもBCGを使う必要はなかったはずだと論じている。BCGの開発や療養施設拡充といったモノへの投資は、琉球にみられた公衆衛生看護婦というヒトへの投資に比べると費用対効果の観点から劣る（常石：2011, p. 115）。さらに、BCG集団接種により自然感染の検知が難しくなり、未感染者までもが胸部エックス線撮影を受けなければならなくなったが、接種が強制であれば、これは被曝を強制することに等しい（同前、p. 183）。また、在宅療養が可能な患者を療養所や病院に収容して治療をすることは、患者の自己決定権の侵害である（同前、p. 208）。琉球での結核制圧が示したようにBCGや療養施設が不可欠でないならば、これらのデメリットは日本でも回避できたはずであるという。

表象としての米国

ペスケラが琉球に導入した結核対策を反証に置き、日本の結核医療が孕んだ問題点を抉り出すという常石の試みはひとまずは成功したと言ってよいであろう。けれども、まさにこのような立論が、反面で、米国式の結核対策を曖昧に描いてしまったようにみえる。ここで曖昧というのは、米国式の結核対策が個別性を失い、また、時代ごとの変化にも乏しく、現代の世界標準の結核対策に連続するものとみなされていることを指す。別の言葉で言えば、常石が描く米国式の結核対策はその実態であるよりは、日本の結核医療の対照として設定された表象であり、対照によって文化的差異が描かれるときに陥りやすい問題を孕んでいる。

一つ目の問題は、BCGを重視した日本の結核対策の特殊性を示そうとするあまり、BCGの不使用には同様の注意が向けられないことである。たとえば、戦後のヨーロッパで推進された大規模なBCG集団接種を常石はどのように評価するのであろうか。戦災による健康水準の悪化で蔓延した結核に対し、四七年春からデンマーク赤十字が東欧やドイツにBCG接種員を派遣する救済運動を展開していた。これにスウェーデン赤十字とノルウェーの欧州救済機構も参加し、国際連合国際児童緊急基金（UNICEF）が資金を提供したことで大規模な共同事業へと発展した。世界保健機関（WHO）が技術面を統括していたが、五一年以降は事業母体となった。「国際結核キャンペーン」と称されたこの事業の対象は南欧から北アフリカ、中東、南アジアへと拡大し、最終的に三〇〇〇万人にツベルクリン反応検査がおこなわれ、そのうち一四〇〇万人にBCGワクチンが接種された（Comstock：1994）。この国際的な医療事業でBCGワクチンが利用されたという事実は、同時代の米国式の結核対策が世界標準ではなかったことを示し、さらには米国式の結核対策が、世界的にみてむしろ特殊だったのではないかという疑問を抱かせる。

これに関連して付言すれば、日本の結核対策を省みるときに、BCG接種と接種の強制とを明確に区別する必要があろう。フランスのパスツール研究所が開発したBCGワクチンは、二四年に志賀潔が日本に持ち帰り、その後、第二次世界大戦までに、ブラジル、ソビエト連邦、スウェーデン、ベルギー、デンマーク、米国、カナダがワクチン株の分与を受けた。これらの国々のなかでBCG研究と実用向け量産に熱心だったのはスカンジナビアの二国と日本であるが、強制接種に至るほどに積極的だったのは日本である。日本でのBCG強制接種が世界的にみて特殊であり、問題性を帯びた政策であったことは常石の批判するとおりであろうが、日本が特殊なのは法的な強制であって、BCG接種そのものではなかった。

常石の描く米国式の結核対策の今ひとつの問題は時代性の混同である。常石は、疾病予防センター（CDC）の最新のファクトシートを引用し、米国ではBCG接種は一般的でないとし、琉球統治時に米軍はその方針を「踏襲」したという（常石：2011, p. 26, 43）。しかし、米国の医療のなかでBCGワクチンがつねに周縁化されていたわけではなく、次節にみるように一九五〇年前後には国家的な結核制圧事業をめぐる議論の焦点でもあった。常石の論述に認められるのは、現在の米国の医師にとって疎遠なBCGは過去にも同様であったとする混同である。

区別すべき時代性の混同は入院についての評価にもみとめられる。化学療法が普及した近年でも日本では結核患者を入院させることが、海外から日本への移住者の不評を買っているという（常石：2011, p. 173）。入院とそれに必要な施設建設を重視してきた日本の医療の対照に常石が置くのが在宅療養である。六四年のWHO結核専門委員会第八回報告で入院不要の原則が勧告されたが、日本では対応を引き延ばし患者の基本的人権を侵害することになった。けれども、次節で触れるように、六〇年以前の米国でも抗結核薬は入院患者に使用し、外来患者への処方は忌避されていた。したがって、五〇年代にペスケラが琉球で在宅療養を発達させたのは、患者の基本的人権を慮る現代的な理念からであるよりは、入院施設不足に強いられた「苦肉の策」であった。ここでは常石の論述に、不要な入院は避けるという理念にもとづいた現在の在宅療養と、入院施設が無いので仕方なくおこなっていた過去の在宅療養との混同がある。

常石による結核対策の日琉比較は、医療政策の背後にある医療思想を浮き彫りにしたが、日本の医療政策の批判が、その裏面で、琉球の結核制圧事業を成功譚として語ってしまうという問題を残した。ちょうど、施政権分離が日本の軛から琉球を解放して文化的個性の再評価に繋がったように、厚生省の政策を否定的にとらえるときには、その管轄を離れた琉球の医療の評価は自ずと肯定的に傾き、さらに、琉球の医療を媒介にその源流と目された米国の医療の称賛を呼び込んでしまう。この陥穽を回避するには、まずは、常石が踏み込まなかった米国での結核対策の実態について検討することが不可欠であろう。同時代の米国ではどのような結核制圧事業が実施されていたのか、節をあらためてみてみたい。

第二節　米国における結核対策

米国の特殊性

米国の結核対策を特殊とみなし、米国社会にその説明を求めた研究にジョージナ・フェルトバーグの米国結核医療史（Feldberg：1995）がある。彼女によれば、米国の結核対策の目立った特徴として、BCGへの消極的な態度に加えて抗結核薬の院内使用があり、両者には一貫する論理があった。両者はともに、サナトリウム療法を偏重することの帰結であるという。

サナトリウム療法は、「大気、安静、栄養」のフレーズで知られるように、清浄な環境で専門家の管理のもと安静を保ち栄養摂取に努めて抵抗力を増し自然治癒を目指すものである。結核菌に感染しても多くの人は発症せず、発症に至るのは一〇人に一人である(8)。この一人の発症は、結核菌に対する遺伝的感受性にも要因があるが、感染時の当人の抵抗力に左右される。また、免疫反応で病巣を押さえ込み陳旧化させても、過労や栄養不足により抵抗力が低下すれば再発症し、抵抗力減退が継続すれば病状を悪化させ恢復できなくなる。一般的な抵抗力の増強というと専門性に欠けるようにも響くが、結核治療にはとくに適切な処置であり不可欠でもある。サナトリウム療法は一九世紀中頃のヨーロッパで確立され、米国での嚆矢は、一八八五年にニューヨーク州のサラナク・レイクにエドワード・トルドー（Edward L. Trudeau）が建てたアディロンダック・コテージであった。

フェルトバーグが注目したのはサナトリウム療法のもつ教育の側面である。サナトリウムの療養者は、いたずらに体力を消耗しないよう節度のある生活を身につけ、感染についての知識を学んで病気を他人に拡大させない公徳心を養う。サナトリウムとは病気を治療する場であると同時に、治療を通して、自己と社会を守るよう自律的に振る舞うという市民の行動規範を教える場でもあった（Feldberg：1995, p. 207）。フェルトバーグによれば、米国の結核医療史を省みると、この市民的教育の局面がときに結核菌との闘い以上に重視されているという。たとえば、コッホの結核菌発見が世界的な称賛を受けたときに米国ではその真価を認めるのが遅かったが、対照的に、コッホの精製したツベルクリンを治療薬とする試みが他国で早々に放棄された後も、トルドーはコッホの方法で「ツベルクリン」を製造し、自身のサナトリウムで治療薬として使用していた（Ibid., p. 64）。

サナトリウム療法での教育の重視がＢＣＧへの消極的な態度と抗結核薬の院内使用を導くのは次のような理由による。ワクチンは未感染者に接種するものであり、ＢＣＧは院外の一般住民を対象にしている。ＢＣＧ接種はサナトリウムと無関係であり、ＢＣＧ接種による結核対策が主流になれば、院内での市民的教育が相対的に軽視されてしまう（Feldberg：1995, p. 207）。一方で、抗結核薬は、ＢＣＧと同様に結核菌を標的にしてはいるのだが、ＢＣＧワクチンとは異なり結核患者を対象に処方される。院内の結核患者に使用できるというにとどまらず、抗結核薬を院内で使用することは、管理下で適切な服薬が遵守されるという点でむしろ効果的な使用法である。つまり、抗結核薬はサナトリウム療法と親和性があった（Ibid., p. 205）。

日本と同様に米国の結核対策においても入所療養が重視されたことになるが、それを推進したのは、日本のように健康人を守るための患者隔離という思想ではなく、結核は社会的な病であるという理解のもとに、望ましい生活態度と公徳心によって克服されねばならないという思想であった。この生活態度と公徳心は米国のミドルクラスに顕著な社会規範であり、フェルトバーグの主著『病と階級』における「階級」とはこのミドルクラスを指したものであろう。米国での入所療養の推進力となったこの思想は、結核対策を院外の貧困層の生活改善に連続させた。なぜなら、サナトリウムの内側だけではなく、一般社会においてもミドルクラスの社会規範が病を打ち負かすべきであると考えられたからである。ＢＣＧによる結核対策は、理論上は、ワクチンを接種すれば、人々が自堕落な生活を続け公徳心を欠いていても結核を制圧できる。そこにはミドルクラスの社会規範の出番はない。

換言すれば、米国の結核対策で注意が向けられていたのは結核菌よりも感染者であった。この特徴は、国情の類似する隣国カナダとの比較によって際だったものになる。米国で結核対策を推進したのは疫学者や小児科医であったが、カナダでは病理学者や微生物学者、生化学学者であった（Feldberg：1995, p. 180）。カナダは二〇年代に全国調査評議会（NRCC）でBCG研究を開始し、三四年のケベック州を皮切りに四六年までには全国でBCG集団接種を実施していたのである（Ibid., p. 9）。

ヨーロッパ諸国ばかりでなく隣国カナダまでもがBCGを積極的に使用していくなかでBCGを忌避した米国の姿勢は特異であり、その孤立主義的な結核対策には、ミドルクラスの社会規範という米国社会の思想史的背景があった。フェルトバーグのこのような洞察をふまえたうえで、ペスケラによる琉球の結核制圧計画の同時代に彼の母国でおこなわれていた結核対策を具体的にみてみよう。

BCG試験

周知のように近代の結核の流行は産業革命の勃興と連動していた。ロンドンでは一七六〇年代に結核死亡率が一〇万人あたり九〇〇人、ハンブルクでは遅れて一八三〇年代になって一〇万人あたり七〇〇人で最も高率を記録した（Redeker：1958, p. 433）。米国東部でも一九世紀に結核死亡率の頂点を迎えるが、頂点とは折り返し地点でもあり、ヨーロッパの工業国と同様に本格的な結核予防運動を待たずに結核流行が収束へ向かった（Dubos & Dubos：1952, p. 229）。一九〇〇年に一〇万人あたり二〇〇人弱であった米国の結核死亡率は、五〇年の約二〇人へとその後も順調に減少した[9]。とはいえ、第一次世界大戦時でも米軍の依病除隊理由の第一位が結核であり、戦闘中の死亡者よりも多くの被害者を出し、結核は国家運営上の脅威にとどまっていた（Byerly：2014, p. xviii）。日本では国家をあげての結核対策が日中戦争に動機づけられていたのをみたが、米国でも、再び戦争が始まったときに結核対策が国家的課題に押し上げられた。従来は結核対策は州政府の管轄であったが、対日開戦後に連邦公衆衛生局国務部（State Service Burau）に結核管理室が設置された。四四年七月に成立した公衆衛生法によって連邦政府の防疫権限が確立されると、同室は独立した結核管理部へと格上げされて、軍需工場の従業員の検診や、予防および治療法の調査をおこなった。

ＢＣＧ接種の是非に関しては相反する試験成績が報告され、四〇年代後半から五〇年代初めは何れとも定めがたく、検討が続けられていた。幼児（Rosenthal & Leslie：1945）およびインディアン（Aronson & Palmer：1946）を対象にした比較試験の結果は、ＢＣＧ接種が発症予防に効果があることを示したが、同時期のニューヨーク市民を対象にした比較試験では、ＢＣＧ接種に同等の予防効果がみられなかった（Levine & Sackett：1946）。公衆衛生局結核管理部は、四六年九月に全米およびヨーロッパから専門家を招集してこの問題を検討させた。会議では賛否両論が交わされたが、ミネソタ大学の予防医学教授Ｊ・アーサー・マイアズ（J. Arthur Myers）が主張したＢＣＧ集団接種の不採用という意見が優勢であったという（Feldberg：1995, p. 182）。

結核の再感染発病説がマイアズの持論であった。この説によれば、結核菌の初感染時の病巣は概して臨床的な発病には至らず不活性化し、重篤な症例は後年に再度感染した病巣から発達するという。一九二〇年代に結核児施設（リーンハースト結核児学校）に勤務していたマイアズは、約一〇年間の追跡調査によって、ツベルクリン反応検査に陽性反応を示した子供たちのなかから将来の結核患者が発生する確率が、陰性の子供たちよりも約九倍高いという結果を得ていた。したがって、既感染の児童を発見し、再感染による発症を防ぐことに力が注がれるべきであった（Myers & Harrington：1934, p. 1535）。それは、米国結核協会（ＮＴＡ）が推進してきた結核対策であり、マイアズによれば、免疫化を試みる如何なる対策よりも確実な対策であった（Ibid.）[10]。

ところが、公衆衛生局結核管理部がＢＣＧ会議を開催した四六年には、マイアズの持論に反するような試みがおこなわれていた。この年ニューヨーク州政府がＢＣＧ研究所を創設し、ＢＣＧワクチンの量産を始めたのである。結核管理室時代からＢＣＧ会議まで連邦政府の結核対策を指揮していたヘルマン・ヒルボウ（Herman E. Hilleboe）がニューヨーク州政府の結核対策顧問に転じて、病院関係者、結核患者家族、精神病院入院患者といった感染リスクの高い人々を対象にＢＣＧの集団接種をおこなった（Feldberg : 1995, pp. 183-184）。この動きが一般の人々にもＢＣＧへの関心を惹起したため、連邦公衆衛生局はＢＣＧ接種の是非について確定的な判断を下す必要に迫られた。ヒルボウに替わって結核管理部長となったロバート・アンダーソン（Robert Anderson）の指揮で、あらためて以下の二つの大規模な比較試験が実施された（anonymous : 1947）。

第一の野外試験はジョージア州マスコギ郡でおこなわれた。初めは学童のみを対象に、四七年春から一年間で一万一二六二人を被検者とし、ツベルクリン反応検査、ＢＣＧワクチンの接種、対照群の設定がおこなわれた（Comstock & Webster : 1969）。しかし、ツベルクリン反応陰性者からの結核発病件数が少なすぎるという予測が立ったので（Comstock et al. : 1976, p. 276）、あらためて五〇年に対象年齢を成人にも拡大し、対象地域も、マスコギ郡と隣接するアラバマ州ラッセル郡へと拡大して試験が延長された。最終的に被検者は、両郡の人口の約半数六万四一三六人にのぼった。ツベルクリン反応陰性者にＢＣＧを接種するが、一部の陰性者には接種をおこなわず対照群とした。ＢＣＧ接種者は一万七八五四人、その対照群は一万六九一三人、一方でツベルクリン反応陽性者は二万九三六九人であった。追跡調査は七〇年まで継続され、被験者のなかから最終的に二七五人の発病が確認された。その内訳は、ＢＣＧ接種者が三二人、対照群が三六人であったのに対し、試験開始時のツベルクリン反応陽性者は二〇七人であった。一〇万人あたりの年平均発病率に換算すると、ＢＣＧ接種者が一二・六人、対照群が一三・四人、陽性者が四七人という結果になった（Ibid.）。

第二の野外試験は、プエルトリコの学童を対象としたものであった。四九年九月から五一年五月にかけておこなわれたこの野外試験は、同地域全学童の四五パーセントを網羅し、適時未就学児も取り入れた結果、一歳から一八歳まで合計一九万一八二七人を被検者とする大規模な試験となった。追跡調査は六九年まで継続され、この試験の参加者で結核を発病したのは最終的に一九七六人であった。BCG接種者とその対照群を比較すれば、BCGワクチンは結核の発病を二九パーセント抑制していた。けれども、これらのツベルクリン反応陰性者からの結核発病者は、結核発病者全体の二九パーセントに過ぎなかった。換言すれば、ツベルクリン反応陽性者が結核発病者の三分の二以上を占めていたのである。BCG集団接種に期待できる集団全体の発病抑制効果は九パーセント未満と計算された（Comstock et al.：1974)。

有用性の否定

これらの野外試験の結果は、BCG集団接種の不採用を支持するものであったが、その有効性と有用性の区別に注意して評価する必要がある。

有効性とはワクチンが個人に対しもつ発症抑制力である。周知のように、BCG（Bacille Calmette-Guerin）という名称は、パスツール研究所のアルベール・カルメット（Albert Calmette）とカミーユ・ゲラン（Camille Guerin）の頭文字を取ったものである。彼らはウシ型結核菌を継代培養によって弱毒化したワクチンを開発し、二一年に臨床試験に成功した。パスツール研究所から世界各国にワクチンが分配されたが、生菌であるこれらの亜株は異なる環境で培養が続けられた結果、遺伝形質に違いが生じていた（戸井田：2004, pp. 19–20)。米国は三四年に分配を受けたが、その後、米国の亜株の効力を検証する試験はおこなわれなかった。このため、マスコギやプエルトリコの野外試験でBCG接種群と対照群の発症に顕著な差が認められなかったのは、使用したBCGワクチンが元株の効力を失っていたことが原因ではないかという疑問を残してしまった。つまり、BCGによる発症予防という医療技術が必ずしも否定されたことにはならなかった。

もう一方の有用性とは、ワクチンの集団接種が対象集団の結核流行に対してもつ制圧力である。ワクチン自体の有効性とは別次元の問題であり、かりに完璧な有効性すなわち一〇〇パーセントの発症抑制力をもつワクチンが利用可能だとしても、未感染者からの発症が起こらない集団に対しては、そのワクチンはまったく有用性を持たないことになる。[11] マスコギとプエルトリコでの野外試験によって確証されたのは、米国社会ではＢＣＧに有用性がほとんどないということであった。いずれの試験でも、ツベルクリン反応陰性者よりも既陽性者からはるかに高い確率で結核患者が出現していた。換言すれば、試験開始時に結核菌未感染で、その後の自然感染で発病に至る症例は米国では当時すでに少なくなっていたということである。

ただし、これらの野外試験から最終的な結論が導かれるのは、二〇年前後に及ぶ追跡調査を経た後であったことに留意したい。一九五〇年前後には米国の結核医たちはＢＣＧの有用性についていまだ検討中であった。これには同時代の海外の動向も影響し、五〇年にマスコギの野外試験が拡大されたのは、先に触れた世界保健機関（ＷＨＯ）の大規模なＢＣＧ予防接種事業に刺激されたからでもあった（Comstock et al. : 1976, p. 276）。米国外の動向を受け、五三年一一月の米国議会下院の対外通商委員会では、ＢＣＧに消極的な政府の政策に質問が向けられた。答弁に立った結核管理部長のアンダーソンによれば、ＢＣＧ接種を大規模におこなったヨーロッパで結核が制圧されたのは事実だが、社会の正常化や経済復興も同時に進行していたのだから、結核死亡率や罹患率の減少がそのままＢＣＧの成果であると断言はできず、対照的に米国の結核死亡率や罹患率が低くとどまったのは、戦災を逃れて良好な衛生状態と高い生活水準を維持したからだという。アンダーソンがこの答弁で強調したのが結核病の社会性であった。彼によれば、結核は単純な細菌感染症ではなく、発症を引き起こすのは、長期にわたる精神的肉体的ストレス、栄養不良、過労、狭隘な住環境、経済的な困窮、衛生不良であり、結核対策の照準はこのような社会的問題の解消にこそ向けられるべきであるという（Feldberg：1995, p. 192）。

ここで以下の二点に留意したい。ひとつは、アンダーソンはＢＣＧワクチンの有効性を否定したのではなく、米国社会でのその有用性を否定していたということである。彼はＢＣＧが効果的なワクチンであると認めていたが、総体的にみれば衛生状態も生活水準も悪くなく、感染拡大の可能性が低いときに、予防接種による発症予防は効率的な結核対策でないと主張していたのである。もう一つは、この時点では、米国式と呼べるような結核対策は未だ確定していなかったことである。米国でＢＣＧ不採用の方針が確定するのは、ニューヨーク州政府が唐突にＢＣＧ研究所を閉鎖した五三年暮れとみることができる。米国ではＢＣＧワクチンは、フィラデルフィアのフィップス研究所とシカゴのタイス研究所でおもに実験用に製造されていただけであった。生菌で保存が利かないため商品化に適さず、製薬会社はＢＣＧに興味を示さなかった。ニューヨーク州での実用向け量産はほぼ唯一の例外であった（Feldberg：1995, pp. 183, 193–194）。

ここに留意を求めた二点は、ペスケラによる琉球の結核制圧計画を考えるうえで重い意味をもつ。彼が琉球に滞在したのは五一年暮れから五三年春であり、この時点ではＢＣＧの使用について米国内には異なる意見がまだ存在していた。相対立する意見のなかから、米国式とよべるような結核対策が定まろうとはしていたが、それは米国社会におけるＢＣＧの有用性の欠如を根拠に主張されたものであり、米国と同等の衛生状態と生活水準を望めず、結核感染が拡大しつつある社会でも通用するかは不明であった。したがって、ペスケラは、すでに母国で確立された結核対策を、比較しうる試験成績の裏付けをもって琉球で実施したのではない。彼の結核制圧計画を精確に同時代に定位してみるならば、日本と同様に琉球でもＢＣＧを使用する妥当性は残っていた。ペスケラはＢＣＧ不使用という消極路線を結果的に先取りすることになったが、彼が琉球の結核制圧事業を推進していた最中には、それは一つの選択肢に過ぎなかったのである。次節では、この選択肢が琉球で実際にどのように具体化されたのかみてみたい。

第三節　琉球の結核対策資源とその活用

結核療養所

ペスケラの事業内容を明らかにするには、彼の来島時までに結核対策として琉球で何がおこなわれていて、どのような資源が彼に利用可能であったのかまずは確認しておかなければならない。

戦前の沖縄県の結核対策として知られているのは金城清松の活動である。金城は沖縄医生教習所を卒業後、大阪の石神伝染病研究所で研修を積んだ内科医であった。所長の石神亨は北里柴三郎の助手を務めた細菌学者で、浜寺石神療養所を設立、大阪結核予防協会の創設者でもあった。金城は帰郷して開業すると師にならい、一九一一年に真和志村天久（現、那覇市）にサナトリウム・白山療養所を開設した。一七年には沖縄結核予防協会を立ち上げ、結成式には北里や志賀潔を沖縄に招いている。結核対策が国家的事業になる以前の民間の結核予防運動が、金城を通じて比較的早い時期に沖縄に伝わっていたといえよう。しかし、白山療養所は沖縄戦で灰燼に帰し、跡地は軍用地として接収された。疎開先から戻った金城は、あらためて組織された琉球結核予防会の副会長に就くが、これは一種の名誉職であり、金城は一般内科医として開業し、療養所を再建することはなかった（金城：1977）。戦後の結核医療の最前線に立ったのは、金城とは経歴の異なる次世代の医師たちであった。

沖縄戦が終了したとき、沖縄島に残っていた医療施設は北部の若干施設にすぎず、戦後の医療は米軍の野戦救護施設から始まった。米軍から沖縄民政府に管理が移譲された四六年四月時点で、三つの総合病院（沖縄中央、名護、宜野座）、五つの地区病院（知念、糸満、前原、那覇、石川）、九三の診療所があった（沖縄県医師会：2000, pp. 29–30）。結核患者を一般傷病者から隔離するために、四八年八月に金武《きん》村浜田（現、金武町）に金武保養院が設立された。米軍の放棄した簡易施設を転用した粗末な施設であったが、第二代院長の伊豆見《いずみ》元俊《げんしゅん》の時代に施設整備と医療サービスに一定の改善がみられたという（金武保養院：1969, pp. 34-35）。

伊豆見は、三八年に台北帝国大学附属医学専門部（台北医専）を卒業、四三年五月まで軍医として中国大陸および東南アジア島嶼を転戦した。復員後に台北帝国大学医学部第二内科に入局するが、四五年四月に臨時召集を受けて第二二二兵站病院長として終戦を迎えている。これは台中陸軍病院の分院で、新竹州大湖の山間に結核患者や精神病患者を収容した臨時特設病院であった。伊豆見が入局した第二内科では、桂重鴻《しげひろ》が結核の薬物療法を試みていたことに留意したい。よく知られているのは、理農学部の野副《のぞえ》鉄男が開発したタイワンヒノキの精油・ヒノキチオールで、桂はそれを臨床試験に用いて結核患者に一定の治療効果を観察できたという（桂・野副ほか：1941, 1944；丸山：1957, p. 98；歐：2013, pp. 34-36）。大湖の病院長に就く前の四か月間であるが、伊豆見は台湾総督府結核予防会で技師も務めていた。戦後に琉球に引き揚げて我如古診療所（現、宜野湾市）に配属されたが、清瀬の結核予防会結核研究所で短期研修を受けた後、五〇年九月に金武保養院院長に転配されていた[12]。

保健所

金武保養院の病床数は一〇〇床であり、後年に増床があったが、入所できない患者が圧倒的多数を占めたことに変わりはない。これら在宅患者の療養を担ったのが保健所であった。先に触れたように日本では四七年九月の保健所法改正で保健所機能が拡充強化されたため、国立公衆衛生院が医学、衛生監視学、衛生看護学、栄養学ほか計一三科の短期再教育課程に全国から専門家を集め、各地の保健所で新たに必要になる人材の養成にあたる指導者を育成した。琉球からの研修生派遣は四八年の衛生獣医学科の一名に始まるが、翌四九年後半から五〇年前半に二〇名以上が集中している。とくに結核対策との関連が深い派遣研修者をあげれば、三か月の医学科に稲福全志《ぜんし》（四九年一二月、以下括弧内修了年月）と当山堅一（五〇年九月）が、四か月の衛生看護学科に具志八重（四九年一一月）、伊礼登代子（五〇年三月）、金城妙子（五〇年七月）が派遣されている（公衆衛生院：1953, pp. 163, 174）。琉球での保健所再開は、沖縄島を三分する広域圏を保健所地区に割当て、まず五〇年一二月にコザ（現、沖縄市）に中部保健所（稲福所長、伊礼看護婦長）が開設され、翌年一月に名護の北部保健所（金城看護婦長）がつづき、半年後に那覇に南部保健所（当山所長）が開設された。

この人事について注目しておきたいのは、保健所長となる稲福と当山という二人の医師が、先に触れた伊豆見と同じく台北医専の卒業生で、同世代でもあったことである（稲福、台湾総督府台北医学専門学校三二年卒、当山、同三四年卒）。戦前の沖縄人には台湾で高等教育を受ける者が多かった。地理的に近く就学費用の負担も少なかったからである。台湾に進学して医師や教員になっていた彼らは、沖縄に引揚げ、沖縄戦で失われた郷土の人材を補塡することになった（松田：2013：安村：2012）。日本への進学者は、戦後そのまま日本に留まるという選択肢があったが、在台沖縄人は戦後の台湾に留まることが許されなかった。また、台北医専卒業生たちの経歴を網羅的に追跡した松田ヒロ子によれば、沖縄県出身学生が高い比率を占めたことは、低開発に止められた沖縄が植民地台湾の開発から利を得たことを示すが、卒業生は帰沖せず他の植民地での自己のキャリア形成に向かったという。日本の敗戦はそのような沖縄人医師の引揚げ帰郷も意味した（同前）。

伊豆見や稲福、当山は療養所や保健所で公務員医師として活躍したが、医師の自由開業再開時の議論からは、彼らのような植民地帰りの若い医師達が官営医療を肯定的に評価していたことがうかがえる点に注目しておきたい。戦災で貨幣経済が崩壊した琉球では受診・治療は無料で、すべての医師は公務員となり政府から月給を与えられていた。経済が復興するにつれ、医師たちから自由開業の再開を望む声があがり、医師会の長老・長田《ながた》紀秀《きしゅう》がその先導役を務めた。一方、多くの住民は、現行の低廉な医療費や、離島および僻地にも行き届いた医療サービスを守る立場から自由開業に反対したが、「若い医師層にもこれに同調するものが相当数」（沖縄県医師会：2000, p. 41）あり、稲福はその筆頭であった。自由開業をめぐる討論で稲福は長田に対し、「苟も心ある医師ならば開業華やかなりし戦前の夢を追うべくもないことは分かっているはず[13]」だと厳しい批判を投げつけている。戦前の沖縄県では医師は地方の名士として富裕層の一角を成し、長田も戦前の那覇では有数の私立病院（善興寺医院）を経営していた。一方の稲福にはまだ開業経験がなく、官医の薄給を甘受してでも官営医療の理想を守ろうとしていた。結局、収益率の高い都市部に医師が集中するのを防ぐため配置委員会が設置され、許可された場所でのみ開業できるという条件で五一年四月より自由開業が再開された。けれども、開業医の定数制限がなし崩しに破られ、配置委員会を定めた布令も無意味となって五四年二月には廃止された。この間、稲福は五二年四月に、当山も翌五三年五月に開業医へと転じ、保健所を辞めてしまう[14]。ペスケラが来島したのは、彼らのような植民地帰りの若い医師たちが、次々と開業医に転じる同業者を横目に、薄給による生活苦を忍んで官営医療にかろうじて踏みとどまっていた時期であった。

公衆衛生看護婦

在宅患者の療養は、琉球で公衆衛生看護婦と呼ばれた保健婦の巡回指導によっておこなわれた。沖縄の保健婦活動は戦中に始まっている。四二年四月に沖縄県主催の検定で三人が保健婦資格を取得し、同年七月に長崎の九州保健婦養成所に四人が派遣された。先述したように戦後に国立公衆衛生院の短期課程に派遣される具志八重は前者のうちの一人であり、伊礼登代子は後者の一人であった。四三年一〇月に二回目の県主催検定が実施され三〇人が合格し、同時に具志や伊礼は東京の中央社会事業協会が主催する錬成会に派遣され、保健婦指導者としての研修を受けた。戦後にあらためて保健所が開設されたとき、配属できたのは彼女たちを含む約四〇人の保健婦にすぎなかった。人員不足を補うために、五一年三月より五回にわたり政府による保健婦養成講習会が開催され、あらたに一二〇人が増員された(15)。講習会の講師となったのは、具志や伊礼のように公衆衛生院で再教育を受けた看護指導者たちと、USCAR厚生局の看護婦担当官であったジョセフィン・ケザー（Josephine H. Kaser）とアグネス・カトレス（Agnes S. Katlas）であった。五〇年一〇月に琉球に赴任したケザーは、それ以前はGHQ／SCAPから国立公衆衛生院に派遣され教育顧問官を務めていた（金城・前田：1967）。

琉球では日本の県レベルの職員である保健婦を市町村に配属する独特な駐在制度が実施されたことが知られている。この制度設計にあたったのが、USCAR厚生局（五三年五月より公衆衛生局）のいま一人の看護婦担当官であったワニタ・ワータワース（Juanita A. Watterworth）であった。五〇年一月に琉球に赴任し、看護学校および看護婦免許を定めた布令（第三五号、第三六号）を起草、六〇年六月までUSCARに勤務して琉球の医療行政に大きな影響を与えた。木村哲也は、長期間在任したワータワースの存在感が誘引となって、公衆衛生看護婦の駐在制度は米国からの輸入であるという誤解が生じていると指摘している（木村：2012）。そのような誘引には、琉球ではpublic health nurseを直訳した公衆衛生看護婦という名称が用いられたことを加えることもできるだろう。木村の指摘は、琉球の結核対策が米国式か否かという問題とも関連するのでここで触れておきたい。

琉球と同様の保健婦駐在制度が実施された他の地方自治体に高知県がある。改正保健所法では全国一律に人口一〇万人あたり一箇所の保健所地区の設置が定められていたが、山間僻地の多い高知でこの人口規模規定を遵守すると、担当地区が香川県全体と同面積になってしまう保健所があった。ワータワースの前任地は四国軍政府であり、彼女は高知で成功をみた駐在制度を、多くの離島をかかえ高知同様に交通不便な琉球に移植した。ただし、木村が県議会記録を精査したところによれば、高知県庁の衛生部門を指揮していた衛生官僚の聖成稔が、ワータワースの来県以前の四八年四月までに、同県の地勢と交通事情を考慮した「中間機関」を構想しており、同年一二月には保健所の仕事を末端へ浸透させるために、内勤であった保健婦を町村に出していた（木村：2012, pp. 53-60）。これは、戦中に安芸保健所が、国保保健婦が設置されていない無医町村に保健婦を県職員身分のまま駐在させていた方式の復活であったという（同前、pp. 32-35）。

琉球の公衆衛生看護婦の駐在制度も戦後に米国人が導入したと語られてきたが、「むしろかろうじて戦前期に育成されていた人材と制度を、巧みに利用し、戦後の再建につなげたと見るほうが正しい」（木村：2012, pp. 204-205）という木村の見解は、先に触れたオルダスと鈴木の占領公衆衛生史批判にも通じ興味深い[16]。しかし、駐在制度が高知の独創なのか、四国赴任前からワータワースが抱いていた構想なのかは確定的な証拠がない[17]。連邦制の米国では州ごとに保健所の業務態勢が異なり一概には言えないが、内勤保健婦を極少化し、保健婦を住民地区に駐在させる制度が米国に無いわけではない（cf. 照屋：1954）。

ペスケラの業績

一九五一年暮れに琉球に降り立ったペスケラがみた既存の結核対策の現状は、次のようにまとめられるだろう。粗末な建物の金武保養院があり、収容患者数は一〇〇床、他の病院の結核ベッドを入れても二〇〇床を越えなかった。沖縄島に三つの保健所が設立され業務を開始していたが、公衆衛生看護婦が足りず、急ピッチで増員がはかられていた。金武保養院や保健所では、植民地帰りの若い医師が責任者を務めていたが、開業医との待遇上の不公平が目立ち始めていた。このような結核対策の現状をみてとったペスケラがおこなったのは、集団検診による結核患者数の把握と新たな結核専用施設の運営、そしてこれらの活動を通じての教育であった。

本章冒頭で触れたように那覇保健所で当山堅一所長の協力を取り付けたペスケラは、即座に集団検診を開始させた。当山の指揮のもと、中山兼順（通訳事務）、宮城久雄（レントゲン技師）、兼本春子と比嘉初枝（看護婦）による検診班が組織され、那覇保健所の管轄区域を越えて宮古・八重山および奄美大島を含む全琉的な出張検診が約一箇年にわたり繰り返された。離島の移動には米軍の舟艇が使われ、レントゲン撮影には、従来の間接撮影ではなく、大判のフィルムを用いた直接撮影という高価だが精度の高い方法が用いられた。この作業を通してペスケラは当山にレントゲン画像判読の訓練を施した。

被検者約一万人の胸部レントゲン画像を判読した結果、およそ一パーセントが活動性結核患者であった。この種の患者は、病巣から結核菌を排出し感染源となる。この割合を当時の総人口八〇万人にあてはめ、要治療患者は八〇〇〇人と推計された。琉球側の記録では、被検者は琉球大学および那覇高校の学生や琉球政府職員、ハンセン病療養所入所者、宮古の一般集落のほか、当山の最初の赴任地であり彼の妻の出身地でもある屋部村字茂佐（現、名護市）ではツベルクリン反応検査と無関係に住民全員の胸部レントゲン写真が撮影された（琉球結核予防会：1962, p. 6；当山：1992, pp. 1–2）。一方、ペスケラの報告書では、集団ごとの罹患率にも触れられ、農村部や高校生では六パーセント、大学生が八パーセント、政府職員では二〇パーセントという数字が報告されている。さらに、琉球側の記録には言及がないが、ペスケラは、彼が「芸者（娼妓）」と呼ぶ売春女性の集団で罹患率七・六パーセントであったと報告している（Pesquera：1952, pp. 5–6；1955, pp. 7, 8）。

集団検診を軌道に乗せたペスケラは、続いて、新たな結核専用施設の計画を進めた。五二年四月までに兼城村（現、糸満市）の憲兵隊コンセット群に候補地を絞り、米軍の資金で大規模な改修をおこなって八月に琉球結核科学研究所が開設された。温水供給を完備した衛生的な近代的施設であったが、当初のベッド数は六〇床と多くはない。隔離施設ではなく、退所後の在宅療養に必要な知識を学ぶ教育施設であることを強調したからである。科学研究所という名称も、たんなる療養所ではないという意気込みの表現であった。病床をこの目的に有効に使うためにベッド廻転制が実施され、入所者は最長でも六か月後に、病状の如何にかかわらず退所させて次の患者にベッドを空けさせた。所長は金武保養院院長の伊豆見が兼任し、当山の検診班と事業の両輪を形成する治療班を指揮した。金武療養所でも古い入所患者をすべて退所させ、あらためてベッド廻転制が開始された（沖縄県医師会史：2000, pp. 69-70；琉球結核予防会：1962, p. 7；伊豆見：1972, p. 85）。このベッド廻転制は占領期のドイツでペスケラが試みて成功をみた制度であった（当山：1992, p. 3）[18]。

当時、琉球結核科学研究所や金武保養院でおこなわれた治療は虚脱療法と化学療法であった。主な虚脱療法は人工気胸術で、胸腔に空気を注入して肺を圧迫し空洞性病巣を塞いで排菌を止める。ペスケラは、肋膜癒着があるときの人工気胸術に必要なヤコベウス焼灼手術を伊豆見に指導した。ちょうどこの頃（五二年八月頃）ストレプトマイシンの配給があり、パス（PAS、パラアミノサリチル酸）とアイナ（INH、イソニコチン酸ヒドラジド）といった合成薬剤が実用化されると順次琉球でも取り入れられ、伊豆見を中心にして併用試験がおこなわれた（伊豆見：1972, p. 84）[19]。

琉球結核科学研究所は、これを期に結成された琉球結核予防会に一旦はらい下げられ、同会から琉球政府へ無償譲渡されている。払い下げ資金は、ペスケラが米国結核予防会から譲渡を受け琉球で転売させた複十字シールの売り上げでまかなわれた[20]。煩雑な手続きを踏んだのは、琉球政府が将来この施設を結核対策以外の目的に転用する可能性をペスケラが危惧したからであった（琉球結核予防会：1962, pp. 7-9）。五三年四月、琉球結核科学研究所の譲渡について、将来にわたり結核予防会の趣旨に則って使用するという確認書を琉球政府と交わしたペスケラは、都合一七か月に及んだ琉球での任務を終えて帰国した。

これらの活動を通じてペスケラが強調したのは教育であった。ここで教育とは、当山や伊豆見のような結核医への専門技能の伝授ばかりでなく、ラジオや他の広報メディアを通じて結核感染の原理を住民に知らしめ日常生活上の注意を喚起することや、結核が不治の病ではないと理解させ保健所での検診率を向上することや、療養所や病院での家族看護の弊害を認識させ、訓練を受けた看護婦に委ねることに至る広範なものであった。ペスケラにとって、このような教育は総じて、東洋式の非科学的結核医療と不衛生な療養環境に近代的な西洋式の結核対策を導入することであった（Pesquera：1955）。専門家訓練の徹底を図るペスケラは、検診班で事務と通訳を務めた中山兼順を一年間コロンビア大学に派遣し病院行政を学ばせ、当山と看護婦の山城初子を半年間ハワイのレアヒ病院に派遣し結核医療の研修にあたらせてもいる。しかし、最も若い世代を除けば琉球の医師や看護婦は戦前日本の医療教育を受けていて日本の医療界と繋がりがあったから、ペスケラの活動は、琉球と米国の一対一の関係においてのみ理解することはできない。日本から帰郷する医師や日本語紙誌の購読を通じて、施政権分離による大きな制限を伴いながらも琉球の医師たちが戦後日本の医療界との連絡を取り戻すと、同時代の日本の結核対策の中軸となっていたＢＣＧ予防接種を琉球でおこなわないことが疑問視されることになった。

第四節　日琉結核対策の相克と米国研修

ＢＣＧ紙上論争

米琉間に現前している歴然とした経済格差からすれば、米国式とみなされた結核対策が先進的であることに疑問を差し挟む余地はなかった。しかし、まさに彼我に雲泥の格差があるからこそ、琉球には米国式の結核対策が適さないと論じることも理にかなっていた。この視点から検討したいのは、ペスケラが帰国した五三年春に沖縄の新聞紙上でおこなわれた結核制圧計画についての論争である。論争の発端はＢＣＧ接種を願う結核患者家族の投書を受けた地元紙が組んだ特集記事(21)であった。ペスケラの計画に異を唱えＢＣＧの導入を求める意見は、経済格差、生活水準の違いを論拠にしていた。また、この論争を通じて日本の結核対策と対比されることによって、ペスケラの結核制圧計画に盛られた方法が米国式の結核対策であるという認識が深まることになった。

ＢＣＧに反対したのは、琉球政府結核指導医という肩書きで発言した当山堅一と琉球政府厚生局長の照屋善助であった。彼らはＢＣＧワクチンの有効性を疑問視し、健康人を対象にした不確実な発症予防ではなく、患者からの感染予防に全力を傾注すべきだと主張した。「多数の放火人をフリールにして家毎に防火塗料を塗る対策よりも放火人の除去、監視、教育に重点をおきたい。[22]なけなしの予算であればある程、まして塗料が有効かどうか不明においておや」という比喩を当山は用いている。当山や照屋の主張の論拠となったのは、米国ではＢＣＧ接種をおこなわず、患者の発見、隔離、治療に専念して結核を成功裏に制圧したということであった。

彼らに対しＢＣＧに賛成したのは医師の知念定三と作家の嘉陽安男であった。知念は、ＢＣＧの有効性を確認できた自身の動物実験や内外の試験報告を紹介し、ＢＣＧの効果は認めてよいと論じた。結核からの回復者であった嘉陽は、医療の発達した米国で大きな効果がなかったからといってそれが琉球でも使用しない理由にはならないと論じた。「沖縄のように貧乏なところ[23]」では、罹患して膨大な負担を負うよりは、たとえわずかでも罹患を減らし負担を軽減したほうがよいからというのが理由であった。知念や嘉陽の主張を後押ししたのは、二年前にＢＣＧ強制接種が開始された日本で結核死亡率が減少していることであった。

ＢＣＧの是非をめぐるこの紙上討論は、当山による結核制圧計画の発表、知念の批判、当山の再批判という論争に発展することになった。

この時の当山の推計によれば琉球全体で活動性結核患者が六〇〇〇人いた。[24]理論的には、すべての活動性患者を施設に収容すれば感染拡大を防ぐことができるが、隔離に利用できるベッド数は当時、琉球全体に二五〇床しかなかった。在宅患者からの感染拡大をどう防ぐべきか。この問いへの当山の解答は教育であった。結核菌は活動性患者の咳嗽時の飛沫に含まれ、飛沫核として空気中に漂ううちに別の人に吸い込まれて伝染する。このことを患者が理解し、咳嗽時には布や紙で口を覆い、喀痰を適切に処理すれば感染は防ぐことができるという。ただし、別次元の問題として、患者が、主たる生計者である場合には、療養生活を送るためであっても休職はしづらいという問題があった。療養中の収入を補塡する制度が琉球にはなかったからである。しかも在宅患者は療養費（食事代、家庭内隔離のための費用、薬品代）が自己負担であった。やむなく出勤を続ける患者が職場に感染を拡げる。当山は、入院患者が全額政府負担であるように、在宅患者も病状が非活動性になるまでの療養については社会的な保障が整備されなければならないと訴えた。(25)

当山の訴える患者の啓蒙と在宅療養の社会的保障は知念も支持するところであったが、彼はそれらに加えてＢＣＧ集団接種が必須だと主張した。その理由は無自覚性患者の問題にあった。一般に患者は自覚症状を覚えてから医療機関を訪れて結核と診断されるが、受診時までにはすでに感染を拡大してしまっているという問題である。五三年春の時点で保健所が把握できている活動性患者は三〇〇〇人に満たなかった。先に触れたように活動性患者は六〇〇〇人と推計されていたので感染源の半数以上を特定できていないことになる。そうであれば、患者の啓蒙から導かれる感染予防は中途半端にとどまらざるをえない。むしろターゲットを被感染者に移し、ＢＣＧで発症予防に努めるべきだというのが知念の意見であった。彼が「感染予防はドルの国アメリカでしか成功しない」、すなわち富裕国でしか成り立たないと述べている点に留意したい。エックス線撮影により無自覚性患者を早期に発見できる可能性はあるが、集団検診を徹底させるための機材費や人件費は莫大であった。しかも、かりに患者をすべて発見できたとしても、収容するのに十分な施設を整えるのは「百年河清を俟つ」に等しかった。たしかに、施設建築費に比べればＢＣＧワクチンそのものは廉価であった。(26)

この点について当山は、限られた予算だからこそ、すでに発見されている患者に向けるべきであると再反論している。那覇保健所の結核クリニックで一三七三人の患者が発見されていたが、公衆衛生看護婦の数が足りず、家庭訪問ができたのはそのうち四〇六人であった。残る九六七人の訪問看護にあたる人員の確保を率先すべきであり、それを措いて予防接種に割くことのできる人員はないという。当山には、戦前の台湾で今村荒男のＢＣＧ集団接種の助手をした経験があった。その記憶と重ねつつ、日本で実施されている強制接種について、「結核対策に後れをとった日本が苦慮、焦燥のあまりＢＣＧに望外の期待をかけて強行」するものであり、「東条一派に引っ張られて無批判に今次の戦争に飛び込んだ往時の吾々の失敗に似通った」判断だという懸念を表明した。当山は、米国もかつては十分な施設を持たなかったことを想起するように訴え、現状のみで彼我を比較して、琉球での初動を誤ってはならないと主張した。(27)

琉球医師の米国研修

琉球に相応しい結核対策をめぐる当山と知念の論争は、それぞれの医師としてのバックグラウンドの違いが一因となったようにみえる。

知念は沖縄から日本医科大学に進学し、卒業後は、四四年から五三年まで国立筑紫病院で呼吸器臨床に携わり、そのかたわら九州帝国大学細菌学教室で結核菌を研究していた。(28)同教室には、ＢＣＧ集団接種の道を開いた学術振興会第八小委員会の有力メンバーである戸田忠雄がいた。知念はＢＣＧ研究者ではなかったが、「恩師戸田教授がＢＣＧでは世界的権威者であり、そのふん囲気の中で育った」(29)彼にとって、故郷の沖縄でＢＣＧがまったく顧みられていないのは心外だったはずである。

一方、当山は、先に触れたように台北医専を卒業し、後方部隊の軍医を務めた後、台北帝国大学の熱帯医学研究所で研究生活に入った。衛生学の冨士貞吉の指導で消毒薬の研究を始めたが、冨士が熱帯医学研究所バンコク支所に転勤となり、解剖学の金関丈夫《たけお》の指導に委ねられた。(30)金関の指導で四三年より沖縄人の生体測定を始めたが、時局を慮って中断してしまった（当山：1993, pp. 121-138）。結核医としては知念の方が訓練を積んでいたが、当山には米国で最新の結核医療を見聞してきたという強みがあった。

五二年一〇月から翌年三月までホノルルのレアヒ病院で当山は胸部レントゲン写真読影と結核治療術の研修を受けていた(31)。レアヒ病院は二〇世紀初頭の難病者収容所から発展し、五〇年前後には結核患者六五〇人以上が療養生活を送る大型近代療養所になっていた。院長のヘイスティングス・ウォーカーによれば、一九一八年と五〇年とを比較すると、ハワイの結核死は全死亡の一一・六パーセントから四パーセントへと縮小していた。他の年齢層よりも結核死が高率であった五歳から一五歳の年齢層では、二六・二パーセントからゼロへとくに著しい縮小であった（Doolittle：1958, p. 45）。レアヒ病院生え抜きの医師であったウォーカーは、この成績がＢＣＧ集団接種なしに成し遂げられたことを熟知していた(32)。

ウォーカーの指導を受けた当山が学んだのも、ＢＣＧによる発症予防を棚上げした結核対策であった。当山はこれを、感染源となる患者の発見、隔離、治療そして社会復帰を連携させたシステムであるとし、このシステムに則った努力によってハワイでは結核撲滅の一歩手前まで来ているとみていた。琉球の結核施設をハワイと現状で比較すればはるかに見劣りするのは確かであるが、ハワイの結核施設が初めから現在のように完備されていたわけではない。当山は、ハワイの現状を羨望するあまり、感染予防に向けられてきた長年の努力を見逃してはならないと、医療インフラの違いを理由に感染予防を蔑ろにすることを戒めている(33)。ハワイでの結核制圧の成功を観察した当山が、琉球での感染予防による結核制圧に確信を抱いたであろうことは疑えない。

琉球政府厚生局長の照屋善助は、本節冒頭で触れた紙上討論で当山と一緒になってＢＣＧ反対の論陣を張っていた。彼もまた米国での研修を経験済みであったことに注目したい。五一年三月下旬に渡米した照屋は、メリーランド、ミシシッピ、カリフォルニアの各州で州政府衛生部と保健所を見学、ニューヨークやサンフランシスコでも市役所と保健所を見学した。一般向けの渡米研修報告集に照屋が寄せた一文によれば、女性が高度な専門職にも就いていることに驚き、医師や検査官に「官僚的嗅味」がなく、親切な態度で利用者に対応していることに感心したという（照屋：

1954)。

照屋の米国研修は国民指導員養成事業（National Leader Program）によるものであった。今日のフルブライト奨学生事業の前身であるガリオア奨学生事業と並行して運営された専門家米国派遣研修事業である。琉球では五〇年から実施され、五二年末の時点ですでに九三人が渡米していた。参加者名簿を瞥見すると行政機関の在職者や功労者が目立つが、民間団体や芸術家といった他分野の指導者も含まれている。国民指導員養成事業では、このような人々を米国に招き、通常は三箇月の期間で米国内の関連機関を巡回視察させた。米国の事情に通じ米国に親近感を抱く指導者を養成するための再教育事業であったといえよう（豊見山：2015）。しかし、国民指導員養成は琉球統治に限定された事業ではなく、日本占領の一事業が琉球に拡張されたものである。両地域からの参加者は、集団研修となるオリエンテーションや他の一部の日程では一緒に研修を受けていた。個別研修に分かれたときに琉球の医師たちがBCGなしの結核対策を視察したことは無理なく想像できるが、日本から参加した医師たちの視察については疑問が生じる。彼らは米国でどのような研修を受けていたのだろうか。

日本医師の米国研修

国民指導員養成事業で照屋と一部の旅程が重なった日本人医師に岡西順二郎がいた（照屋：1954, p. 31；岡西：1951a, p. 49）。戦前の岡西は東京帝国大学伝染病研究所に勤め、所長で岳父の宮川米次の代理として近衛文麿の主治医まで務めた有力な医師であったが、戦後は東京都小石川保健所で地域の公衆衛生に献身していた（岡西：2015）。米国の保健所を見学した岡西は、魅力的な教材による衛生教育、実践的訓練を通した技術者養成、健診データの専門家による整理とそれを活用した患者のフォローアップを、日本の保健所が取り入れるべき優れた保健所業務として注目している。日本では、人気《にんき》のない衛生講話や、座学に傾いた技術訓練が一般的で、健診データは医師と保健婦が片手間で処理して統計数字は出すが、個々の患者の病状把握には利用されていなかった（岡西：1951a）。

注目してよいのは、岡西にはBCG研究を組み入れた研修日程が組まれていた点である。彼は研修期間の三分の一近くをフィラデルフィアのフィップス研究所で過ごしていた。先述したように、シカゴのタイス研究所とならぶ数少ない米国のBCG製造機関であり、代表的なBCG推進派のジョゼフ・アロンソン（Joseph D. Aronson）を擁していた。アロンソンは岡西に、米国にはBCGに両極端の評価があることに注意を促したという。実名は挙げられていないが、本章でも触れたBCG反対論者のマイアズが、アロンソンとは反対側の「極端」であったことは疑えない。ただし、BCG推進派のアロンソンであっても国民全体への強制接種を支持してはいなかった。主流派人口（白人）は結核死亡率も罹患率も極めて低かったからである。アロンソンが支持していたのは、死亡率や罹患率の高いマイノリティへ集団や感染リスクの高い医学生や看護婦へのBCG接種であった。後者については、彼自身が通常業務の一環としておこなっていた（岡西：1951b, p. 69）。

しかし、米国での視察を経ても岡西は日本の結核制圧計画に修正の必要を見出さなかった。彼は、米国研修を機に、米国でのBCG研究をレビューしている。その結論は、排菌者の大部分を隔離できる施設を持つ米国では確かに感染リスクが低く、健康人に発症予防策を講じる意義は小さいが、そのような施設が整備されていない「日本ではBCG接種は結核予防上非常に重大な、しかも有力な武器」だというものであった。岡西は、BCGのみでは結核予防が成立しないことに再三注意をうながしてもいるのだが、日本で実施されている国民全体への強制的なBCG接種への支持は撤回しなかった（岡西：1951c）。

岡西の米国研修からは、米国医療界がBCGの研究を蔑ろにしていたわけではなく、研究と応用に蓄積のあった日本の医師とはBCGについての議論をむしろ望んでいたことがわかる。この観点から興味深いのは、BCGに特化した国民指導員研修を経験した細菌学者の柳沢謙である。柳沢の研修題目は「臨床と実験を含めた結核制圧（ツベルクリンおよびBCGワクチン製造および診断)」であり、BCG研究が含まれることが明記されている[34]。当時の柳沢は国立予防衛生研究所結核部長であり、日本全国のBCGワクチンの品質管理の監督にあたっていた。戦前には、伝染病研究所技手として学術振興会第八小委員会に加わり、結核予防会結核研究所が設立されると細菌血清学主任に抜擢されてBCGワクチン製造の第一線を歩んでいた。大戦末期には陸軍医学校で、諸外国に先駆けてBCG冷凍乾燥ワクチンの実用化にも成功していた。五一年一月からの三か月間の柳沢の渡米訪問先を列記すれば、フィップス研究所やタイス研究所、ニューヨーク州衛生研究所、モンゴメリーの国立保健研究所（NIH)、アトランタの伝染病研究所（CDC)、ロックフェラー研究所といった研究機関であり、臨床施設はほとんど含まれていない（柳沢：1983, pp. 147–178)。

柳沢は冷凍乾燥ワクチンの開発者として米国でも知られていたので、BCG研究者からは総じて歓待されたようである。彼の米国研修に関連して以下の二点に注目しておきたい。

ひとつは、岡西の研修に関して触れたフィップス研究所のアロンソンが柳沢の冷凍乾燥ワクチンの追試をしていたことである。柳沢は、帰国後にいわゆる「BCG論争」[35]に関連した国会証人陳述で、彼自身が米国に携帯したワクチンが好成績であったと、アロンソンが伝えてきたと述べている[36]。ただし、この陳述は不正確で手前味噌なところがあり、柳沢は実際にはワクチンを送付したが期限切れでアロンソンは使用できなかったということであったらしい（岡西：1951c, p. 19)。しかし、いずれにせよ、本章の考察にとっては、五〇年代初めの時期に日本のBCG技術を検証する試みが米国本国でおこなわれていたという事実が重要である。

いま一つ注目しておきたいのは、代表的なBCG反対論者であるマイアズと柳沢の議論である。先の国会証人陳述によれば、マイアズのBCG反対理由に承服できなかった柳沢は、反証のデータを携えてミネソタ大学にマイアズを訪ねた。用意したデータについての議論は噛み合わなかったが、米国と日本では採るべき結核予防対策が根本的に異なるのは当然という合意に達したという。たとえば、日本では大学生のツベルクリン反応陽性者が八割を越えたが、ミネソタではそれが一割以下であった。結核感染者がこれほどに少ないのであればＢＣＧに有用性がないことは柳沢も認めるところだった。つまり、マイアズのような強硬なＢＣＧ反対論者であっても、ワクチン接種が米国には必要ないと主張していたのであり、感染状況の異なる他国でも必要ないと主張していたのではなかった。[37]

琉球でＢＣＧを一切用いないというペスケラの計画は、ＢＣＧを偏重する日本の結核対策との対照が際立ち、琉球の医師たちの討論のなかで日本の結核対策と対比されることによって米国式の結核対策と位置づけられたのであるが、岡西や柳沢のような日本医師の米国研修の記録からは、ペスケラの計画は実際には当時の米本国の結核医療の常識からストレートに導かれたものではなかったといえよう。そうであるならば、ペスケラが琉球の結核対策からＢＣＧを完全に排除したことには特別な理由があったはずである。それはどのような理由であったのか、節をあらためて探ってみたい。

第五節　比較対照試験としての結核制圧計画

ＧＨＱ／ＳＣＡＰの視察

五二年三月下旬、ＧＨＱ／ＳＣＡＰ公衆衛生福祉局は、結核に焦点をあてた琉球視察をおこなった。[38] その視察報告書からわかるのは、ペスケラが、来島から三か月目という早い段階でＢＣＧの対照試験の意図を抱いていたことである。さらに、この視察者が関与した隣接地域の結核制圧計画と比較すると、ＧＨＱ／ＳＣＡＰはペスケラが琉球でＢＣＧの対照試験をおこなうことを認め、この試験に間接的に協力していた可能性も浮上する。

琉球視察をおこなったのは極東軍総司令部医務部のアルバート・ナイト（Albert P. Knight）である。彼によれば、一万人を目指したペスケラと当山の集団検診は、彼の視察時に約五〇〇〇人まで終了していた。琉球の結核状況の把握がちょうど作業半ばであった時点でペスケラが次のような見通しを抱いていたとナイトが報告していることに留意したい。

> 大多数の米国人と同様にペスケラ中佐はBCGワクチンに熱心ではなく、BCGワクチンを使わずに沖縄の結核を制圧できると感じている。さらに、彼はBCGワクチンの使用を避けることで太平洋地域に対照群を設定できることを望んでいる。(39)

しかし、BCGなしで琉球の結核を制圧できるというペスケラの見通しにナイトは全面的には同意していなかったようだ。視察報告書の結びでナイトは、「必要とあらば他の予防方法を使用できるように計画は流動的にしておくべきである」(40)と付言しているからである。「他の予防方法」とはBCGの使用を指すとみて間違いない。というのは、実は、ナイトはこの視察の前に日本と韓国でBCG集団接種を支援していたからである。

ナイトは四六年一〇月に東京に着任した小児科医で、GHQ／SCAP公衆衛生福祉局に「結核管理顧問」として勤務していた。(41)四七年夏の四国視察を皮切りに北海道を除く各地で結核療養所や病院を訪れ、検診および治療設備と人員の状況を調査している。オルダスと鈴木によれば、彼は計二五府県に出張しているにもかかわらず、うち一〇府県の視察報告でのみBCG集団接種に言及し、良好な実施状況の報告は二例にとどまっていた。ここから、オルダスと鈴木は、当時、一部の地域を除きBCG集団接種は満足に実施されていなかったと推測している（Aldous & Suzuki : pp. 145–146)。

実施状況が改善されるのは、柳沢が開発した冷凍乾燥ワクチンが利用可能になってからである。従来のBCGワクチンは、培地から収穫した生菌を懸濁した液体であり、一〇日前後で死菌が増えて効力が失われてしまった。BCG製造施設は国内に一一箇所あったが、敗戦後の貧弱な輸配送基盤のために製品の入手が困難な地域が生じた。さらに、製造施設によって品質に差異があったが、全国に散在していたため品質管理に難があった。これらの問題は冷凍乾燥ワクチンによって解消された。生菌に媒材を加えて冷凍乾燥することで長期間の品質保持を可能にしたからである。戦後のBCG強制接種は、本章前半で触れた四八年六月の予防接種法によって開始されたが、同年一一月に京都でジフテリア予防接種禍事件が起こり、一時的に予防接種が全面的に中断された。四九年一〇月に予防接種が再開されたとき、日本国内のBCGはすべて冷凍乾燥ワクチンに切り替えられた。

ナイトは、再開されたBCG集団接種の実施状況も視察している。訪問地は大阪（五〇年六月）、横浜（同一二月）、四国（五一年二月）、東北および北海道（同六月）であった。大阪では順調に実施されていたが、横浜では事務作業員が不足、他でも予算不足や人員不足があり、北海道では医師の経験不足と住民の無関心が障害であった。とは言え、もはやワクチンの有効性への疑義は退いていた。結核死亡者数は、四七年の一四万六二四一人から五〇年の一二万一七六九人、五一年の九万三三〇七人と減少し、五二年五月には「結核死亡率半減記念式典」が挙行された。もちろん、この好成績の要因をBCGのみに帰すことはできない。オルダスと鈴木が指摘するように、ナイトも結核対策の柱として早期予防の他に、早期発見、早期診断、早期隔離の四つを強調していた（Aldous & Suzuki : p. 147）。

BCG集団接種による順調な早期予防を日本で確認したナイトは、それから一年も経たないうちに琉球で、この早期予防を棚上げしたペスケラの結核制圧計画をみたことになる。ナイトの強調した結核対策の他の三つの柱（早期の発見、診断、隔離）は日本でも琉球でも共通に目標に掲げられていたから、彼に異存はなかったはずである。けれども、残る一つの柱である早期予防つまりBCGの導入をナイトはなぜペスケラに働きかけなかったのであろうか。この疑問は、日本国内の地方視察を終え琉球視察に赴く前のナイトの仕事を視野に入れると、さらに深まらざるを得ない。

動乱後韓国の結核対策

五一年九月中旬、ナイトは韓国に出張していた。釜山、馬山、大邱、ソウル、水原を巡見し結核施設の状況を把握するのが目的であった。その報告に盛られた彼の勧告にもとづいてBCG集団接種の実施案が作成され、翌五二年の年初から実際に大規模な集団接種がはじまっている。いわば、ナイトは琉球でのBCG不使用を横目に、韓国ではBCG集団接種を推進していたのである。

九月二六日付でナイトが提出した作成したメモランダム「韓国BCG予防接種計画」(42)のなかには、先に触れた彼のいう結核対策の四つの柱への言及がある。しかし、彼のみるところ、韓国の現状では、早期発見、早期診断、早期隔離の実施は不可能であり、実施可能なのは早期予防つまりBCG集団接種のみであった。

まず、早期発見が不可能なのは、罹患を診断する医師や、巡回にあたる保健婦が不足するからであった。韓国政府保健部がWHOに提出した報告書「韓国の公衆衛生」(43)によれば、朝鮮動乱前の医師登録者は三六七二人であり、総人口（約二〇二〇万人）で割ると、五五〇〇人あたりに医師一人となる。比較対象にあげられている日本では人口一三九五人に医師一人の割合であった。もとから少なかった韓国医師の四七パーセントは朝鮮動乱で死んだり行方不明になったりしてしまった(44)。同様に、看護婦は、保健婦二九九人を含めて二〇六〇人いたが、その半数が動乱中に失われた。有資格者として登録はされていても、主婦になって実務を離れた者も多く、五一年六月の時点で就業が確認できた看護婦は四一〇人であった。一四か所あった看護婦養成機関のうち一〇か所が閉鎖され、看護学生も二五〇人に減っていた(45)。

つぎに、早期診断が不可能なのは検診機材が不足していたからであった。ソウルには国立保健所と三つの地区保健所があったが、通常のエックス線撮影機は市内に二台しかなかった。各地方の中核都市にあった保健所では設備はさらに劣っていた(46)。結核患者数の把握は困難であったが、朝鮮動乱の前、ソウル大学校放射線科教授の趙重参《チョチュンサム》が四四年から四九年まで総計六万四五九一人のレントゲン検診をおこなった記録があった(47)。趙は長期の集団検診の成績から五四年の罹患数を推計し、韓国の人口二〇〇〇万人のうち一三〇万人が結核患者であり、うち五〇万人が入院治療を要する重症者であるとしている。彼は青少年層については直近二年間に約二万二〇〇〇人の検診をおこない、要治療患者七・七パーセントという高率を確認した（大韓結核協会（編）：1998, p. 316）。しかし、五一年春に国立保健院が、十八歳から三五歳の韓国軍関係者約三〇〇〇人のレントゲン検診をおこなった結果、二七二人に結核の疑いが見つかった。罹患率は動乱前の三・六倍であり、ここから、全人口中で三〇歳未満の患者数は三〇〇万人と推計されている(48)。これらの検診は三五ミリフィルムからの読影のみで、喀痰培養や血清検査により活動性の有無が十分に確認されていないが、これとは別の計算によれば活動性結核患者は四〇万人と推計されていた(49)。

さらに、早期隔離が不可能なのは、実際の患者数が上記のいずれであっても、結核患者を収容するための施設が絶対的に不足していたからであった。近代的なサナトリウムは、馬山に国立結核療養所と交通部結核療養所が、仁川に赤十字結核療養所があったが、ベッド数は合計で六〇〇床であった(50)。朝鮮動乱後に結核ベッド数は一三五五床に増床されるが仮設施設であり、やはり、この数では早期隔離を望むべくもなかった(51)。

結核対策に必要な人材と設備がこのように不足するなかでは、早期予防のみが実施可能にみえたのも不思議でない。朝鮮半島では第二次世界大戦末期に総督府警務局衛生課細菌検査所による試験的なBCG集団接種がおこなわれ、解放後も国立防疫研究所でBCGやツベルクリンが製造されていた（大韓結核協会（編）：1998, pp. 317-319）。四九年には同結核部長の徐《ソ》仁銖《インス》が、ソウルで一万三一二人を対象にした集団接種をおこない、翌年初めには馬山で五一七六人を対象に同様の試験的接種を続けた。しかし、陽転率が安定せず、原因はBCGワクチンの品質の問題であるとかんがえられたため、本格的なＢＣＧ集団接種の開始にあたり韓国政府保健部は国連へ技術的援助を求めている[52]。

韓国視察を終えたナイトは、エリーゼ・トゥルーセン（Elise Truelsen）というデンマーク人医師を韓国結核制圧計画の責任者として推薦した。国連韓国民政援助隊（ＵＮＣＡＣＫ）に参加していた彼女はヨハネス・ホルム（Johannes Holm）の下で医学を学び、ホルムが率いた国際結核対策事業に参加して、本章の前半で触れた第二次世界大戦直後のヨーロッパで緊急ＢＣＧ集団接種に従事した経験を持っていた。トゥルーセンが作成した実施案によれば、五二年一月にソウルから始めて、釜山、大邱、大田、仁川、済州島の孤児院、小学校、難民収容所に赴き、総計二五万四二四二人にツベルクリン反応検査をおこない、陰性者にはＢＣＧワクチンを接種する計画であった。さらに、五三会計年度には事業を通常予算に繰り込み、国内全学童数に相当する二八三万二〇〇〇人の予防接種を計画した[53]。

ナイトは結核制圧のための教育の必要も訴えているが、そこには、家庭内感染を防ぐための知識に加えて、ツベルクリン陰性者はすべてＢＣＧワクチン接種をすべきであるという知識も含まれていた[54]。五二年の上半期にナイトはトゥルーセンと頻繁に通信を交わし、事業運営上の助言を与えている。五月中旬には、進捗状況の視察を兼ねて再び韓国に渡り、ソウルでのＢＣＧについての自身の講演に彼女を誘っている[55]。ナイトにとってこの講演もまた、結核制圧のための教育であったことは疑えない。しかし、そのようなＢＣＧ宣伝の講演は、琉球での教育には相応しいものではなかった。

研究の継続と実践の挫折

韓国で観察された医師や保健婦の不足、医療備品の不足、そして隔離施設の不足、すなわち、早期の発見、診断、隔離の困難は、程度の差こそあれ琉球でも結核対策の障害として繰り返し指摘されていた問題である。であれば、琉球でもＢＣＧ集団接種による早期予防が結核対策の切り札になるという主張が成り立ったのではないだろうか。琉球にＢＣＧ製造所はなかったが、日本からの輸入が技術的に不可能であったわけではない。その証拠に、五〇年春に台湾でＢＣＧワクチンが不足しはじめたとき、ＧＨＱ／ＳＣＡＰは日本製ＢＣＧワクチン五万本分を台湾に送っている(56)。すでに冷凍乾燥ワクチンの量産も始まっており、米軍統治下の沖縄ならば移送は台湾よりも容易だったはずである。先に触れたように、ペスケラはＢＣＧの使用そのものに消極的で、かつ、対照群の設定を期待して、琉球でＢＣＧを排除した。対照的にＢＣＧ集団接種に積極的なナイトがＢＣＧ排除に異を唱えなかったのは、彼もまた対照群の設定を期待していたという他に理由はない。

対照群を設定するためには、琉球でＢＣＧを宣伝すべきではないのはもちろん、話題にすることも避けたほうがよかった。ナイトは、五二年三月の琉球視察中におこなわれた沖縄人官医との会議記録を残している(57)。米国側は彼とペスケラ、琉球側からは照屋善助、伊豆見元俊、当山堅一、そして琉球政府厚生局予防課長の山城篤俊が参加した。琉球の結核制圧計画の中枢を担うこれらの医師たちは教育の必要を強調し、住民の啓蒙に加え彼ら自身の専門知識の向上も望んでいた。また、この話合いの末、在宅療養計画の基礎が固まり、集団検診を含む保健所業務を一層拡大するという合意が形成された。琉球での結核制圧計画の概要が定まった会議であったといえるが、ナイトはつづけて次のように会議録に記している。「留意すべき点は、ＢＣＧワクチンの使用については、この地域に対照群を設定できる可能性の（強調原文）ために、質問も提言も一切なされなかったことである(58)」。同時期に韓国で熱心にＢＣＧワクチンの効用を説いていた人物の琉球での沈黙は注目に値する。ただし、若干含みのある言い方になっているのは、先にも触れたように、ＢＣＧを排除した琉球の結核制圧計画に一抹の不安を感じ、問題が生じた場合にはＢＣＧ導入に切り替えるという選択肢を残しておきたいという意図があったのであろう。

五三年五月に帰国したペスケラは、同年一一月一六日に、彼を派遣した学士院／全米調査評議会の結核小委員会に召還されて琉球での彼の業務について報告をおこなった(59)。集団検診によって把握された結核蔓延の状況、金武保養院の改善や琉球結核科学研究所の新設による治療施設の整備、琉球結核予防会設立による啓蒙活動の概要を伝え、これらの事業を通した彼の指導により、事業を自力で推進できる専門家が養成されたこと述べた後、ペスケラが次のように報告を結んでいることは、聴衆である米国の結核医たちにとってもＢＣＧの対照試験が関心の的であったことを示す。

琉球での仕事は一つの研究事業とみなすことができよう。それは、このシステムの有効性を確証するうえで大きな価値をもつはずである。すなわち、教育と患者発見、隔離治療による結核対策システムであり、ＢＣＧによる発症予防を主とするシステムと対峙するシステムである。後者は琉球と同じ戦域内の他の地域——日本と韓国——で実施されていて、そこでは人々の出自や文化、教育程度も本質的に琉球と同じである。(60)

ただし、学士院／全米調査評議会でのペスケラの報告は、この「研究事業」でない方面つまり実践の分野では、彼の計画が危機に瀕していたことも伝えている。

ペスケラの結核制圧計画の障害の一つは官医の劣悪な待遇であった。彼は、すでに五二年七月の中間報告において、当山や伊豆見のような公務員医師の給与が開業医の収入の一割にとどまり、早急に彼らの待遇改善を図らなければ計画が頓挫しかねないと訴えていた（Pesquera：1952, p.6）。先述したように、実際に、五三年五月に当山は生活苦を理由に那覇保健所を辞し、前節で触れた知念との紙上論争をしていたときには開業医であった。それでも当山は「琉球政府結核管理医」を無給で継続していたが、ハワイ研修を受けた結核対策の第一人者として社会的責任による奉仕であったのだろう。学士院／全米調査評議会結核小委員会でのペスケラの報告によれば、同五三年一一月の時点では、金武保養院や琉球結核科学研究所の医師たちも開業医への転身を準備していた。

計画どおりの事業推進を妨げたもう一つの理由は、ペスケラの計画が組織的な合意を経ずに立案されたことにあった。右のペスケラの報告によれば、当山とハワイ研修を受けた山城初子は、帰郷後に結核対策を指揮するようなポストが与えられず一般の保健婦業務に就いていた。同じくペスケラによって病院行政の研修に送られた中山兼順はコネチカット西部保留地で研修を続けていたが、帰郷しても職の当てがない状態に陥っていた。このような不首尾は、山城や中山の派米がペスケラの独断で進められたことの帰結であった。実は、先述した五二年春の視察報告でナイトはUSCAR厚生局の混乱を指摘していた。たとえば、局長のノーマン・キングは砲兵大佐であったため医療行政に疎く、ワータワースとケザーに頼っていたが、この二人の熟練看護婦はこの顧問役を巡って争っていた。局内の定例会議は開かれず、週報の記録は杜撰で、協調を欠いた局員は各々勝手に業務にあたっていたという。[61] このような統制の欠如は、ペスケラが短期間のうちに次々と事業を展開できた一因でもあったが、ペスケラの離島後に彼の事業の継続を難しくしてしまった。五二年七月に改めて極東軍司令部から派遣された視察官は、厚生局予防課長のアーサー・ヒル（Arthur Hill）がペスケラを「帝国建設者」と非難していたと報告している。[62] また、ペスケラの帰国直前に二度目の琉球視察に訪れたナイトによれば、ペスケラは、療養所の監督にあたる後任の米軍医師が、現地人を過少評価して療養所の運営を委ねることを嫌ったため、必要な引継ぎをまったくおこなっていなかったという問題を発見している。[63]

しかし、ペスケラの結核制圧計画を遵守することに意を用いなかった同僚の米軍医師たちも、BCGを琉球に持ち込まないという選択の意味を理解し、この「研究事業」の継続には配慮を示したようだ。ペスケラの帰国から半年を経た五三年一二月に琉球で開催された国際会議中の些細な事件は、そのような配慮から導かれた一種の情報統制を示している。

琉球結核国際会議

五三年一二月七日より五日間の日程で、ＵＳＣＡＲと在沖米軍医療部、琉球政府と沖縄医師会は、結核に関する国際会議を那覇で共催した。新聞報道によると、聴衆百数十人を集めた大型のイベントであった。初めの三日間は、米軍病院医師やＵＳＣＡＲおよび極東軍の公衆衛生責任者、また、沖縄の療養所および保健所の医師や琉球政府の公衆衛生責任者が入れ替わり演壇に立ち、結核の疫学、診断法、入所と在宅それぞれの治療法について専門的な知見を発表した。残りの二日間は、結核教育を題材にした公衆衛生看護婦による劇の上演や、患者の社会保障と更生援助についての座談会といった啓蒙的な催しがおこなわれた。沖縄初の国際会議といわれ、琉米人のほかに韓国軍軍医と日本人医師もそれぞれ二人ずつ招かれた(64)。

日本から特別講師に招聘されたのは、高知県庁衛生部長から厚生省結核予防課長に転じていた聖成稔と国立予防衛生研究所結核部長の柳沢謙であった。柳沢の回顧録によれば、ＵＳＣＡＲ厚生局長に昇進していたヒル中佐から「結核の化学療法」について話すよう依頼され、講演前日の七日に軍用機で那覇に着いたところ、ヒルから聴衆の四割は米国人だから英語で講演するように要望されて午前二時までかけて原稿を英文に書き換えた。その夜の懇親会で沖縄医師会会長の金城清松から、翌晩に医師会による歓迎会を催すので宴席でＢＣＧワクチンについて講話をしてほしいと依頼され、柳沢は「ＢＣＧの研究の話」を、聖成は「日本の結核予防法」にもとづいた結核対策について話したという（柳沢：1983, pp. 179–185）。結核予防法は、予防接種法から引き継いでＢＣＧ強制接種を定めた法律であり、米軍関係者を排した席で日本式の結核対策の真髄が琉球の医師たちに紹介されたことになる。

しかし、柳沢と聖城の接待にあたった琉球政府厚生局医事課長の原実によれば実際の経緯は少し異なっていたようだ。日本から現金の携帯が許されず滞在中に不便したことで聖成は立腹していたが、「更に怒りに拍車をかけたことは、先生方が飛行場に降りられてから講演のテーマを切り替えたことです。柳沢先生はＢＣＧについての講演に来られたのにUSCARが結核の化学療法について講演して下さいということにしたのですから、忿懣やる方なく私にその怒りをたたきつけ」たという。困った原は、「医師会長金城清松先生に相談して料亭「松の下」で県医師会会員にお集まりいただきBCGについて講演していただ」（結核予防会沖縄県支部：1986, p. 71）いたのだという。この晩の講演で柳沢は、自らの開発した冷凍乾燥BCGワクチンの有用性を述べ、これを用いた一律な予防策を積極的に講じた日本で結核死亡率が急落しているのに、BCGを使用していない琉球では結核死亡率が漸増していることを問題にした。日本と比較して排菌者を収容する施設が少なく、医師や看護婦の数も少ないという問題もあったが、「財政面より考えれば予防接種の実施は最も早く容易に実施せられる」のであり、ツベルクリンやワクチンの供給には全面的助力を惜しまないと述べている（柳沢：1955）。

米軍側もBCGの有効性を否定していたのではなかった。なぜBCGを使わないのかという柳沢の質問に対し、米陸軍病院長は、本国の公衆衛生福祉省からの指示が無い限り、沖縄人にも米兵にも予防接種は許されないのだと答えている。同じ質問に対し厚生局長ヒルは、BCG接種によってツベルクリン反応を陽転させると、結核診断の有効な方法が一つ失われてしまうという理由をあげたが、同時にヒルが「BCGワクチンは米本国でも目下研究中」であるという理由もあげていることに留意したい（柳沢：1983, pp. 182–183）。米軍は、BCGを話題にすることを積極的に禁じることまではしないが、その有効性を見定める研究のためには、少なくとも公の場でBCGワクチンの宣伝をさせるわけにはいかなかったのである。

おわりに

本章の冒頭で触れたように、植民地的状況において統治主体がおこなう公衆衛生事業は、住民の健康水準の向上をもたらすものであっても、究極的には利己的なものである。琉球の結核制圧事業の中核としてペスケラが期待を寄せた当山堅一は、琉球政府結核管理医の仕事だけを残して保健所を去ったと本論で述べたが、その主要任務は米軍基地就職者のレントゲン写真読影であった。ペスケラは、米軍および米国関係機関に対しては、当時の基地就業者約七万五〇〇〇人のうち二万五〇〇〇人が米軍将兵と濃密に接触する家政婦や配膳などの職種で働いていることに繰り返し注意を呼びかけている (Pesquera : 1952, p. 7 ; 1953 ; 1955, p. 8)。さらに、琉球側の記録では言及されないが、ペスケラが米兵相手の売春女性の集団健診をおこなったことにも本論で触れた。約一〇〇〇人の被検者の平均を取れば肺結核は七・六パーセントであったが、地域によっては二三パーセントの高率で罹患者が見つかり、大半が空洞病巣を形成した活動性患者であった。米兵にとっては結核はもはや生命に脅威を与える病ではなかったかもしれないが、兵士が罹患すれば一人につき平均一万ドルの損失が生じることにペスケラは注意を呼びかけている (Pesquera : 1953)。これらが示すのは、琉球の結核対策の眼目は米軍将兵への感染防止であったということである。

ペスケラの結核制圧計画のなかで重視された在宅療養システムは化学療法に適合的であり、一般に結核制圧の要因を特定することは難しいとしても、駐在公衆衛生看護婦による投薬指導を抜きにして琉球での結核制圧は不可能であったと言ってよいだろう(65)。この在宅療養システムを稼働させたのは五四年に制定された結核予防暫定要綱であった。結核は政府の責任において治療するという方針を確立し、在宅患者の抗結核薬の公費負担を実現した。けれども、結核予防暫定要綱の制定にあたっては、財政負担を強いられるUSCAR公衆衛生局は難色を示し、琉球政府厚生局医務課長の原実と予防課長の花城清剛とが辞表を用意して交渉した末に引き出した認可であった。経費を抑えるために経口投与できるパスとアイナの二者併用を花城が提案したが、最終的にUSCARを翻意させたのは、薬品代が無料になれば隠れた患者が出てきて結核管理が容易になるという理由付けであったという (琉球政府厚生局 : 1963, p. 39 ; 当山 : 1993, p. 155)。米軍の関心が住民患者の治療に向いていなかったことを示す出来事であった。米軍の主導で始まった琉球の結核制圧事業がこのような利己的な目的を秘めているとき、住民の結核死亡率が減少したことをもって成功譚を語るには警戒が必要であろう。

本章の考察からは、琉球の結核制圧事業の目的としてさらにＢＣＧの対照試験という今ひとつの目的が浮かびあがった。ペスケラの事業が対照試験となっているという見立てを提示したのは、本章の前半で触れた常石敬一である。彼によれば、米国にも沖縄にもＢＣＧワクチン生産の準備がなく、米軍には琉球で予防接種による結核対策をするという選択肢は無かったが、ＧＨＱ／ＳＣＡＰが日本政府のＢＣＧ強制接種を認めたことで、「結果として、沖縄を対照群として本土でのＢＣＧの効果を測定する壮大なＲＣＴ（ランダム化比較試験）となった」（常石：2011, p. 138）という。筆者にとって結核対策史の探求の出発点となったのはこの見立てであり、この意味で本章の考察は常石の慧眼に負うところ多大である。しかし、本章の考察から導かれるのは、ペスケラによる琉球の結核制圧事業がＢＣＧの対照試験になったのは「結果として」ではないということである。ペスケラ自身の言葉が端的に示したように、対照試験はそれと十分に承知のうえで意図的におこなわれたのである。また、ＢＣＧについての同時代の米本国で、接種対象となる集団による有用性の違いが議論されていたことや、戦災を受けた韓国でＢＣＧ予防接種が有望な結核対策であったことを踏まえるならば、琉球にＢＣＧを一切持ち込まないという選択は、たとえペスケラがそれで結核を制圧できる見込みを抱いていたとしても、明らかにリスクが高い選択であったといえよう。この意味でも琉球の結核制圧事業をたんなる成功譚として語ることには警戒が必要であろう。

謝辞

本章で用いた一部資料の収集には科研費（課題番号 16H03096 および 17H02667）の助成金が使用された。執筆にあたっては、北海道で保健所長を務められた相田一郎氏から専門用語や参照文献について多くの有益な教示を受けた。記して感謝の意を表したい。

註

（1）北海道で保健所長を務めた齋藤雍郎はより深刻な副作用を指摘している。彼の探索によれば、ＢＣＧ接種後の結核性脳膜炎や、ＢＣＧ接種の前提となるツベルクリン反応検査で誘発された副睾丸炎の症例が、一九三〇年代後半のＢＣＧ集団接種推進を妨げないように隠匿された（有末ほか：1983, pp. 48–49）。齋藤自身も肺結核で旧制中学を休学したが、それが集団接種による感染からの発病であると疑っている（齋藤：1992, pp. 5–10）。

（2）この期間内唯一の例外として一九三九年のみ「肺炎及び気管支炎」が死因第一位、結核が次位となっている（結核予防会：1993, p. 72）。

（3）これより早く四六年九月二二日にＧＨＱ／ＳＣＡＰが、結核の疑いのある者の健診・隔離・入院を指令していたが（厚生省：1988, p. 705）、これは復員兵や外地引揚者を対象にした指令と考えられる。

（4）ただし、罰則規定が実際に運用されたことはなく「抜くことのない『伝家の宝刀』」（手塚：2010, p. 83）であった。また、ＢＣＧ接種については、五一年に結核予防法に移行した際に、慢性疾患であることを理由に罰則規定そのものが削除されている（同前書、p. 117）。

（5）ただし、実際には物資窮乏のために療養所の整備事業は進捗が遅れ、旅館や遊郭を転用した日本医療団の奨健寮によって結核病床の不足が補われた（近藤：1977）。

（6）四四年五月に厚生省から「保健指導施設、統合整備」が各地方長官に通達された段階で保健所は三〇六か所あり、同年度予算でさらに一六一か所が新設された。これに、健康相談所などの再編による三〇三か所を加え、同年一〇月一日に全国七七〇か所の保健所網が完成した。沖縄県下には五か所と記録されている（楠木：1972, pp. 90–91）。

（7）七四年に一定年齢のみの接種に改正、〇三年から乳幼児のみ。

（8）デュボス夫妻は、二六年のリューベックでの医療事故にこの観点から言及している。乳児二四九人にＢＣＧワクチンを誤って強毒性ヒト型結核菌が大量投与され、七六人が急性結核で死亡した。当初、ワクチンが毒性を取り戻したと誤解され、ＢＣＧ反対の論潮を強めたことで知られている。しかし、デュボス夫妻が指摘するように、残る一七三人は小さな病巣が出来たのみで、一二歳を過ぎても臨床的な発病には至らなかった。つまり最も激しい感染を受けても発症は三割にとどまった（Dubos & Dubos：1952, pp. 122–123）。

（9）日本ではこのような「結核の疫学転換」は一九一一年にあり、一〇万人あたり二〇〇人強であったが、三〇年代に戦時体制の進展と重化学工業の勃興により結核死亡率が再上昇した（森：2015, p. 642）。

（10）この論文が発表された年にＢＣＧワクチン株が米国に分与されており、マイアズはＢＣＧ予防接種による結核対策に当初より警戒感を抱いていたと推測される。なお、彼は一九三八／九年にNTAの会長を務めた。

(11) 有効性と有用性という用語については戸井田（2004, p. 29）による。両概念の峻別の必要は、本節で検討した野外試験の研究のなかでカムストック（Comstock）が繰り返し指摘していた。

(12) 終戦前後の台湾の病院については南方民俗物質文化資料館の徐瀛洲氏から資料の提供を受けた。また、沖縄人医師（伊豆見元俊、当山堅一、稲福全志）の経歴については沖縄県医師会理事の稲田隆司氏から資料の提供を受けた。

(13) うるま新報、一九五〇年六月八日。

(14) 伊豆見は五五年まで金武保養院に留まり、琉球政府社会局長（五七―五九年）を経て六〇年に開業した。

(15) 沖縄に保健婦養成機関が設立され、定期的に保健婦資格者が輩出されるのは五五年以降である。

(16) くわえて琉球の公衆衛生看護婦がワータワースを介せずに高知の保健婦から直接に指導助言を受けていたことも木村は明らかにしているが、本章で検討している五〇年代よりも後年のことである。

(17) この難点を指摘した大嶺千枝子（2001）への反論で木村が述べているように、ワータワースの所期の構想を明らかにすることは、高知の駐在制度を彼女の導入とする大嶺のような論者にも課された課題である。

(18) ペスケラが軍政府医官として赴いた終戦直後のドイツでも琉球と同様に地上戦により入院施設が極端に不足していたからであろう。

(19) 琉球結核科学研究所では、学齢期の患者の就学を確保する小児病棟や、生活保護世帯患者に割り当てた福祉ベッドといった先進的な制度が試みられたがペスケラの帰国後のことであったので割愛する。また、外科手術である胸郭形成術や肺切除術もやはり五〇年代後半になって、日本からの派遣医師がコザ病院でおこなった。

(20) 琉球結核予防会では翌年以降は独自に複十字シールを制作発行したほか、五〇年代後半より自前の検診車とレントゲン撮影機で集団検診もおこなった。同会の盛んな活動には、当山の義弟で結核予防会事務局長の川平朝申の貢献が大きかった。

(21) 紙上討論「結核とBCG」、沖縄タイムス、一九五三年三月一八日。

(22) 同前。

(23) 同前。

(24) 先に触れたように当山は当初は八〇〇〇人と推計していたが、五三年の論争では下方修正している。

(25) 当山堅一「私の希望する今後の結核予防及び治療計画」全三回、沖縄タイムス、一九五三年四月一九日―二一日。

(26) 知念定三「結核撲滅への道」全六回、琉球新報、一九五三年四月二八日―五月三日。

(27) 当山堅一「結核撲滅への道について」全六回、琉球新報、五月九日―一四日。

（28）学位論文、知念定三「抗酸性菌特に結核菌変異の研究」、九州大学、五二年一〇月。
（29）知念「結核撲滅への道」（四）、琉球新報、五三年五月一日。
（30）学位論文、当山堅一「沖縄本島国頭地方住民の生体学的研究」、九州大学、六〇年三月。
（31）"Toyama Kenichi," Sep 1952-Apr 1953（国立国会図書館憲政資料室 USCAR 05978）.
（32）ハワイの事例は、先に触れた代表的なＢＣＧ反対論者のマイアズによって、感染が拡大している集団であってもＢＣＧを使用せずに結核を制圧できた実例として取り上げられる（Myers：1957）。
（33）「私の見た布哇の結核」、*Hawaii Times*、一九五三年二月二四―二六日。
（34）Proposed Projects for Visits to the United Sates under the National Leader Program, Preventive Medicine Division. 13 Oct 1950（国立国会図書館憲政資料室 PHW01383）
（35）一九五一年四月に施行された結核予防法は予防接種法（四八年六月公布）のＢＣＧ強制接種を引き継いだが、この機会にＢＣＧ接種の安全性をめぐって論争が起こった。同年一〇月に学術会議から厚生大臣にＢＣＧの検証継続の要望が提出されると、論争は参議院厚生委員会での証人喚問に至り、翌五二年一月に厚生大臣の安全宣言が出るまでの期間、ＢＣＧ予防接種が中断された。
（36）参議院会議録情報第一二回国会厚生委員会第六号、五一年一〇月二五日。
（37）ただし、やがて抗結核薬が普及し、ツベルクリン反応陽転時すなわち自然感染時に抗結核薬を投与するという効果的な予防法が確立すると、ツベルクリン反応検査を無効にするという理由でマイアズはＢＣＧを全面的に否定している（Myers：1957）。
（38）Knight, "Report on Staff Visit to Okinawa: Dr. A. P. Knight — 23 to 30 Mar 52," 2 April 1952（PHW03075）.
（39）Ibid. p. 4.
（40）Ibid. p. 5.
（41）"Weekly Bulletin for Period 6 to 12 October 1946"（PHW05196）. 四八年の結核病学会でナイトがストレプトマイシンを日本に紹介したが（ナイト：1948）、専門が小児科であるという理由で日本の専門医は、「眉に唾をつけて聞いた」（島村喜久治）とか、「ご託宣を拝聴」（砂原茂一）といったように懐疑的であったという（高橋：2004, p. 293）。
（42）Knight, "BCG Vaccination Program in Korea," 26 Sep 1951（PHW04260）。
（43）Oh Han-young, "Public Health in Korea," April 1951（PHW04262）.
（44）Ibid. p. 8.
（45）Ibid. p. 10.
（46）"Plan for TB Control Programs in South Korea," p. 1（PHW04260）.

（47） Bureau of Preventive Medicine, Ministry of Health, "Prevention of Tuberculosis in the Republic of Korea, (with special emphasis on B.C.G. Vaccination)" 15 Aug 1951 (PHW04261).
（48） Ministry of Health, "Tuberculosis in Korea" (PHW04261).
（49） Bureau of Preventive Medicine, op. cit.
（50） Oh Han-young, op. cit., p. 17.
（51） Bureau of Preventive Medicine, op. cit.
（52） Bureau of Preventive Medicine, op. cit.
（53） Truelsen, "BCG Program for Korea," 25 Oct 1951 (PHW04260).
（54） United Sates Information Service & Korean Medical Association, "The Ten Cardinal Points for Control of Tuberculosis in the Home.", n.d (PHW04259).
（55） Knight to Truelsen, 17 Apr 1952 (PHW04260).
（56） Band, "Export of BCG Vaccine to Formosa," 16 Mar 1950 (PHW02521).
（57） Knight, "Conferences with the Okinawan Health Officials," 5 Aug 1952 (PHW03077).
（58） Ibid. p. 2.
（59） Pesquera, "The Program in Tuberculosis Control among the Ryukyuans," 16 Nov 1953 (USCAR 12955).
（60） Ibid.
（61） Knight, "Report on Staff Visit to Okinawa", p. 20.
（62） McWinch to Shambora, "Staff Visit to Okinawa," 28 July 1952, p. 4 (PHW03076).
（63） Knight to Chief Surgeon, AFFE "Public Health Problems in the Ryukyu Islands," 28 Apr 1953, p. 26 (PHW03075-7).
（64） 琉球新報、一九五三年一二月七—九、十一日。沖縄タイムス、同年同月八、十一日。
（65） 公衆衛生看護婦を扱った最近の論考で増渕あさ子は、米軍の指導により彼女たちは専門家として自立するようになったが、同時に、駐在する遠隔地のモニタリング機能を果たしたという解釈を提示している（Masubuchi 2017）。本章冒頭で触れた飯島のいう植民地主義の両義性という観点から興味深い。

第八章　トラクター・ルイセンコ・イタイイタイ病

——吉岡金市による諸科学の統一

藤原辰史

はじめに——「立派な人」

この時代の知性に生きる者は、また行動によつて、より拡がりのあるいのちに自分を拡げ、より拡がりのあるいのちを自分の知性に汲みあげようとするのだが、大抵の者が失敗し、鳴りをしづめてゐるこの時代の困難さの中に、櫻井のみはただひとり黙々とさうしたことをやつてゐるのであった（中本：1940, p. 16）。

中本たか子は、一九三〇年の東洋モスリンで働く女工をオルグしたことで検挙され、以後、投獄、拷問、保釈を繰り返すなかで、労働と革命と女性を素材に作品を生み出しつづけた作家である。弾圧を耐え抜き一九四一年にプロレタリア文学の理論家である蔵原惟人と結婚する。冒頭の一節は、その一年前に中本が上梓した『よきひと』からの抜粋である。三〇代半ばすぎの小説家の糸川章子が、産業組合運動に邁進する三島の若い生命力と、農村の機械化と農作業と生活の共同化を指導する同世代の櫻井の堅苦しいほどの実直さの中で、自分の愛と思想の在り処を探す。章子は、結局、櫻井に惹かれながらも寸前で「彼との間を遮るものを感じ」てしまい三島との愛に溺れていく。しかし、その愛も破綻したあと、章子に希望を与えるのが、櫻井の教え子たちが進める新農村建設への参画であった。「櫻井は立派な人であり、三島はよきひとである」という言葉で自分の過去を整理しつつ、身を投じようとする農村の未来をトラクターに象徴させることで、この小説は終わる。

本章が論じるのは、この若さ溢れる「よきひと」ではなく、堅苦しいほど「立派な人」のモデルとなった人物である。ここで「遮るもの」とは櫻井の強烈な真面目さ、逆にいえば自分自身で完結してしまう堅牢な理論に由来しているように作品には描かれている。ただ、行動を通じて「知性」の探究と「いのち」の現場を、それが困難な時代であるにもかかわらず統合することをやめない櫻井に、章子は性愛には届かないにしても強い敬愛の念を抱く。これはモデルの描写としても的確だ。その背景には、二人とも一九〇二年に生まれ、マルクス主義に深く共鳴し、その弾圧を受けているという時代背景が存在していることは容易に想像できるだろう。

櫻井のモデルは、吉岡金市《よしおかきんいち》という。吉岡自身、こう認めている。「昭和十四年当時私は、東京へ移った日本労働科学研究所の農業労働調査所において、農業の機械化を中心とする共同作業や共同炊事を組織し、指導していた。そこでの私の仕事の内容は、第三者（中本たか子）の書いた『よきひと』（昭和一五年モナス刊）にくわしい」。

農学の分野では、農作業の機械化、とりわけ日本に適合する歩行型トラクターの推進、水稲直播（つまり田植え作業を省くことで稲作体系の機械化を目指す試み）、日本の機械化農業に適した稲の品種改良の実践、果樹の接ぎ木の指導と普及に携わり、トラクター開発を支援した進歩的農学者として名前はひととおり知られている。しかし、驚くべきことに、その同じ吉岡が戦前から富山県神通川流域の住民の四肢を苦しめ一九五〇年代後半に社会問題化したイタイイタイ病の原因を病理学的に突き止めた医学者でもあり、一九一一年の大逆事件で処刑された森近運平《もりちかうんぺい》の伝記を書いた歴史家でもあったことは、それぞれの分野の専門家でないかぎりほとんど知られていないだろう。吉岡金市は、一九五〇年に農学、一九五五年に経済学、一九七二年に医学、それぞれの分野で博士論文を執筆して、博士号を取得するだけでなく、不況、戦争、公害に苦しめられる農村で共に住民たちと働き調査して大企業や国家の粗暴に対しその人々の尊厳を守ろうとし、その只中で諸科学を統合させ、大学を頂点とするアカデミズム総体に立ち向かい、主流とは異なる科学を作り上げようとした。

あるいは、科学史の文脈では、スターリンの後ろ盾を得て論敵を要職から追放し、ソ連を代表する生物学者にのし上がったルイセンコ（Трохи́м Дени́сович Лы́сенко, 1898–1976）の日本での受容史と絡んでくる。ルイセンコの編み出した「ミチューリン農法」の熱烈な支持者でありながら日本での早急な導入に慎重であった人物として、吉岡金市は、一九六七年に出版された中村禎里の『ルィセンコ論争』にも頻繁に登場する。その六年前の一九六一年に吉岡金市がイタイイタイ病の原因を日本で初めて鉱毒だと証明した報告書を書き上げていたことは『ルィセンコ論争』では触れられていないにせよ、ミチューリン農法の内部の分裂を厭わないほどの潔癖さと攻撃性は吉岡の性質をよくあらわしている。

吉岡の歴史のなかで問題なのは、彼が一九五八年のフルシチョフの「スターリン批判」以後、手のひらを返すようにルイセンコを批判したことである。現在の細分化し散り散りに分裂した科学者たちからすればもはや考える気力さえ湧かないようなスケールの大きな知の体系を一貫したモチーフで組み上げていく吉岡の歴史のなかで、ただ一点、ほころびの見られる過去だ。

さらに、彼の書くものには、しばしば私的な感情がほとばしり、自意識が前面に出やすい。書くものには、自分がアカデミズムの主流派に認められないことへの私怨や批判者に対する敵意が隠されていない。これは彼の書き物の抗いがたい魅力であるとともに、潔癖な科学を標榜する彼の内在的な論理からすれば欠点でもある。頑固一徹で、皮肉屋で、論敵には極めて攻撃的な言葉も辞さず、自己肯定の傾向が強い彼の言動が、同時代の学者からも後世の科学史家からも疎んじられたことは容易に想像できる。けれども、吉岡が生涯かけて築き上げようとした学問は、自分の理論の傍観者であることを絶対に許さないという一点だけに限っても、そうした欠点を補ってあまりあるほど個性的であると私は思う。

吉岡金市は、生涯で六〇冊ほどの本を執筆、編集し、全方面的に活躍したがゆえに肩書きをつけることが難しい。彼が生前に望んでいたのは、自分を科学史のなかに位置付けることであり、戦後それを自著の復刻版を自分で解題することで試みたが自己弁護的なトーンは最後まで消えず、失敗に終わっている。私はそれを彼に代わって試みてみたい。彼の全部の仕事を丹念に追うことは別稿に改めるとして、本章ではまず吉岡金市の足跡を追い、経済学、農学、医学それぞれの分野を貫くものが何かを考えることに集中したいと思う。

第一節　自己形成期——岡山という条件

では、吉岡金市とはどんな人物なのか。詳細に入るまえに彼の人間的性格を感覚的にとらえておきたい。そのための格好の史料がある。吉岡に直播稲作と生活改善の双方の指導を受けていた岡山の農民、佐藤初江の回顧である。

背が高く、からだつきがごついのに、声は非常に軟らかく抑揚があって西なまり（岡山県西部）のあるものの言いかたをされるので、何となく遠慮がなくて、私どもはなんでもお尋ねしました。先生は明快に答えてくださいました。

田植えをしなければ米は獲れないと思いこんでいる私どもに田を耕さずにモミを直播にして、しかも多収になるということは大変な驚きでした。ちょうど戦争で男手の足りない時だけに、イネの直播栽培は急速にみんなのなかで行なわれるようになりました。

「勉強していますか、本を読みなさいよ」
「皆さんは広い田んぼを持ちながら野菜やくだものを食べなさらんから、みんな黄色い顔をしとりなさる。あれは昔の大名のまねですよ。暮しの豊かさとはお金をためたり見せかけをよくすることではないのです。その中身が大切です。健康を保つためには、たっぷり野菜やくだものをつくって、春にはなを眺め秋には実を食べる。これは農家でなくては味わえないよさです」といわれました（佐藤：1979, pp. 4–5）。

一九〇二年七月二六日、吉岡金市は、広島県との県境にある岡山県の後月《しつき》郡出部《いづえ》村（現井原市）に生まれた。昔から旱魃に苦しめられてきた地帯であることは、のちに吉岡が水利の共同管理、農業の共同作業、そしてなにより水を極力使用しない機械化農業を提唱する個人史的条件となる。佐藤が振り返る吉岡のなまり、その親しみやすさもまた、岡山という土地から生まれたものだ。

彼が育った家族環境も見逃せない。佐藤初江の記述によると、吉岡は彼女たちに自分の母についてこう語っていたという。

母親は私が小学校へ上がる前から農業を手伝わせました。母親の教育方針は学校のことは学校で学べばいい、うちへ帰ったら手伝いしろと、勤労農婦の典型みたいなものでしたね。それで徹底的に生きた生産と生活の訓練をさせられた、ひじょうに厳しい母でした。その厳しい母の厳しい訓練が私にはたいへんありがたかった。母がなくなってから母のすばらしさがわかったんですよ。田の草を手でひっかいて取るのに長い田圃をいちども腰をあげない、どんなに夕立が降っても、蓑なんか着ない、どうせ水の中だからぬれても同じだって、質素なくらし、エネルギッシュに生産にはげみ、むだのないくらし、これはみな母の薫陶です（ibid. p. 6）。

吉岡自身も後年「小学校へ上がる前から農業の手伝いをして育った私は、高等小学校を卒業してから三年間精農家の父母を助けて農業労働の苦役をつぶさに体得し、毎年のように旱魃と闘ってきた」（吉岡：1979a, p. 11）と述べているように幼少期から厳しい母によって農作業の基本と勤勉主義を叩き込まれていたこともまた、彼のアカデミズム批判と現場主義の個人史的背景と言えよう。

さらに、彼の育った岡山県興除村は、一八二三年に開墾され新田が造成された土地の人工村であり、明治時代から農業機械が全国で最も進んでいる地域であった。吉岡はこう回顧している。「興除村における耕耘の機械化は、生産農民の技術的要請に応えて、村内の「野カジ」［野鍛治、つまり農村に住む鍛治職人のこと］が「工作」し「改良」して実用的なものに仕上げていく過程で、自主的に実現されていったものである。その典型的なものが、戦後耕耘機メーカーとして大をなした藤井製作所である。叔父神原貞五郎は、藤井製作所のおやじさんと終生親しかった」（ibid. p. 9）。古来、島根とともに「たたら」と呼ばれる伝統的製鉄技法を培ってきた岡山には、江戸時代に開墾地や明治から昭和にかけて干拓された児島湾などの広い農地、水を汲み上げるのに必要なバーチカルポンプ、大原孫三郎を代表とする産業家たちの資本蓄積という農業機械化が進行するための必要な条件が整っていた。それもまた、吉岡の農業機械化論の個人史的背景であった。

さらに本人によれば、第二四期生として彼が卒業した岡山県立高松農学校の第一期生に、大逆事件で刑死した森近運平がいたことが彼に森近の伝記を書かせる大きな動機となっている（吉岡：1961, p. 4）。森近は農業技術を研究していたうえに、その実家は吉岡の家から一里しか離れていない。「天皇制絶対主義」が日本農村の近代化を遅らせていると考えている彼にとって、大逆事件は二重にも三重にも重要なテーマであったことは容易に想像できるだろう。旱魃にせよ野カジにせよ森近にせよ、岡山、とくに備中という土地柄と、逆に彼の母親への愛や郷土愛は、彼に持続的かつ根底的な影響を与え続けていく。

吉岡青年は、岡山県立高松農学校を卒業後、宇都宮高等農林学校を経て、一九二八年京都帝国大学農学部農林経済学科入学、一九三〇年に同学科を卒業した。吉岡は母校について、後年「「役人で立身出世したいものは東大にゆけ、学問がしたくて正義人道を尊ぶべきものは京大へゆけ」と一般にいわれていた時代に」京大に入学したことを誇っている。いちいちこのように自分の学歴を強調しないと気が済まないのがいかにも吉岡らしい。その後、故郷の岡山の倉敷労働科学研究所で働き、東京の日本労働科学研究所を経て、再び一九四一年から一九五〇年まで大原農業研究所で研究を続けている。

当時の働きぶりについて、吉岡金市は、こう振り返っている。

一九三七年秋に、山形県最上郡鮭川村と兵庫県美嚢郡志染《しじみ》村で機械化を中心とする稲の収穫作業（刈取り・乾燥・脱穀等）の組織・指導・調査・実験を行ない、昭和一三年春には佐賀県下で田植作業の能率化と田植移動労働の調査と計画と指導の仕事を行なった。いずれも現実の農業労働の不足を補う農作業の効率化＝合理化の実践的な組織・調査・実験であったが、いずれも東北から九州までの農民と時代的な労苦を共にしたものであった（吉岡：1979a, p. 10）。

すでに京都帝国大学農学部でマルクス主義の立場から農業経済学を学んできた彼は、テイラー主義に基づく労働管理法を援用しつつ、農村に住み込みながら農作業の合理化運動に邁進していた。島木健作の転向小説『生活の探求』（一九三七年）や『続　生活の探求』（一九三八年）にみられるように、多くのマルクス主義者の転向者がたどった、理論家・活動家の高みから慣れない農村生活の只中へ、というロシアの「ヴ・ナロード」的、あるいは東京帝国大学の新人会的な流れとは全く逆に、すでに農作業の苦痛が体に染み込み馴染んだ理論家として、彼は農村に入っていったのである。

いささか結論めいたことをいえば、「岡山県立農学校、宇都宮高等農林学校、京都帝国大学農学部に学んだのに、これらの学校で教えられた農学では、その［田植えをなくし灌漑水を少なく使う稲作方法を確立することの］いとぐちさえつかむことができなかったのに、旱魃地方の古老の経験的英知の中には、すばらしい長い歴史的経験の蓄積があったのである」（吉岡：1979a, p.11）、という彼の意固地な現場中心主義は、ここから公害研究まで貫かれている。『よきひと』にあるように、「農民たちよりも一足はやく東天の紅を望んで朝露をふみわけつつ田圃へ出、雨も陽もいとはずに真黒になつて働き、指導し、夕は農民たちとともに星あかりを頼りに家へかへ」る彼の現場への愛着は、疑うべくもないものであった（中本：1940, p.16）。

第二節　日本農業の機械化に賭ける

1　自著の解題と本書の構造

ここからは、彼の仕事を三つに分けて、それぞれ論じたい。農業機械化の理論構築、ソ連のスターリニズムに根ざした総合的農学の構築、そして公害の領域横断的な研究の三点である。大逆事件研究も吉岡の研究史上大変重要な位置を占めるが、ここでは省き、別稿に期したい。

吉岡の尋常ではない気力と体力は、田畑での実践に疲れたからといって机上の仕事を怠ることを許さなかった。一九三九年三月、吉岡は『日本農業の機械化』を刊行する。六月には増訂版が出版され、一九四一年二月になると、農業労働力不足という時代背景が後押しするように、それも再版される。吉岡の代表作とも言えるこの本も、中本たか子の小説『よきひと』に登場する。櫻井は自著を糸川章子に献本する。「これ、僕の最近の著作です。よくよんで下さい。ここにはミューズの声や姿はないんだが……。しかし、路傍の石だつて、感情からなりたつてゐるんでせう、あなたの言葉を借れば……」。章子にサインを求められ「勘弁してください」「僕の流儀でね」と櫻井は無下に断るのだが、本のタイトルは、『日本農業労働と機械化』であったと『よきひと』には記されている。

この書物のモデルが『日本農業の機械化』であることはいうまでもないだろう。これは、一九七九年、農山漁村文化協会から出版された「昭和前期農政経済名著集」シリーズの一冊に、編者の農業経済学者である近藤康男によって選ばれている。興味深いのは、近藤康男は、かつてのルイセンコ論争のときに、吉岡が提唱する直播農法を機械が購入できる富農にしか適合しない技術だと批判する論敵だったことである。驚くべきことに、そのときの因縁があったかどうかは定かではないが、本来なら他人が書くべき解題を、自分で書くと近藤に申し出ている。なぜか。吉岡はいう。「この書の描かれた経緯と、内外とくに外国の評価を書いておくことが、この書の歴史的意義を理解するのに絶対に必要であるとおもったからである」（吉岡：1979a, p. 4）。とにかく、的確に自分の本を評価してくれる研究者を彼は自分以外に見出せなかったのである。

解題によれば、彼を農業機械の研究に向かわせたのは、レーニンと興除村であった。「レーニンが『ロシアにおける資本主義の発達』で、ヨーロッパにおける最後進国ロシアの農業機械の発達と農民階層の分化をあざやかに分析していたことは、私にとって眼のさめるおもいをさせた」（ibid, p. 7）。レーニンは、農業の大規模化の推進派であり、吉岡も農業の大規模化を日本で進めようとする研究者のひとりであった。当時、日本の農学界では、小農という労作家族経営を中心にした農業を営むべきだという農本主義的主張が主流をなし、レーニンよりもレーニンの論敵であった協同組合主義のチャヤーノフ（Александр Васильевич Чаянов, 1888–1937）が受容されていたが、吉岡はそのなかにあって大規模機械化路線を固守し続けたのである。

そのもう一つの理由は、自身の育った興除村であった。「私が大学を卒業した昭和五年から、興除村における私の叔父（母の妹の夫）神原貞五郎が、大正末期の小作争議によって小作料の減額を闘いとり、当時としては大経営の五町歩（五ヘクタール）の米麦二毛作経営で、自動耕耘機を使いはじめたからである。私は昭和十三年に、昭和五年から八年間のデータをもって、農業機械化論を展開したのである」（ibid, p.7）。茨城県の内原に農民道場を設立した加藤完治や京都帝国大学の農業経済学者の橋本伝左衛門のように満洲移民運動に携わった農本主義者たちは、機械に頼らず自身の肉体で深く耕せと唱えているが（天地返しと呼ばれていた）、吉岡にとってはそんな非科学的なことは絶対に認められない。興除村は重粘土地であり、「犂で深く耕すと耕土は大きな土塀になって、砕土が極めて困難になり、牛馬耕時代にも、いかに浅耕すかに農民は苦心を重ねてきた」のであった。「そのような生産農民の苦労を知らない学者や技師が、自動耕耘の欠点として浅耕をあげつらうのは、チャンチャラおかしい限りであった」と吉岡は農本主義者たちへの攻撃を緩めない（ibid, p.7）。「「聖なる鍬を以て深く耕せ」という「内原の聖者」の教えが、いかに馬鹿げた「日本精神」であるかを、科学的に理解していたから、浅耕論には少しもおどろかなかった」とこき下ろしている（ibid, p.8）。

戦後の農地改革についても、自分の機械化論の追い風として評価している。あくまで自分が評価基準である。「私が農業機械化論で強調しておいた障害物としての「土地問題」が、曲りなりにも戦後の「農地改革」によって一応の解決をみてからは、農業の機械化は全面的に実現された」（ibid, p.17）。戦時中に逮捕された理由も土地問題であったが、それは機械化しやすいように小作料の減免を主張しており、たしかに一貫しているといえるだろう。

他方で、戦後とみに指摘されることになる「機械化貧乏論」、すなわち、農家が高価な機械を購入し借金に苦しむという議論に対しては、猛烈に反論している。「ところが今度は全く異質の「農業機械化貧乏論」が台頭してきて、それを機械化論者の責任であるかのようにいう人々さえあらわれてきたが、それは農業機械化の「技術論」と「経済論」を混同している混乱した議論である。私がすでに『日本農業の機械化』でもふれておいたように、機械化が共同化を伴わないで、零細な鍬・鎌、牛馬耕・田植技術体系の自作農経営の中に、耕耘・収穫機械だけが採用されてきたから「機械化貧乏」したのである」(ibid., p.17)。つまり、農業機械の個人所有ではなく共同所有共同利用を提示し、全国各地で指導していた吉岡にとって、たしかに、機械化貧乏論を自分の弱点とみられることはおかしいだろう。

では、具体的な内容をみてみよう。『日本農業の機械化』はつぎのような言葉で始まる。

今次事変を契機として、労働力の不足と農業の機械化に関する問題が、理論的にも、実際的にも、具体的に日程に上されて来た。そして、この問題に対する一般の関心も、著しく高められて来たやうである。農業労働の研究に従事してゐる著者にとっても、この問題は、亦、重大な関心事たらざるを得ない。けだし、農業の機械化は労働力の不足を補強する最も有効な方法である。と同時に、それは、従来の農業労働方法、労働様式、生産方法、生産様式を変革するものであるからである。そこで、著者は、昭和一三年四月以来、求められるがまゝに、不充分ながらも、可能な限りに於て、農業の機械化の問題について、拙い筆をとって来たのである (ibid., p.21)。

重要なのは、「今次事変」、すなわち「支那事変」と当時呼ばれた日中戦争の勃発とその拡大である。農家の働き手が戦場および軍需産業に奪われ、農家の労働力が著しく減少したという外在的理由を、吉岡は農業機械化の追い風ととらえている。ただ、重要なのは、彼は農業の軍事化に貢献することを最終目標と考えていないことだ。「従来の農業労働方法、労働様式、生産方法、生産様式を変革するもの」として農業機械化を考えていること。別の言い方をすれば、ソ連式の共同作業や集団農業の実現の条件が戦時中になって整ったと述べているのである。その意味では、総説のタイトル「時局下に於ける農業労働力の補強」にはっきりと書かれているように、戦争はチャンスであった。

吉岡が明らかにしようとしたことは、つぎの三点である。第一に、第一次世界大戦後の日本の農業機械化は一般に言われているよりもずっと進んでいること。第二に、農業労働力の不足と農業労働賃金の昂騰は、農業機械化を推進するはずだが、日本の農業はなおも機械化が困難な状況に陥っている理由を探ること。第三に、日本農業の機械化の今後の道筋である。それゆえに、目次の構成はこのようになっている。

第一編と第二編では、日本の農業機械化は、茶業や果樹などですでに先駆的に進んでおり、穀物栽培でも、岡山県などですでに歩行型トラクターの使用も進んでいることを例示したうえで、第一次世界大戦による欧米物資の輸入の激減と、大戦景気と農業人口の減少による労賃の騰貴にともない、日本国内の農業機械産業が成長しつつあることを証明している。さらに、本書で「種籾を本田へ直播する実播法も可能」（ibid, p.32）、つまり、挿秧《そうおう》作業を省き、稲籾を直播することで、泥沼を歩く田植えの労力を省くだけでなく、機械化の難しい挿秧作業をも省くことで機械化を一気に推し進めるという彼の戦前から戦後まで一貫した戦略についても、ここで論じられている。

第三編では、それでも日本の農業機械化が欧米ほどの勢いで進まない理由として、日本の資本主義の未発達と封建的性格の残存、より具体的にいえば、農村の「潜在的・停滞的過剰人口」と「高額小作料」を挙げている。この点、吉岡はつぎのように述べている。

> トラクターを生成発展せしめた社会経済的条件を見逃がしてはならない。由来この地方は、一般に小作料の極めて低額なところであったが、特に大正末期から小作料が引下げられたのである。今、トラクターの生成発展の中心地たる児島郡興除村について見るに、小作料は大体玄米一石を出でないのである。而も、米の反当収穫高は平均三石を下らず、裏作としての小麦は反当二石に垂《なん》んとする程の収穫のあるところである。されば、小作料は全収穫の二〇％を出でないであらう。かゝる有利な社会経済的条件の下にある農業だからこそ、機械化が進み、遂に日本型トラクターを生成発展せしめたのである。こゝに、農業の機械化の問題が、かの「土地問題」とよばれてゐるところの一連の社会経済的関係と、密接に関連してゐることが、具体的に示されてゐるわけである。今や生産力拡充のためには、一般に農業の機械化が促進されなければならないのであるが、そのためには、その前面に横はってゐるところの、「土地問題」を、解決せねばならないのである（ibid, p.158）。

そのうえで、日本の突破口として、すでに述べたように、農業機械の共同利用の提案を行なっている（そして普及活動の実践をしている）。吉岡はこう主張している。「農業労働力の不足してゐる時局下に於て、最も重要なるものは、籾摺機や精米機の如き調整加工の機械化＝協同化よりも、農業の生産工程に於ける機械化＝協同化、即ち、耕耘機、揚水機、脱穀機の協同利用である」。そのためには、「自然部落」単位だけでなく、「機械の性能とその技術的要求」に従って、より小さな単位で「再編成」されなければならない、と述べている。吉岡は、こうもいう。「ひとびとは、部落をあまりにも美化して観念化してはゐないだらうか。それは、もはや隣保共助を基調とする共同社会ではなくなってゐる。それはもはや著しく分化してしまってゐるのである。部落の現象形態にとらはれて、その近代的変質の実態を把握することを怠ってはならない」(ibid, pp. 209–210、強調は吉岡)。

これらの吉岡の文章には、一つの理想と一つの敵が仮想されている。理想とはいうまでもなく、スターリンによるソ連の農業集団化である。日本の総力戦体制を隠れ蓑にし、ソ連の集団化のようにトラクターなどの農業機械協同利用の末端組織であるＭＴＳ（機械・トラクター・ステーション）を軸にした自然部落の再編成を想定していることは、彼の来歴からみて間違いない。そして敵とは農本主義者である。農本主義者たちは、村の美徳を過剰なまでにもちあげ、不況のしわ寄せを村の精神力と相互扶助の力で回収するものとして期待を押し付けていた。彼らは、東京帝国大学や京都帝国大学の農学部の農業経済学の分野でも主要な地位を占めており、農林省の官僚にも一定の共鳴者を得ていた。ロシアのアレクサンダー・チャヤーノフの小農経済論をひとつの理論的な根拠としながら、大規模農家に統合していくのではなく、家族単位の小さな農業の強靭さを訴えた。こうした農本主義的言説が幅を利かせていた時代にあって、あくまで「技術」を押し出す吉岡の姿勢は際立っていたというべきであり、もっと評価されてよい。

さて、とするならば、農本主義という言葉を発明した、日本農学の祖である横井《よこい》時敬《ときよし》が吉岡の俎上にのぼらなければならない。

2　横井時敬批判

肥後生まれで東京帝国大学卒業の横井時敬、備中生まれで京都帝国大学卒業の吉岡金市、横井は吉岡より四二歳も年上で生育環境も世代も全く異なるが、吉岡にとっては十分な紙幅を割いて対決すべき人物であった。しかも、すぐに頭に血がのぼる文章が目立つ彼には珍しく、すでに故人であった横井に対する扱いはとても慎重にみえる。いずれにしても、横井時敬は日本の急速な農業機械化に反対の論陣を張っているばかりでなく、のちの満洲移民を支えていく農学者たちの直接的間接的な始祖にあたる人物であるから、本丸を攻めるという べき批判を展開する。

吉岡は、「農業の機械化の不可能論が支配的であり、一般に農業の機械化が過少評価乃至は否定されてゐる我国の現状」（以下、横井批判の引用は、ibid. 第七章）は横井時敬が作り上げたといわんばかりに、彼の言説を九つに分けて一つ一つ論破しようとする。

第一に、農業機械は「労働過程の中断」をもたらす、つまり、工業と異なり、「天然」の支配下にある農業は、機械を用いる作業が途中で中断され、賃金が上昇するという横井の説に対しては、「機械の大きさを縮小することによって、更に又経営の規模を拡大すること、等々によって、克服され得るものであり、現に克服されつゝあるのである」と現状の変化を盾にとってかわす。

第二に、「労働過程の交替」、つまり、農作業はさまざまあるので、同じ人間がずっと同じ作業に関わるわけではない。作業の熟練が難しい、という横井の農業機械に対する不信に対しては、問題は熟練ではなく、「農業機械の体系化」である。「同一の機械」を多方面に用いることによって克服できると批判する。ここでは、当時開発されつつあり、吉岡もその開発に援助を惜しまなかった歩行型トラクターがイメージされている。歩行型トラクターは、単に農地を耕すだけではなく、運搬や脱穀など、その他の作業の動力としても用いることができるからだ。

第三に、「作業期間の制約」、つまり、農業は工業と異なり、一作業期間が短く、一機械の使用日数が甚だ短い、という横井の批判点については、経営規模拡張によって克服できると、欧米の事例を念頭に置いて反論している。

第四に、「移動作業の困難」、つまり、作業が場所を転ずるために、機械を移動することにコストがかかるという横井の批判については、内燃機関の発明によって克服可能になった。「内燃機械の発明＝発達は、農業機械が自ら、軽快に、圃場を移動しながら作業することを可能にしたのである」と、横井の時代から農業技術は大きく進歩したことをここでもやはり例示している。

第五に、「報酬漸減の法則」、つまり、労力を投ずれば投ずるほど、それによって得られる報酬はだんだんと減っていくから、農業機械化のメリットは少ないという横井の議論には、これは農業に限らず、あらゆる産業にあてはまる。程度の差の問題だと一蹴する。

第六に、「土地の生産力」には一定の限度があるだろう、という批判にも、「技術の進歩と生産方法の変革はたえず行はれており、それによって、土地と労働の生産力はたえず高められ」るとし、技術が進歩すれば生産力は減少しないと、やはり規模拡大という展望を示してみせる。

第七に、「土地の状態」、つまり、機械が重いので、土地の状態次第では、使用できないのではないかといういわば環境限界説に対しては、日本の場合は、方向転換も容易な小型トラクターが発達しているので、馬耕ができるところであれば、そこまで心配はいらない。日本のような湿地の水田稲作であっても、使用が不可能になるほどではない、と、小型トラクターの発展に希望をかけることで、横井の批判を乗り越えようとしている。

第八に、「土地の面積」、つまり、小面積の農地では機械の効果がないのではないかというこれまた日本特殊的な問題については、「農業機械の性能に対して、耕地面積が過小である場合には、その機械の状態に適当なる面積に至るまでは、機械化された農業経営は耕地面積の拡大を要求してやまない」と、やはり展望を示しつつ、批判をかわしている。

第九に「経営の大小」、つまり、小規模農家では、大型機械の使用価値は小さいという横井の論点についても、日本は日本独自の農業機械の進化を遂げている、として第二や第七と同じ論拠を提示している。

総じてみれば、吉岡は、横井の農業機械化への不信感の根拠に一定程度の理解を示しつつも、現状の農業技術の発達、とくに故郷の岡山の発達を盾にして取っ払おうと試みていることがわかる。そして、「耕地の分散交錯」のみならず「高額小作料に具体的に表徴されてゐるところの、日本農業の入り込んでゐる社会条件こそは、一般的に、日本農業の機械化の進展を阻止してゐる真実の要因であるといはねばならぬ」と述べ、横井時敬やその弟子筋の説く地主の温情が部落の生産と生活を支えているという地主温情論こそが、農業機械化を妨げていると切り返しているのである。

ただ、それにしても、農業機械化をめぐる見解に端的にあらわれているように理論的にはまったく相いれないはずの横井と吉岡は、他方で、諸科学の統合、実践と理論の往復、という意味で類似していることには興味がそそられる。

第三節　「東亜」から「戦後」へ

1　農村女性たちの厚生

たとえば、横井は、健康な農民たちこそが健康な兵士を生み出すという典型的な軍国主義的農本主義者であるが、吉岡はまったく異なった観点から、戦争に対する農業の貢献を語っている。それゆえ、戦時中も彼は論陣を後退させるどころか、攻めつづける。一九四二年九月から一〇月まで満洲で農業機械化の調査を行ない、一二月五日にはその調査報告として、日本有畜機械農業協会で、「満洲農業機械化に関する現地報告」と題して話し、一九四三年二月二〇日、産業組合中央会「全・保・協」主催の農村厚生問題研究会に於て、「農村厚生の根本問題」について講演、二二日に、産業組合中央会で「新農村の建設」について、二三日には帝国農会主催の農林省助成労力調整研究会で「省力農法に関する研究」について講演を行なっている。

これらの講演は、彼の『日本の農業――その特質と省力農法』に収められており、一九四四年三月という、すでに日本軍が後退戦を迫られていた時期に刊行されている。この本はまさに、戦争と農業に関する問題のみならず、農業機械化論に「東亜」はどう位置づけられるのか、という点にまで珍しく踏み込んでいる。本書の序にはつぎのような吉岡の現状認識と立場が語られている。「大東亜戦争に於ける戦線の拡大とその戦果の高揚に伴つて、現地及外地をも含めての日本の農業も亦前進しなければならない。けだし、第一線に対応しての農業の前進こそは、戦力増強の基本をなすものであるからである」（吉岡：1944，序）。当時の科学者にとってこのような時局への貢献の方策を一通り語ったあとに自説を展開することはありふれたものであるが、よく読むと、吉岡の狙いも最終的には「皇軍の勝利」などにはない。戦争とそれによる帝国の拡大は、自分の直播機械化理論を実証するチャンスなのだ。

男性労働力が戦場に吸い込まれていくなかで、農村に残された女性たちへの負担は高まるばかりであった。しかも、未来の兵士を産み、育てる役割をこれまで以上に強調する日本社会にとって、合理的に農作業と生活を営む運動を繰り広げていた社会主義者の吉岡は格好のモデルとなったのである。「農村厚生の根本問題」のなかで、彼は、つぎのようなことを述べている（以下、ibid，p.2-13を参照）。「治療医学、予防医学の外にある農村保険衛生の根本問題とは何か、といひますと、直接的には農業労働の問題である」とし、たとえば、「作業場としての水田は泥田であり、その中で労働しなければならない」が、それは、妊婦や産婦に影響が大きいと指摘する。さらに、「農繁期の後に病人が著しく増えるといふのは、慢性の病気の人が我慢して、農繁期に病気を押して仕事をしてゐることとも関係を持つてをりますが、労働の強化から来るところの結果が病気といふ形で現はれ、農繁期の後に、医者の御厄介にならなければならないといふことになつてゐるのがかなり多いやうであります」と、農作業のつらさが、農村の病気を増やしている点を強調している。ここで重要なのは、彼が稲籾の直播理論の有効性をさりげなく述べていることだ。つまり、直播をすれば、田んぼに水を引いて泥に足をとられながら田植えをする必要がなくなるからである。

吉岡は、さらに、普段の仕事のなかで女性たちが置かれている苦境にいらだちを隠さない。「日本の農業労働力の中で最も過労してゐるものは主婦であり、婦人であつて、さうしてそれは戦争の進展と共に益々婦人の労働負担は重くなつてきて、時間においても、人数においてもだん〲婦人に多くの労働力がかゝつてをります」。ただ、それはいらだちという感情の動きだけにとどまらない。吉岡の研究のほぼすべてがそうなのであるが、たとえ不十分であっても、かならず技術的な解決策を提示することである。しかも、それは、吉岡自身が実践してみせるのだ。

まず、日本のみならず、東亜全体での田植え廃止論を唱える。「水田稲作農業を主軸とする日本――東亜の農業は、挿秧という厄介な作業をもつてをります。それは全稲作労力の略々一〇％にすぎないものではありますが、その時期が短期間に限られてゐるのと灌漑水に制約されて、稲作作業中最も厄介な存在であります」(ibid., p. 40)。そして、身をかがめて、あるいは、田んぼを這いつくばってしなければならない除草の機械化も勧めるのである。

「米原式のやうな軽快な最小型耕耘機を以て梅雨前に中耕しておくか、飛田式畜力用カルチベーターを以て梅雨前に中耕しておけば、雑草の発生は、除草作業の困難性を克服し、直播栽培において管理上最も厄介な除草問題を解決してくれるのであります」(ibid., p. 67)。

また、女性が直面する生活労働での苦境についても、つぎのような解決策を提示し、実践している。

「農村厚生の立場から共同炊事、託児所といふやうなものは非常に重要なものとして取り上げられてをります。誠に時宜に適した重要な施設であります。ところがこの問題を協同作業と別にする時には、殆んどその意味をなさないのであります。また逆に協同炊事をともなはない協同作業は殆んど実際にはその効果を挙げていることは出来ない、効果が半減して了ふのでありますし」。これが、中本たか子が描写した櫻井の「より拡がりのあるいのちを自分の知性に汲みあげようとする」実践であることは、あらためて指摘しておきたい。

2　機械化による「兵農両全」

そして、この時期の吉岡の言説として見逃せないのが、農業の機械化の軍事的意義を強調することである。「兵の機械化に伴なふ農の機械化が進められないといふことは、甚だ片手落ちなことであつて、兵の機械化が農の機械化によつて裏付けられるときに「兵農両全」し得るのであります」(ibid, p.15)。技術主義を貫き通した結果、それは必然的に戦争の合理化につながり、効率の良い農作業のやり方は、効率の良い戦闘のやり方につながる。当時の転向したマルクス主義者たちの言説としては格段驚くべき発言ではないが、どんな機会をも自説を展開するためには見逃さないしたたかさは、ここでも発揮されている。

高度の機械技術を身につけた人々を同時に大量に動員出来る体制に全産業を整備しるといふことは、具体的には、農の機械化を高度に、而も広範囲に進めて、工業と農業の技術水準の跛行性を克服することでありまして、かゝる意味に於きまして、農の機械化は、近代戦に於ける戦力増強のために、強力に進められなければならない必須事なのであります。かくの如くにしてはじめて兵農両全たり得るのであります。農業の機械化は、ひとり食糧生産確保拡充に必要であるのみならず、質的にいつて技術水準の高い工員と兵士を、量的にいつて大量に動員出来る素地をつくるといふ意味に於て、それが戦力増強の技術的基礎となるといふところに、その重要なる所以があるのであります(ibid, p. 25)。

吉岡金市はつねに全体を見わたそうとする科学者であることは述べた通りである。戦争の時代ももちろん、その能力はいかんなく発揮されている。兵隊を供給するのは農村である。その農村で機械化が進んでいれば、農村出身の兵隊は機械に慣れているので、戦争の機械にも慣れやすい、という議論である。第一次世界大戦中から戦後にかけて、吉岡は述べていないけれども、世界各地でトラクターは戦車に、化学肥料は火薬に、毒ガスは農薬に転用されていたのだが、吉岡は、それを操る人間もまたこの壮大な技術体系のなかに組み込まれて「転用」されていたことを暗に示している。

3　吉岡の「満洲紀行」

しばしば指摘されるように、多くの転向したマルクス主義者にとって、満洲が大きなアジールであり日本国内では果たせなかった夢の実験場であった。少なくても主観的には転向を経験しなかった吉岡金市にとっても満洲は自分の農業技術体系が実現されうる試験地であっただけでなく、すでに実行されている先駆的な場所でもあった。

満洲視察の成果は、『日本の農業』の「日満農業機械化の問題」という講演の書き起こしの文章で展開されている（以下、ibid, 第四章）。しかも、東亜農業の将来方向としての機械化と家畜の組合せ、そして、機械の共同利用が示されているのである。まず、彼の満洲視察の問題意識がつぎのように示されている。「満洲の農業の機械化の問題はその本質において内地におけるそれと違つて居りません。寧ろ満洲においては日本内地におけるよりも純粋の姿において農業の機械化の問題が表面に出て来てをります」。なぜなら、満洲は、内地のように人口密度が高くなく、広い土地を少数の人数で労働できるように、粗放的農業が営まれているからである。「稲作が非常に有望で、内地の北海道、東北よりもはるかにいゝ条件にあるといふことであります。私はチゝハルからずつと北の方の納河といふ所まで行つたのであります。［……］その稲の作り方は一見粗放であるかのごとくにして極めて合理的な作り方をしてをります。開拓団も私自身廻りましたが日本内地、あるひは北海道から行つた人が内地流の、あるひは北海道流の移植栽培をやつて居られましたが、これは寧ろまづいことになつてゐる」。

つまり、繰り返し述べているように、吉岡金市の農業技術体系の中核である田植えの省略が実践されているのである。吉岡の満洲視察報告は、自説を肯定する事実にあふれていたために、興奮気味に語られている。白山子という開拓団で松岡という男を中心に直播を実験的にやっていることを聞き、吉岡はそこに訪れる。失敗した一昨年は播種してから二週間目に水を入れている。成功したときは、七月二〇日頃に水を入れている。それが穂が出るちょうど一か月前であり、「普通の田に負けないものが出来た」のは、吉岡の直播農業が満洲農業の建設に役立つことを証明するものであった。

それ以上に興奮を隠そうとしないのが、満鉄が安東県に設置し、いまは個人名義になっている特設農場の報告である。そこでは一五〇ヘクタールのトラクターを用いた経営が営まれていたのだが、そこには、下記のように、吉岡の夢ばかりでなく、故郷岡山の興除村の拡大版のような、鉄工所と農業の統合が生まれているのである。

この機械農場について調べて見ますと実に素晴らしい成績をあげてゐる。百五十町歩の経営をして一六万円の収入をあげてゐる。そのうち一二万円の支出をしてゐるのですが四万円の純利が挙げてゐるのであります。ここの経営主はアメリカのカリフォルニアで水田稲作農場を経営してゐた人が担当してやつてゐるのでありますが、トラクターで耕耘しまして半分直播し半分田植をしてゐる。それから水は完全に機械灌漑をしてゐる。又刈取りはこれはリーパーではうまくないといふので手でやつて居ります。脱穀はアメリカ流にスレッシャーでやつて居ります。このトラクターを使う機械技術者が非常に有能な人でありまして鉄工所を農場内に設けまして、部分品の取替へや簡単な修理位は自分の所ですることになつて居ります。その技術者に三四〇〇円の年棒を払つてをります。かやうに優遇してゐるのでありますが、それでゐてなほ四万円の純益をあげてゐるのであります。

また、トラクターの内燃機関も電気モーターも年間継続的に使っており、無駄が少ない。たとえば、「揚水ポンプに使つてゐる五〇馬力の電気モーターを揚水作業をしなくなると作業場へ運び込みましてそこで脱穀精米をやつてゐる。動力使用時間を極めて平均的にしてゐる」のである。

さて、このころ、すでに、吉岡は、東京に移った日本労働科学研究所の農業労働調査所から大原農業研究所に移っていた。そこの農業経営部長として水稲の灌漑に関する研究を基礎とする労働節約的な直播機械耕作法の確立による農業経営の合理化につとめると同時に、水害を中心とする災害の調査研究にも従事していた。

だが、一九四三年一〇月、「土地問題」を中心とする「治安維持法被疑者」として、特高（特別高等警察）に逮捕される。このとき、ドイツ語版レーニン全集とカウツキーの『農業問題』を没収されてしまう。吉岡金市は、その後、主観的には変節を遂げたわけではない。満洲国は、いわば、帝国主義と農本主義の結合現象ともいうべきものであった。そのどちらも吉岡金市にとっては大きな批判の対象であった。にもかかわらず、満洲の農業建設の現場に、自分が説いてきた機械化農業の一端が実現していることに対しての説明は存在しない。そのときの状況で自分が言えることを精一杯述べているにすぎない。時代が吉岡金市を必要としていたため、この自己点検の作業を彼は省略することができたとも言えるかもしれない。一九四四年に『日本の農業』を刊行し、労働力不足が深刻化する戦時中に、日本およびその勢力圏での農業機械化を強く訴えていくこと自体は、時局が要請するものであり、吉岡はその流れにすんなりと乗ることができた。だから、敗戦後、彼は多くの知識人が突き当たった喪失感に悩んだ形跡がない。それゆえか、間髪をおかずにロケット・スタートを切ることができた。なるほど、敗戦後の日本を襲った労働力不足と食糧不足は、彼の農業機械化理論が花開く絶好の状況だったのである。

4　戦後の実践

敗戦後、GHQは、戦前戦中の吉岡の働きの価値を認め、大原農業研究所で働きながら、農林省農業機械化委員会の委員として活躍するチャンスを与える。吉岡は、島根県仁多郡で歩行型トラクターを開発した米原清男を激励、推薦状を書いている。

一九四七年の春ごろ、吉岡金市から米原のもとに、すぐに上京して農林省に来るよう電報が届く。空襲で焼けた東京のなかで、バラックの農林省を探り当てた米原に、吉岡はこのようなことを言ったという。「米原さん。御苦労様でした。実をいいますと、マッカーサー司令部の命令で、国民の飢えを救わねばならんと、今会議中なのですがね。日本の農業は急速に機械化せにゃいけんということで、耕耘機の研究が重要になってきました。あなたには命をかけて耕耘機を作ってもらわにゃあならんことになりました」と言って、「耕耘機部門——米原清男に委嘱」という計画書をわたす。帰宅した米原はすぐに母屋を改造し、技術者を呼び寄せて、研究体制を強化したという。

米原清男は、夜を徹して研究に打ち込み、戦後第一号、第二号を相次いで完成。それを岡山県児島湾藤田村の全国自動耕耘機実演会で動かした。吉岡は藤井に「米原さん、よくやってくれましたね」とねぎらった。「あなたの努力で、今まで日本になかったすばらしい超小型機ができたことが重要なんです。これで、直播も大きく発展しますよ」。

そして農林省農業機械化委員会委員であった吉岡は、その二号機に対し、つぎのような証明書を作成したのである。

証明書

米原式小型自動耕耘機は駆進部と耕耘部を分離し得る最小型の万能自動耕耘機にして実験の結果左記の如き特性を有する最も日本的な農業機械なり

一、クランク耕耘機を連結すれば深耕なし得るのみならず堆肥其他の肥料を土中に良く混和し得る

二、ロータリー耕耘機を連結すれば耕耘と砕土を同時になし得る
三、駆進部は一尺三寸にして作物の畔間を中耕し得るのみならず播種機を連結すれば水稲の麦間直播を機会的になし得る。
四、駆進部の前に刈取機を連結すれば刈取の機械化を容易になし得る
五、灌水、脱穀、籾摺、精米等の定置作業の原動として使用し得るのみならずトロリーを曳かして運搬作業にも利用し得る
右の如き万能機械は未だかつて出現しなかつたものであるが此処に本機の出現によつて日本の農業が体系的に機械化なし得るに至つた即ち在来の稲作法たつ移植栽培に機械的にも変革され一毛作は二毛作に二毛作は多毛作に革新され米麦の他に蚕豆、紫雲英等の間混作によりて家畜の飼料も増産され得るから役畜が不要になる代りに乳牛の飼育が可能になり水田酪農の経営を発展せしめることが出来る
当面の食糧の増産のみならず将来の日本農業の世界的発展のために本機械の寄与するところは極めて大である
右証明す
昭和二十三年六月十七日
農林省農業機械化委員会委員
大原農業研究所所員
吉岡金市(1)

また、米原のトラクターを、彼は雑誌でも賞賛する。吉岡金市は、一九四九年の「なんにでも利用できる——小型万能トラクター」(『若い農業』二月号)というエッセイのなかで、米原の耕耘機をこう評価している。

今度できあがった米原清夫《ママ》氏の発明考案にかかる小型自動耕耘機は、機体の幅がわずかに一尺三寸で一尺五寸の作条間を自由に使用できるばかりでなく、原動機と作業機が分離できるから、作業機を取り替えれば、播種から収穫までのいっさいの作業が機械化されることができうる。なおそのうえに、原動機は脱穀調整のような定置作業に使用できるばかりでなく、トロリーをひかせれば、運搬作業にも利用できる。

彼は、ここで、戦後日本の機械化の展望を示している。アメリカやソ連のような大型農機の導入ではなく、小型農機を用いた農業の革新というヴィジョンは、レーニンやスターリンの大型機械への期待論とは異なるのだが、日本的な環境条件に当てはめて農業技術体系を考えるという吉岡金市にとっては当然の議論であり、また吉岡の姿勢を端的に示していると言えよう。

以上のように、吉岡金市は、「東亜」から「戦後」を駆け抜けるなかで、ずっと非エリートとともに科学を作ろうとしていた。

技術者としては、「興除一号」という直播用の品種まで開発する。農文協版の『日本農業の機械化』のなかで、「新品種「興除1号」の解明」というエッセイを載せている。「イナ作の機械化にふさわしいイネの品種が、未だかつて改良されていないので、私がとりくまねばならなくなってきた」という吉岡には、自分をなんらかの科学の枠に押し込めて、自分の安全圏を確保しようとする意識が微塵も感じられない。吉岡は、その理由をつぎのように述べる。

稈長が七〇センチ程の短稈性で、二五本にも分蘖する多蘖性で、葉も茎も穂も直立する真立性で、開花しないでよく稔る閉花性で、倒伏しない多収性の丸型（短粒）の対害性［耐害性の誤植と思われる］のイネは、世界史的に生成・創出・育成・発見されたことがないからです。／最後の機械化とされた刈取り・脱穀用のコンバインの普及した今日、それにふさわしい品種は、一種もなかったことは、前記の文献が実証しているところです。実験室の中にとじこもった生産の現場から遊離した遺伝学・育種学が、いかに不毛であるかを証明すると同時に、「あらゆる理論は灰色だ、だが生命の森は緑だ」といったレーニンの名言が、そこで実証されるのです（吉岡：1979b, p. 9)。

この果敢なチャレンジ精神は、おそらく彼独特の現場感覚に根ざしている。

米原清男の伝記を執筆した島根県の安来農業高校の教員である藤井正治は、吉岡の薫陶を受けた農業実践者の一人である。藤井は、「吉岡農法を実践して」（『昭和前期農政経済名著集　月報』）のなかで（藤井：1979, p. 1-3)、「先生は、事実を重んじ研究プロパーではない者の研究を励まし育ててくださいました」と回顧しているが、これは権威から自らを遠ざけ、事実のみに対し忠誠を誓うことができれば、非専門家であろうとも協力して科学を築き上げることができる、という吉岡の態度があらわれている。もちろん、吉岡は自分が伝授者であることにも自覚的であった。島根に、会員約七〇〇名の山陰農業経営研究所が設立されたときも、吉岡は、その顧問格に選ばれている。専門家との感情むき出しの激しい応酬と比べ、地域で指導するときの吉岡は幾分大人しく感じるのはわたしだけではないだろう。

座右の銘は、だからこそ、「実事《じつじ》求是《きゅうぜ》　利用厚生」だったのだと思う。もちろん、毛沢東の好んだ言葉だ。

第四節　スターリニズムに根ざした総合的農学

1　チャヤーノフ批判

現場の緊張感の中で科学を作り上げようとした人。自然科学から社会科学まで縦横無尽に論じられる人。戦時中の農婦の身体的心理的負担に心を寄り添える人。学界の権威主義を嫌悪し、権威のない農民たちのなかにいることを好んだ人。これらの吉岡金市像は、しかし、彼の半面を描いているにすぎない。吉岡には全生涯をつきまとう歴史の影があった。スターリンの影である。フルシチョフのスターリン批判までスターリンに大きな期待を抱いていた人間は、いうまでもなく日本にも多数存在したが、吉岡金市もその一人であった。吉岡は、ソ連の試みに原則として惜しみない賞賛の言葉を投げつづけ、スターリンによる反対派への攻撃ももちろん擁護した。ここではもちろん、吉岡のそうした態度を現在の高みに立って批判することが目的ではない。多くのマルクス主義者たちがたどった政治感覚と比べて、吉岡の特徴が何かを明らかにしようとするにすぎない。

そのためにはまず、一九三〇年代後半の「岡金之助」というペンネームでの研究活動にまで立ち戻らなければならない。彼は、農業機械化の研究を進める一方で、反スターリン的な農業経済理論を打ち砕こうとしていた。このペンネームは、吉岡が尊敬する二人の学者「大塚金之助〈社会主義文献史家〉と小倉金之助〈数学の階級性を解明した数学者〉」からとったと、後年述べている（吉岡：1979a, p. 5）。

反ソ連的な農業経済理論として槍玉にあがったのは、すでに触れたチャヤーノフである。(2) この点は、日本近代農業を考えるうえで見逃せない。なぜなら、チャヤーノフ的な小農論に部分的に依拠しながら、横井時敬とその弟子筋にあたる日本の農本主義者は、そのイデオロギーを普及させ、満蒙開拓政策を含むさまざまな政策を決定づけたからである。

現に、岡金之助＝吉岡金市は、「小農経済の原理とは何か——チャヤノフ批判」（『経済評論』）のなかで、このように述べている。チャヤーノフの理論は、「国際的規模に於て、反動的な役割を果して来ており、特に、日本に於ては、今日「農業経済学」の支柱とまでなつてゐる。」（岡：1937c, p. 61）。

たとえば、吉岡は、チャヤーノフの方法論自体がすでに間違っていると述べている。チャヤーノフは、農業経営の労働構成として賃金を払って雇う労働者を除外して、理念型として家族内の労働力を用いたライフサイクルと市場の変動に対する柔軟性を説いたのであるが、吉岡は、レーニンが『ロシアにおける資本主義の発達』で掲げたサマラ県ノヴォゼンスク郡の農家規模別の農業労働者を使用する農家百分率の数字をとりだして、チャヤーノフを批判する。とくに、レーニンの扱う数値のうち、農業労働者を使用する農家の割合（パーセント）を提示する。それは、役畜のない経営（〇・七）、一頭の役畜を有する経営（〇・六）、二-三頭（一・三）、四頭（四・八）、五-一〇頭（二〇・三）、一〇-二〇頭（六二）、二〇頭以上（九〇・一）というものである。吉岡は、農業労働者を使用する農家は、中規模以上だと多い事実を筆頭に、雇用関係の浸透するロシア農村の「資本主義の発達」を指摘し、これを無視して純粋な家族経営を想定するチャヤーノフを「方法論上許すべからざることであり従つて亦、チヤヽノフの理論が如何に虚妄であるかを示すものである」（六六頁）と手厳しく追求する。

また、チャヤーノフの表を用いて、〇-三デシャチーナの経営が三〇年後に五一・九％消滅し、一三・七％が残存し、二三・〇％が三-六デシャーチンに上昇しているが、それだけにすぎない、と批判している。しかし、前者の数値は、役畜が〇-四頭の規模はやはり少ないし、後者の数値は、チャヤーノフが「意外にも残っている」ことを示すための表であって吉岡の批判は、決して的を射たものではない。

そのうえで吉岡は、チャヤーノフの政治性を批判する。「馬を有しないような小経営は、馬五頭以上を有する大経営の僅か二分の一の食費で「欲望を充足」してゐる！／かくの如き事実を無視して、チャヽノフは「小農の地位は鞏固である」と主張するのである。／それは、もはや科学的な論証ではなくて、政治的な主張であるといはねばならぬ。」(ibid, p. 70)。

そして、結論に、チャヤーノフが関わっていたという事件をとりあげて、論文は終わる。

チャヽノフは、特に寄せた日本版への序文に於て、反動的な政治活動から身を退いて、科学的な研究活動に精進することを声明した。ところが、その声明後間もなく検挙されたかかの反動的な「産業党事件」に暗躍してゐたのは、他ならぬ彼チャヽノフであつたのである。／経済的な理論と政治的な実践との関係を彼は身をもつて実証してくれたわけである。かやうな反動的な政治的実践の基礎になる経済的理論であればこそ、日本に於ても「小農経済の原理」とされたのである (ibid, p. 70)。

この「産業党事件」、正しくは「勤労党事件」は、スターリンが人民主義的なナロードニキ一派を逮捕するための口実としてでっち上げた事件であった。しかし、このことは後世の人間が知ることができる史実であり、これだけで吉岡を批判することはフェアではないだろう。実際、こうした事件を、チャヤーノフの実証的批判の論拠として吉岡は用いていない。ただ、ある意味の「トドメ」として結語に持ってきているために、見逃せない余韻を読後感に残す。スターリン支持者とスターリン批判者を分け、あるいは、革新と反動に線を引き、自分を前者の位置に据える論じ方は、吉岡の科学者としてのスタンスからも外れているといわざるをえない。科学の体裁を借りて政治的な主張をしているのは、むしろ岡金之助、つまり、吉岡金市であった。

とはいえ、このチャヤーノフ批判は、吉岡の晩年までの仕事の地下水脈となっている。上層と下層に階級分解しない小農的なあり方こそが、農業の発展、とりわけ農業機械化を邪魔するものだったからであり、農本主義者のようなポピュリスト的な言動こそ、農業の生産力を上昇するさまたげであったからである。

2　生産のための科学

では、吉岡によって目指されていた科学とはどんなものだったのか。一九五一年に上梓された『農業労働の技術学——農業労働の合理化に関する技術学的研究』（有斐閣）の序文でこのように述べている。

人間の生活と生産をよりよくするためには、先ず第一に、客観的な法則を究明し、その法則に従うことによつて、更に第二は、それを人間の生活と生産に役立てる方法をうちたてねばならない。従来第一の方面は科学と呼ばれ、第二の方面は応用化学または技術と呼ばれていて、そのおのおのが、またそれぞれ細かく分化しているが、それらを統一的に研究することが、人間の生活と生産をよりよくするためには、特に必要なのである。わたくしが、技術学的研究というのは、将にこのような綜合的な実践的な研究なのである」（吉岡：1951, p. 1）。

チャヤーノフを批判したときに突出した吉岡の政治性は潜伏し、吉岡は、科学の精神を生活と生産に役立てることを科学の使命だとしている。この徹底的な現場主義が、吉岡金市の特徴の一つである。それゆえ、人文主義を育てた大学に対抗して、コペルニクス、ケプラー、レーウェンフックら「近世自然科学の体系の建設」に加わった「精神的に自由な眼力をもった多くの人々」を称揚している。大学という制度を根本で信じない吉岡にはきわめて納得のいく腑分けである。

そして、実地に根ざした農学を目指す以上、それは、専門分化されてはならない。統合へと向かわなければ、いつまでたっても現場の希望するテーマにたどり着けない。

人間労働力については生理学、心理学が、役畜については畜産学が、農具については農具学が、農業機械については農業機械学が、土地改良設備については農業土木学が、耕地については土壌学が、種子及びその生長については作物学が、灌漑水については水理学が、肥料については肥料学が、農業薬剤については病理学昆虫学が、自然特に気象については気象学が、それぞれ分析的な研究を進めて来たのであり、現に進めているのである。しかしながら、農業生産要素の各々に関する分析的な研究を司る農学の各分科は、それだけでは農業「生産のための科学」たり得ない。けだし、従来の農学の各分科を合計しても、それだけでは、農業「生産のための科学」たり得ないからである。こゝに、農業生産諸要素の生産過程における綜合的な具体的な機能的な諸関係、即ち、農業生産技術の構成が析出されなければならない所以があるのである（Ibid. p. 12）。

3　ルイセンコへの賛同

だが、この「生産のための科学」にも落とし穴があった。総合的かつ実践的な農学の構築のために、科学的な手続きをおろそかにしたルイセンコである。すでに述べたように、吉岡もまた、ルイセンコのミチューリン農法を精力的に紹介した人物であった。ルイセンコは、一八九八年一月、ウクライナのカルローフ村の中農の家に生まれる。義務教育を終えたあと、キエフのポルタワ園芸専門学校に入り、一九二五年に卒業すると同時に、ガンジャの育種試験場に就職した。一九三二年にオデッサの選択遺伝研究所に転じる(3)。

ルイセンコは、この研究所でふたつの研究を発表し、一気にロシアの科学を席巻する。第一に、ジャガイモの萎縮病を防ぐために、ジャガイモの塊茎形成期に低温状態に場所に移すこと、第二に、コムギを、ある発育段階で適当な温度処理を加えることで、春まきコムギから、秋まきコムギへ、あるいは、その逆へと変える、つまり獲得形質の遺伝が可能であることを主張したのだ。これは「カルロフカの奇跡」とも呼ばれる。

彼の説は、欧米の正統遺伝学を批判するものであり、スターリンの後ろ盾を得ることになる。それ以降、ルイセンコは絶対的な権威者としてソ連の科学を支配し、自分たちの意見にあわない人物たちをつぎつぎに学界から追放していくのである。

吉岡金市は、ルイセンコ学説を日本に紹介する熱烈な支持者であった。たとえば、吉岡金市は、島根県三刀屋高校の高校教諭でミチューリン農法の研究者である亀井健三（ちぎり絵作家としても有名）と編んだ『農業生物学と農業技術――ルイセンコ・自然淘汰と種内競争』（理論社、一九五三年）で、まずクルチモウスキー（Richard Krzymowski, 1875-1960）を批判する。「由来農学は、ルイセンコの「農業生物学」のように、農業生産の必要から生れた実践的な科学であって、クルチモウスキーの「農学原論」のように、実践から遊離した思弁的な科学ではない」（吉岡・亀井：1953, p. 2）。

つまり、小農主義に対する批判は、単にチャヤーノフにとどまっていない。『農学の哲学』を著したドイツの農学者クルチモウスキーは、ゲーテやカントなどの言葉を引用しつつ農場をひとつの有機体として捉えるべきだと主張したが、このような説を「観念論」と一蹴している。なお、『農学の哲学』は、横井時敬の弟子筋にあたる橋本伝左衛門によって『農学原論』というタイトルで訳されている。

そして、吉岡は、「ミチューリン＝ルイセンコ理論の勝利は、世界史的に既に確定されている」（ibid, p. 3）と断言して、つぎのようにルイセンコ学説の特徴をまとめている。

農業技術学の課題は、ルイセンコ的用語をもっていえば、「農業生物学」によってあきらかにされた「種間競争」

と、尚その外側にある「種外斗争」の法則をきわめ、その具体的方法を確立して、農業生産を発展せしむるところに、その中心があるのである。ルイセンコは彼のいわゆる「農業生物学」の問題にふれているのみならず、ソヴェト農業の建設という、社会科学的な課題にもこたえている。農学の方法論としての唯物弁証法的哲学、農業生産技術発展の基礎理論となるべき農業生物学、マルサスの人口論のようなエセ社会科学を、生物学へもちこむブルジョワ経済学の批判にいたるまで、哲学・自然科学・技術学・社会科学を一貫して展開している。本来農学とは、そのような綜合的な実践的な科学なのである（ibid, p. 4）。

いうまでもなく、この「総合的な実践的な科学」こそ、吉岡金市がずっと目指してきている農学である。吉岡はルイセンコに自らの信念の体現を見ていたのかもしれない。

なお、ルイセンコは、中華人民共和国の招きに応じて、三年間中国に滞在もしている。ルイセンコは種内闘争をしないという説であるから、いくら密に播種してもお互いに成長を阻害することはないと信じていたため、密植を勧めていた。中国の大躍進時代の「深耕密植」のルーツはルイセンコにあると思われる。吉岡も、赤津益造訳・吉岡金市閲『新中国の農業理論――中国におけるミチューリン工作』（理論社、一九五三年）という本に関わっているが、この本は、中国でのルイセンコの影響を肯定的にとらえつつ、ルイセンコが中国で「深耕密植」を伝えたと述べており、「収穫逓減の法則」をマルサス主義的だと批判するルイセンコ論文を掲載している。

吉岡は他方でミチューリン農法の日本への無批判的な導入には慎重でもあった。こうした安易な方向性を猛烈に批判しながら、日本での十分な実験と追試を経た上でのゆっくりとした発展を提唱する。戦前からの権力からの度重なる弾圧のなかで弱体化していた共産党は、農村大衆への浸透を進めるために、多少科学的に不透明でもミチューリン農法の支持を公言したがゆえに、吉岡は日本共産党の主流とは一線を画すことになる。とはいえ、メンデル＝モルガンの欧米の正統遺伝生物学の流れに対し、獲得形質は遺伝するという現在の遺伝学からすれば誤った説を唱えていたルイセンコを、吉岡は熱烈に支持したことに変わりはない。それは、メンデル＝モルガンの生物観が要素還元的に過ぎる一方で、ルイセンコの生物の見方は諸要素を総合しているように吉岡の目に映ったからである。本章はもちろん、吉岡の誤りを論難することに関心はない。むしろ次の点こそが問題である。

吉岡は、一九五五年にはソ連と中国に招かれたり、アジア諸国会議日本代表として北京を訪問したりする。ところが、フルシチョフのスターリン批判の直後に、自己批判もないまま、雑誌『思想』でスターリンとルイセンコを批判し、日本全体がルイセンコに関心がなくなるのと並行して、彼もまたルイセンコに言及しなくなる。スターリニズムに熱烈に賛同した自分の過去の対峙を吉岡がいともたやすくすり抜けた理由も定かではない。だが、ここでもまた、戦時中と同様に、吉岡が求められる現場がありつづけたからかもしれない。実際に、ルイセンコからは遠ざかったとはいえ、直播農業による日本農業の機械化への情熱は冷めることはなかった。

4　ルイセンコへの批判

吉岡は、いつスターリンの間違いに気づいていたのか。一九七九年に出版された『日本農業の機械化』の解題のなかで、彼はこのように振り返っている。

> 私は昭和十四年に外務省「秘訳」の『ソ同盟共産党小史』（一九三八年九月）を友人から借りてよんだが、その第四章の二にスターリン自ら執筆したという当時有名だった「弁証法的及び史的唯物論について」が収められていた。よみすすむにつれて、「マルクスは「労働用具」を主として、生産用具の意味に解しているのである――編集部（者）スターリン」という「註」がつけてあるのにおどろいた。これは労働用具についてのマルクスの解

釈ではなくて、スターリンの独断的な拡大解釈である。そこからスターリンの経済学と農業理論のまちがいが出発していたのであることは、戦後「スターリンの農業理論と農業政策」（一九五四年『思想』二月号所載）において、くわしく展開したところである。

労働手段としての機械を過大評価して、労働対象としての品種（の改良）や助成材料としての肥料を軽視したソ連農業の不幸が、ここに胚胎していたのである。私が日本農業機械化のためのイネの水の研究をし、田植機の発明ではなく、田植えをなくする直播栽培の研究にすすんでいったのは、イネの栽培方法を機械化にふさわしいものに変革してゆくためだったのである（吉岡：1979a, p. 13）。

この記述によれば、吉岡は一九三九年にはすでにスターリンの「独断的な拡大解釈」に気づいていたことになる！しかも、それは重大な、そして根源的な発見であるから、当時からルイセンコにも彼の批判が向かっていないとおかしい。この文脈によれば、彼はスターリンとルイセンコを批判しながら、その説を熱狂的に賛同していたという矛盾に陥る。

ならば、スターリン批判より前の、一九五四年二月に執筆されたという「スターリンの農業理論と農業政策」を読んでみるしかない。しかし、この論文は『思想』の一九五四年二月号には存在しない。正しくは、一九五八年二月号であり、実際には四年もあとである。わたしは、これを意図的な情報操作もしくは印象操作であるとみるし、最も吉岡側に立って解釈したとしても、彼の無意識の表出だろう。というのも、吉岡は、スターリン批判のあとに自分が転向したことを隠したがっているふしがみられるからだ。

吉岡は、この一九五八年の論文のなかで、スターリン批判がスターリンの批判になっていないと批判し、スターリンのマルクス解釈とソ連の農業統計を基に、スターリンが、あまりにも生産用具としての機械に偏重しており、化学肥料と農薬と品種改良をあまりにも軽視していることを論じている。

> 一九五六年二月の第二〇回党大会において、スターリン批判が公式にはじめられて以来、世界は大いにゆらいだ。虚実とりまぜて、ジャーナリズムは、毎日のように「真相」なるものを報道し、いわゆるソ連通は、知ったかぶりにスターリンのあやまりについてかきたてたが、それらは少しも科学的・理論的でない。われわれのみるところでは、それはスターリン批判というにあたいしないのである（吉岡：1959, p. 332）。

とくに、スターリンは『ソ連共産党小史』第四章の二「弁証法的および史的唯物論について」のところで、「物質的財貨を生産するに要する生産用具、一定の生産上の経験や仕事に対する熟練を有していることによって、生産用具を使用し、物質的財貨の生産を行う人々……これらすべての要素が相寄って社会の生産力を構成するのである」と論じているが、これはマルクスとは異なる、と吉岡は述べる。マルクスは、人間（労働者）と生産手段（労働手段と労働対象）の結合を基本的に問題にしているに対し、スターリンの理論は、労働対象（原料・助成材料など）が抜けている、と主張する（ibid. p. 333）。これ自体の正しさは否定できないが、一九三八年にそれを友人に借りて読んでいたのであれば、なぜ、その批判の一端でも彼の膨大な論文やエッセイに反影されなかったのか。やはり納得がいかない。

また、彼は、スターリン批判の直前にソ連側に招聘されて旅行しているのだが、吉岡はここでもスターリンの間違いに気づいていたという。

> われわれは、一九五五年六—七月の麦の生長・発育・収穫期に、汽車でシベリヤを通ってモスクワにゆき、モスクワからレーニングラードにゆき、レーニングラードからキエフにゆき、キエフからモスクワにかえり、飛行

機でモスクワからイルクーツクにつき、イックーツクから北京にかえる途中、至るところでソ連における作物の肥料不足を実地においてみてきた。そして、それがスターリンの哲学と経済学からでてきた（労働対象特に肥料をぬかした）生産力の規定のまちがいと、それに基づく農業技術の理論と増産政策のまちがいであることを現地でたしかめてきた（ibid, p. 342）。

ロシアで化学工業が未発達であることも指摘しつつ、最後は本丸のルイセンコに批判が及ぶ。

穀物増産にとって最も重要な肥料に関する化学的な技術は、哲学者・科学者たちの意識から脱落してしまっていたのである。当時レーニン名称農業化学アカデミーの長であったルイセンコもまたその一人である。ルイセンコもまた土壌の肥沃度を高める研究はしていたが、高められた肥沃な土壌と植物との関係については、特に発育段階に応じての合理的な施肥の方法についての研究は、実施していなかったのである。それでは、緊急な穀物の増産に寄与することができない。ここに彼が農業科学アカデミーの長を辞職しなければならない客観的・社会的な理由があったのである（ibid, p. 345）。

あれほどルイセンコを「科学的である」と支持し、紹介に尽力していた吉岡金市は、ここではなりを潜めている。以上のように、吉岡がスターリニズムに対し総括をせずにやすやすとスターリニズムを切って捨ててしまったことは、彼の理論の限界であるとともに、弱点といわざるをえない。それは吉岡理論の倫理的弱点というものではない。スターリンとルイセンコを自分が支持した理由をきちんと自己検証していれば、もっと吉岡の農業技術学は洗練されていた可能性もある。

米本昌平は、中村の『ルィセンコ論争』の解説で、こう述べている。「ルイセンコ学説自体はイデオロギー色が強いものであったが、一方で、生命とはどのようなものであるかを語るのが生物学の課題であるという、一九世紀以来の哲学的姿勢を継承するものでもあった。だからこそこの本に登場する日本の生物学者たちも、現象の説明を粒子的遺伝子に帰するアメリカ的遺伝学からは一歩距離を置こうと試み、生命を生命として語り、進化論までを問題にしているのである。現在の生命科学から失われたのは、この水準の生命論であることは確実である」（中村：2017, pp. vii–viii）。

吉岡理論もまた、「現象の説明を粒子的遺伝子に帰する」現代の生命科学から、失われたものを取り戻す試みだったはずだ。次節で展開するように、世界でも稀に見る公害の自然現象と社会現象の総合的説明はその試みの頂点に置かれるべきものである。だからこそ、スターリニズムの長い影のなかで自分がどのような影響を受けてきたのかについて自己点検を怠ったことは、単にもったいない、と言えなくもないのである。

第五節　公害の学問領域横断的な研究――イタイイタイ病

印象論・心情論であることを承知でいえば、吉岡の仕事のなかで、もっとも心動かされるのは、イタイイタイ病の研究である。

自己の農業技術学の構築とミチューリン農法の研究と指導中に、彼は公害問題と出会う。一九六〇年八月一日、神通川鉱害対策婦中町《ふちゅうまち》地区協議会長、同年八月二二日には、富山県婦負《ねい》郡婦中町農業共済組合長より、神通川鉱毒の科学的解明についての研究を、研究費それぞれ一〇万円ずつの二〇万円で依頼される。その研究報告書として、一九六一年六月、「神通川水系鉱害研究報告書――農業鉱害と人間公害（イタイイタイ病）」をタイプ印刷で発表した。また、一九六四年六月には、「イタイイタイ病と鉱害との関連性についての疫学的観察」『山口医学』を発表し、イタイイタイ病の原因は、食物連鎖を通じた鉱毒害であることを世に知らしめる。

あとでも述べるように、地球、人間、神通川、患者の死体、野草、そして神通川水系に棲む魚にいたる物質の循環を描いたこれらの論文のスケールは稀有壮大で、医学と農学と歴史学、科学と現場を稀に見るほど自然に調和させた、科学論文の真髄ともいうべきものであった。この前後から、「松枯と大気汚染の関係」や「屎尿・下水処理」の研究を、反公害運動を進める住民たちと進めるなかで、(4) 大学のポストも得ることになり、同朋大学教授、岡山理科大学教授、金沢経済大学学長、同経済開発研究所所長、龍谷大学の公害学の教授を歴任した。

ここでは「神通川水系公害研究報告書」に焦点を当てたい。これは学術論文ではなく、被害に遭った婦負の犠牲者たちの調査報告として書いたもので、後年、イタイイタイ病発見の手柄をすべて富山の医師である荻野医師と岡山元同僚の小林純にさらわれたことに対する私怨を込めて出版された『公害の科学――イタイイタイ病研究』(たたら書房、一九七〇年)に所収、やっと一般の読者の目に触れられるようになったものである。

ところが、この叙述は壮大で、まるで地球の編年史を読んでいるようである。まず、こんな具合に始まる。

> 生物と関係ある地上のあらゆる部分すなわち気圏・水圏それから岩石圏を含む生物圏と植物（花をつけたムラサキウマゴヤシ）と動物（人間）との化学組成は、現象形態がいちじるしくちがうにもかゝわらず、化学的には非常によく似ている。
>
> 特に植物と動物がよく似ている。一六の元素の量は多少はあるが、完全に対応している。こゝで問題の亜鉛Znは、人体では多い方から一五番、植物では一七番であるが、生物圏では、二〇番以下である。Pb［鉛］とCd［カドミウム］は三者を通じて二〇番以下であるから、この表にはあらわれてこない程微量の存在である。このこと

は極めて重要である。後にみる如く神通川では、水、植物、動物から、これらが大量に検出されるからである。二〇番までの諸元素がみな必要であるというわけではない。生物にとって必要なのは、高等植物では、一二、人間では二〇程度である。それにもかゝわらず、必要以外の諸元素が、生物の環境条件の中に大量に存在すると、それを吸収し、それが一定限度をこえると、中毒をおこして、生物にとって有害なものとなるのである。Znの如き必要元素も、それが大量にあれば、有害物に転化するのである（吉岡：1970, p. 14）。

元素からみれば、地球も、植物も、人間も、化学的組成はよく似ている。これが吉岡の公害研究の基礎論である。そのうえで、「神通川水系の鉱害が、どこまで、またどのような植物にまで及んでいるかをたしかめるために」、陸生植物では普遍的に生育しているセリに着目する。ここで、吉岡の目は突如として民俗学者もしくは歴史学者の目になる。

セリ（『八町・針原・布目の人達はセリやオオバコの根をたやす』――この歌は今日でも一部の村々に伝えられている『』牛ヶ首用水史『』、一九頁、重要野菜）、果樹で最も水に親しむカキ等を、八尾町西神通、婦中町新屋、富山市金屋、和合町松ノ木等で採集（ibid, p. 40）。

つまり、食物連鎖からイタイイタイ病の原因をつきとめようとするのだ。そうなると、今度は、家畜とその餌に目を転じなければならない。

稲藁に、Cd、Pb、Zn等の有害重金属が多量に含まれておれば、それを粗飼料とする牛馬等の家畜の健康が害されることは必然である。神通川水系用水地域では、戦前は役畜として馬を多く飼っており、馬の骨軟症が非常に多かったことは、地域の農家の語りぐさになっているが、軍馬の徴発検査資料が煙滅している現在では、それをたしかめることが出来なくなっている（ibid, p. 49）。

現地の聞き取りを怠らない吉岡の探究心は、田んぼ、稲わら、馬という、人間とは別の連鎖まで及ぶ。馬の骨軟症の事実だけではない。人間の食事も聞き取る。イタイイタイ病の発生原因は井戸の水だという説が医学者のあいだで主流だったが、フィールドワークで土地勘を鋭敏にしていた吉岡は、食べものに目を向けた。つまり、川魚である。鉱毒、とくにカドミウムを吸い込んだアユやコイを介した生物濃縮を、吉岡はまるで探偵小説のように解こうとしているのである。

神通川は古来アユの名産地として知られており、農業用水路にもその他の魚族が多く生棲しており、それは捕獲されて食用に供せられている。河川水からZn、Pb、Cd等の重金属が検出されれば、当然この川に住む魚類からもそれらが検出される筈である。戦後鉱毒問題が社会問題化した当時には、神通川のアユがしにかかったものが、たくさん流下してきたというし、それを捕えて食べたということであるから、川魚の分析は一層重要である。また養魚池や堀でコイやウグイが養われているが、神通川水系のものは生育がいちじるしくわるい［……］。それらを分析した結果は、A-18表（スペクトラルグラフ省略）の如く井田川水系の浜子のコイやドジョウからはZn、Pb、Cd等の重金属は殆んど検出されないのに、神通川水系とくに広田・西神通・横野産の川魚からは大量のCd、Pb、Znが検出される（ibid, pp. 49–51）。

歴史学、人類学、民俗学、化学の綜合がこれほど自然になされる研究も少ないだろう。それは、つぎのようにまとめられている。

　神岡鉱山の一地点において地表に集中的にとり出されたCd、Pb、Zn等の重金属は、神通川を流下して下流域の田土に沈積されて、植物や作物に吸収され、それが家畜や人間に食べられて、家畜や人間の健康に害するに至る、神通川の川魚は最も直接的に河水と共に流下する鉱害をうけるが、人間は、河水を飲用とすることが少なくなった今日においては、有毒重金属Cd、Pb、Zn等を大量に含む野菜・大豆・米・川魚・鶏卵等を食べて、間接的に鉱害をうける。たとえCd、Pb、Zn等の重金属が絶対量としては少量であるとしても、それが日常の食糧に含まれていると、体内に蓄積されて、健康を害するに至る。重金属のおそろしさは、それが形態変化しないで、体内に蓄積されるということである。消化器を通じて体内に入り、循環器を通じて身体各部に移り、肝臓、腎臓等の毒物処理機関《ママ》でも、処理出来なくて、人間の健康を障害するに至る、イタイイタイ病が尿に異常をあらわすことは、臨床的にも明確にされているところである。

　かくの如くにして、神通川水系の農業鉱害は人間公害に転化するのであって、この経路を証明することが、イタイイタイ病の原因を解明するカギである。従来のイタイイタイ病に関する研究が、飲料水中の亜鉛（Zn）の検出のみに注意を集中していたことは、医学の限界を最も具体的に露呈していたといわねばならない（ibid, p. 53）。

　農業鉱害から人間鉱害へ。これは吉岡のイタイイタイ病に関する基本的な見取り図であるが、いまの学術の水準からすれば、新鮮に感じられないかもしれない。しかし、それは単に歴史的想像力の欠如である。生態学の理論がいまほど紹介されていない地点で、しかも、各学問分野の壁が厚くなるばかりの時期に、鉱害がもたらす影響を山、川、植物、動物、人間とつなげていった、セリ、稲わら、馬、ドジョウ、コイ、アユ、ウグイといった生命の網の目を化学分析で完全に証明したのちに、そこに人間を置きなおすことで、ようやくイタイイタイ病の原因究明に至った過程こそが、学界ではなく、単に被害者にあてられた簡易製本の冊子に書かれた吉岡の研究なのである。

以上のような方法論について、吉岡はこう述べている。「イタイイタイ病の解明は、先ず医学と農学の障壁をうちやぶることによって、なしとげられたものである。しかしながらそのためには、自然科学と社会科学の綜合統一した哲学的な方法論を前提とした、より高い見地からする問題究明の科学方法論の確立が必要なのである。われわれのこの研究は、さらにそれを実験したものである」(ibid, p. 91. 強調は吉岡)(5)。

この吉岡の表現は、決して自己の過大評価ではない。食を通じた自然界と人間界の綜合的叙述とも言えるし、あるいは、実地調査と化学分析と理論構築を同時に展開したとも言える。

さて、こうした研究を、行政と科学と企業が妨害するのは、日本近代史で反復される不名誉な現象である。一九六一年八月八日、母親をイタイイタイ病で失い、鉱害の最もひどい地域の農業共済組合長、鉱害対策協議会長である青山源吾から吉岡金市に宛てられた手紙にはその内幕がつぎのように書かれてある。

> 吉岡報告書は絶対に公開してはいけない。これには一種の偏見があって、かへって各方面の反感をよび起こすだけであり、地元をますます不利にするものである。とねぢ込むむきもあります。事実を事実として見ないこれらの言動の出所は、いろ《マ》ん《マ》に分析はされますが、それらと真正面に対立していては全体的に問題をなげることになるであろうし、手をかへ、品をかへて運動を正常化すべく努力致して居ります。町長あたりもそんな、地域内の異論などを基礎にして、白眼視しようと構へているようですが、町内に発生している与論は、かへって町長の態度に批判的となり、動かざるを得なくなりつゝあります (ibid, p. 125)。

わたしが「心動かされる」というおよそ科学史研究にふさわしくない言葉を吉岡金市のイタイイタイ病研究に接して口走ったのは、もちろん第一には彼の方法論の壮大さであり、第二にそれがイタイイタイ病の被害者にしか宛てられていないことであるが、それに加えて、彼が歴史の傍観者になることを決然として拒否し、このような政治による妨害というリスクの只中で、イタイイタイ病の原因究明をドライなまでに論じ切ったことである。吉岡金市が左翼知識人であることは、当然現場でも知られた事実であり、「偏見」の視線を浴びながらも、黙々と川魚やセリの採集をしていた吉岡金市の科学者としての姿勢は、やはり、もっと評価されてしかるべきであろう。

彼が疫学的研究の分析を頼んだ小林純と、共著で論文を書いた荻野医師にイタイイタイ病の原因究明の栄誉はほとんどもっていかれるのだが、ここで黙っていられないのが吉岡らしく、それ相応の毒を吐いている。「株の売買で金もうけをする精神」をもち、「哲学」のないという小林純を批判して、「この点においては、わたくしのように自然科学と社会科学を統一し、科学を愛すると同じように文学・芸術を愛する人間とは、全く質的にちがっていたのである」(ibid, p. 150)。

この自己賞賛を吉岡の欠点としてとるのか、それとも愛嬌としてとるのか――しかし、この考察は、本章の目的ではない。

おわりに――横井時敬との奇妙な類似

はたして、吉岡金市の目指した「科学」は、科学思想史にどう位置付けられるべきか。

ルイセンコ論争を争った農学者の一人として片付けられるのはあまりにももったいない。かといって、イタイイタイ病の原因を突き止めた医学者とだけ見ても、それは不十分といわざるをえない。大逆事件の歴史家という総括は論外だろう。直播とトラクターの普及に尽力した農業技術学者であることは事実であるが、あまりにも漏れるものが多い。

吉岡金市の仕事が持つ科学思想史上の意義は、彼自身がくどいほどに主張しているように、自然科学と社会科学の「統一」あるいは「綜合」を、もはやそれが不可能なほどまでに専門化が進んだ時代において敢えて挑戦した人物である、ということだ。彼は、どんな論文を書くときも、調査を依頼されるときも、一度として「自分は門外漢である」「自分の専門外である」という留保をつけなかった。どの目の前にある問題も、自分の問題として受け止め、傍観者になることを拒絶し、そのためには一から医学や歴史学を学ぶことも辞さなかった。しかも、それは犯人を特定するために実験を繰り返す博識の探偵にも似て、現場の悲惨、現場の問題に背中を押されるように、現場から自然に統一されていく。その能力の高さと努力の激しさはどれだけ強調してもしすぎることはない。ただ、急いで補っておかなければならないことは、戦争中に農業労働力不足の深刻化が農民たちの健康を蝕んでいた事実と、イタイイタイ病が大勢の農民を殺し苦しめていった事実こそが「統一」の絶頂をもたらしたことである。学問の統一が悲劇を予防したのではなく、悲劇が学問の統一を促したのである。

このような多彩な学問的実践的足跡を残した人物は、稀有である。ただ一人、頭をよぎる人物は、明治時代の農学の創始者、すなわち吉岡が批判した横井時敬である。この二人について、最後に述べておきたい。

肥後生まれの横井、備中生まれの吉岡、そのうえに四二歳も年齢が離れている二人には、いうまでもなく相違点も多い。農本主義と反農本主義、小農主義と大農主義、親チャヤーノフと反チャヤーノフ、農業機械批判と農業機械推進、垂直型の産業組合による資本主義への抵抗と共同経営による資本主義への抵抗、日中戦争とアジア・太平洋戦争における圧倒的な労働力不足に直面したか、していないか——いろいろな違いがある。社会主義に対する態度も異なる。ただ、横井時敬はクロポトキンに深い関心を寄せており、自身が社会主義的であると公言することもあったので、この点はまったく異なるわけではない。

他方で、それ以上に類似点が多数存在することが興味深い。すでに筆者は、「横井時敬の農学」（金森修編『明治・大正期の科学思想史』勁草書房、二〇一七年）のなかで、横井時敬が目指した農学のかたちを論じたが、吉岡金市の仕事に触れて、横井と吉岡はセットで論じなければ日本の農学は不完全な像しか結ばないと感じるようになった。

まず、類似点であるが、大量の外国語文献を読みこなし、日本の状況にフィットした農学を志向していること。帝国大学を頂点とするアカデミズムの主流に批判的であること。両者ともに、積極的に社会に対し意見を述べること。しかも、辛辣であること。横井は農民のための学問、吉岡は人民の学問を目指したこと。生活と労働の合理化を目指したこと。農村に保育園の設置を訴えたこと。両者とも鉱害（足尾銅山鉱毒事件とイタイイタイ病）の原因を突き止め、農民の側に立って行動し、現地の人々から感謝されていること。

そしてなにより、両者ともに、農学という実学的フィールドのなかで自然科学と社会科学の綜合統一を目指そうとしていること。横井時敬は『合関率』を執筆して農業経営学と土壌肥料学の合一、つまり気象条件と市場条件を両方変数に入れた農学を企図し、吉岡金市は農業技術学によって、経済、歴史、化学、生物学などの科学全体を統合しようとしている。どちらも化学的な知識に富み、自然科学にも明るい。横井時敬は良質な種子を選び出す塩水選種法を発明し足尾鉱毒事件の原因を科学的に調査し、吉岡金市は「吉岡農法」とも呼ばれる直播の農業技術体系を開発、そのための品種改良にも従事したし、イタイイタイ病の医学分析も行なった。

普通、このような学問の動きは、一九六〇年代からはエコロジーとか有機農業とかそのような運動と接合していくのだが、吉岡金市はそことは一線を画したことも科学史、とりわけ農学史のなかで希少な存在である。たとえば、有機農業論者にはこんな批判の言葉を向けている。「「有機農業論」者が、化学肥料の理論家リービッヒを無機化学肥料農業の害悪の権化として責めるに似ていて、全く不勉強で的はずれの議論である。マルクスが、いかに高くリービッヒを評価していたかをみるべきである」(吉岡：1979a, p. 17)。

科学の手続きによって実証できることからしか社会変革はありえない、という立場をつらぬいたことは、出来事にも動じない冷徹な学問の創出の一例であるとともに、ロマンティシズムに流れがちな上記の運動の好敵手としての存在価値も十分にある。ただそれだけに、ルイセンコとスターリンへの熱烈な支持によって科学性のゆらぎがあったとき、それを凝視できなかったことは、やはり大きな問題であったといわざるをえない。逆にいえば、吉岡金市の重箱の隅をつつくような科学の厳格主義でさえルイセンコそれ自体への批判に向かわなかったのである。そして、吉岡金市の意固地なまでの潔癖主義と自然科学・社会科学双方の統一が、イタイイタイ病の原因の探究のなかで花開いたのは、時流に乗ったのではなく、吉岡自身の流儀に従ったからにすぎないことは、現在の高みに立って吉岡を批判できるわたしたちにとっても、小さくない希望だと言えよう。それだけにルイセンコ論争の総括が吉岡自身になかったことが悔やまれる。

吉岡金市は、一九八六年一一月二〇日に亡くなった。彼が果たした仕事の量と質からすれば、あまりにも小さい死亡記事が彼の生涯が閉じられたことを報告するにすぎなかった。『朝日新聞』の死亡記事は、これだけである。

吉岡金市氏（よしおか・きんいち＝元金沢経済大学学長）二〇日午前五時二〇分、心不全のため、岡山県倉敷市祐安一四七三の自宅で死去、八四歳。葬儀・告別式は二一日午後二時から同市祐安の祐安公民館で。喪主は長男謙（けん）氏。農業経済学など専攻。イタイイタイ病の研究でも知られる。

「農業経済学」や「イタイイタイ病」という名詞よりも、「など」「でも」という助詞に、つい目が向いてしまう。

体格の大きな吉岡には、あまりにも小さすぎる紙上の墓地である。

註

（1）藤井正治『国産耕運機の誕生――米原清男の生涯』新人物往来社、一九九〇年、二〇四―二〇五頁。なお、原文はカタカナであるが、読みやすさを考慮してひらがなに改めた。
（2）チャヤーノフについては、拙著『ナチス・ドイツの有機農業――「自然との共生」が生んだ「民族の絶滅」』（柏書房、二〇〇五年）の第一四章「同時代の農本主義」、彼の小説である『農民ユートピア国旅行記』（平凡社ライブラリー、二〇一三年、和田春樹、和田あき子訳）の巻末論考「理想郷の現実的課題」（のちに拙著『食べること考えること』共和国、二〇一四年に所収）で論じたことがある。また、小島修一『ロシア農業思想史の研究』（ミネルヴァ書房、一九八七年）も参考になる。
（3）以下、中村禎里『新版　ルィセンコ論争』（みすず書房、二〇一七年）を参照した。
（4）上田邦子「反公害運動の指導者・吉岡先生」『昭和前期農政経済名著集』月報「第十七巻　日本農業の機械化」農山漁村文化協会、一九七九年、七―八頁。
（5）同右、九一頁、強調は引用者。

あとがき

坂野徹・塚原東吾

最後に、本書刊行にいたる経緯について記しておく。序論で述べたように、本書は、故・金森修編による『昭和前期の科学思想史』（二〇一一）、『昭和後期の科学思想史』（二〇一六）、『明治・大正期の科学思想史』（二〇一七）の続編として構想されたものである。金森修は、「昭和前期」「昭和後期」に続いて病床で「明治・大正期」の編集を進め、「あとがき」の執筆も終えていたが、その刊行をみることなく、惜しくも二〇一六年五月二六日に逝去した。

金森修はもともと多産な研究者であり、九〇年代以降の日本の科学史・科学論をリードしてきたが、重篤な病を得ていることが判明した二〇一四年以降の著述活動はまさに鬼気迫るものがあった。東日本大震災／福島原発事故以降の日本社会に対する科学思想史研究者としての遺言とも呼ぶべき書物（『科学の危機』集英社新書、二〇一五）を著す一方、病床で若い頃からのもうひとつの関心である文化史分野の著作執筆も続け、これは、つい最近、『人形論』（平凡社、二〇一八）として刊行された。さらに、来年度中には、国内未発表論文をまとめた論文集も刊行される予定である。このように、死去後もなお新たな著作が次々と刊行される研究者は珍しいだろう。その意味でも、金森さん――以下、親愛を込めてこう記す――は正真正銘の学者であった。

そして、晩年の金森さんが力を入れ、思い入れをもっていた「日本の科学思想史」シリーズの最終巻となるのが本書である。当初は本人が編者となって刊行することを構想していたが、病状の悪化を受け、一六年春に企画は編者のふたりに委ねられることになった。編者に名はないが、本来なら本書もまた金森修編で刊行されていたはずの著作である。

少々私的な話になるが、当時の編者たちのメールを確認すると、塚原あてで既に一五年一月二四日に、自らの病状についての近況報告とともに、明治大正期の科学思想史の企画が通りそうだとして、「ちなみに次のようなものも成立可能ではないか、とおもいますが、いかがでしょうか。テーマ、人選等、何かアイデアはありませんか（これももちろん、オフレコ）帝国の科学思想史　金森修編　物理学　工学　科学主義工業論　生物学と戦争　山本宣治　地理　地政学　統治・支配　農業政策　理研論　熱帯統治　生活科学論……」と書かれている。せっかちな上に、いつもいろいろなアイデアで満載の金森さんらしく、病状についての相談もそこそこに、このように書かれていたのだが、本書のタイトルはすでに現れていて、編者には金森さん自身の名前がある。塚原はそれに応じて治療方針についてのコメントを示し、近年の研究動向や自分の研究紹介をしたりしたが、それに答えるかたちで、二月八日にはこのテーマを勁草の本シリーズに入れたい旨のメールをくれた。そのなかで金森さん自身は、「私は山本宣治がやりたいなとおもっています」と記している。この時点では病状が一進一退するなかで、塚原には別の企画（岩波書店、「戦後日本の思想水脈」シリーズのうち『科学技術をめぐる抗争』（二〇一六）の共編著）が依頼され、そちらの編纂が優先されたし、また坂野にもいくつかの仕事が託されていた。そのために一旦この企画は一年ほど温められることになった。

さらに一六年三月三日に坂野がもらったメールには、病状がしばらく安定したら「帝国期の科学思想史」の編集をするかもしれないと記してあり、この時点ではまだ自分で編集することを考えていたことがわかる。また小松美彦さん（東京大学）ほか数名とともに坂野が入院中の金森さんを見舞ったときが（一六年三月二一日）、本書の企画をわれわれ二名に任せたいという、これまで腹案として持っていた話を出した最初だったようである。その後（四月八日）、坂野、塚原ふたりで、一時退院中の自宅を訪ねて本書の企画は本格的にスタートすることになった。四月末に執筆予定者リストをメールで知らせたところ、「いずれも実力者なので楽しみ、あの世から読めるといいんだが」という返事をくれた。そして、五月はじめ、坂野が勤務校のサバティカル（客員研究員）で沖縄に出発する前に出した挨拶メールに返事をもらったのが、生前最後のやりとりとなった。病状が悪化してからは見舞いやメールなどをふくめ、この企画についての連絡も遠慮していたが、改めてその早すぎる死が残念でならない。

＊　＊

二〇一一年の『昭和前期の科学思想史』以来、本シリーズでは、いずれも各執筆者が紙幅を気にせず書きたいだけ書く、その代わりに現時点での当該テーマに関する決定版ともいうべき水準のものを目指す。これが金森さんの一貫した編集方針であった。二一世紀に入って以降、元気があるとはいいがたい科学史・科学論を少しでも活性化させたいというのが金森さんの趣旨だったと理解している。『科学の危機』（二〇一五）のなかで振り絞るようにして書かれた「科学の変質に抗して、今こそ〈科学批判学〉を興さなければならない」という言葉は、後進に残した学問的な指針であり、〈科学批判学〉の基軸には「科学思想史」があるというのが、金森さんの構想であった。

本人が亡くなって以降、諸事情による執筆者の変更・追加など多少の紆余曲折はあったものの、ともあれ金森さんとの約束を果たすことができ、編者ふたりともほっとしている。本書の出来は読者の判断に委ねるほかないが、多忙ななか、力作を寄せてくれた各執筆者にも改めてお礼申し上げる。

なお、勁草書房の編集者である橋本晶子さんには、本書企画の段階から大変お世話になった。本シリーズの「昭和後期」「明治・大正期」をはじめ、著作の多くを担当し、金森さんが絶大な信頼をおいていた橋本さんの尽力で、本論集の編集を滞りなく進めることができた。

果たして本人の意に沿う本になったかはわからないが、死の直前まで、三・一一以降の日本社会と科学史・科学論の行く末を憂いていた金森修さんに本書を捧げる。

西日本が甚大な豪雨災害に襲われた二〇一八年七月に記す

金森　修　遺伝子改造　四六判　三〇〇〇円
金森　修　自然主義の臨界　四六判　三〇〇〇円
金森　修　負の生命論　認識という名の罪　四六判　二五〇〇円
金森　修　フランス科学認識論の系譜　カンギレム・ダゴニェ・フーコー　四六判　三三〇〇円
金森　修
中島秀人　編著　科学論の現在　A5判　三五〇〇円
金森　修編著　科学思想史　A5判　六六〇〇円
金森　修編著　昭和前期の科学思想史　A5判　五四〇〇円
金森　修編著　昭和後期の科学思想史　A5判　七〇〇〇円
金森　修編　明治・大正期の科学思想史　A5判　七〇〇〇円
坂野　徹　帝国日本と人類学者　一八八四―一九五二年　A5判　五七〇〇円
坂野　徹編著　帝国を調べる　植民地フィールドワークの科学史　A5判　三四〇〇円

＊表示価格は二〇一八年九月現在、消費税は含まれておりません。

帝国日本の科学思想史

2018年9月20日　第1版第1刷発行

編著者　坂《さか》野《の》　徹《とおる》
　　　　塚《つか》原《はら》東《とう》吾《ご》

発行者　井村寿人

発行所　株式会社　勁《けい》草《そう》書房

112-0005 東京都文京区水道2-1-1　振替　00150-2-175253
（編集）電話 03-3815-5277／FAX 03-3814-6968
（営業）電話 03-3814-6861／FAX 03-3814-6854
精興社・牧製本

ISBN978-4-326-10271-6　Printed in Japan

http://www.keisoshobo.co.jp

執筆者紹介

編著者

塚原東吾（つかはら　とうご）
1961 年生
東京学芸大学修士課程（化学）修了
ライデン大学医学部博士 Ph.D.（医学）
現在　神戸大学大学院国際文化学研究科教授
専門　科学史，STS
著書
Affinity and Shinwa Ryoku（*Gieben, 1993*）
『科学機器の歴史：望遠鏡と顕微鏡』（編著，日本評論社，2015）
『科学技術をめぐる抗争（リーディングス戦後日本の思想水脈第 2 巻）』（金森修と共編著，岩波書店，2016）
ほか．

坂野　徹（さかの　とおる）
1961 年生
東京大学大学院理学系研究科博士課程単位取得退学
博士（学術）
現在　日本大学経済学部教授
専門　科学史，フィールドワーク史
著書
『帝国日本と人類学者 1884-1952 年』（勁草書房，2005）
『帝国を調べる――植民地フィールドワークの科学史』（編著，勁草書房，2016）
ほか．

執筆者

岡本拓司（おかもと　たくじ）
1967 年生
東京大学大学院理学系研究科博士課程単位取得退学
博士（学術）
現在　東京大学大学院総合文化研究科教授
専門　科学史，技術史，高等教育史
著書
『科学と社会：戦前期日本における国家・学問・戦争の諸相』（サイエンス社，2014）
ほか．

Arnaud Nanta（アルノ・ナンタ）
1973 年生
博士（歴史学），高等教育教授資格所有
現在　フランス国立科学研究センター＝CNRS 「東アジア・東南アジア近現代史」研究指導官（教授）
専門　19〜21 世紀日本の人文科学史，植民地帝国日本の学知

主要論文 「ジャン・レイ　あるフランス人政治学者の見た日本の植民地主義と東アジア・太平洋戦争」(三谷博・他編『近代日本とアジア』勉誠出版，2016，所収)，「植民地考古学・歴史学・博物館　朝鮮半島と古代史研究」(坂野徹編『帝国を調べる』勁草書房，2016，所収)，「新自由主義世界の教育システム」(セバスチャン・ルシェヴァリエ編『日本資本主義の大転換』岩波書店，2015，所収)，“Ethnic Shows and Racial Hierarchies in Modern Japan”(『現代美術學報』臺北市立美術館 2015 年 30 号)，「植民地主義の歴史と〈記憶〉闘争」(『環』2012 年 49 号)，高橋哲哉『靖国問題』仏訳 (Belles Lettres, 2012 年)
ほか.

宮川卓也 (みやがわ　たくや)
1982 年生
ソウル大学校自然科学大学院協同課程科学史科学哲学専攻．博士課程.
博士 (理学)
現在　広島修道大学人間環境学部助教.
専門　気象学史
主要論文 「帝国日本の気象観測網拡大と梅雨研究」『科学史研究』2016 年.
ほか.

金凡性 (きむ　ぼむそん)
1972 年生
東京大学大学院工学系研究科先端学際工学専攻修了
博士 (学術)
現在　広島工業大学環境学部准教授
専門　科学史
著書 『明治・大正の日本の地震学』(東京大学出版会，2007)
ほか.

泉水英計 (せんすい　ひでかず)
1965 年生
オックスフォード大学大学院 社会文化人類学研究科修了
博士 (D. Phil.)
現在　神奈川大学経営学部教授
専門　文化人類学・沖縄現代史
著書 『帝国とナショナリズムの言説空間』(共著，御茶の水書房，2018).
Rethinking Postwar Okinawa: Beyond American Occupation, Lexington, 2017 (共著).
『帝国を調べる —— 植民地フィールドワークの科学史』(共著，勁草書房，2016)
ほか.

藤原辰史 (ふじはら　たつし)
1976 年生
京都大学人間・環境学研究科博士過程中退
博士 (人間・環境学)
現在　京都大学人文科学研究所准教授
専門　農業史，環境史，ドイツ現代史
著書

『カブラの冬――第一次世界大戦期ドイツの飢饉と民衆』(人文書院，2011).
『稲の大東亜共栄圏――帝国日本の「緑の革命」』(吉川弘文館，2012).
『決定版　ナチスのキッチン――「食べること」の環境史』(共和国，2016) 第1回河合隼雄学芸賞受賞.
『トラクターの世界史――人類の歴史を変えた「鉄の馬」たち』(中公新書，2017)
ほか.

事項索引

人名索引

し

す

せ

た

ち

て

と

な

は

ひ

文献表

第一章

荒木貞夫（1941）「時局打開の一要素」『雄弁』32 巻 2 号，3-7 頁.
荒木俊馬・湯川秀樹・伏見康治（1944）「日本的科学の建設――若き科学徒に語る」『新若人』5 巻 3 号，33-57 頁.
飯高一郎（1941）「日本主義科学の提唱」『科学知識』21 巻 5 号，30-34 頁.
石原純（1929）『自然科学概論』岩波書店.
石原純（1937）「社会事情と科学的精神」『科学ペン』2 巻 3 号，2-9 頁.
石原純（1938）「科学的精神について」『紀元二千六百年』1 巻 12 号，2-5 頁.
石原純（1941）「枝葉末節に拘るな」『戦争と科学』帝国大学新聞社，31-38 頁.
一高同窓会（1984）『向陵誌』駒場篇.
今井隆太（1999a）「「国民科学」における近代科学批判――社会科学の文化研究」『ソシオサイエンス』5 巻，247-262 頁.
今井隆太（1999b）「国民精神文化研究所時代の作田荘一」『社会科学研究科紀要別冊』4 巻，97-112 頁.
浦本政三郎（1942）「綜合科学への道」『日本諸学』1 号，38-58 頁.
岡田恒輔（1935）「思想左傾の原因及び其の経路」『国民精神文化研究』第 2 年第 12 冊（通刊第 16 冊）.
岡本拓司（2000）「ノーベル賞文書からみた日本の科学，1901 年―1948 年：北里柴三郎から山極勝三郎まで」『科学技術史』4 号，1-65 頁.
岡本拓司（2010）「第一高等学校校長　森巻吉の生涯――やりゃあやれるんだ」，東京大学教養学部編『高校生のための東大授業ライブ　熱血編』東京大学出版会，102-115 頁.
岡本拓司（2011）「第一章　原子核・素粒子物理学と競争的科学観の帰趨」金森修編著『昭和前期の科学思想史』勁草書房，105-183 頁.
岡本拓司（2014）『科学と社会――戦前期日本における国家・学問・戦争の諸相』サイエンス社.
岡本拓司（2016a）「戦前期日本における科学論の展開」『科学技術史』13 号，37-123 頁.
岡本拓司（2016b）「第四章　科学論の展開――武谷三男から廣重徹へ」金森修編著『昭和後期の科学思想史』勁草書房，147-301 頁.
荻野富士夫（2007）『戦前文部省の治安機能――「思想統制」から「教学錬成」へ』校倉書房.
小倉金之助（1930）「階級社會の數學――フランス數學史に關する一考察」『思想』94 号，1-35 頁.

小倉金之助（1936）「自然科学者の任務」『中央公論』51 年 12 号，4-18 頁.
小倉金之助（1941）「現時局下に於ける科学者の責務」『中央公論』56 年 4 号，4-16 頁.
小倉金之助（1942）「数学の日本的性格」大阪毎日新聞社編『文化講座』95-124 頁.
小高健（2002）『長与又郎日記―下―』学会出版センター.
「科学技術着々戦力化へ」（1945）『朝日新聞』1 月 25 日，東京版朝刊，1 頁.
「科学者　新春の夢」（1945）『朝日新聞』1 月 8 日，東京版朝刊，2 頁.
『科学文化』各巻各号，科学文化協会.
勝井恵子（2010a）「橋田邦彦における「医」の三要素」『日本医史学雑誌』56 巻 4 号，473-483 頁.
勝井恵子（2010b）「橋田邦彦研究 ―― ある「葬られた思想家」の生涯と思想」『日本医史学雑誌』56 巻 4 号，527-538 頁.
加藤周一（1998）「中村真一郎，白井健三郎，そして駒場 ―― 思い出すままに」『向陵』40 巻 2 号，93-98 頁.
金森修（2004）『自然主義の限界』勁草書房.
河原宏（1973）「日本ファシズムと科学・技術 ―― 日本的科学・技術論の展開覚書」『社会科学討究』19 巻 1 号，89-123 頁.
河原宏（1975a）「戦時下科学・技術論の一断面：生活科学論を中心にして」『技術と人間』4 巻 3 号，89-99 頁.
河原宏（1975b）「戦時科学・技術政策の思想的背景」『社会科学討究』21 巻 1 号，1-35 頁.
河原宏（1976）「「近代の超克」と科学・技術」『社会科学討究』21 巻 2 号，253-282 頁.
企画院研究会（1943）『大東亜建設の基本綱領』同盟通信社.
菊池俊彦（1992）「我が国の科学史研究の歴史と現状についての実証的研究」研究成果報告書．平成元年～3 年度科学研究費補助金（総合研究 A）．研究代表者，菊池俊彦.
紀平正美（1932）「日本精神と弁証法」思想問題研究会編纂，紀平正美・安岡正篤著『日本精神と弁証法　日本精神の根本』青年教育普及会，1-86 頁.
紀平正美（1933）「水戸見学，鹿島香取両神宮参拝記」『国民精神文化研究所々報』1 号，44-52 頁.
紀平正美（1934a）『我が青年諸兄に告ぐ』『国民精神文化類輯』1 輯，日本文化協会出版部.
紀平正美（1934b）「我が神の概念に就て」『国民文化研究所々報』3 号，1-19 頁.
紀平正美（1937）『日本精神と自然科学』『日本文化』第 12 冊.
紀平正美（1943）「日本諸学の基本形式」『日本諸学』3 号，1-25 頁.
紀平正美・小島威彦（1934）「真理とは何ぞや」『国民精神文化研究』第 1 年第 2 冊（通刊第 2 冊）.
「基本国策要綱及之ニ基ク具体問題処理要綱」（1940）『公文類聚』第 64 編・昭和 15

年・第2巻・政綱2・統計調査・雑載.
『教育審議会総会会議録』各輯.
『教育審議会諮問第一号特別委員会会議録』各輯.
『教学局時報』各号，文部省教学局.
『教学刷新評議会資料』（2006）上・下，芙蓉書房.
「皇国興隆の礎石」（1945）『朝日新聞』8月16日，東京版朝刊，1頁.
『国民精神文化研究所々報』各号，国民精神文化研究所.
『国民精神文化研究所要覧』各年，国民精神文化研究所.
駒込武・川村肇・奈須恵子編（2011）『戦時下学問の統制と動員：日本諸学振興委員会の研究』東京大学出版会.
駒井卓（1943a）「自然科学の学び方」『日本諸学』3号，120-134頁.
駒井卓（1943b）「大東亜建設と自然科学」『日本諸学』4号，1-9頁.
作田荘一（1933）「国民生活の指導法則について」『国民精神文化研究所々報』1号，36-43頁.
作田荘一（1935）『国民科学の成立』弘文堂書房.
「さびた声で諄々」（1940）『読売新聞』8月15日夕刊，2頁.
沢井実（2013）『八木秀次』吉川弘文館.
『思想時報』各号，文部省思想局.
『思想調査資料』各輯，文部省思想局.
清水康幸（1982）「橋田邦彦における科学と教育の思想：戦時下教育思想研究への一視角」『日本の教育史学：教育史学会紀要』25集，32-52頁.
清水康幸・前田一男・水野真知子・米田俊彦（1991）『資料教育審議会（総説）』（『野間教育研究所紀要』34集）野間教育研究所.
「銃，剣を棄つるとも」（1945）『朝日新聞』8月17日，東京版朝刊，2頁.
「新映画評／「科学する心」」（1941）『朝日新聞』東京版朝刊，1941年3月10日，4頁.
「新内閣の基本国策」（1940）『週報』199号，9-11頁.
杉靖三郎（1943）「「自然科」教授の指標」『教学』9巻6号，19-37頁.
杉靖三郎・碧潭会編，橋田邦彦述（1949）『碧潭語録』日本医学雑誌株式会社.
鈴木淳（2010）『科学技術政策』山川出版社.
世良田進・氷室吉平・井上司朗・竹内敏雄・氷上英広・高尾亮一・生田勉・中村真一郎・橋川文三・清岡卓行・長谷川泉（1974）「一高文芸部の回顧」『向陵』16巻2号，254-278頁.
高野邦夫（2006）『新版　天皇制国家の教育論』芙蓉書房.
高橋紘（1987）『象徴天皇』岩波書店.
高見順（1964）『高見順日記』3巻，勁草書房.
武谷三男（1946）「自然科学者の立場から――革命期に於ける思惟の基準」『自然科学』1巻1号，6-13頁.
田辺元（1918）『科学概論』岩波書店.

田辺元（1933）『哲学通論』岩波書店.
田辺元（1936）「科学政策の矛盾」『改造』18巻10号，18-34頁.
田辺元（1939a）「自然科学教育の両側面」『日本文化』第36冊，1-54頁.
田辺元（1939b）「徳性としての科学」『教学叢書特輯』1編，187-266頁.
田辺元（1939c）「日本哲学の先蹤」『教学叢書』5輯，1-37頁.
玉木英彦（1946）「科学者は何のために敗戦原因を究明するか」『科学知識』26巻3・4号，25-27頁.
帝国大学出版社（1936）『科学する心』.
東大生理学同窓会（1976）『追憶の橋田邦彦』鷹書房.
富塚清（1947）『科学日本の構想』世界文化協会.
中村清二（1938）『生活・科学・教育』河出書房.
中村清二（1939）「事変と自然科学」『教学叢書特輯』1編，267-290頁.
中村光（1940）「江戸時代の科学について」『紀元二千六百年』3巻8号，6-10頁.
西晋一郎（1933）「国民精神文化研究」『国民精神文化研究所々報』1号，28-35頁.
西岡清之助（1937-1938）『第145期　寄宿寮委員記録』自昭和12年12月至昭和13年5月，東京大学駒場博物館蔵.
『日本諸学振興委員会報告』各篇，教学局.
『日本諸学研究報告』各篇，文部省教学局.
日本文化大観編修会編纂（1942）『日本文化大観』1巻（歴史篇　上）紀元二千六百年奉祝会.
橋田邦彦（1934）『碧潭集』岩波書店.
橋田邦彦（1935a）『求道』『日本文化小輯』4，日本文化協会.
橋田邦彦（1935b）「科学の根柢」『国民精神文化月報』6号，2-3頁.
橋田邦彦（1935c）「科学の根柢（一）」「科学の根柢（二）『日本文化時報』7号，1頁；8号，1頁.
橋田邦彦（1936a）『空月集』岩波書店.
橋田邦彦（1936b）『自然と人』人文書院.
橋田邦彦（1936c）「日本医学」日本医学研究会編『日本医学の研究』1輯，1-13頁.
橋田邦彦（1937a）『行としての科学』『日本文化』第1冊.
橋田邦彦（1937b）「就任之辞」『向陵時報』94号，1頁.
橋田邦彦（1937c）「日本文化としての科学」『校友会雑誌』359号，4-12頁.
橋田邦彦（1937d）「時局に際して」『文部時報』599号，6-8頁.
橋田邦彦（1938a）「自治の本領」『向陵時報』104号，3頁.
橋田邦彦（1938b）「伝統」『向陵時報』112号，2頁.
橋田邦彦（1938c）『道としての教育』『日本文化』第17冊.
橋田邦彦（1938d）「自然の観方」『教学叢書』1輯，37-81頁.
橋田邦彦（1939a）山極一三編『行としての科学』岩波書店.
橋田邦彦（1939b）「四綱領」『向陵時報』115号，3頁.
橋田邦彦（1939c）「自然科学者の態度」『教学叢書特輯』2篇，31-77頁.

橋田邦彦（1940a）「所信」『週報』200 号，2-5 頁.
橋田邦彦（1940b）「科学する心」『教学叢書』9 輯，279-328 頁.
橋田邦彦（1941）『全体と全機』『教学新書』16，目黒書店.
林達夫（1941）「科学する心」『都新聞』1941 年 7 月 11 日，1 頁.
廣重徹（1973）『科学の社会史 ―― 近代日本の科学体制』中央公論社.
福田信之（1940）「前期の量子論と不確定性原理の意義について」『校友会雑誌』370 号，73-90 頁.
藤沢親雄（1933）「皇道政治哲学序説」『国民精神文化研究所々報』2 号，43-65 頁.
藤沢親雄（1939）『日本政治学の基礎理念』『国民精神文化研究』，通刊第 40 冊.
藤野恵・紀平正美・和辻哲郎・久松潜一・杉靖三郎・近藤寿治（1942）「日本世界観と日本諸学」『日本諸学』2 号，154-185 頁.
藤原咲平（1934）「日本の気象と日本人の自然観」『国民文化研究所々報』5 号，57 頁.
古川隆久（2015）『近衛文麿』吉川弘文館.
文政研究会（1944）『文教維新の綱領』新紀元社.
前田一男（1982）「国民精神文化研究所の研究：戦時下教学刷新における「精研」の役割・機能について」『日本の教育史学：教育史学会紀要』25 集，53-81 頁.
前田一男（1993）「「教学刷新」の設計者・伊東延吉の役割」寺﨑昌男・編集委員会編『近代日本における知の配分と国民統合』第一法規，368-388 頁.
前田隆一（1941）「科学的精神」『文化日本』5 巻 12 号，8-13 頁.
松井元興（1937）『自然科学の領域』『日本文化』第 5 冊.
松井元興（1939）「唯物国家の没落」『文化日本』3 巻 11 号，3-5 頁.
松井元興（1942）「科学振興と天才の育成」『日本諸学』1 号，73-89 頁.
松尾博志（1992）『電子立国日本を育てた男　八木秀次と独創者たち』文藝春秋.
右田裕規（2009）『天皇制と進化論』青弓社.
文部省教学局（1943）『第八十四回帝国議会説明材料』
「文部大臣談」（1940）『週報』199 号，12-13 頁.
湯川秀樹（1942）「素粒子概念の変遷」『日本諸学振興委員会研究報告』15 篇（自然科学），210-220 頁.
湯川秀樹（1944）『物理学に志して』甲鳥書林.
湯川秀樹（1945）「静かに思ふ」『週刊朝日』1945 年 11 月 4 日号，7-9 頁.
湯川秀樹・湯浅佑一（1945）「戦争・科学・生産」『現代』26 巻 2 号，3-19 頁.
吉仲正和（1984）『科学者の発想』玉川大学出版部.
和辻哲郎（1942）「戦時教学の根本方針」『日本諸学』1 号，7-16 頁.

第二章

秋笹正之輔（1933）「殖民政策史」『日本資本主義発達史講座』東京，岩波書店.
阿部洋（1971）「日本統治下朝鮮の高等教育」『思想』565 号，920-941 頁.
伊能嘉矩（1905）『領台十年史』台北，新高堂.

歐素瑛（2012）「台北帝国大学と台湾学研究」『国際研究集会報告書』42 号，19-37 頁.
呉密察（1994b）「台湾史の成立とその課題」溝口雄三他編『周縁からの歴史』東京，東京大学出版会，219-242 頁.
呉密察（2014）「植民地に大学ができた!?」松田，酒井編『帝国日本と植民地大学』東京，ゆまに書房，75-105 頁
小沢栄一（1968）『近代日本史学史の研究』東京，吉川弘文館.
金子文夫（1979）「持地六三郎の生涯と著作」『台湾近現代史研究』2 号，119-128 頁.
笠原政治（1998）「伊能嘉矩の時代　台湾原住民初期研究への測鉛」『台湾原住民研究』3 号，54-78 頁.
黒板勝美（1931）『国史の研究　総説』東京，岩波書店.
京城帝国大学編（1924-1942）『京城帝国大学一覧』京城.
京城帝国大学同窓会（KTDD）編（1974）『紺碧，遥かに』東京.
佐伯有清（1976）『広開土王碑と参謀本部』東京，吉川弘文館.
坂野徹（2005）『帝国日本と人類学者』東京，勁草書房.
「塩川」（1902）「我国と外国との関係」『韓国研究会談話録』1 号，1-8 頁.
シュミット，アンドレ（2007）『帝国のはざまで　朝鮮近代とナショナリズム』名古屋，名古屋大学出版会.
末松保和（1933）『日韓関係』東京，岩波書店.
末松保和（1980）『朝鮮研究文献目録 1968-1945』東京，汲古書院.
瀬野馬熊（中村栄孝編）（1936）『瀬野馬熊遺稿』京城，朝鮮印刷社.
台北帝国大学文政学部（1934-1942）『史学科研究年報』台北.
趙寛子（2007）『植民地朝鮮／帝国日本の文化連環』東京，有志舎.
朝鮮古書刊行会（1911）『朝鮮古書目録』京城，朝鮮雑誌社.
朝鮮史学会編（1924）『朝鮮史講座』京城.
朝鮮総督府（1916）「朝鮮半島史編成ノ要旨及順序」京城.
朝鮮総督府朝鮮史編修会（1930）「朝鮮史編修会要覧」京城.
朝鮮総督府朝鮮史編修会（1932-1940）『朝鮮史』京城.
朝鮮総督府朝鮮史編修会（1938）「朝鮮史編修会事業概要」京城.
東方学会編（2000）『東方学回想』東京，刀水書房.
中村栄孝（1935）『文禄・文長の役』東京，岩波書店.
中村栄孝（1969）「朝鮮史の編集と朝鮮史料の蒐集」『日鮮関係史の研究』所収，東京，吉川弘文館（元版 1964 年）下巻，653-694 頁.
中山茂（1978）『帝国大学の誕生』東京中央公論社.
ナンタ，アルノ（2016）「植民地考古学・歴史学・博物館」坂野徹編『帝国を調べる』東京，勁草書房，47-84 頁.
箱石大（2007）「近代日本史料学と朝鮮総督府の朝鮮史編纂事業」佐藤信他編『前近代日本列島と朝鮮半島』東京，山川出版社，241-263 頁.
林泰輔（1912）『朝鮮通史（全）』東京，冨山房.
檜山幸夫他編（1986-1989）『台湾史料綱文』名古屋，成文堂，第三巻「解説」325-

477 頁.
松田京子（2014）『帝国の思考　日本「帝国」と台湾原住民』東京，有志兵舎.
松田利彦，酒井哲哉編（2014）『帝国日本と植民地大学』東京，ゆまに書房.
宮本延人（1971）『伊能嘉矩氏と台湾研究』遠野市教育委員会.
持地六三郎（1912）『台湾殖民政策』東京，冨山房.
持地六三郎（1922）「史料編纂に関する持地編纂部長の演述」『台湾時報』37 号，23-26 頁.
李暁辰（2016）『京城帝国大学の韓国儒教研究』東京，勉誠出版.
李成市（2004）「コロニアリズムと近代歴史学　植民地統治下の朝鮮史編修と古蹟調査を中心に」寺内威太郎他編『植民地と歴史学』東京，刀水書房，71-103 頁.
ロズラン，エマニュエル（2018 出版予定）『文学と国民性　十九世紀日本における文学史の誕生』（元版 2005 年）版元未定.
若林正丈（2001）『帝国主義下の台湾　精読』東京，岩波書店.

吳密察（1994a）「台湾総督府修史事業與台湾分館館藏」『台湾分館館藏與台湾史研究研討会』台北，国立中央図書館台北分館，10 号，39-72 頁.
鍾淑敏（2015）「台湾日日新報漢文部主任尾崎秀真」『台湾学通訊』85 号，8-9 頁.
陳小衝（2005）『日本殖民統治五十年史』北京，社会科学文献出版社.
葉碧苓（2008）「村上直次郎的台湾史研究」『国史館学術集刊』17 号，1-35 頁.
葉碧苓（2009）「台北帝国大学與京城帝国大学史学科之比較（1926-1945）」『台湾史研究』（中央研究院）16 号，87-132 頁.

韓龍震（1996）「日帝 植民統治下의 大学教育」『韓国史市民講座』18 号，94-122 頁.
金性玟（2010）「朝鮮史編修会의 組織과 運用」（『韓国民族運動史研究』1989 年 3 号，121-164 頁）『日本思想史』76 号，7-60 頁.
崔錫榮（2012）『日帝의 朝鮮研究와 植民地的知識 生産』ソウル，民俗院.
趙東杰（2002）『現代韓国 史学史』ソウル，나남출판.
張信（2011）「京城帝国大学 史学科의 磁場」『歴史問題研究』6 号，45-83 頁
鄭根埴（他編）（2011）『植民地権力과 近代知識』ソウル，ソウル国立大学出版会.

BEASLEY W. G. & PULLEYBLANK E. G. (ed.) (1961) *Historians of China and Japan*, Oxord, Oxford University Press.
BERTRAND Romain (2011) *L'histoire à parts égales*, Paris, Le Seuil.
CHOI Kyongrak (1969) "Compilation and publication of Korean historical materials under Japanese rule (1910-1945)", *The developing economies*, 7-3: 380-391.
DULUCQ Sophie (2009) *Écrire l'histoire de l'Afrique à l'époque coloniale (19e-20e siècles)*, Paris, Karthala.
GUEX Samuel (2016) *Nouvelle histoire de la Corée des origines à nos jours*, Paris, Flammarion.

HÉMERY Daniel & BROCHEUX Pierre (2011) *Indochina, An Ambiguous Colonization*, University of California Press.

NANTA Arnaud (2010) "Torii Ryūzō: discours et terrains d'un anthropologue et archéologue japonais du début du XXe siècle", *Bulletins et Mémoires de la Société d'Anthropologie de Paris*, 22: 24-37.

NANTA Arnaud (2012) "The Japanese Colonial Historiography in Korea (1905-1945)", *in* CAROLI Rosa & SOUYRI Pierre François (ed.), *History at Stake in East Asia*, Venezia, Libreria Editrice Cafoscarina, 83-105.

NANTA Arnaud (2017) *Mémoire inédit à propos de l'histoire des savoirs coloniaux japonais en Corée colonisée et de Sakhaline entre les empires*, HDR, Paris-Diderot.

SINGARAVELOU Pierre (2009) "L'enseignement supérieur colonial. Un état des lieux", *Histoire de l'éducation*, 122: 71-92.

SOUYRI Pierre-François (2010) "L'histoire à l'époque Meiji: enjeux de domination, contrôle du passé, résistances", *Ebisu*, 44: 33-47.

SOUYRI Pierre-François (ed.) (2014) *Japon colonial, 1880-1930. Les voix de la dissension*, Paris, Les Belles Lettres.

TANAKA Stefan (1993) *Japan's Orient*, Berkeley, California University Press.

第三章

荒川秀俊（1944）『戦争と気象』岩波新書.

飯塚浩二（1944）『国土と国民』（原著は 1943）古今書院.

家永三郎（1997）「日本思想史における宗教的自然観の展開」『家永三郎集』第 1 巻，岩波書店（原著は 1943，『歴史学研究』に収録）.

ブライアン・ウィン（2001）「遺伝子組換え作物のリスクと倫理をめぐる専門家による言説構成」塚原東吾訳『現代思想』29 巻 1 号，100-143 頁.

ブライアン・ウィン，立石裕二訳・解題（2011）「誤解された誤解：社会的アイデンティティと公衆の科学理解」『思想』2011 年 6 月号，64-103 頁.

上山明博（2007）『ニッポン天才伝』朝日選書.

小笠原和夫（1944）『南方気候論』三省堂.

金森修編（2016）『昭和前期の科学思想』勁草書房.

金森修（1996）『バシュラール』講談社.

気象庁『気象百年史』（1975）気象庁.

小林哲夫（2016）『エルスワース・ハンチントン「アジアの脈動・文明と気候（三版）」を読む』評言社.

志賀重昂（2003）『日本風景論』岩波現代文庫（原著は 1894）.

岸保勘三郎（1982）「温帯低気圧モデルの歴史的発展」『天気』29 巻 4 号，269-298 頁.

財部香枝（2016）「明治初期日本に導入されたスミソニアン気象観測法」『科学史研究』no. 276, pp. 287-301.

文献表（第三章）

鈴木秀夫（1975）『風土の構造』大明堂.
立岡裕士（1987）「戦前期の日本地理学会と『地理学評論』」『地理学評論』60（Ser.-A）-8, pp. 516-539.
中央気象台（1897）『大日本風土編』.
塚原東吾，財城真寿美，松本桂子，三上岳彦（2005）「日本の機器観測の始まり：誰が，どのような状況で始めたのか」『地球』27巻9号，713-720頁.
塚原東吾（2016）「村上陽一郎の日本科学史」『村上陽一郎の科学論』新曜社，202-238頁.
エルスワース・ハンチントン（1938）『文明と気候』岩波書店（原著1915，改訂1924）.
福井栄一郎（1938）『気候学』古今書院.
福井栄一郎（1986）「目標を地理学に決めて」竹内啓一編『地理学を学ぶ』古今書院に収録.
エルンスト・フッサール（1995）『ヨーロッパ諸学の危機と超越論的現象学』木田元訳（原著は1936）.
ヴィダル・ラ・ブラーシュ（1970）『人文地理学原理』（原訳1940，飯塚による解題は1970），飯塚浩二訳，3-30頁.
クリストフ・ボヌイユ，ジャン＝バティスト・フレソッズ（2018）『人新世とは何か：〈地球と人類の時代〉の思想史』野坂しおり訳，青土社（原著2016）.
根本順吉（1985）『渦・雲・人：藤原咲平伝』筑摩書房.
宮川卓也（2016）「帝国日本の気象観測網拡大と梅雨研究」『科学史研究』(276)，302-313頁.
山崎哲（2015）「渦と渦の相互作用におけるブロッキングメカニズム」『天気』62巻6号，491-509頁.
山本晴彦（2014-）『帝国日本の気象ネットワーク』(1～5)，農林統計出版.
山本義隆（2018）『近代日本150年：科学技術総力戦体制の破綻』岩波新書.
カピール・ラジ（2016）『近代科学のリロケーション：南アジアとヨーロッパにおける知の循環と構築』水谷智他訳，名古屋大学出版会（原著2007）.
和達清夫（1982）『お天気博士藤原咲平』NHKブックス（上松清「中央気象台長，藤原咲平」，伏見康治「藤原教授の気象学演習」，渡辺慧「横抵抗・渦巻・持続性・集積性」など収録）.
渡辺慧（1981）『生命と自由』岩波新書.
渡辺慧（1974）『時』河出書房新社.
和辻哲郎（1979）『風土』岩波文庫（原著1935）.

NAKAMURA, K. (1893) *The Climate of Japan*. Central Meteorological Observatory, Tokyo 1 (5), 1-81.
THOMPSON (1981) "The Impact of the Bergen School of Meteorology on the Development of United States Meteorology", *American Meteorological Society Bulle-*

tin, 821-823.
CANNON, Susan Faye (1978) *Science in Culture: The Early Victorian Period*, New York
PYENSON Lewis (1989) "Pure learning and political economy: science and European expansion in the age of imperialism" in *New trends in the history of science*. edited by R. P. W. Visser, Palm L. C. and Snelders H., Amsterdam: Rodopi,
MACLEOD, Roy (1987) "On visiting the "Moving Metropolis": Reflections on the Architecture of Imperial Science". In Nathan Reingold and Marc Rothenberg eds., *Scientific Colonialism: A Cross-Cultural Comparison*, 215-249.
ZAIKI Masumi and TSUKAHARA, Togo (2007) "Meteorology on the Southern Frontier of Japan's Empire: Ogasawara Kazuo at Taihoku Imperial University", in *East Asian Science, Technology and Society: an International Journal*, vol. 1-2, 183-204.
NAKAMURA, Kiyoo (1893) The Climate of Japan.
TSUKAHARA, Togo (1993) *Affinity and Shinwa Ryoku: Introduction of Wes tern Chemical Concepts in Early Nineteenth-Century Japan*, Gieben Publ., Amsterdam.
FUJIWHARA, S. (1921) "The natural tendency towards symmetry of motion and its application as a principle in meteorology", *Quarterly Journal of the Royal Meteorological Society*, 47: 287-292.
FUJIWHARA, S. (1923) "On the growth and decay of vortical systems", *Quarterly Journal of the Royal Meteorological Society*, 49: 75-104.
FUJIWHARA, S. (1931) "Short note on the behavior of two vortices", *Nippon Sugaku-Buturigakkwai Kizi* Dai 3 Ki, 13 (3): 106-110.

第四章

『高宗実録』
『時憲暦』
『明時暦』
『朝鮮民暦』
『帝国新聞』
『大韓毎日申報』
『毎日申報』
『東亜日報』
『京城日報』
『別乾坤』
岡田芳郎（1994）『明治改暦』大修館書店.
岡田芳郎（2015）『旧暦読本』創元社.
愼蒼健（2010）「植民地衛生学に包摂されない朝鮮人 ―― 一九三〇年代朝鮮社会の

「謎」から」坂野徹・愼蒼健編著『帝国の視覚／死角：〈昭和期〉日本の知とメディア』青弓社，第一章.
申昌浩（2002）『韓国姻族主義の成立と宗教 ── 東学・親日仏教，改心教の分析を通じて』国際日本文化研究センター.
鈴木敬信（1957）『暦と迷信』恒星社.
崔吉城（2011）「東アジアにおける暦ナショナリズム」『東亜大学紀要』13 号，25-30 頁.
朝鮮総督府（1915）『朝鮮施政ノ方針及実績』.
朝鮮総督府学務局（1925）『第五十一回議会説明資料』.
朝鮮総督府観測所（1915）『朝鮮総督府観測所要覧』.
東京天文台（1889）『両暦使用取調書』全六冊（国立天文台図書室所蔵）.
東京天文台（1917）『大正六年度庶務書類綴』（国立天文台図書室所蔵）.
全相運（2005）『韓国科学史』許東粲訳，日本評論社.
橋本毅彦，栗山茂久編著（2001）『遅刻の誕生』三元社.
平山清次（1912）「雑報大正二年朝鮮民暦」『天文月報』第 5 巻第 9 号，103 頁.
平山清次（1938）『暦法及時法』恒星社.
丸田孝志（2013）「満州国時憲書と通書：伝統・民俗・象徴の再編と変容」『広島大学アジア社会文化研究』14 巻 1 号，1-28 頁.
宮内彩希（2012）「韓国併合前後における迷信概念」『日本植民地研究』第 24 巻，1-19 頁.
藪内清（1969）『中国の天文暦法』平凡社.
リチャード・J・スミス（1998）『通書の世界：中国人の日選び』加藤千恵訳，凱風社
和田雄治（1909）「日暦と韓暦」『朝鮮』12 号，102-103 頁.
渡邊敏夫（1937）『暦』恒星社.

イ・ウンソン（이은성）（1985）『曆法의 原理分析』정음사（正音社）.
イ・チャンイク（이창익）（2004）『조선후기 역서의 우주론적 복합성에 대한 연구：역법과 역주의 관계를 중심으로（朝鮮後期暦書の宇宙論的複合性に関する研究：暦法と暦注の関係を中心に）』ソウル大学校博士学位論文.
韓国気象庁（기상청）（2004）『근대기상 100 년사（近代気象百年史）』.
キム・ミファ（김미화）（2016）「근대 이행기 동아시아의 紀年法：제왕의 시간에서 민족／국민의 시간으로（近代移行期の東アジアの紀年法：帝王の時間から民族・国民の時間へ）」『사회와역사（社会と歴史）』110 巻，165-211 頁.
キム・ヨニ（김연희）（2016）『한국 근대과학 형성사（韓国近代科学形成史）』들녘（トゥルニョク）.
クォン・テオク（권태억）（2004）「1904～1910 년 일제의 한국 침략 구상과 시정개선」（1904-1910 年における日帝の韓国侵略構想と施政改善）『한국사론（韓国史論）』31 巻，213-260 頁.
チェ・ゴウン（최고은）（2010）「1864 년부터 1945 년까지 한국 역서 연구（1864 年

から1945年の韓国暦書研究）」忠北大学校修士論文.
チョ・ヒョンボム（조현범）(1999)「한말 태양력과 요일주기 도입에 관한 연구（韓末の太陽暦と曜日周期導入に関する研究）」『종교연구（宗教研究）』17巻，235-254頁.
チョン・グンシク（정근식）（二〇〇〇）「한국의 근대적 시간체제의 형성과 일상생활의 변화（韓国の近代的時間制の形成と日常生活の変化）」『사회와역사（社会と歴史）』五八巻，一六一―一九七
チョン・グンシク（정근식）(2005)「시간체제와 식민지적 근대성（時間制と植民地的近代性）」『문화과학（文化科学）』41号，146-169頁.
チョン・サンウ（정상우）(2000)「개항 이후 시간관념의 변화（開港後の時間観念の変化）」『역사비평（歴史批評）』50号，184-199頁.
チョン・ソンヒ（정성희）(2003)「대한제국기 太陽暦의 시행과 暦書의 변화（大韓帝国期の太陽暦の施行と暦書の変化）」『國史館論叢』103号，29-53頁.
チョン・ソンヒ（정성희）(2005)『조선시대 우주관과 역서의 이해（朝鮮時代の宇宙観と暦法の理解）』지식산업사（知識産業社）.
チョン・ヨンフン（전용훈）(2013)「전통적 역산천문학의 단절과 근대천문학의 유이（伝統的暦算天文学の断絶と近代天文学の流入）」『한국문화（韓国文化）』59巻，37-64頁.
チョン・ヨンフン（전용훈）(2017)『한국천문학사（韓国天文学史）』들녘（トゥルリョク）.
パク・チャンスン（박찬승）(1992)『한국근대 정치사상사연구：민족주의 우파의 실력양성운동론（韓国近代政治思想史研究：民族主義右派の実力養成運動論）』역사비평사（歴史批評社）.
ホ・ヨンラン（허영란）(2009)『일제시기 장시연구（日帝時期における場市の研究）』역사비평사（歴史批評社）.
宮川卓也（미야가와 타쿠야）(2010)「식민지의 위대한 역사와 제국의 위상：와다 유지의 조선기상학사 연구（植民地の偉大な歴史と帝国の位相：和田雄治の朝鮮気象学史研究）」『한국과학사학회지（韓国科学史学会誌）』32巻2号，161-185頁.
宮川卓也（2015）「일본제국의 기상관축망 구축과 '일본기상학' 의 형성」（日本帝国の気象観測網構築と日本気象学の形成）」ソウル大学校博士学位論文.

HASHIMOTO, Keizo (1988) *Hsü Kuang-ch'i and Astronomical Reform: the Process of the Chinese Acceptance of Western Astronomy, 1629-1635*. Kansai University Press.
HENDERSON, John B. (1984) *The Development and Decline of Chinese Cosmology*. Columbia University Press.
LIM, Jongtae (2012) "Learning 'Western' Astronomy from 'China': Another Look at the Introduction of the Shixian li (時憲暦) Calendrical System into Late Joseon Korea," *The Korean Journal for the History of Science* 34-2, 205-225.

MIYAGAWA, Takuya (2008) "The Meteorological System and Colonial Meteorology in Early 20th-Century Korea," *Historia Scientiarum*," vol. 18-2, 140-150.

第五章

坂倉聖宣他（1973）『長岡半太郎伝』朝日新聞社.
任正爀（イム・ジョンヒョク）（2010）「朝鮮における日本の研究機関による放射性鉱物の探査および採掘について――原爆開発計画『ニ号研究』との関係を中心として」任正爀編著『朝鮮近代科学技術史研究―開化期・植民地期の諸問題』皓星社，244-279 頁.
任和淳（イム・ファスン）（1995）「近代韓国における温泉観光地の発達過程に関する史的研究」東京工業大学博士学位論文.
岡本拓司（2011）「原子核・素粒子物理学と競争的科学観の帰趨」金森修編著『昭和前期の科学思想史』勁草書房，105-183 頁.
隠岐さや香（2011）『科学アカデミーと「有用な科学」――フォントネルの夢からコンドルセのユートピアへ』名古屋大学出版会.
梶雅範（2011）「眞島利行と日本の有機化学研究伝統の形成」金森修編著『昭和前期の科学思想史』勁草書房，185-241 頁.
金森修（2010）「〈科学思想史〉の哲学」金森修編著『科学思想史』勁草書房，1-66 頁.
金森修（2011）「〈科学思想史〉の来歴と肖像」金森修編著『昭和前期の科学思想史』勁草書房，1-103 頁.
金凡性（2004）「国家のための科学――1920～30 年代日本の地震探査」『科学史研究』第 43 巻第 232 号，211-220 頁.
金凡性（2007）『明治・大正の日本の地震学――「ローカル・サイエンス」を超えて』東京大学出版会.
米家泰作（2017）「明治大正期の地理的知――朝鮮半島の地誌と旅行記をめぐって」金森修編『明治・大正期の科学思想史』勁草書房，169-220 頁.
愼蒼健（2010）「植民地衛生学に包摂されない朝鮮人――1930 年代朝鮮社会の〈謎〉から」坂野徹・愼蒼健編著『帝国の視覚／死角』青弓社，17-52 頁.
愼蒼健（2016）「フィールドワークと実験室科学の接合――京城における薬理学研究」坂野徹編著『帝国を調べる――植民地フィールドワークの科学史』勁草書房，85-118 頁.
関戸明子（2007）『近代ツーリズムと温泉』ナカニシヤ出版.
竹国友康（2004）『韓国温泉物語――日朝沐浴文化の交流をたどって』岩波書店.
立岩厳（1976）『朝鮮-日本列島地帯地質構造論考――朝鮮地質調査研究史』東京大学出版会.
中尾麻伊香（2013）「近代化を抱擁する温泉――大正期のラジウム温泉ブームにおける放射線医学の役割」『科学史研究』第 52 巻第 268 号，187-210 頁.

中尾麻伊香（2015）『核の誘惑──戦前日本の科学文化と「原子力ユートピア」の出現』勁草書房.

朴潤栽（パク・ユンジェ）（2013）「朝鮮総督府の牛痘政策と朝鮮人の反応」松田利彦編『植民地帝国日本における支配と地域社会』国際日本文化研究センター，59-67頁.

廣重徹（1973）『科学の社会史──近代日本の科学体制』中央公論社.

松本武祝（2007）「植民地朝鮮における衛生・医療制度の改編と朝鮮人社会の反応」『歴史学研究』第834号，5-15頁.

矢島道子（2004）「戦時科学として日本の地質学を見る」『科学史研究』第43巻第229号，51-53頁.

矢島道子（2006）「日本の戦時地質学──中国東北部を例として」『科学史研究』第45巻第237号，68-69頁.

山崎正勝（2011）『日本の核開発　1939〜1955──原爆から原子力へ』績文堂出版.

山室信一（2006）「国民帝国・日本の形成と空間知」山室信一他編『岩波講座「帝国」日本の学知第8巻　空間形成と世界認識』岩波書店，19-76頁.

イ・テヒ（이태희）（2009）「1930년대 조선총독부 중앙시험소의 위상 변화（1930年代における朝鮮総督府中央試験所の地位の変化）」『한국과학사학회지（韓国科学史学会誌）』第31巻第1号，103-137頁.

イム・ジョンヒョク（임정혁）（2008）「식민지시대 조선 소재 일본 연구기관의 방사성광물 탐사：원자폭탄개발계획“니고연구（ニ號研究）”와의 관계를 중심으로（植民地期朝鮮における日本の研究機関による放射性鉱物探査─原子爆弾開発計画『ニ号研究』との関係を中心に）『한국과학사학회지（韓国科学史学会誌）』第30巻第1号，245-285頁.

イム・ファスン（任和淳，임화순）（2007）「동래온천의 근대사적 의미（東莱温泉の近代史的意味）」釜山近代歴史館編『근대，관광을 시작하다（近代，観光を始める）』200-207頁.

遠藤麻衣（2008）「동래온천에 관한 연구（東莱温泉に関する研究」한국해양대학교 대학원 석사학위논문（韓国海洋大学校大学院修士学位論文）.

カン・ピルソン（강필성），パク・グウォン（박구원）（2010）「온양온천의 역사적 변용에 대한 고찰（温陽温泉の歴史的変容に対する考察）」『동북아관광연구（東北アジア観光研究）』第6巻第2号，83-103頁.

キム・グンベ（김근배）（2005）『한국 근대 과학기술인력의 출현（近代韓国における科学技術人材の登場）』문학과지성사（文学と知性社）.

キム・スン（김승）（2011）「일제강점기 해항도시 부산의 온천개발과 지역사회의 동향（植民地朝鮮における海港都市釜山の温泉開発と地域社会の動向）」『지방사와 지방문화（地方史と地方文化）』第14巻第1号，203-261頁.

シン・ドンウォン（신동원）（2013）「위생，문명화와 식민주의의 양날（衛生，文明化と植民主義の諸刃）」シン・ドンウォン『호환 마마 천연두：병의 일상 개념사

（トラの害，痘瘡，天然痘 ── 病の日常概念史）』돌베개（石枕），228-264 頁.
チョ・ヒョンヨル（조형열）（2011）「근현대 온양온천 개발 과정과 그 역사적 성격（近現代における温陽温泉の開発過程とその歴史的性格」『순천향 인문과학논총（順天郷人文科学論叢）』第 29 輯，139-177 頁.
チョン・ソンヒョン（전성현）（2009）「일제시기 東萊線 건설과 근대 식민도시 부산의 형성（植民地朝鮮における東萊線の建設と近代植民都市釜山の形成）」『지방사와 지방문화（地方史と地方文化）』第 12 巻第 2 号，225-269 頁.
ハン・ギョンス（한경수）（2012）「우리나라 온천 및 온천욕의 역사（我が国における温泉及び温泉浴の歴史）」『관광연구（観光研究）』第 27 巻第 5 号，565-586 頁.
釜山近代歴史館編（2015）『근대의 목욕탕 동래온천（近代の風呂場 ── 東萊温泉）』釜山近代歴史館.
ユ・グァンミン（유광민）（2012）「일제 식민지 시기 온양온천의 신혼여행지로의 변화（植民地朝鮮における温陽温泉の新婚旅行地への変化）」『관광학 연구（観光学研究）』第 35 巻第 10 号，149-171 頁.

BASALLA, George (1967) "The Spread of Western Science," *Science*, vol. 156 no. 5: 611-622.
BURNETT, D. Graham (2000) *Masters of All They Surveyed: Exploration, Geography, and a British El Dorado*, Chicago and London: University of Chicago Press.
CAWOOD, John (1979) "The Magnetic Crusade: Science and Politics in Early Victorian Britain," *Isis*, vol. 70: 493-518.
DEAR, Peter (2006) *The Intelligibility of Nature: How Science Makes Sense of the World*, Chicago: University of Chicago Press.
HENRY, Todd A. (2005) "Sanitizing Empire: Japanese Articulations of Korean Otherness and the Construction of Early Colonial Seoul, 1905-1919," *The Journal of Asian Studies*, vol. 64 no. 3: 639-675.
LATOUR, Bruno (1987) *Science in Action: How to Follow Scientists and Engineers Through Society*, Cambridge: Harvard University Press.
WINICHAKUL, Thongchai (1994) *Siam Mapped: A History of the Geo-Body of a Nation*, Honolulu: University of Hawaii Press.

第六章

青柳真知子（1985）『モデクゲイ ── ミクロネシア・パラオの新宗教』新泉社.
蘭信三編（2008）『日本帝国をめぐる人口移動の国際社会学』不二出版.
飯高伸五（2011）「南洋庁下の民族学的研究の展開 ── 嘱託研究と南洋群島文化協会を中心に」山路勝彦編『日本の人類学 ── 植民地主義，異文化研究，学術調査の歴史』関西学院大学出版会.
石橋栄達（1916）「旧独領ミクロネシア諸島見聞記」『南洋新占領地視察報告』文部省

専門学務局，70-80 頁.
今西錦司（1942）「三ヶ年の回顧」『京都探検地理学会年報』第 3 輯，京都探検地理学会.
内田寛一（1916）「我カ占領南洋諸島視察概報」『南洋新占領地視察報告』文部省専門学務局，81-96 頁.
梅棹忠夫（1975）「紀行」今西錦司編『ポナペ島──生態学的研究（復刻版）』講談社（原著 1944）.
梅棹忠夫（2002）『行為と妄想──わたしの履歴書』中公文庫（原著 1997）.
大蔵省管理局編（1947）『日本人の海外活動に関する歴史的調査（南洋群島編第一分冊）』大蔵省管理局.
大串龍一（1992）『日本の生態学──今西錦司とその周辺』東海大学出版会.
岡谷公二（1990）『南海漂泊──土方久功伝』河出書房新社.
岡谷公二（2007）『南海漂蕩──ミクロネシアに魅せられた土方久功・杉浦佐助・中島敦』冨山房インターナショナル.
奥田譲（1917）「南洋諸島出張報告」『南洋新占領地視察報告（追録）』文部省専門学務局，50-67 頁.
菊地暁（2013）「『ポナペ島』管見──京都探検地理学会ポナペ島調査（1941）の足跡をたどって」「人文研探検──新京都学派の履歴書（プロフィール）」第 10 回）http://www.keio-up.co.jp/kup/sp/jinbunken/0010.html 慶應義塾大学出版会.
木原均（1975）「序」『ポナペ島──生態学的研究（復刻版）』講談社.
吉良龍夫（1975）「あとがき──編者に代りて」『ポナペ島──生態学的研究（復刻版）』講談社.
吉良龍夫（1975）「解説──復刻版へのあとがき」『ポナペ島──生態学的研究（復刻版）』講談社.
吉良龍夫（1991）「探検の前夜」今西錦司編『大興安嶺探検──1942 年探検隊報告』朝日文庫（原著 1952）.
日下部四郎太（1915）「マーシャル，カロリン，マリアナ群島視察報告」『南洋新占領地視察報告』文部省専門学務局，97-100 頁.
小林玲子（2007）「植民地朝鮮からの朝鮮人労働者移入制限と差別問題」浅野豊美編『南洋群島と帝国・国際秩序』慈学社.
斎藤清明（2014）『今西錦司伝──「すみわけ」から自然学へ』ミネルヴァ書房.
坂野徹（2005）『帝国日本と人類学者──1884-1952 年』勁草書房.
坂野徹（2016）「珊瑚礁・旅・島民──パラオ熱帯生物研究所研究員の『南洋』経験」同編『帝国を調べる──植民地フィールドワークの科学史』勁草書房.
塩出裕之（2015）『越境者の政治史──アジア太平洋における日本人の移民と植民』名古屋大学出版会.
柴田陽一（2016）『帝国日本と地政学──アジア・太平洋戦争期における地理学者の思想と実践』清文堂.
清水久夫（2016）『土方久功正伝──日本のゴーギャンと呼ばれた男』東宣社.

染木煦（2008）『書簡に託した「染木煦のミクロネジア紀行」』求龍堂.
多木浩二（1998）『船がゆく――キャプテン・クック　支配の航跡』新書館.
寺田貞次（1917）「新占領南洋諸島踏査報告（追録）」『南洋新占領地視察報告（追録）』文部省専門学務局，205-268 頁.
中生勝美（2016）『近代日本の人類学史――帝国と植民地の記憶』風響社.
仲程昌徳（2013）『南洋紀行のなかの沖縄人』ボーダーインク.
楢林兵三郎（1916）「新占領南洋諸島ノ視察報告」『南洋新占領地視察報告』文部省専門学務局，17-69 頁.
南洋庁編（1933）『南洋庁施政十年史』南洋庁.
長谷部言人（1917）「南洋新占領地視察報告」『南洋新占領地視察報告（追録）』文部省専門学務局，98-100 頁.
樋口和佳子（2003）「『調査隊』から『挺身隊』へ――御国に尽くしたパラオ青年達」須藤健一監修『パラオ共和国――過去と現在そして 21 世紀へ』おりじん書房，377-388 頁.
土方久功（1931）「伝説遺物より見たるパラオ人」『女酋』第 2 号，パラオ民俗瑣談会，1-128 頁.
土方久功（1991）『土方久功著作集 6』三一書房.
土方久功（1992）『土方久功著作集 7』三一書房.
土方久功（2010）須藤健一・清水久夫編『土方久功日記Ⅱ（国立民族学博物館調査報告 94）』国立民族学博物館.
土方久功（2011）須藤健一・清水久夫編『土方久功日記Ⅲ（国立民族学博物館調査報告 100）』国立民族学博物館.
土方久功（2012）須藤健一・清水久夫編『土方久功日記Ⅳ（国立民族学博物館調査報告 108）』国立民族学博物館.
平野義太郎（1941）「南進拠点としての南洋群島」『太平洋』4 巻 8 号，2-17 頁.
牧野正則（2007）『木彫杉浦佐助――南洋に消えた幻の彫刻家』清伸社「一坪庵」.
松島泰勝（2007）『ミクロネシア――小さな島々の自立への挑戦』早稲田大学出版部.
松村瞭（1917）「南洋占領地ニ於ケル人類学上ノ調査概略」『南洋新占領地視察報告（追録）』文部省専門学務局，117-118 頁.
松山基範・金子秀吉（1916）「南洋ヤルート島ニ於ケル重力偏差測定報告」『南洋新占領地視察報告』文部省専門学務局，1-16 頁.
松山基範（1939）「南洋群島の重力測定」『科学南洋』1 巻 3 号，109-112 頁.
三田牧（2011）「土方久功は『文化の果』に何を見たか」山路勝彦編『日本の人類学――植民地主義，異文化研究，学術調査の歴史』関西学院大学出版会.
山野正彦（1999）「探検と地政学――大戦期における今西錦司と小牧実繁の志向」『人文研究（大阪市立大学文学部紀要）』第 51 巻，1-32 頁.
山本真鳥（2012）「京都大学ポナペ島調査と南洋群島」ヨーゼフ・クライナー編『近代〈日本意識〉の成立――民俗学・民族学の貢献』東京堂出版，152-165 頁.
山本美越乃（1917）「南洋新占領地視察報告書」『南洋新占領地視察報告（追録）』文

部省専門学務局，144-161 頁.
山本義隆（2018）『近代日本一五〇年 ―― 科学技術総力戦体制の破綻』岩波新書.
若林宣（2016）『帝国日本の交通網 ―― つながらなかった大東亜共栄圏』青弓社.

無署名（1915）「南洋渡航案内」『実業之日本春季増刊　南洋號』実業之日本社，161-165 頁.
無署名（1942）「ポナペ島調査隊日記」『京都探検地理学会年報』第 3 輯，京都探検地理学会.

第七章

荒井他嘉司（2011）「外科手術」『結核』第 86 巻 6 号，627-631 頁.
有末四郎・高橋義夫・奥田正治・長浜文雄・川上義和・久世彰彦（1983）「有馬英二先生を偲んで（座談会）」，『日本医事新報』第 3109 号，43-52 頁.
飯島渉（2005）『マラリアと帝国 ―― 植民地医学と東アジアの広域秩序』東京大学出版会.
稲福全志（1977）「わが青春のころ」『那覇市医報』第 5 巻第 2 号（6 月号），25 頁.
稲福全志（1979）「沖縄支部便り」『創立五十周年記念誌』南溟会，214-222 頁.
稲福全志（1986）「郷土の陸軍部隊と行動をともにして」台湾引揚記編集委員会『琉球官兵顛末記』台湾引揚記刊行期成会，21-36 頁.
伊豆見元俊（1972）「金武保養院創立当時の沖縄の結核対策」沖縄療友会事務局（編）琉球政府厚生局公衆衛生部（監修）『沖縄の結核 ―― 沖縄療友会創立 15 周年記念誌』沖縄療友会，84-86 頁.
伊豆見元俊（1981）「わが青春のころ」『那覇市医師会報』第 9 巻第 1 号，37 頁.
歐素瑛（2013）「台北帝国大学と台湾学研究」酒井哲哉・松田利彦『帝国と高等教育 ―― 東アジアの文脈から』42 巻，国際日本文化研究センター，19-37 頁.
大城立裕（1972）『同化と異化のはざまで』潮出出版.
大嶺千枝子（2001）「占領期に行われた保健婦駐在の制度比較に関する史的考察」『沖縄県立看護大学紀要』2 号，108-116 頁.
岡西順二郎（1951a）「アメリカ公衆衛生の側面―フィラデルフィアからジャクスンまで―」，『日本医事新報』（日本医事新報社）第 1424 号，47-49 頁.
岡西順二郎（1951b）「アメリカ結核談義（その二）」『治療』南山堂書店，第 33 巻第 11 号，67-69（1003-1005）頁.
岡西順二郎（1951c）「アメリカにおける BCG 問題」『日本臨牀結核』第 10 巻第 9 号，465-471 頁.
岡西雅子（2015）『父の遺した戦中戦後　近衛文麿主治医・岡西順二郎の日記』連合出版.
小川忠（2012）『戦後米国の沖縄文化戦略　琉球大学とミシガン・ミッション』岩波書店.

沖縄タイムス（1971）『沖縄の証言　激動の二五年誌』（上），沖縄タイムス社.
沖縄県医師会（2000）『沖縄県医師会史 ── 終戦から祖国復帰まで』沖縄県医師会.
小高健（2002）『長與又郎日記』（下巻），学会出版センター.
木村哲也（2012）『駐在保健婦の時代　一九四二─一九九七』医学書院.
桂重鴻ほか（1941）「タイワンヒノキ精油の一成分なる 1-Rodin 酸及ビ類似脂肪酸ノ結核患者ニ対スル科学療法的応用ニ就テ」『台湾医学会雑誌』第 40 巻第 9 号，1-72（1557-1629）頁.
桂重鴻ほか（1944）『タイワンヒノキ精油の一成分なる左旋性ロヂン酸及類似の異常構造を有する脂肪酸の結核患者に対する科学療法的応用に就て（第二報）』（『熱帯医学研究』補冊第 1 号），熱帯医学研究所.
金城清松（1977）『飲水思源 ── 金城清松遺稿集』若夏社.
金城妙子・前田洋子（1968）「公衆衛生看護婦養成の推移」公衆衛生看護婦会記念誌編集委員会『沖縄の公衆衛生看護事業　15 周年記念誌』沖縄看護協会公衆衛生看護婦会，37-44 頁.
金武保養院創立二〇周年記念誌編集委員会（1969）『創立二〇周年記念誌』金武保養院.
川平朝申・稲福全志・当山堅一・原実・伊豆見元俊・花城清剛（1986）「沖縄県支部 30 年の歩み　戦後沖縄の結核対策と結核予防会」『創立三〇周年記念誌』結核予防会沖縄県支部.
楠本正康（1971）『保健所三十年史』日本公衆衛生協会.
結核予防会（1993）『結核統計総覧（一九〇〇～一九九二）』結核予防会.
厚生省五十年史編纂委員会編（1988）『厚生省五十年史（記述編）』厚生問題研究会.
国立公衆衛生院創立十五周年記念事業出版企画編集委員会（1953）『国立公衆衛生院創立十五周年記念誌』国立公衆衛生院.
近藤宏二（1977）「結核対策と日本医療団」久下勝次『日本医療団史』日本医療団，160-161 頁.
齋藤雍郎（1992）『愚直に生きて　保健所長歴三十七年の自分史』メディカル・プランニング.
サムス，クロフォード・F（2007）『GHQ サムス准将の改革 ── 戦後日本の医療福祉政策の原点』竹前栄治訳，桐書房.
杉山章子（1995）『占領期の医療改革』勁草書房.
大韓結核協会（1998）『韓国結核史』大韓結核協会.
高三啓輔（2004）『サナトリウム残影　結核の百年と日本人』日本評論社.
照屋善助（1954）「米国の公衆衛生」みどり会『みてきたアメリカ』みどり会，31-36 頁.
常石敬一（2011）『結核と日本人 ── 医療政策を検証する』岩波書店.
手塚洋輔（2010）『戦後行政の構造とディレンマ ── 予防接種行政の変遷』藤原書店.
戸井田一郎（2004）「BCG の歴史 ── 過去の研究から何を学ぶべきか」『呼吸器疾患・結核　資料と展望』第 48 号，15-40 頁.

当山堅一（1992）『戦後沖縄の結核対策裏話』私家版.
当山堅一（1993）『傘寿を越えて』ニライ社.
ナイト，アルバート・P（1948）「合衆国に於ける最近の結核化学療法に就て」『結核』日本結核病学会，第 23 巻第 5・6 号，1-7 頁.
長田紀秀（1949）「医療制度の改善に就いて」『沖縄タイムス』1949 年 12 月 16 日-18 日，20 日.
中野好夫編（1969）『戦後資料沖縄』日本評論社.
豊見山和美（2015）「琉球列島米国民政府が実施した『国民指導員計画』について」『沖縄県公文書館研究紀要』第 17 号，19-27 頁.
松田ヒロ子（2013）「近代沖縄の医療と台湾 —— 沖縄県出身者の植民地医学校への進学」『移民研究』第 9 号，97-122 頁.
森亨（2015）「日本結核病学会九〇年をふり返る —— 軌跡と未来への展望」『結核』第 90 巻第 9 号，641-652 頁.
丸山芳登（1957）『日本領時代に遺した台湾の医事衛生業績』私家版.
琉球結核予防会（1962）『琉球結核対策小史　創立十周年記念』琉球結核予防会.
琉生病院編（1979）『大宜見朝計を偲ぶ』琉球生命済生会.
柳沢譲（1955）「BCG の実施について」『沖縄医学会雑誌』沖縄群島医学会，第 3 巻第 1 号，88-90 頁.
安村賢祐（2012）『日本統治下の台湾と沖縄出身教員』私家版.
山形操六（1967）「結核行政一〇〇年のあゆみ」結核予防会『結核年報』第 2 集，1-23 頁.
柳沢進編（1983）『わが一生の思い出 —— 柳沢謙遺稿集』鹿島出版会.
吉本秀子（2015）（2018）「沖縄占領下における米国言論文化管理政策 —— 情報と教育に関する軍法の分析から —— 」『沖縄文化』第 51 巻第 2 号，1-22 頁.

ALDOUS, Christopher & Akihito SUZUKI (2012) *Reforming Public Health in Occupied Japan, 1945-52: Alien Prescriptions?*, London & New York: Routledge.
ANONYMOUS (1947) "Report of a Conference on BCG Vaccination," *Public Health Reports*, 62: 346-350.
BYERLY, Carol R. (2014) *"Good Tuberculosis Men": The Army Medical Department's Struggle with Tuberculosis*, Fort Sam Houston: The Office of The Surgeon General.
COMSTOCK, George W. (1994) "The International Tuberculosis Campaign: A Pioneering Venture in Mass Vaccination and Research," *Clinical Infectious Diseases*, 19 (3): 528-540.
COMSTOCK, George W. & Ruth G. WEBSTER (1969) "Tuberculosis Studies in Muscogee County, Georgia VII: A Twenty-Year Evaluation of BCG Vaccination in a School Population," *American Review of Respiratory Diseases*, 100: 839-845.
COMSTOCK, George W., Verna T. LIVESAY & Shirley F. WOOLPERT (1974)

"Evaluation of BCG Vaccination among Puerto Rican Children," *American Journal of Public Health*, 64 (3): 283-291.

COMSTOCK, George W., Shirley F. WOOLPERT & Verna T. LIVESAY (1976) "Tuberculosis Studies in Muscogee County, Georgia: Twenty-year Evaluation of a Community Trial of BCG Vaccination," *Public Health Reports*, 91 (3): 276-280.

DOOLITTLE, S. E. (1958) "BCG Vaccination," *Hawaii Medical Journal and Inter-Island Nurses' Bulletin*, 18 (1): 44-45.

DUBOS, Rene & Jean DUBOS (1952) *The White Plague: Tuberculosis, Man, and Society*, New Brunswick: Rutgers University Press.

FELDBERG, Georgina D. (1995) *Disease and Class: Tuberculosis and the Shaping of Modern North American Society*, New Brunswick, N. J.: Rutgers University Press.

JOHNSTON, William (1995) *The Modern Epidemic: A History of Tuberculosis in Japan*, Cambridge & London: Harvard University Press.

MASUBUCHI, Asako (2017) "Nursing the U.S. Occupation: Okinawan Public Health Nurses in U.S.-Occupied Okinawa," In: H. Matsuda & P. Iacobelli (eds.) *Rethinking Postwar Okinawa: Beyond American Occupation*. Lanham: Lexington.

MYERS, J. A. & Francis E. HARRINGTON (1934) "The Effect of Initial Tuberculous Infection on Subsequent Tuberculous Lesions," *Journal of American Medical Association*, 103 (20): 1530-1536.

MYERS, J. A. (1957) "A Summary of the Views Opposing BCG," *Advances in Tuberculosis Research*, 8 272-303.

PESQUERA, Gilberto S. (1952) Preliminary Report on the Program in Tuberculosis among the Ryukyuans. (RG260, B228, F8 "Miscellaneous Publications of the Scientific Investigation in the Ryukyu Islands (SIRI), 1951-1953").

PESQUERA, Gilberto S. (1955) "TB Control in Okinawa," *Bulletin of the National Tuberculosis Association*, (January Issue): 7-8.

PALMER, Carroll E. (1949) "Prospectus of Research in Mass BCG Vaccination," *Public Health Reports*, 64 (40): 1250-1261.

REDEKER, von F. (1958) "Epidemiologie und Statistik der Tuberkulose," In: J. Hein, H. Kleinschmidt & E. Uehlinger (eds.) *Handbuch der Tuberkulose*. 1 Bd. Stuttgart: Georg Thieme Verlag.

SAMS, Crawford F. (1998) *"Medic" The Mission of an American Military Doctor in Occupied Japan and War-torn Korea*, Armonk & London: An East Gate Book.

第八章

赤津益造訳・吉岡金市閲（1953）『新中国の農業理論 —— 中国におけるミチューリン工作』理論社.

上田邦子（1979）「反公害運動の指導者・吉岡先生」『昭和前期農政経済名著集』月報

「第十七巻　日本農業の機械化」農山漁村文化協会.
岡金之助（1937a）（吉岡金市の筆名）「間男田について」『経済評論』第4巻第2号.
岡金之助（1937b）「日本における地代の形態」『経済評論』第4巻第5号.
岡金之助（1937c）「小農経済の原理とは何か——チャヤノフ批判」『経済評論』第4巻第6号.
岡金之助（1937d）「農業恐慌の発展と農業労働者の増大」『経済評論』第4巻第7号.
岡金之助（1937e）「農業恐慌の発展と農村社会の文化」『経済評論』第4巻第8号.
小島修一（1987）『ロシア農業思想史の研究』ミネルヴァ書房.
佐藤初江（1979）「吉岡先生のこと」『昭和前期農政経済名著集』月報「第十七巻　日本農業の機械化」農山漁村文化協会.
田村実（吉岡金市の筆名）「大農経営に対する封建的規定の誤謬について」『経済評論』第7巻第7号.
中村禎里（2017）『日本のルィセンコ論争　新版』米本昌平解説，みすず書房.
中本たか子（1940）『よきひと』モナス.
藤井正治（1979）「吉岡農法を実践して」『昭和前期農政経済名著集』月報「第一七巻日本農業の機械化」農山漁村文化協会.
藤井正治（1990）『国産耕運機の誕生——米原清男の生涯』新人物往来社.
藤原辰史（2012）『ナチス・ドイツの有機農業——「自然との共生」が生んだ「民族の絶滅」』（新装版）柏書房.
藤原辰史（2014）『食べること考えること』共和国.
藤原辰史（2017）『トラクターの世界史——人類の歴史を変えた「鉄の馬」たち』中公新書.
藤原辰史（2017）「横井時敬の農学」金森修編『明治・大正期の科学思想史』勁草書房.
吉岡金市（1944）『日本の農業——その特質と省力農法』伊藤書店.
吉岡金市（1949）「なんにでも利用できる——小型万能トラクター」『若い農業』2月号.
吉岡金市（1951）『農業労働の技術学——農業労働の合理化に関する技術学的研究』有斐閣.
吉岡金市編，亀井健三訳（1953a）『農業生物学と農業技術——ルイセンコ・自然淘汰と種内競争』理論社.
吉岡金市編著（1953b）『植物の改造——日本におけるミチューリン生物学の勝利』.
吉岡金市・高島米吉（1954）『日本のミチューリン農法』青銅社.
吉岡金市（1958）「スターリンの農業理論と農業政策」『思想』405号.
吉岡金市（1961）『森近運平——大逆事件の最もいたましい犠牲者の思想と行動』日本文京出版.
吉岡金市（1970）『公害の科学——イタイイタイ病研究』たたら書房.
吉岡金市（1979a）『日本農業の機械化』農山漁村文化協会.
吉岡金市（1979b）「私の近況……原著者から　新品種「興除一号」の解明」『昭和前

期農政経済名著集』月報「第十七巻　日本農業の機械化」農山漁村文化協会.